대제학 191

(2)

가문 · 생애 · 학문

대제학 191

(2)

가문·생애·학문

조 오 현

역락

인간사회든 자연현상이든 세상에 존재하는 모든 질서는 가로와 세로 관계가 그물처럼 얽혀져서 그 관계 속에서 정체하기도 하고 변화하기도 하는 것은 불변의 이치이다. 따라서 역사를 더 정확하고 정밀하고 객관적으로 판단하기 위해서는 가로와 세로의 관계를 잘 살펴서 종합적으로 판단해야 한다.

특히 역사를 공부하는 사람이라면 가로(공시)와 세로(통시)의 관계를 함께 고려하지 않으면 안 된다. 우리나라 역사도 비교적 이런 점이 잘 고려되어 연구되었다. 당쟁의 역사, 문화사, 경제사, 국어의 변천사, 학문의 연구사, 문중의 역사, 전쟁사, 외교사 등 대부분이 공시를 바탕으로 통시적으로 잘 정리되어 있다. 그런데 인물에 대한 연구는 개별적으로 연구되었을 뿐 통시적으로 이루어지지 않아서 역사를 판단하는 중요한 부분이 비어 있다. 인간의 역사는 사람에 의해 이루어지기 때문에 인물사는 역사를 이루는 매우 중요한 자료이다. 이렇게 중요한 역사 자료가 정리되지 않은 채 역사적 현상만 보았다면 엄밀한 의미에서 정밀한 역사라 보기 어렵다.

영의정을 역임한 모든 사람을 임명된 순서에 따라 나열하여 생애, 그와 관련된 사건, 인간관계, 업적을 정리한다면 그것이 의정부 역사의 중요한 부분이 되고 대제학을 역임한 사람을 임명한 순서에 따라 생애, 관련된 사건, 인간관계, 업적을 정리한다면 그것이 예문관, 집현전, 홍문관, 규장각 역사의 중요한 부분이 될 것이다. 그리고 각 기관의 역사를 종합하면 그것이 한 나라의 역사가 될 것이다. 그런데 우리나라의 역사를 기술할 때 그 기관을 이끌던 인물에 대해서는 순차적이고 종합적으로 정리된 것이 없다. 각종 인물사전이나 세종대왕 기념사업회에서 번역한『국조인물고』, 각 문중에서 간행된 책에서 특정 인물에 대해 기록하고 있지만 모든 이를 대상으로 연구되지도 않았고 순차적이지도 않으며 또 정확하지도 않다.

이 책은 이러한 점을 고려하여 순차적이고, 객관적이고, 종합적이며, 정확한 자료를 제공하기 위해 예문관, 집현전, 홍문관, 규장각을 이끌던 수장들을 임명된 순서에 따라 생애, 가족관계, 혼맥, 업적을 기술한 책이다. 이 책은 2017년에 출판한『조선의 영의정 상』과『조선의 영의정 하』에 이어 두 번째로 계획한 책이다.『조선의 영의정』은 조선의 수상에 해당하는 문하좌시중, 문하좌정승, 영의정, 의정부 의정, 총리대신 등을 역임한 176명의 생애, 가족, 가문, 혼맥, 평가 등을 정리했다. 이 책에서는 예문관 대제학, 집현전 대제학, 홍문관 대제학, 규장각 대제학을 역임한 191명(대부분 예문관 대제학과 겸직이었음)을 임명된 순서에 따라 생애, 가족, 혼맥, 그리고 그들의 학술과 저술을 정리하여 역사를 공부하는 사람이나 문중의 역사에 관심이 많은 사람, 그리고 교양을 넓히려는 사람에게 도움이 되게 하였으며 궁극적으로 조선의 역사를 종합적으로 살필 수 있는 자료를 제공하는 데에 초점을 맞추었다.

대제학을 문형이라고도 하는데 정승에 못지않게 중요한 사람이며 우리나라 관직 중에서 가장 영예로운 자리로 알려져 있다. 그래서 이 책에서는 대제학이 하는 일, 대제학의 변천사, 대제학의 임명일, 대제학을 배출한 문중 등도 함께 기록했다.

대제학을 역임한 191명과 이와 관계된 인물을 조사하는 과정에서 국립도서관 고문헌실에 비치된 각 문중의 족보가 많은 도움이 되었다. 개인사에 대해서는 『조선왕조실록』을 중심으로 조사했고 각종 인물사전을 참고하여 보완했다. 그러나 방대한 자료를 조사하는 과정에 혹시 누락된 내용이나 잘못된 기술이 있지 않을까 두려움이 있다는 것도 밝힌다. 잘못된 점이 있다면 고치고 더하겠다고 약속드리며 잘못된 내용이 있으면 깨우쳐 주기 바란다.

이 책이 나오기까지 자료 수집에서 집필·교정에 이르기까지의 모든 작업은 오직 지은이 혼자 했다. 따라서 잘못된 내용이 있다면 또한 지은이 혼자의 책임이다. 다만 『조선의 영의정』을 읽은 아내 신현숙 선생이 일반 독자의 관점에서 참고가 될 만한 조언을 해 주어서 참고하여 썼다. 이 책의 출판을 맡아준 도서출판 역락의 이대현 대표님과 적지 않은 분량임에도 〈조선의 영의정〉에 이어 예쁘게 편집해준 박윤정 과장님께도 고마움을 전한다.

2019년 7월
가락동의 서재에서 지은이 삼가 씀

차 례

책을 내면서 / 5

일러두기 / 12

일러두기

1. 대제학이란 관직 이름은 고려에도 있었지만 여기서는 그 시기를 조선으로 한정했다.
2. 조선의 대제학은 예문관 대제학, 집현전 대제학, 홍문관 대제학, 규장각 대제학 등 시대에 따라 명칭과 기능이 달랐으나 이 책에서는 이를 구분하지 않았다.
3. 가문에 대해서는 상계로는 고조부까지 직계로는 아들과 사위까지 정리하는 것을 원칙으로 했으나 정승이나, 대제학, 왕실과의 관계가 있는 경우에는 이 범위를 벗어나서도 정리했다.
4. 조상이나 직계 존속의 벼슬에 대해서 인물사전이나 〈조선왕조실록〉에 나타나지 않은 것은 족보에 실린 내용을 그대로 옮겼다. 따라서 실제 벼슬과는 다를 수 있다.
5. 이 책의 자료는 〈조선왕조실록〉을 기본으로 하고 각종 인물사전이나 족보는 참고로만 활용했다. 따라서 대제학은 〈조선왕조실록〉에 기록이 있는 사람만 인정했다. 각종 인물사전이나 문중에서 발행한 족보에는 대제학으로 기록되어 있으나 〈조선왕조실록〉이나 〈문형록〉에 없는 사람들은 이 책에서 제외시켰다. 따라서 서유구를 비롯해서 이보다 많은 사람들이 인물사전이나 족보에 대제학을 역임한 것으로 기록되어 있지만 〈조선왕조실록〉이나 〈문형록〉에 기록이 없기 때문에 이 책에서 제외시켰다.
6. 이 책을 쓰기 위해 국사편찬위원회의 〈조선왕조실록〉, 국립도서관 고문헌실에 비치된 각 문중에서 발행한 족보, 〈한국민족문화대백과사전〉, 〈다음백과사전〉을 비롯한 사전, 세종대왕기념사업회에서 발행한 〈국조인물고〉 등을 참고했다.

7. 졸기에 나타난 평가는 집권한 세력에 따라 나쁘게도 평가했고 좋게도 평가했지만 이 또한 역사적 자료이기 때문에 그대로 옮겼다. 따라서 평가의 내용이 인물의 실제와 다르게 왜곡되었을 수 있음을 밝힌다.

8. 차례는 최초로 대제학에 임명된 날을 기준으로 하여 먼저 임명된 순서에 따랐다. 따라서 대제학을 세 번, 네 번 역임했어도 최초로 임명된 날을 기준으로 차례를 정했다.

9. 대제학에 임명된 날을 기준으로 작성했지만 임명된 날이 없는 것은 대제학이란 기록이 처음으로 나온 것을 기준으로 작성했다.

10. 우리나라 달력은 고종 32(1895)년 11월 17일을 기준으로 양력으로 바꾸었다. 고종 32(1895)년 11월 17일은 양력으로 고종 33(1896)년 1월 1일이 된다. 따라서 고종 32년 11월 16일 이전의 날짜는 음력이고 고종 33년 1월 1일 이후의 날짜는 음력이다.

11. 〈조선왕조실록〉을 인용할 때 각주 가운데 연대에 해당하는 내용은 각주에서 지우고 ( ) 속에 넣어 병기했고, 낱말 풀이 등은 빼거나 ( ) 속에 넣어 병기했다.

임명일

— 선조 26(1593)년 1월 5일 : 윤근수(尹根壽)를 대제학으로,

가문

아버지는 군자감정 변(忭)이고 할아버지는 충무위 부사용 희림(希林)이며 증조부는 장원서 장원 계정(繼丁)이고 고조부는 진무부위 연령(延齡)이다. 외할아버지는 초배는 광평대군(廣平大君) 이여(李璵)의 손자인 전주인 청안군(淸安君) 이영(李嶸)이고 계배는 팔거(八莒)인 부사직 현윤명(玄允明)인데 친외할아버지는 현명윤이다. 장인은 풍양인 부총관 조안국(趙安國)이다.

아들은 1남은 첨지중추부사 환(晥)이고 2남은 첨지중추부사 질(昳)이며 3남은 낙이다. 형은 영의정 해원부원군 두수(斗壽)이다.

생애

명종 13(1558)년 별시문과에 급제하여 승문원 권지부정자에 임명되었다. 이어서 승정원 주서, 춘추관 기사관, 봉상시 주부, 연천 군수를 역임하고 명종 17(1562)년 6월에 홍문관 부수찬 겸 경연검토관에 임명되었다. 7월에 사간원 정언에 임명되고 같은 달에 다시 홍문관 부수찬에 임명되어 조광조의 신원을 상소했다가 9월에 과천 현감으로 좌천되었다. 명종 18(1563)년 형 윤두수가, 당시의 권신인 이량(李樑)이 그의 아들 이정빈

(李廷賓)을 이조 좌랑에 임명하려고 하자 반대했는데 이 일로 형과 함께 파직되었다. 명종 20(1565)년 2월에 홍문관 부교리로 재 등용되었고 3월에 이조 좌랑으로 전임되었다. 명종 21(1566)년 4월에 홍문관 교리에 임명되고 5월에 이조 정랑에 임명되었다.

선조 즉위(1567)년 의정부 사인, 지제교 겸 교서관 교리에 임명되어 〈명종실록〉 편찬에 참여하고 사가독서한 뒤에 10월 23일 사헌부 집의에 임명되었다. 선조 1(1568)년 6월에 명나라에서 사신이 왔을 때 가간관으로 활동했다. 선조 3(1570)년 5월에 홍문관 전한으로 구황적간어사로 파견되었으며 7월에 사헌부 집의에 임명되었다. 선조 5(1572)년 직제학, 부승지, 우승지, 전시사관, 대사성, 첨지중추부사를 역임하고 12월에 종계악명주청사 이양원의 부사에 임명되어 선조 6(1573)년 2월에 연경에 다녀와서 그 공으로 9월에 가선대부로 가자되고 전지 20결과 노비 3구를 하사받았다. 선조 7(1574)년 9월에 경상도 관찰사에 임명되고 선조 8(1575)년 12월에 홍문관 부제학에 임명되었다. 이어 사헌부 대사헌과 경기도 관찰사 겸 병마수군절도사를 역임했다. 그러나 선조 11(1578)년 동인 계열로부터 뇌물을 받았다는 탄핵을 받고 파직되었다. 그러나 곧 기용되어 강릉 부사, 황해도 관찰사, 이조 참판을 차례로 역임했다. 선조 14(1581)년 유수로 있다가 사간원의 탄핵을 받았고 선조 17(1584)년 2월에 사간원 대사간에 임명되었다. 선조 22(1589)년 공조 참판으로 성절사에 임명되어 명나라에 파견되어 종계를 수정한 〈대명회전〉과 명나라 황제의 칙서를 받아왔다. 돌아와서 형조 판서, 대사헌, 이조 판서에 임명되고 선조 23(1590)년 종계변무의 공으로 광국공신 1등에 녹훈되고 해평부원군에 봉해졌다. 선조 24(1591)년 6월에 우찬성에 임명되었으나 서인의 영수인 정철이 광해군의 세자 책봉을 건의하다가 유배되자 형인 두수와 함께 유배되었다. 선조 25(1592)년에 임진왜란이 일어나자 풀려나서 5월에 예조 판서에 임명되어 선조를 호종했다. 6월에 숭정대부로 가자되고 예조 판서로 문안사, 원접사, 주청사에 임명되어 여러 차례 명나라에 다녀왔다. 선조 26(1593)년 1월에 예조 판서로 대제학에 임명되었으나 5월에 예조 판서에서 물러나 판중추부사에 임명되어 경략 원접사의 임무를 맡았다. 선조 28(1595)년 1월에 세자책봉 주청사로 명나라에 다녀왔으나 인가를 받지 못한 일로 탄핵을 받았다. 그러나 선조가 따르지 않았고 11월에 의정부 좌찬성에 임명되었다. 선조 29(1596)년 1월에 좌찬성에서 물러나 해평부원군으로 활동하다가 9월에 판의금부사를 겸하면서 왜적의 침범에 대한 대비책을 상언했다. 선조 30(1597)년 정유재란이 발발하자 왕비와 후궁 일행을 모시고 황해도 수안으로 피난 갔다. 그 뒤에 예조 판서에 임명되어 판의금부사를 겸했다. 선조 32(1599)년 2월에 사역원 도제조에 임명되고 경리도감 당상을 겸했다. 선조 37(1604)년 임금을 호종한 공으로 호성공신 2등에 녹훈되었다. 선조 41(1608)년 선조가 죽자 묘호를 조(祖)라고 할 것을 주장하여 관철시켰다.

광해군 8(1616)년 4월에 임금으로부터 우로(優老)의 대특전을 받았으며 8월에 80세로 죽었다. 죽은 뒤에 양주의 월정사(月汀祠)에 제향되었다.

〈광해군일기(중초본)〉 광해군 8(1616)년 8월 17일 두 번째 기사에 '해평부원군 윤근수의 졸기'가 있다. 졸기에 "사람됨이 청백하고 간솔하고 문장이 고아하였으며 필법이 굳세고 힘찼다. 추대되어 예원(藝苑)의 종장(宗匠)이 되었으며 평생을 선비들과 지내며 선행을 좋아하였고 후진들을 도와주기를 좋아하였다. 중국 사신을 맞아 일을 잘 처리하여 명예로운 명성이 매우 드러났다. 젊을 적부터 청고한 의논을 견지하여 청현직을 두루 거쳤으며 만년에는 문사(文史)로 혼자서 즐기면서 교유(交遊)에 뜻을 끊고 지냈다. 재능이 있는 사람이 있다는 말을 들으면 비록 촌구석이라도 반드시 찾아보았다. 광국(光國)과 호성(扈聖) 두 공신에 책록되었다. 나라의 중요한 지위에 있은 지가 30년이었는데도 집안이 청빈하고 깨끗하여 마치 한미한 선비처럼 생활하였다. 나이 80에 세상을 떠났는데, 왕이 의원을 보내어 병환을 묻고, 장례를 예에 의거하여 치르게 하였다. 인조반정 후에 문정(文貞)이라는 시호를 하사하였다."고 평했다.

저술 및 학문

이황·조식으로부터 학문을 배우고 성혼·이이 등과 사귀면서 주자의 학문을 연구했다. 양명학에 대해서는 유해무익한 것으로 배척했다. 당대의 문장과 글씨의 거장으로 글씨는 영화체(永和體)라는 평가를 받았다. 저서로 〈월정집〉·〈월정만필〉·〈사서토석〉·〈마한사초〉·〈한문질의〉·〈송도지〉·〈조천록〉·〈조경창수〉 등이 있으며 글씨로는 '이판서윤경묘비'와 '윤언령부인박씨갈'과 '윤감정변묘갈'이 있다.

참고 문헌

〈다음백과사전〉, 〈명종실록〉, 〈선조실록〉, 〈선조수정실록〉, 〈광해군일기정초본〉, 〈광해군일기중초본〉, 〈디지털양주문화대전〉, 〈해평윤씨세보〉

이항복
(李恒福)

본관은 경주이고 자는 자상(子常)이며 호는 백사(白沙)·필운(弼雲)·동강(東岡)이고 시호는 문충(文忠)이다. 명종 11(1556)년에 태어나서 광해군 10(1618)년에 죽었다.

임명일

- 선조 28(1595)년 2월 1일 : 이항복은 이조 판서 겸 대제학이 되었다.
- 선조 28(1595)년 8월 28일 : 이항복(李恒福)을 예문관 대제학 지춘추관 성균관 사에.
- 선조 28(1595)년 10월 4일 : 이항복을 체직시키고 이산해에게 대제학을 겸임시켜 사대문서를 작성하도록 하다.

가문

이제현의 후손으로 아버지는 우참찬·형조 판서 몽량(夢亮)이고 할아버지는 진사 예신(禮臣)이며 증조부는 안동 판관 성무(成茂)이고 고조부는 돈녕부 첨정 숭수(崇壽)이다. 외할아버지는 초배는 함평인 참봉 이보(李堢)이고 계배는 전주인 결성 현감 최륜(崔崙)인데 최륜이 친외할아버지이다. 장인은 초배는 도원수 권율(權慄)이고 처조부는 영의정 권철(權轍)이며 계배는 금성인 현령 오언후(吳彦厚)이다.

아들은 넷인데 1남은 부사 성남(成男)이고 2남은 예빈시 정 정남(鼎男)이다. 측실 소생으로 규남(奎男)과 지중추부사 기남(箕男)이 있다. 정남은 이조 참판 시술(時術)을 낳고 시술은 형조 좌랑·사복시 정 세필(世弼)을 낳고 세필이 좌의정 태좌를 낳고 태좌가 영의정 종성을 낳았다. 성남은 현감 시현(時賢)을 낳고 시현이 사헌부 장령 세구(世龜)를 낳았으며 세구가 영의정·대제학 광좌(光佐)를 낳았다. 또 세필의 후손으로 영의정 유원(裕元)이 있고, 초대 부통령 시영(始榮)을 배출했다. 항복의 딸들은 각각 1

녀는 파평인 윤인옥(尹仁沃), 2녀는 안동인 군수 권칙(權佄), 3녀는 흥양인 이산규(李山奎)와 결혼했다.

형은 연평 현령 운복(雲福)과 금화사 별제 산복(山福)과 선공감역 송복(松福)이고 아우는 첨지중추부사 경복(鏡福)과 사과 다복(多福)이며 누이들은 각각 김익충(金益忠), 남양인 홍우익(洪友益), 여흥인 민선(閔善), 문화인 우윤 유사원(柳思瑗)과 결혼했다.

◤ 생애

9세에 아버지가 죽어서 어머니의 슬하에서 자랐다. 소년 시절에는 부랑배의 우두머리로서 헛되이 세월을 보냈으나 어머니의 교훈으로 학업에 힘썼다 한다. 선조 4(1571)년 어머니가 죽자 삼년상을 치르고 성균관에 들어갔다.(〈한국민족문화대백과서전〉) 선조 8(1575)년에 진사시에 합격하고 선조 13(1580)년에 알성문과에 병과로 급제하여 승문원 부정자에 임명되었으며 홍문록에 뽑혔다. 선조 14(1581)년 예문관 검열로 있을 때 이이에 의해 이덕형 등과 함께 천거되어 한림에 올랐고 선조 16(1583)년 사가독서했다. 그 뒤에 홍문관 정자, 홍문관 저작, 홍문관 박사, 예문관 봉교, 성균관 전적, 사간원 정언 겸 지제교, 홍문관 수찬, 이조 좌랑을 역임했다.(〈한국민족문화대백과사전〉) 선조 22(1589)년 예조 정랑으로 있을 때 정여립의 모반사건(기축옥사)이 일어나자 문사낭청으로 활동하여 선조의 신임을 얻었고 파당을 조성한 대사간 이발(李潑)을 공박하다가 비난을 받기도 했다. 그 뒤에 응교, 검상, 사인, 전한, 직제학, 우승지를 거쳐 선조 23(1590)년에 호조 참의에 임명되었고 정여립(鄭汝立)의 모반사건을 처리한 공으로 평난공신 3등에 녹훈되었다. 선조 24(1591)년 좌승지로 있으면서 정철에 대한 논죄가 있을 때 태만히 했다는 이유로 탄핵을 받고 파직되었으나 곧 복직되어 도승지에 임명되었다. 이때 대간의 공격이 있었으나 대사간 이원익의 적극적인 비호로 무사했다.(《한국민족문화대백과사전》 참조) 선조 25(1592)년 임진왜란이 일어나자 5월에 왕비를 개성까지 호종 했고, 신성군과 정원군을 평양으로 호종했으며 왕은 의주까지 호종했다. 그 공으로 평양에 도착하여 이조 참판에 임명되고 오성군에 봉해졌으며 6월에 호조 판서로 승진하여 오위도총부 도총관을 겸했다. 이어 병조 판서로 동지경연, 홍문관 제학을 겸하고 선조 26(1593)년 1월에는 세자우빈객을 겸하고 7월에는 관상감 제조도 겸했으며 11월에 원접사에 임명되었다. 윤11월 세자가 남쪽에 분조를 설치하고 경상도와 전라도의 군무를 맡아볼 때 대사마(大司馬)에 임명되어 세자를 보필하며 분병조 판서에 임명되었다. 선조 27(1594)년 봄에 전라도에서 송유진의 반란이 일어나자 관료들이 세자와 함께 환도하기를 청했으나 이에 반대하고 반란을 진압하고 7월에 병조 판서에 임명되었다. 선조 28(1595)년 3월에 이조 판서로 전임되고 병조 판서에는 이덕형이 임명되었다. 8월에 예문관 대제학, 지춘추관사, 성균관사를 겸하고 10월에 대제학에서 물러났고 11월에 의정부 우참찬에 임명되었다. 선조 29(1596)년 1월에 홍문관 제학에 임명되고 8월에 다시 병조 판서에 임명되었다. 선조 30(1597)년 8월에 병으로 병조 판서에서 사직하고 오성군으로 있다가 9월에 다시 병조 판서에 임명되고 10월에 좌부빈객도 겸했다. 선조 31(1598)년 명나라 찬획 정응태(鄭應泰)가 우리나라를 무함하여 황제에게 주문을 올리자 대광보국숭록대부로 가자되고 오성부원군으로 봉해진 뒤에 진주사에 임명되어 명나라에 가서 정응태를 파직시키고 귀국하여 토지와 노비를 하사받고 10월에 우의정으로 승진했다. 선조 32(1599)년 7월에 병으로 정사하여 우의정에서 물러나 오성부원군으로 있다가 얼마 뒤에 우의정으로 제배되고 9월에 의정부 좌의정에 임명되었다. 이때 휴전을 주장했다는 이유로 유성룡이 탄핵을 받자 자신도 휴전을 주장했다며 사의를 표하고 물러났다. 바로 뒤에 우의정으로 도체찰사 겸 도원수에 임명되었다가 좌의정으로 옮겨 4도 도체찰사 겸 도원수를 역임하며 남도 각지를 돌며 민심을 안정시키는 데에 주력했다. 선조 33(1600)년 2월에 우의정에 임명되었다가 3월에 다시 도원수 겸 좌의정에 임명되었고 선조 34(1601)년 6월에 영의정으로 승진하여 대행왕비의 시호 단자를 올렸다. 선조 35(1602)년 정인홍과 문경호 등이, 성혼이 최영경을 모함하고 살해했다고 하며 성혼을 공격할 때 성혼의 무죄를 주장하다가 정철의 당이라는 혐의를 받자 윤2월에 여섯 번의 정사로 영의정에서 물러나 오성부원군이 되었다. 영조 37(1604)년 4월에 다시 영의정에 임명되었으나 여섯 번의 정사로 영의정에서 물러나 오성부원군으로 있으면서 6월에 호성공신 1등에 녹훈되었다. 선조 37(1604)년 12월에 훈련도감 도제조에 임명되었다. 선조 41(1608)년 좌의정에 제배되어 도체찰사와 총호사를 겸했다.

광해군 즉위(1608)년 임해군의 집을 병사들이 둘러싸고 출입을 금지시키고 살해하려 하자 이에 반대함으로써 정권을 잡고 있던 정인홍 일파의 공격을 받았다. 공격을 받고 사퇴하려 했으나 받아들여지지 않고 4월에 4도 도체찰사 겸 영의정으로 재직하다가 5월에 좌의정에 임명되었다. 광해군 2(1610)년 윤3월에 좌의정 겸 도체찰사로 평안북도 북변에 기병을 둘것을 건의하여 허가받았다. 광해군 3(1611)년 우의정으로 내려왔다가 좌의정에 임명되었다. 이때 북인이 선조의 장인인 김제남 일가를 멸족시키고 영창대군을 살해하려 하자 이에 극력 반대했다. 광해군 5(1613)년 5월에 정협을 천거한 일로 북인의 공격을 받고 파직을 요청하였으나 광해군의 보호로 허락되지 않다가 6월에 삭직되어 영중추부사에 임명되었다. 광해군 7(1615)년 맏아들 성남이 적노(賊奴)의 무고를 받아 하옥되고 정인홍이 상소하고 삼사에서 관직을 삭탈시켜 문외출송하라고 정하자 망우리에 오두막집을 짓고 물러났다. 광해군 9(1617)년 11월에 폐모론이 일어나자 폐비 축출에 반대하는 헌의를 올리었다. 이 일로 북인으로부터 서궁의 옹호자로 지목받아 탄핵을 받고 12월에 고향으로 내쳤다가 양사가 위리안치를 청함에 따라 12월에 용강으로 유배되었다가 흥해로 고쳐 유배되었고 다시 창성으로 정배했다가 경원으로 정배되었다가 다시 삼수로 정배되었다. 광해군 10(1618)년 1월에 북청으로 유배되었다가 5월에 북청의 유배지에서 병으로 죽었다. 죽은 뒤 닷새 만에 관작이 회복되었다. 그 뒤에 포천과 북청에 사당을 세워 제향했고 효종 10(1659)년 화산서원(花山書院)이라는 사액이 내려졌다.

〈광해군일기(중초본)〉 광해 10(1618)년 5월 13일 여섯 번째 기사에 '전 영의정 오성부원군 이항복의 졸기'가 있다. 졸기에는 "전 영의정 오성부원군 이항복이 북청 유배지에서 죽었다."고 간단히 기술되어 있다.

◪ 저술 및 학문

저서로는 〈백사집〉·〈북천일기〉·〈사례훈몽〉 1권·〈주소계의〉 각 2권·〈노사영언〉 15권 등이 있으며 〈청구영언〉과 〈해동가요〉에 시조 3수가 전하며 〈백사집〉에 한문소설 〈유연전〉이 실려 있다. '이순신 충렬묘비문'을 찬하기도 했다.

◪ 참고 문헌

〈한국민족문화대백과사전〉, 〈조선의 영의정〉, 〈선조실록〉, 〈선조수정실록〉, 〈광해군일기정초본〉, 〈광해군일기중초본〉, 〈경주이씨세보〉, 〈국조인물고 : 비명. 신흠(申欽) 지음〉, 〈경주이씨상서공파세보〉

심희수 (沈喜壽)	본관은 청송이고 자는 백구(伯懼)이며 호는 일송(一松)·수뢰루 인(水雷累人)이고 시호는 문정(文貞)이다. 명종 3(1548)년에 태 어나서 광해군 14(1622)년에 죽었다.

임명일

— 선조 32(1599)년 10월 23일 : 심희수(沈喜壽)를 동지중추부사 겸 대제학으로.

가문

아버지는 승문원 정자 건(鍵)이고 할아버지는 동지돈녕부사 봉원(峯源)이며 증조부는 영의정 연원(連源)의 아버지인 의정부 사인 순문(順門)이고 고조부는 내자시 판관 원(湲)이다. 5대조는 영의정 회(澮)이고 6대조는 영의정 온(溫)이고 7대조는 문하좌정승(영의정) 덕부(德符)로 3대에 걸쳐 영의정을 역임했다. 외할아버지는 광주인 교리 이연경(李延慶)이고 장인은 광주인 돈녕부 첨정 노극신(盧克愼)이다.

아들이 없어서 아우 창수(昌壽)의 아들 온양 군수 창(昶)을 후사로 삼았다. 아우는 첨정 창수(昌壽)이다. 할아버지의 큰형이 영의정 연원(連源)인데 연원의 아들이 명종의 국구(인순왕후의 아버지)인 청릉부원군(靑陵府院君) 강(鋼)이다. 영의정·대제학 노수신이 이모부이다.

생애

선조 3(1570)년에 진사시에 합격하고 성균관에 들어갔다. 선조 5(1572)년 별시문과에서 병과로 급제하고 승문원 부지정자에 임명되고 선조 6(1573)년 사관으로 전임되었다. 선조 16(1583)년 사가독서에 뽑혀 호당에 들어갔다. 선조 22(1589)년 정철의 문객으로 정여립의 옥사가 있을 때 옥사의 확대를 막으려 했으나 조정과 뜻이 맞지 않아서 뜻을 이루지 못하고 12월에 피혐하여 벼슬에서 물러났다. 선조 23(1590)년 부응교에 임명되어 선위사를 겸하면서 동래에서 일본의 사신을 맞았고, 선조 24(1591)년 6월에 응교에 임명되었다가 7월에 사헌부 장령으로 전임되었다. 장령으로 있으면서 여러 차례 직언을 하다가 선조의 뜻을 거슬러 사성으로 전직되었다. 선조 25(1592)년 6월에 홍문관 응교에서 부응교로 전임된 뒤에 통훈대부로 가자되어 7월에 병조 참지에 임명되고 병조 참지로 부제조를 겸했다. 이어 명나라 장수를 접대하는 소임을 맡았고 선조를 의주로 호종하였으며 8월에 동부승지에 임명되고 중국어를 잘하여 12월에는 요동에 가서 이여송을 영접했다. 선조 26(1593)년 1월에 우부승지로 전임되고 도승지로 승진했으며 10월에는 사헌부 대사헌에 임명되고 다시 승정원 도승지에 임명되었다. 윤11월에 형조 판서로 승진했으나 사헌부에서 개정을 요구하여 다시 사헌부 대사헌에 임명되었고 선조 27(1594)년 4월에 송응창의 접반사로 지중추부사를 겸하다가 역적을 추국한 공으로 정헌대부로 가자되어 공조 판서에 임명되었다. 선조 29(1596)년 2월에는 예문관 제학에 임명되고 5월에는 호조 판서에 임명되었으며 6월에 동지중추부사에 임명되고 선조 30(1597)년 3월에 지중추부사에 임명되었다. 9월에는 의정부 좌찬성으로 명나라에 차출되고 11월에는 우찬성으로 전임되었으며 12월에 예조 판서에 임명되었다. 선조 31(1598)년 예조 판서로 접반사와 좌부빈객을 겸했고, 선조 32(1599)년 6월에 행 첨지중추부사로 체배 되었다가 같은 달에 다시 예조 판서에 임명되었다. 7월에 한 자급 가자되고 8월에 행 이조 판서에 임명되었으며 10월에 동지중추부사 겸 대제학에 임명되었다. 같은 달에 좌참찬으로 전임되었다가 12월에 의정부 우참찬으로 전임되었으며 2월에 다시 예조 판서에 임명되었다. 8월에 좌찬성에 임명되고 9월에 다시 행 예조 판서에 임명되었으며 선조 34(1601)년 행 지돈령부사를 거쳐 같은 달에 우찬성에 임명되었다. 2월에 이조 판서에 임명되고 6월에 우찬성에 임명되었으며 10월에 다시 행 이조 판서에 임명되었다. 선조 35(1602)년 1월에 동지중추부사로 체배 되었다가 2월에 공조 판서에 임명되었다. 4월에는 좌찬성에 임명되고 5월에는 판중추부사에 임명되었으며 선조 37(1604)년 판중추부사로 약방 제조를 겸하다가 선조 38(1605)년 의정부 우의정으로 승진하고 청백리에 뽑히었다. 선조 39(1606)년 성균관에서 투서가 나오자 선조가 이를 색출하기 위해 유생들을 심문하려 했으나 불가함을 말해 관철시키고 7월에 좌의정으로 승진하고 9월에 행 지중추부사로 체배 되었다. 선조 40(1607)년 선조의 생부인 덕흥대원군(德興大院君)을 추숭하려 하자 예전(禮典)에 어긋남을 강력히 주장하여 논의를 중지시켰다.

광해군 즉위(1608)년 3월에 우의정에 임명되고 11월에 내의원 도제조를 겸했다. 이 해에 권신 이이첨 등이 국정을 장악하여 임해군을 극형에 처하자 부당함을 주장했다. 이어서 광해군 2(1610)년 2월에는 부묘도감 제조를 겸하다가 광해군 3(1611)년 7월에 12번째 사직상소를 올려 허락받고 판중추부사로 물러났다. 광해군 5(1613)년 계축옥사가 일어나서 인목대비의 아버지인 김제남을 죽이고 영창대군을 옥사의 주모자로 몰아 해치려하자 이항복, 이덕형 등과 강력하게 반대했으나 뜻을 이루지 못했다. 영중추부사를 거쳐 판중추부사가 되고 광해군 6(1614)년 영창대군의 처형은 인륜에 어긋나며 가해자인 강화 부사 정항(鄭沆)을 참수하라고 주장하다가 광해군의 노여움을 산 정온(鄭蘊)을 적극적으로 변호하여 귀양에 그치게 했다. 광해군 7(1615)년 영돈녕부사에 임명되었다. 이때 명나라에 사신으로 다녀온 허균과 종계 문제로 다투다가 양사의 탄핵을 받고 파직되었고 이어서 폐모론이 다시 일자 둔지산에 은거하며 학문했다. 광해군 12(1620)년 영중추부사를 거쳐 판중추부사에 임명되었으나 나가지 않다가 광해군 14(1622)년에 죽었다. 죽은 뒤에 상주의 봉암사(鳳巖祠)에 제향되었다.

〈광해군일기(정초본)〉 광해군 14(1622)년 5월 17일 네 번째 기사에 '전 좌의정 심희수의 졸기'가 있다. 졸기에 "용모가 아름다웠고 우스개를 잘 하였으며, 재주가 남들보다 뛰어났고 전고(典故)를 잘 알았으며, 문재가 어려서 일찍 이루어졌다. 정승 노수신은 바로 그의 아버지와 동서 사이였는데, 그를 아주 세밀히 살펴보고는 동생의 딸로 아내를 삼게 하였다. 융경 임신년(선조 5년)에 과거에 급제한 뒤 현직(顯職)을 두루 거쳤다. 그가 계미년(선조 16년)에 서당에 있으면서 연꽃에 대해서 읊은 율시 한 수가 있는데, 그 내용은 다음과 같다.

풍류객이 언제 이 연못을 팠던고
지붕 끝의 밝은 달이 너의 모습 비추누나
따뜻한 좋은 계절 단비 많이 내릴 적에
금계(金鷄)가 대궐에 내려오는 것을 보겠지

이때에 허봉(許封)이 옥당에 있으면서 차자를 올려 이이를 논했다가 죄를 얻어 귀양갔다. 상은, 심희수가 일찍이 이이의 덕을 칭찬했으면서도 이때에 와서 주상의 뜻을 떠보아 허봉을 구하려고 전후로 말을 서로 다르게 했다고 생각하여, 그를 금산 군수로 내보냈다.

그는 사람됨이 깨끗하여 흠이 적었으나 화합하기를 좋아하여 결단성이 부족하였으므로 두 번 이조 판서를 맡는 동안 시속에 아첨한다는 비난을 면치 못하였다. 그러나 스스로의 몸가짐이 맑고 간소하였으며, 오직 시와 술로 스스로를 즐기고 좀처럼 집안일을 경영하지 않아 담장이 무너져도 돌보지 않았다. 일찍이 사복시 제조를 겸하고 있었는데, 자신에게 바치는 하인을 끝까지 받지 않았다. 이에 사복시에서는 이 내용을 들보에다 써서 걸어 놓아 그의 맑은 절개를 드러냈고, 선조는 일찍이 그를 염근리(廉謹吏)로 기록하고 홍문관과 예문관의 대제학으로 제수하였다.

갑진년 정승이 된 뒤에는 능히 스스로의 주장을 세워 바른 의논을 견지하며 아첨하지 않았다. 선조 말년 정월 초하루에 일식이 일어나자 차자를 올려 잘잘못을 전달하고, 아울러 왕자 임해군이 유희서(柳熙緖)를 죽인 옥사 사건을 언급하였다. 이로 말미암아 상의 뜻을 거슬러 지위에서 물러나게 되었다.

광해군 무신년 다시 정승이 되어 옥사를 다루면서 많은 사람을 구하여 살렸다. 허균이 나라가 무함 받은 것을 변무한 일로 인해 종묘에 고하는 일에 대해 논한 것이 이이첨을 크게 거슬러서 탄핵을 받았다.

기미년에 다시 서용되었는데, 그 뒤에는 성 밖에서 우거하며 서울의 집에는 들어오지 않고 여러 차례 치사할 것을 청하다가 이때에 이르러 죽었다."고 평했다.

⏬ 저술 및 학문

문장에 능하고 글씨를 잘 썼으며 저서로 〈일송집〉이 있다.

⏬ 참고 문헌

〈다음백과사전〉, 〈선조실록〉, 〈선조수정실록〉, 〈광해군일기정초본〉, 〈광해군일기중초본〉, 〈한국민족문화대백과사전〉, 〈심순문 묘갈명 : 김안국 지음〉, 〈청송심씨대동세보 :경신보〉, 〈청송심씨세보〉

이정귀
(李廷龜)

본관은 연안이고 자는 성징(聖徵)이며 호는 월사(月沙)·보만당(保晚堂)·추애(秋崖)·치암(癡庵)·습정(習靜)이고 시호는 문충(文忠)이다. 명종 19(1564)년에 태어나서 인조 13(1635)년에 죽었다.

임명일

- 선조 34(1601)년 10월 17일 : 이정구(李廷龜)를 홍문관 예문관 대제학으로,
- 광해군 1(1609)년 7월 15일 : 이정귀를 대제학으로 삼았다.
- 광해군 3(1611)년 11월 5일 : 이정귀를 숭정 행 예조 판서 겸 홍문관 대제학 예문관 대제학 지춘추 성균관사 세자좌빈객 지경연사로,

가문

아버지는 삼등 현령 계(啓)이고 할아버지는 동지중추부사 순장(順長)이며 증조부는 성균관 사예 혼(渾)이고 고조부는 판중추부사 겸 지성균관사 석형(石亨)이다. 외할아버지는 현감 김표(金彪)이고 장인은 예조 판서 권극지(權克智)이다.

아들은 1남은 대제학 명한(明漢)이고 2남은 소한(昭漢)이다. 딸은 각각 대사헌 홍이상(洪履祥)의 아들인 풍산인 홍진(洪震), 광주인 사인 정현원(鄭玄源)과 결혼했다. 명한의 아들은 대제학 일상(一相), 가상(嘉相), 진사 만상(萬相), 단상(端相)이다. 누이들은 각각 경주인 최영진(崔泳津), 아산인 이덕용(李德容), 번남인 박진(朴瑈)과 결혼했다. 아들 명한, 손자 일상과 더불어 3대 대제학의 가문을 이루었다.

생애

윤근수의 문인으로 14세에 승보시에 장원하고 22세에 진사시에 합격하였으며 선조 23(1590)년에 증광문과에 급제했다.(〈다음백과사전〉 참조)

선조 26(1593)년 세자시강원 설서를 역임하고 9월에 병조 좌랑에 임명되고 11월에 지제교에 임명되었다. 선조 29(1596)년 5월에 병조 정랑에 임명되고 선조 30(1597)년 6월에 승문원 교리에 임명되었다가 사예로 전임되었다. 선조 31(1598)년 2월에 사헌부 집의에 임명되었다가 사흘 뒤에 동부승지로 전임되었으며 4월에 좌부승지에 임명되었다. 이때 명나라의 정응태 무고사건이 일어났는데 〈무술변무주(戊戌辨誣奏)〉를 지어 명과의 갈등을 해결하는 데에 큰 역할을 했다. 10월에 공조 참판으로 진주사 우의정 이항복의 부사로 연경에 갔으며 연경에 있는 동안 동지중추부사로 전임되었고 선조 32(1599)년 윤4월에 연경에서 돌아와서 노비 3구와 전답 20결을 하사받았다. 8월에 호조 참판에 임명되었으나 선조 33(1600)년 1월에 사직소를 올려 호조 참판에서 사직하였다. 그러나 2월에 다시 호조 참판에 임명되었다가 호조 판서로 승진하고 6월에 국장도감 제조를 겸하다가 10월에 예조 판서로 전임되었다. 선조 34(1601)년 1월에 제학을 겸하면서 지문의 완성이 늦은 것을 이유로 대죄를 청하고 물러났다가 8월에 다시 예조 판서에 임명되어 동지사를 겸하다가 10월에 홍문관·예문관 대제학에 임명되었다. 11월에 원접사를 겸했고 이어서 의정부 우참찬에 임명되었다가 다시 예조 판서에 임명되었다. 선조 36(1603)년 9월에 행 첨지중추부사에 임명되고 10월에 동지중추부사에 임명되었으며 선조 37(1604)년 2월에 세자책봉 주청사로 명나라에 다녀왔다. 그러나 세자책봉을 허락받지 못해서 탄핵을 받았다. 선조 38(1605)년 1월에 경기도 관찰사에 임명되고 선조 40(1607)년 지춘추관사에 임명되었으며 12월에 호조 판서에 임명되었다. 선조 41(1608)년 호조 판서로 동지춘추관사를 겸했다.

광해군 즉위(1608)년 3월에 병조 판서에 임명되어 대행대왕(선조)의 행장을 지었으며 4월에는 세자우빈객을 겸하다가 7월에 병조 판서 겸 지춘추관사 동지경연 성균관사 세자우빈객에 임명되었다. 광해군 1(1609)년 1월에 다시 대제학에 임명되었으며 9월에 지중추부사로 체배되었다가 11월에 다시 예조 판서에 임명되었다. 광해군 2(1610)년 이조 판서에 임명되어 약방 제조를 겸하다가 광해군 3(1611)년 세자좌빈객을 겸하고 4월에는 지관사까지 겸했다. 7월에 지중추부사에 임명되고 11월에 숭정대부로 가자되어 행 예조 판서 겸 홍문관 대제학·예문관 대제학 지춘추 성균관사 세자좌빈객 지경연에 임명되었다. 광해군 4(1612)년 11월에 예조 판서로 세자우빈객을 겸했고 광해군 5(1613)년 8월에 겸 지춘추관사 세자우빈객 동지경연사에 임명되었으며 광해군 6년 6월에 겸 세자우빈객 동지경연에 임명되었다. 광해군 7(1615)년 5월에 사은사에 임명되고 6월에 형조 판서에 임명되었으며 10월에 호조 판서에 임명되었다. 광해군 8(1616)년 11월에 의정부 좌의정을 거쳐 광해군 9(1617)년 1월에 지중추부사에 임명되고 3월에 판중추부사에 임명되었다. 광해군 10(1618)년 2월에 폐모론을 논하는 정청에 참여하지 않은 일로 김상용, 윤방, 정창연 등과 함께 탄핵을 받고 벼슬에서 물러나 있다가 광해군 11(1619)년 10월에 진주사에 임명되어 명나라에 다녀왔으며 광해군 13(1621)년 3월에 공조 판서에 임명되었다가 병조 판서로 옮겼고 9월에는 다시 공조 판서에 임명되어 예문제학을 겸했다.

인조 1(1623)년 3월에 예조 판서에 임명되었다가 9월에 판중추부사 겸 판의금부사 예조 판서에 임명되었다. 인조 2(1624)년 2월에 이괄의 난이 일어나자 인조를 공주로 호종하고 인조 3(1625)년 1월에 좌빈객을 겸하였으며 난이 평정되어 공을 논할 때 이미 보국숭록대부에 올랐기 때문에 족속 중에서 6품으로 뽑히는 은전을 입었다. 2월에는 관반에 임명되고 4월에 의정부 좌찬성에 임명되었으며 5월에 세자이사를 겸했다. 인조 4(1626)년 1월에 예조 판서 겸 예장도감 제조에 임명되었다가 10월에 좌찬성 겸 예조 판서에 임명되어 세자이사를 겸했다. 인조 5(1627)년 1월에 좌찬성으로 병조 판서에 임명되어 일상시에 군사를 뽑아 훈련시켜서 비상시에 대비할 것을 청했다. 인조 6(1628)년 7월에 의정부 우의정에 임명되고 인조 8(1630)년에는 이귀를 용서해 줄 것을 청했다. 인조 10(1632)년 좌의정으로 있으면서 인조의 생부인 덕흥대원군을 추숭하려 하자 추숭에 반대하고 12월에 19차례의 정사로 좌의정에서 체직되는 것을 허락받고 판중추부사에 임명되었다. 인조 12(1634)년 〈대학연의집략〉을 지어 바치고 인조 13(1635)년 4월에 죽었다.

〈인조실록〉 인조 13(1635)년 4월 29일 첫 번째 기사에 '전 좌의정 이정귀의 졸기'가 있다. 졸기에 "선조의 특별한 사랑을 받아서 무술년에 아경(亞卿)에 올랐고, 신축년에는 예조 판서가 되어 문형을 맡았으니, 재신(宰臣)의 반열에 있는 기간이 무려 40년이나 된다. 정귀는 기개가 뛰어나고 식견이 넓었으며, 평생에 말을 빨리 하거나 안색이 변하는 일이 없이 늘 대체를 잡고 포용하기에만 힘썼다. 문장을 지음에 있어서도 아무리 고문대책일지라도 붓을 잡으면 그 자리에서 완성하므로 마치 생각을 하지 않고 그냥 짓는 것과 같았으나, 문장이 좋아서 사람들의 입에 널리 회자되었으니, 그의 민첩한 재주는 남들이 따라 잡을 수가 없었다.

혼조 때 이이첨이 권병을 농락할 때 폐모론이 한창이었지만, 정귀는 끝까지 청정에 참여하지 않았고, 대론(臺論)이 너무 준엄하여지자 교외로 나가서 명을 기다렸는데, 마침 큰 화를 면하였다. 반정 후에 융숭한 은총을 받아서 드디어 정승에까지 올랐다가 이때 와서 죽으니, 나이 72세였다.

정귀는 예조 판서를 아홉 번 지내고 문형을 두 번 맡았으며, 자신은 정승에 오르고 두 아들과 한 사위도 모두 높은 벼슬을 하였는데, 내외손이 모두 수십 명에 달하였다. 그가 졸하자 상은 승지를 보내어 조문하였고 세자도 정귀를 사부로 모신 적이 있어 몸소 조문을 가니, 그 집안을 모두들 영화롭게 여겼다. 그러나 어떤 이는 우유부단한 것을 단점으로 여겼다."고 평했다.

◪ 저술 및 학문

윤근수의 문인으로 문장은 관인문학을 선도하는 전범을 보였으며 문학을 경세치용의 도구로 보았다. 저서로는 중국을 내왕하며 지은 〈조천기행록〉과 시문집 〈월사집〉 68권 22책이 전한다. 정응태 무고사건이 났을 때 〈무술변무주(戊戌辨誣奏)〉를 지어 명나라와의 갈등을 푸는 데 공헌했고 〈대학연의집략〉을 지어 바쳤다.

◪ 참고 문헌

〈다음백과사전〉, 〈선조실록〉, 〈선조수정실록〉, 〈광해군일기정초본〉, 〈광해군일기중초본〉, 〈인조실록〉, 〈연안이씨소부감판사공파세보〉

이호민 (李好閔)	본관은 연안이고 자는 효언(孝彦)이며 호는 오봉(五峯)·남곽(南郭)·수와(睡窩)이며 시호는 문희(文僖)이다. 명종 8(1553)년에 태어나서 인조 12(1634)년에 죽었다.

◩ 임명일

━ 선조 35(1602)년 6월 14일 : 이호민(李好閔)을 홍문관 대제학으로.

◩ 가문

아버지는 이천 현감 국주(國柱)이고 할아버지는 홍문관 수찬 세범(世範)이며 증조부는 적개좌리공신 호조 판서 숙기(淑琦)이고 고조부는 예빈시 소윤 말정(末丁)이다. 외할아버지는 비안인 사직 박여(朴旅)이고 장인은 초배는 파평인 사직 윤문로이고 계배는 양천인 허호이다.

1남은 한성부 판윤 경엄(景嚴)이고 2남은 첨지중추부사 경육(景陸)이며 3남은 김해 부사 경호(景湖)이다. 1녀는 평산인 예조 참판 신율(申慄)과 결혼했고 2녀는 문인화가인 진사 송민고(宋民古)와 결혼했으며 3녀는 진주인 우의정 강사상(姜士尚)의 증손 강환과 결혼했다.

◩ 생애

선조 12(1579)년에 진사시에 합격하고 선조 17(1584)년 인정전에서 유생에게 실시한 정시에서 수석을 차지하여 전시직부 되었고 이어서 별시 문과에서 을과로 급제했다. 선조 18(1585)년에 사관에 임명되고 선조 21(1588)년 7월에 사간원 정언에 임명되었다. 선조 25(1592)년 임진왜란이 일어나자 이조 좌랑으로 이원익의 종사관을 맡으면서 선조를 의주까지 호종하고 조산대부에 가자되었다. 이어 7월에는 이조 정랑에 임명되고 봉열대부로 가자되어 이조 좌랑에 임명되었다가 홍문관 응교로 전임되었다. 7월에 전란 중에 호종하는 사관들이 소지했던 일기가 모두 불타 없어졌고 조야의 기록도 모두 없어졌다. 이에 겸 춘추로 기자헌과 함께 출납한 명령과 각도의 장계를 날짜별로 다시 기록했다. 10월에는 홍문관 전한 겸 예문관 응교에 임명되고 11월에는 사헌부 집의에 임명되었다. 선조 26(1593)년 1월에 홍문관 부응교에 임명되었다가 같은 달에 사헌부 집으로 전임되었으며 2월에 동부승지에 임명되었다. 그 뒤에 상을 당하였으나 12월에 지문과 주문을 찬술하기 위해 기복되어 상호군에 임명되었다. 선조 27(1594)년 1월에 승문원 부제조에 임명되고 선조 28(1595)년 7월에 병조 참지에 임명되었으나 바로 홍문관 부제학에 임명되어 명나라로 가는 외교문서를 전담했다. 8월에 승정원 좌부승지에 임명되고 11월에 첨지중추부사에 임명되었으나 이틀 만에 병조 참지로 전임되었다. 선조 29(1596)년 1월에 홍문관 부제학에 임명되어 경성의 민심수습 방안과 방위 대책을 건의하고 10월에 사헌부 대사헌에 임명되었다. 선조 30(1597)년 4월에 승정원 도승지에 임명되어 6월에는 홍문관 제학을 겸하다가 8월에 예조 판서로 승진했으며 선조 31(1598)년 진어사의 접반사를 겸하였고 3월에 정헌대부로 가자되었다. 선조 32(1599)년 행 동지중추부사를 거쳐 10월에 형조 판서에 임명되었다. 선조 33(1600)년 사은사로 명나라에 가서 구입한 책을 바쳤고 6월에 예조 판서로 빈전도감 제조를 겸하면서 선조 34(1601)년 인성왕후(仁聖王后)의 지문을 지었다. 3월에 동지중추부사에 임명되고 11월에 의주 영위사에 임명되었다. 선조 35(1602)년 1월에 지중추부사에 임명되고 5월에 상호군에 임명되었으며 6월에 홍문관 제학을 겸했다. 같은 달에 첨지중추부사에 임명되었다가 8월에 동지중추부사에 임명되었다. 선조 36(1603)년 2월에 의정부 좌참찬에 임명되고 선조 37

(1604)년 예조 판서에 임명되어 대제학을 겸했다. 이 해에 호성공신 2등에 녹훈되고 연릉부원군에 봉해졌다. 선조 38(1605)년 연릉부원군으로 활동했고 선조 40(1607)년 비변사 제조를 겸하다가 5월에 판의금부사에 임명되었고 12월에 도총부 도총관에 임명되었다. 선조 41(1608)년 선조가 죽자 적서차별 없이 맏아들을 즉위시켜야 한다고 주장하여 영창대군의 즉위에 반대했다.

광해군 즉위(1608)년 2월에 연릉부원군으로 고부청시승습사로 명나라에 갔으나 승습을 허락받지 못하고 돌아왔다. 이 일로 7월에 파직되어 추고를 받았다. 광해군 1(1607)년 1월에 고부청시 승습상사 연릉부원군으로 전 20결과 외거노비 4구를 하사받고 자서제질 가운데 한 사람을 등용시키는 은전을 받았다. 10월에 판의금부사에 임명되고 같은 달에 연릉부원군 겸 지춘추관사에 임명되었으며 관상감 제조도 겸했다. 광해군 4(1610)년 3월에 양사의 연계로 파직되었다. 광해군 5(1611)년 1월에는 비첩 인옥이 사위인 송민고와 간통한 소문이 퍼졌다. 광해군 6(1612)년 김재직의 옥사에 연루되고 광해군 9(1615)년 정인홍 등의 원창론으로 문외출송 당하여 교외에서 7년간 있었다.

인조 즉위(1632)년 구신으로 대우 받았고 이 해에 집에 강도가 들어와 겁탈한 강도가 잡혀 처형되었고 인조 12(1634)년에 죽었다. 죽은 뒤에 청백리에 올랐고 지례의 도동향사(道東鄕祠)에 제향되었다.

〈인조실록〉 인조 12(1634)년 윤8월 28일 첫 번째 기사에 '연릉부원군 이호민의 졸기'가 있다. 졸기에 "그는 영특하고 총명하였으며 문장을 잘 지었다. 과거에 급제할 때는 선묘가 그 재능을 칭찬하였다. 이윽고 뽑혀 독서당에 들어갔다. 임진년에는 임금을 호종하여 용만(龍彎)에 갔으며, 당시 자문·주문·게첩(揭帖)·격문(檄文)이 대다수 그의 손으로 지어졌다. 이 일로 선묘가 더욱 가상하게 여겼다. 환도하여 호성공신에 녹훈되었고, 청요직을 두루 거쳐 마침내 문형을 주관하였다. 혼조에 이르러 유언비어에 연루되어 거의 화를 면치 못할 뻔하였다. 이에 도성 남쪽에 은거하면서 시와 술로 생활을 즐겼다. 이때 죽으니 나이 82세였다."고 평했다.

◪ 저술 및 학문

한시에 뛰어나 의주에 있으면서 일본의 수중에 있던 서울을 삼도의 군사가 연합해서 공격한다는 소식을 듣고 〈용만행재하삼도병진공한성(龍灣行在下三道兵進攻漢城)〉이란 시를 지었는데 절창으로 평가받고 있으며 많이 예송되었다 한다. 저서로는 〈오봉집(五峯集)〉이 있고 인선왕후의 지문을 지었다.

◪ 참고 문헌

〈다음백과사전〉, 〈선조실록〉, 〈선조수정실록〉, 〈인조실록〉, 〈한국민족문화대백과사전〉, 〈연안이씨부사공파세보 : 세계도〉

<table>
<tr>
<td>유근
(柳根)</td>
<td>본관은 진주이고 자는 회부(晦夫)이며 호는 서경(西坰)·고산(孤山)이고 시호는 문정(文靖)이다. 명종 4(1549)년에 태어나서 인조 5(1627)년에 죽었다.</td>
</tr>
</table>

임명일

— 선조 37(1604)년 10월 15일 : 유근(柳根)을 대제학으로,

가문

친아버지는 영문(營門)인데 진사 광문(光門)에게 입양되었다. 할아버지는 예빈시 별제 윤(潤)이고 증조부는 한성부 참군 팽수(彭壽)며 고조부는 영정(永貞)이다. 외할아버지는 죽산인 이조 정랑 안세언(安世彦)이고 장인은 진천인 송억수(宋億壽)이다.

딸만 둘이고 아들이 없어서 형의 아들 시보(時輔)를 입양했는데 종친부 첨정이다. 딸은 1녀는 영의정·대제학 김류(金瑬)와 결혼했고 2녀는 홍문관 교리 오전(吳竱)과 결혼했다.

생애

선조 5(1572)년 별시문과에서 장원급제하고 선조 6(1573)년에 홍문록에 뽑혔으며 선조 7(1574)년 사가독서 했다. 선조 13(1580)년 12월에 선위사에 임명되었다. 선조 17(1584)년 홍문관 수찬을 역임하고 선조 18(1585)년 경기도 암행어사로 파견되어 구황을 삼가지 않은 고양 군수 윤유후를 파면시키고 6월에 홍문관 교리에 임명되었다. 선조 20(1587)년 8월에 이조 정랑으로 문신정시에 응시하여 장원으로 급제하여 가자되고 10월에는 이조 정랑으로 선위사에 임명되어 일본의 사신 겐소(玄蘇)를 맞이해서 문

장과 재능으로 겐소를 탄복시켰다. 선조 24(1591)년 왕세자 책봉 문제로 좌의정 정철이 화를 당할 때 좌승지로 있었는데 양사가 정철의 잔당이라며 황정욱, 황혁, 윤두수, 이산보 등을 탄핵했으나 선조의 비호로 화를 면했다. 선조 25(1592)년에 임진왜란이 일어나자 예조 참의로 선조를 의주까지 호종했다. 5월에는 영위사로 있었는데 이조에서 2품으로 가자하라고 청했으며 6월에 예조 참판에 임명되고 좌승지로 전임되었으며 7월에 도승지로 승진했다. 선조 26(1593)년 1월에 한성부 판윤에 임명되었고 4월에는 한성부 판윤으로 안무사를 겸하면서 민심을 수습했고 같은 달에 서울을 수리할 임무를 띠고 경성에 있다가 사은사 인성부원군 정철의 부사로 명나라에 갔다. 이어서 지중추부사에 임명되었다. 그러나 명령 없이 명나라에서 함부로 주청했다는 이유로 사간원에서 파직을 청했으나 파직되지 않고 12월에 경기도 관찰사로 전임되었다. 선조 28(1595)년 9월에 동지중추부사에 임명되고 같은 달에 한성부 판윤에 임명되었으며 10월에 경기도 관찰사에 임명되었다. 선조 29(1596)년 6월에 접반사를 역임하고 충청도 관찰사로 나갔으나 선조 30(1597)년 명나라가 산동에서 경강까지 군량을 운반하게 되자 좌의정 윤두수의 책임으로 4월에 해운검찰사에 임명되어 해운을 관장했다. 선조 32(1599)년 5월에 해운검찰사로 지중추부사를 겸하다가 선조 33(1600)년 2월에 호조 판서에 임명되었다. 그러나 검찰사가 평안도에 있는데 주관하는 일이 끝나지 않아 올라오는 시간이 필요하다는 요청으로 호조 판서에서 체차되었다가 10월에 다시 호조 판서에 임명되었다. 선조 34(1601)년 2월에 함경도 관찰사에 임명되었다가 같은 달에 한성부 판윤에 임명되고 약방 제조와 빈전도감 제조를 겸했다. 5월에 예조 판서에 임명되고 7월에 진주사에 임명되었으며 8월에 예조 판서에서 체직시켜달라고 요청하여 예조 판서에서 사직하고 동지중추부사에 임명되었다가 12월에 지중추부사에 임명되었다. 선조 35(1602)년 4월에 다시 예조 판서에 임명되고 9월에 충청도 관찰사로 있으면서 호서 지역의 전세를 감면해줄 것을 청했고 선조 36(1603)년에는 백제 시조 온조의 사당을 수리하여 복구할 것을 청했다. 선조 37(1604)년 6월에 의정부 좌참찬에 임명되고 선조를 의주까지 호종한 공으로 호성공신 3등에 녹훈되고 진원부원군에 봉해졌고 10월에 대제학에 임명되고 12월에 의정부 우찬성으로 승진하고 선조 38(1605)년 8월에 의정부 좌찬성으로 전임되었다. 선조 39(1606)년 1월에 원접사로 자신의 종사관으로 허균, 조희일을 천거하고 4월에 반송사에 임명되었으며 8월에는 의금부 판사에 임명되어 좌찬성과 대제학을 겸했다. 선조 40(1607)년 선조의 시책문을 지었다.

광해군 즉위(1608)년 8월에 좌찬성에서 진양부원군으로 체봉되어 대제학과 시책문 제술관을 겸하다가 광해군 1(1609)년 6월에 종묘서 제조를 역임했고 12월에는 사제천사의 원접사도 겸했다. 광해군 5(1613)년 5월에 호조 판서에 임명되었으나 대북파가 국정을 장악하자 사직하고 괴산에 은거했다. 이 해에 폐모론이 일어나자 이에 반대하여 시골로 피했다는 죄로 관작이 삭탈되었다. 광해군 11(1619)년 복관되었으나 관직에 나가지 않았다.

인조 1(1623)년 인조반정이 성공하자 다시 기용되었으나 병을 이유로 사퇴를 청했으나 허락되지 않았다. 인조 5(1627)년 정묘호란이 일어나자 인조를 강화로 호종하던 중에 통진에서 죽었다. 죽은 뒤에 괴산의 화암서원(花巖書院)에 제향되었다.

〈인조실록〉 인조 5(1627)년 2월 6일 다섯 번째 기사에 '진원부원군 유근의 졸기'가 있다. 졸기에 "유근은 글을 잘하여 오랫동안 문형을 맡았었는데 만년에 청렴하지 못하다는 비방을 받았었다."고 평했다.

◪ 저술 및 학문

황정욱(黃廷彧)의 문인이다. 문장에 능하고 시에 뛰어났으며 저서로 〈서경집〉이 전한다.

◪ 참고 문헌

〈다음백과사전〉, 〈선조실록〉, 〈선조수정실록〉, 〈광해군일기정초본〉, 〈광해군일기중초본〉, 〈인조실록〉, 〈국조인물고 : 행장〉

이이첨
(李爾瞻) — 본관은 광주이고 자는 득여(得輿)이며 호는 관송(觀松)·쌍리(雙 里)이다. 명종 15(1560)년에 태어나서 인조 1(1623)년에 죽었다.

임명일

— 광해군 5(1613)년 8월 11일 : 이정구를 대신하여 예조 판서가 되었는데 얼마 지나지 않아 대제학을 겸하였다.(이이첨)

가문

아버지는 우선(友善)이고 할아버지는 범(範)이며 증조부는 교리 수훈(秀 薰)이고 고조부는 사헌부 장령 세경(世卿)이다. 5대조는 무오사화의 빌미 를 제공한 좌찬성 극돈(克墩)이고 6대조는 우의정 인손(仁孫)이다. 외할아 버지는 유유일(柳惟一)이고 장인은 이응록(李應祿)이다.

아들은 순천 부사 원엽(元燁), 승지 홍엽(弘燁), 대사성 대엽(大燁), 대 사성 익엽(益燁)이고 딸은 1녀는 전주인 수찬 이상항(李相恒)과 결혼했고 2녀는 밀양인 영의정 박승종(朴承宗)의 아들인 형조 참판 박자흥(朴自興) 과 결혼했다.

생애

선조 15(1582)년 사마시에 합격하고 광릉 참봉에 임명되었다. 선조 25 (1592)년 광릉 참봉으로 있을 때 임진왜란이 일어나자 도망하지 않고 현 지에서 의병을 일으켜 왜군과 싸우고 세조의 어진을 구했다. 선조 26 (1593)년 어머니의 상을 당하여 거상을 극진하게 해서 효자의 정문이 세 워졌다. 선조 30(1597)년 별시문과에서 을과로 급제하고 성균관 전적에 임명되었고[1] 병조 좌랑으로 전임되었으며, 9월에 사간원 정언에 임명되고 12월에 시강원 사서에 임명되었다. 선조 31(1598)년 1월 사헌부 지평을 역임하고 2월에 문학에 임명되었다가 3월에 홍문관 부수찬으로 전임되었다. 5월에는 사간원 정언에 임명되고 7월에는 정언으로 황해·평안 순검 해운어사로 파견되었다. 같은 달에 사간원 헌납을 거쳐 8월에는 사헌부 지평에 임명되었으나 홍문관에서 체차를 원하는 차자를 올려 다음 날 홍문관 부교리에 임명되었다. 11월에 다시 사간원 헌납에 임명되고 12월에 홍문관 수찬에 임명되었다. 선조 32(1599)년 홍문관 교리로 있으면서 유성룡을 탄핵하는 상소를 올리고, 또 황혁을 탄핵하는 상소를 올렸다. 같은 달에 이조 좌랑에 임명되고 9월에 성균관 전적에 임명되었으며 같은 달에 문학에 임명되었다. 10월에 홍문관 부교리에 임명되어 체찰사의 종사관을 겸했으며 12월에 이조 정랑에 임명되었다. 선조 33(1600)년 1월에 춘추도 겸했으나 5월에 삭직되어 문외 출송되었다. 선조 41(1608)년 광해군 옹립을 주장하면서 영창대군을 옹립하려던 유영경 등 소북파를 논박하다가 선조의 노여움을 사서 갑산에 유배되었다.

광해군 즉위(1608)년 2월에 석방되어 관작이 회복되고 3월에 병조 정랑에 임명되었다가 같은 달에 사헌부 지평으로 전임되었다. 4월에 북인이 대북과 소북으로 갈리자 대북이 되었다. 홍문관 부교리를 거쳐 5월에는 홍문관 응교에 임명되고 같은 달에 사간원 사간에 임명되어 임해군의 처벌을 청했다. 8월에 다시 홍문관 응교에 임명되고 같은 달에 사헌부 집의에 임명되었으며 9월에 홍문관 전한에 임명되었다. 이때 홍문관 전한으로 유영경의 훈적을 삭제하기를 청하고 10월에 의정부 사인을 거쳐 10월에 다시 사헌부 집의에 임명되었다가 12월에 사성에 임명되었다. 그리고

---

1) 〈선조실록〉 선조 30(1597)년 6월 23일 기사에 "상인(喪人) 전 평강 현감 이이첨은 천성이 효우하고"란 기록이 있는 것으로 보아 평강 현감을 역임한 것을 확인할 수 있다.

같은 달에 치러진 중시에서 장원하고 광해군 1(1609)년 1월에 동부승지에 임명되고 2월에 우부승지로 전임되었다가 7월에 좌부승지로 전임되었다. 그 뒤에 의주 부윤에 임명되었으나 광해군 2(1610)년 3월에 의주 부윤에서 체직해 달라고 요청하여 허락받고 사헌부 대사헌에 임명되었다. 광해군 3(1611)년 1월에 병조 참지에 임명되고 2월에 홍문관 부제학에 임명되었으며 5월에 이조 참의에 임명되었다. 광해군 4(1612)년 1월에 부호군에 임명되고 가선대부로 가자되었으며 같은 달에 사헌부 대사헌에 임명되었다. 4월에 대사헌으로 세자우부빈객을 겸하다가 9월에 성균관 대사성으로 전임되었으며 김직재(金直哉)의 무옥을 일으켜 선조의 손자 진릉군(晉陵君) 이태경(李泰慶)을 죽이고 정운공신에 녹훈되고 광창군에 봉해졌다. 광해군 5(1613)년 영의정 박순의 서자인 박응서(朴應犀) 등 강변칠우(江邊七友)가 조령에서 은 상인을 죽이고 은 6,700냥을 약탈했다가 발각되었다. 이때 이첨이 화를 모면시켜주겠다고 회유해서 영창대군을 옹립하기 위한 자금을 조달하기 위해서 강도짓을 했다는 실토를 받고 영창대군을 강화도로 유배 보내고 인목대비의 아버지인 연흥부원군 김제남을 사형시켰으며, 소북파를 숙청하는 계축옥사를 일으켰다. 이 공으로 3월에 광창부원군에 봉해지고 5월에 예문관 제학을 겸하고 바로 뒤에 동지춘추관사에 임명되었으며 폐모론을 주창했다. 광해군 6(1614)년 영창대군을 죽이고 예조 판서에 임명되어 대제학을 겸하고 관반도 겸했으며 지성균관사도 겸했다. 8월에는 자신의 정적인 남이공의 관작을 삭탈시켜 중도에 부처시키고 9월에 조식(曺植)의 서원을 건립할 터를 양주 서면에 정했다. 12월에 부묘도감 제조를 겸했고 가자되었다. 광해군 8(1616)년 1월에 보국의 품계에 가자되고 내섬시 제조를 겸했다. 광해군 9(1617)년 1월에 유학 이형의 비판 상소를 비롯하여 귀천군, 금산군, 금계군 등 19인의 탄핵 상소를 받았으나 탄핵되지 않고 8월에 선조대왕 옥책문 제술책보 배신 예의사로 안구마 1필을 하사받았다. 광해군 10(1618)년 1월에 좌의정 한효순과 공조 참판 조탁 등 15명이 서궁을 폄손하는 절목을 의논하여 폐모론의 근거로 삼았다. 3월에 폐모론이 이이첨과 허균의 두 갈래로 나뉘어졌다. 8월에 인목대비를 서궁에 유폐하고 예조 판서로 판의금부사를 겸했고 광해군 12(1620)년 원접사에 임명되어 광해군 13(1621)년 2월에 원접사로 떠나기 위해 예조 판서와 겸직인 내의원 제조, 장악원 제조에서 체직되고 광창부원군으로 체배되어 찬성의 직함을 더했다. 6월에 양사의 합사로 탄핵을 받았고 광해군 15(1623)년 3월 3일에 남쪽 성을 넘어 이천의 시골집으로 도망갔다가 뒤따라온 군인에 잡히어 3월 13일에 참형되었다. 참형된 날 원수진 도성의 사람들이 시체를 난도질했다.

인조 1(1623)년 4월에 이이첨과 정인홍 등의 죄악을 묘당에 방을 걸어 게시하고 팔방에 반포했고 인조 2(1624)년 1월에는 의금부에서 자손을 거두기를 청했다.

〈인조실록〉 인조 1(1623)년 3월 19일 네 번째 기사에 '이이첨·정조·윤인 등을 복주하다'는 기사가 있다. 복주의 기사에 "이이첨(李爾瞻)·정조(鄭造)·윤인(尹訒)·이위경(李偉卿)·이홍엽(李弘燁)·이익엽(李益燁)이 복주되었다. 대신, 금부 당상, 양사 장관이 회동하여 아뢰기를,

"신들이 삼가 전후 비망기를 받고 회동하여 상의한 결과, 모든 죄수 중 그 죄가 종사에 관계되어 사람들이 모두 죽여야 한다고 하는 죄수는 이이첨·정조·윤인·이위경·이대엽(李大燁)·이원엽(李元燁)·이익엽·이홍엽 등 8인이었습니다. 즉일로 형을 집행하여 신인의 분노를 쾌하게 하소서." 하니, 상이 따랐다. 그러나 이대엽은 특명으로 절도에 위리 안치시켰다.

사신은 논한다. 《예기》에 '죄인을 저자거리에서 처형하여 여러 사람과

함께 버린다.'고 하였다. 역적을 징벌하는 법은 지극히 엄하고도 중대한 것이라, 임금 또한 한때의 사심으로 좌우할 수 없다. 이대엽의 죄악은 실로 종사에 관계되는 것이므로 여러 역적들과 함께 사형을 받아야 한다. 어찌 하찮은 약속 때문에 사면할 수 없는 죄를 용서하여 국법을 무너뜨릴 수 있겠는가. 개혁 초기에 이처럼 사심으로 공의를 무시하는 일이 있으므로 식자들이 모두 걱정하였다.

이이첨은 간신 이극돈(李克墩)의 후예이다. 사람됨이 간교하고 독살스러워서 젊어서부터 하는 일이 오로지 속임과 가식만을 일삼았다. 3년 동안 시묘를 살면서 거짓으로 죽을 먹는다. 칭하고 남몰래 성중에 들어와 제 집에 머물러 있었다. 유생으로 반궁(泮宮)에 있을 때에 이미 부정한 기미가 있었는데 급기야 벼슬길에 오르자 오로지 혼란만을 일삼았다. 선조가 그의 간교한 정상을 밝게 보고 오랫동안 외방으로 내쫓았었는데, 무신년에 정인홍(鄭仁弘)과 음모하여 상소해서 유영경(柳永慶)을 공박하며 광해(光海)를 부호할 바탕으로 삼았다. 선조가 곧 멀리 귀양 보낼 것을 명하였는데 출발하기도 전에 광해가 왕위를 계승하였다. 이로부터 총애가 날로 두터워져서 끝내는 요로에 오르게 되었고 요로에 오른 뒤에는 오직 임금의 비위를 맞추는 것을 일삼았다.

그 뒤 그의 사위 박자흥(朴自興)의 딸이 폐동궁의 빈이 됨으로 인해 권세가 더욱 높아졌다. 또 정인홍과 안팎이 되어 수년 사이에 문득 숭반(崇班)에 올랐다. 널리 자기의 당파를 심어 대각(臺閣)에 포진시키고 멋대로 국권을 쥐고 흔들면서, 김개(金闓)·원종(元悰)·신경희(申景禧) 등과 한 패가 되어 남몰래 다른 뜻을 품고 밤낮 모여앉아 역옥을 모의하였다. 처음에는 봉산 군수(鳳山郡守) 신율(申慄)을 사주해 황혁(黃赫)을 무고하게 하여 드디어 진릉군(晉陵君)의 옥사를 일으켰으며, 이어 정협(鄭俠)을 유인하여 널리 사류를 끌어들여 일대 옥사를 일으켜 일망타진의 흉계를 세웠다. 이에 영창(永昌)을 몰아 죽이고 국구(國舅)에게까지 형벌이 미치게 하였는데, 여기에 연루되어 죽거나 귀양 간 자가 이루 헤아릴 수 없었다.

또 남몰래 유세증(俞世曾)을 보내 해주옥(海州獄)을 일으키게 하여 최기(崔沂)의 일문을 참살하였다. 신경희를 자기 집에 숨겨 두고도 의금부가 수색하러 오자 거절하고 내놓지 않았다. 처음에 허균(許筠)과 공모하였는데, 스스로 그 자취를 엄폐하지 못할 것을 알고서 태도를 바꾸어 고변하고 그 옥에 자진해 나아갔다. 하인준(河仁俊)과 황정필(黃廷弼)의 공초에서 이 사실이 의심 없이 모두 밝혀졌는데도 오히려 어전에서 큰소리치며 여러 동료들을 제압하여 사실을 끝까지 따지지 못하게 하였다. 발각되자 이원엽의 종을 시켜 훔쳐서 업고 도망치게 하였으니, 전후의 정황이 분명하여 속일 수 없다.

폐모론에 이르러서는 주장해 선동하며 '당종(唐宗)의 수죄(數罪)는 비록 할 수 없으나, 한정(漢廷)의 폐출은 오히려 너그러운 법을 따른 것이다.'고 하였으며, 정조·윤인·이위경 및 관학(館學)의 여러 적들의 흉악한 상소가 모두 이첨의 은밀한 사주에서 나온 것이다. 문형(文衡)을 잡은 뒤에는 과거를 당파를 심고 은혜를 파는 도구로 삼아, 아첨하면서 칭찬하는 자에게 이것으로 보답하고, 모집에 응하여 상소를 올리는 자에게 이것으로 상을 내렸다. 강경(講經)을 보일 때에는 자표(字標)로 서로 응답하고, 제술을 보일 때에는 미리 제사(題辭)를 내어줌으로써 구두도 모르는 시골뜨기와 어로(魚魯)도 분별하지 못한 여러 자식들이 모두 장원에 뽑혀 쉽사리 좋은 벼슬자리를 차지할 수 있었으니, 흉도들의 번성이 실로 이를 말미암은 것이다.

제멋대로 압도(鴨島)의 들을 개간하여 자기의 사유물로 삼고, 능침의 나무를 도벌하여 사택을 지었는데 그 집이 규제에 벗어나 한 마을을 차지했다. 재물을 탐하여 착취하는 것이 그의 본성임에도 도리어 베옷을 입는 검소한 태도를 보였고, 남을 해치는 것이 그의 능사임에도 선비들에게 굽히는 공손한 자라고 일컬어지기도 하였다. 문의(文義)에 전혀 어두워 유어(類語)를 표절해 썼으며, 거짓 효행으로 제 집에 정문(旌門)을 세우게 하였다. 자신에게 아첨하는 자는 칭찬하며 받아들이고 자신을 비방하는 자에게는 음해를 가하였다. 심지어는 임금의 심지를 고혹시키고 임금의 수족을 묶어 놓고 허호(虛號)를 올려 아첨하고 다섯 가지 훈공을 부정하게 차지하였다. 그러므로 온 나라 사람들은 이첨이 있는 것만 알고 임금이 있음을 알지 못하였다.

종실 금산군(錦山君) 이성윤(李誠胤)과 귀천군(龜川君) 이수(李睟)가 분개하여 진소해서 그의 나라를 그르치는 행위를 통렬히 공박하였고, 유생 윤선도(尹善道)와 이형(李瑩)의 무리가 강개하여 항소해서 그의 간사함을 극력 분변하였다. 이에 이첨은 대간을 사주하여 죽이거나 귀양 보내게 하였다. 그 뒤 영남 유생 4백여 명이 양식을 싸가지고 서울에 올라와 대궐에서 규탄하자, 그들을 무인배(武人輩)로 몰아 역모로 모함하여 진시황의 분서갱유를 면치 못할 뻔하였다. 모두들 '조고(趙高)가 사슴을 가리켜 말이라고 한 변고가 머지않아 있을 것이다.'고 하였다.

그의 네 아들은 모두 용렬하여 구두도 뗄 줄 몰랐다. 그 중에도 원엽(元燁)과 홍엽(弘燁)이 가장 심하였는데 청현직을 차지하고 위세를 빙자하여 탐욕을 부리며 한없이 방종하였다. 대엽(大燁)은 오랫동안 이조(吏曹)를 점거하여 정권을 농간하고 흉당을 요로에 포치함으로써 그 죄악이 극도로 쌓였다.

반정하던 날 이첨은 그 처자를 데리고 이천(利川)에 도망가 숨었다가 체포되어 구금된 지 4일 만에 그 아들 홍엽·익엽과 함께 백관들이 나열한 가운데 저자에서 참수되었다. 그러나 대엽에게는 특별히 위리안치의 명이 내려져 동시에 처형되지 못하였으므로 분개하지 않는 사람이 없었다. 원엽은 순천 부사(順天府使)로 임소에 있었기 때문에 추후에 처형되었다.

정조·윤인·이위경·한찬남은 모두 음흉하고 간교한 자들로서 이첨의 심복과 노예가 되어 그 역론(逆論)과 흉모를 담당하지 않은 것이 없었다. 정조와 윤인은 대각에 있으면서 폐모론을 주장하였고, 이위경은 유생으로서 맨 먼저 흉소를 발론하였다. 이들은 궁중과 통하면서 탐욕을 부리고 방자하게 굴며 사류를 모함하고 흉역을 조성하였으니 그 죄는 모두 동일하다. 특히 한찬남은 남몰래 백대형(白大珩)과 정영국(鄭榮國)을 사주하여 해주옥을 날조함으로써 무고한 사람들이 일제히 죽음에 이르게 하였으니 그 참혹함을 차마 입으로 말할 수 없었다. 이에 이르러 이첨과 함께 모두 처형되니 도성 사람들이 모여 구경하면서 서로 경하하여 마지않았다. 모두 팔방에 머리를 돌려 효시하고 가산을 적몰하고 관련자를 연좌시켰다." 고 평했다.

저술 및 학문

학문과 저술에 대해 알려진 것이 없다.

참고 문헌

〈다음백과사전〉, 〈선조실록〉, 〈선조수정실록〉, 〈광해군일기정초본〉, 〈광해군일기중초본〉, 〈한국민족문화대백과사전〉, 〈한국사인물전〉, 〈광주이씨문경공파보〉

| 신흠
(申欽) | 본관은 평산이고 자는 경숙(敬叔)이며 호는 현헌(玄軒)·상촌(象村)·방옹(放翁)이고 시호는 문정(文貞)이다. 명종 21(1566)년에 태어나서 인조 6(1628)년에 죽었다. |

◪ 임명일

━ 인조 1(1623)년 4월 14일 : 대제학 신흠(申欽)이 그날로 즉시 청대하였다.

◪ 가문

아버지는 개성 도사 승서(承緖)이고 할아버지는 호조 판서·우참찬 영(瑛)이며 증조부는 사직서 영 세경(世卿)이고 고조부는 전성서 주부 자계(自繼)이다. 사간원 우정언 효(曉)의 후손이다. 외할아버지는 은진인 이조 판서 송기수(宋麒壽)이고 장인은 전의인 함경북도 병마절도사 이제신(李濟臣)이다.

아들은 둘인데 1남은 선조와 인빈 김 씨 사이에서 태어난 정숙옹주(貞淑翁主)와 결혼한 동양위(東陽尉) 익성(翊聖)이고 2남은 예조 참판 익전(翊全)이다. 익성은 병자호란 때 척화파로 김상헌(金尙憲)·조한영(曺漢英)과 함께 심양에 잡혀가서 모진 고문을 받고 돌아왔다. 1녀는 번남인 첨지중추부사 박호(朴濠)와 결혼했고 2녀는 양주인 조계원(趙啓遠)과 결혼했으며 3녀는 번남인 교리 박의(朴漪)와 결혼해서 좌의정 박세채(朴世采)를 낳았다. 4녀는 우의정 강석기(姜碩期)의 아들인 금천인 현감 강문성(姜文星)과 결혼했고 5녀는 전주인 군수 이욱(李旭)과 결혼했다.

익성의 1남 면(冕)은 부제학인데 해평인 영의정 윤두수(尹斗壽)의 손녀와 결혼했고 2남 변(昇)은 세마인데 〈지봉유설〉의 저자인 전주인 이조 판서 이수광(李晬光)의 딸과 결혼했다. 익성의 딸은 1녀는 남양인 영의정 홍명하(洪命夏)와 결혼했고 2녀는 금천인 우의정 강석기(姜碩期)의 아들 진사 강문두(姜文斗)와 결혼했고 3녀는 청풍인 예조 판서 청릉부원군 김좌명(金佐明)과 결혼했다. 김좌명은 대동법을 시행한 영의정 김육(金堉)의 아들이다.

◨ 생애

선조 18(1585)년 진사시와 생원시에 합격하고 선조 19(1586)년 승사랑으로 별시문과에 응시하여 병과로 급제했다. 그러나 문과에 급제하기 전인 선조 16(1583)년에 외숙인 송응개(宋應漑)가 이이를 비판하는 탄핵문을 올릴 때 "이이는 사림의 중망을 받는 인물이니 심하게 비난하는 것은 불가하다."고 했던 일을 집권층인 동인들이 문제 삼아 이이의 당여라고 배척함으로써 종9품직인 성균관 학유에 임명되었다. 이어서 경원 훈도를 역임하고 광주 훈도를 거쳐 사재감 참봉을 역임했다. 선조 22(1589)년에 춘추관 관원으로 뽑히면서 예문관 봉교, 사헌부 감찰, 병조 좌랑을 역임했다.(〈한국민족문화대백과사전〉) 선조 25(1592)년 임진왜란이 일어나고 동인들의 배척을 받아 양재도 찰방으로 좌천되었으나 전란으로 부임하지도 못하고 삼도순변사 신립을 따라 조령 전투에 참여했다. 이어서 도체찰사 정철의 종사관으로 활약했고 그 공으로 10월에 사헌부 지평으로 승진되었다. 선조 26(1593)년 이조 좌랑에서 2월에 지교제로 승문원 교감을 겸하면서 대명외교문서 제작을 도맡다가 5월에 이조 정랑으로 전임되었다. 선조 27(1594)년 5월에 역적 송유진을 추국한 공으로 가자되어 사복시 첨정에 임명되고 6월에 사헌부 집의에 임명되었다. 선조 28(1595)년 4월에 사성에 임명되고 6월에 장악원 첨정으로 전임되었다가 9월에 성균관 사예에 임명되었다. 선조 29(1596)년 11월에 내자시 정에 임명되고 선조 30

(1597)년 종부시 정에 임명되었으며 선조 31(1598)년 홍문관 교리에 임명되었다가 바로 홍문관 응교로 전임되었다. 선조 32(1599)년 2월에 종부시 정에 임명되었다가 홍문관 교리로 전임되었으며 윤4월에 의정부 사인에 임명되고 10월에 홍문관 전한에 임명되었다. 이때 아들 익성이 정숙옹주와 결혼하여 부마가 되었고 같은 달에 동부승지에 임명되고 12월에 공조참의에 임명되었다가 같은 달에 병조 참지에 임명되었다. 선조 33(1600)년 6월에 예조 참의를 거쳐 같은 달에 사간원 대사간에 임명되었으며 7월에 병조 참지로 전임되고 이조 참의로 전임되었다. 선조 34(1601)년 1월에 병조 참의에 임명되었다가 2월에 홍문관 부제학에 임명되었고 8월에는 부제학으로 〈춘추〉를 지어 올리고 그 공으로 가선대부로 가자되었다. 11월에 평양 영위사에 임명되고 4일 뒤에 홍문관 부제학에 임명되었으며 12월에 예문관 제학에 임명되었다. 선조 35(1602)년 윤2월에 충무위 부호군으로 좌천되었다가 4월에 오위도총부 부총관에 임명되었으며 7월에 예문관 제학으로 왕비 책봉에 대한 옥책문을 지었다. 선조 36(1603)년 1월에 예조 참판에 임명되었다가 닷새 만에 병조 참판으로 전임되고 3월에 다시 홍문관 부제학에 임명되어 네 번을 연임하고 선조 37(1604)년 7월에 성균관 대사성에 임명되었다. 9월에 병조 참판에 임명되었다가 11월에 옥책문을 지은 공으로 숙마 1필을 하사받고 12월에 다시 홍문관 부제학에 임명되었다. 선조 38(1605)년 1월에 승정원 도승지에 임명되고 6월에 병조 참판으로 전임되었다가 10월에 다시 승정원 도승지에 임명되었으며 11월에 한성부 판윤에 임명되었다. 선조 39(1606)년 4월에 병조 판서에 임명되고 9월에 예조 판서로 전임되었으며 선조 40(1607)년 3월에 상호군으로 체배되었다가 선조 41(1608)년 1월에 경기도 관찰사에 임명되었다.

광해군 즉위(1608)년 4월에 예문관 제학에 임명되어 선조의 애책문을 짓고 10월에 사헌부 대사헌에 임명되었으며 11월에는 지의금부사로 예문관 제학을 겸하다가 11월에 다시 사헌부 대사헌에 임명되었다. 광해군 1(1609)년 1월에 영주 영위사로 차송되었고 7월에 예조 판서에 임명되었으며 10월에 세자 책봉 주청사로 명나라에 다녀왔다. 광해군 2(1610)년 5월에 주청사로 세운 공으로 숭정대부로 가자되고 지중추부사에 임명되었으며 외거노비 4구와 토지 20결을 하사받았다. 7월에 부총재관에 임명되어 예조 판서를 겸했다. 광해군 3(1611)년 11월에 예조 판서 겸 지춘추관사 동지경연 성균관사 예문관 대제학에 임명되었다. 광해군 5(1613)년 계축옥사가 일어나자, 선조로부터 영창대군의 보필을 부탁받았던 일로 유교칠현이라는 비판을 받고 예조 판서에서 파직되고 물러나 공초를 받았다. 광해군 8(1616)년 인목대비의 폐비 및 이에 관련된 김제남에 죄를 더하는 일과 연관되어 춘천에 유배되었다. 춘천에 유배된 기간에 학문과 글쓰기에 집념하여 〈상촌집〉을 지었다. 광해군 13(1621)년 사면되었다.

인조 1(1623)년 3월 인조가 즉위하는 날에 이조 판서 겸 홍문관 대제학·예문관 대제학에 임명되었고, 7월에 의정부 우의정으로 승진했으며 인조 2(1624)년 10월에 존숭도감 도제조 우의정으로 안구마 1필을 하사받고 12월에 윤방과 함께 대동법의 개폐를 주장했다. 인조 3(1625)년 2월에 선조와 정빈 민 씨 사이에서 태어난 인성군(仁城君) 이공(李珙)을 외방에 안치시킬 것을 청했다. 인조 4(16260)년 9월에 우의정에서 물러나 판중추부사로 있다가 인조 5(1627)년 1월에 좌의정에 임명되고 정묘호란이 일어나자 좌의정으로 세자를 수행하여 전주로 피난 갔고 9월에 영의정으로 승진했으나 인조 6(1628)년 6월에 영의정으로 죽었다. 죽은 뒤인 효종 2(1651)년에 인조의 묘정에 배향되었고 춘천의 도포서원(道浦書院)에 제향되었다.

〈인조실록〉 인조 6(1628)년 6월 29일 두 번째 기사에 '영의정 신흠의 졸기'가 있다. 졸기에 "흠은 사람됨이 장중하고 간결하며 문장에 뛰어나 어려서부터 유림의 중망을 받았다. 선조의 인정을 받아 정경(正卿)에 이르렀다. 영창대군(永昌大君)을 보호하라는 유교(遺敎)를 받았는데, 광해군이 즉위함에 미쳐서는 이것으로 죄안을 삼아 춘천에 유배하였다. 반정 초에 먼저 서용되어 이조 판서 겸 대제학이 되었으며, 드디어 정승에 올랐다. 그런데도 더욱 근신하여 왕실과 혼인을 맺고서도 청빈함을 그대로 지켰다. 국사를 처리함에 있어서는 자주 변경시키는 것을 좋아하지 않아 일찍이 말하기를 '조종조를 본받으면 다스리기에 충분하다'고 하였다. 저술로 〈상촌집(象村集)〉 60권이 세상에 전한다. 조정에 있은 지 40년 동안에 화현직(華顯職)을 두루 거쳤으나 일찍이 헐뜯는 말이 없었으며, 위란(危亂)을 겪으면서도 명의(名義)를 조금도 손상시키지 않았으므로 사림이 이 때문에 중하게 여겼다."고 평했다.

⬆ 저술 및 학문

송인수(宋麟壽)와 이제민(李濟民)의 문인이다. 이정구·장유·이식과 더불어 조선 중기 한학의 4대가로 불린다. "뛰어난 문장으로 대외 외교문서의 제작, 시문의 정리, 각종 의례문서의 제작에 참여하는 등 문운의 진흥에 크게 기여했다."(〈한국민족문화대백과사전〉) 저서로 〈상촌집〉·〈야언〉·〈현헌선생화도시(玄軒先生和陶詩)〉·〈낙민루기〉·〈고려태사장절공충렬비문〉·〈황화집령〉 등을 남겼다.

⬛ 참고 문헌

〈다음백과서전〉, 〈한국민족문화대백과사전〉, 〈조선의 영의정〉, 〈선조실록〉, 〈선조수정실록〉, 〈광해군일기정초본〉, 〈광해군일기중추본〉, 〈인조실록〉, 〈평산신씨정언공파보〉, 〈국조인물고 : 비명 . 이정구(李廷龜) 지음〉

본관은 순천이고 자는 관옥(冠玉)이며 호는 북저(北渚)이고 시호는 문충(文忠)이다. 선조 4(1571)년에 태어나서 인조 26(1648)년에 죽었다.

임명일

— 인조 2(1624)년 2월 25일 : 대제학 김류(金瑬)가 지었다.

가문

아버지는 임진왜란 때 도원수 신립의 종사관으로 탄금대 전투에 참여했다가 전사한 의주 목사 여물(汝岉)이고 할아버지는 찰방 훈(壎)이며 증조부는 무과 출신으로 정주 목사 겸 정주 진관병마절도사를 역임한 수렴(粹濂)이고 고조부는 선공감 정 약균(若均)이다. 외할아버지는 함양인 현감 박강수(朴岡壽)이고 장인은 진주인 대제학 유근(柳根)이다.

아들은 둘인데 1남은 도승지·한성부 판윤 경징(慶徵)인데 병자호란 때 강화도의 방비를 잘못하여 패하고 청나라에 잡혀 죽었으며 이때 서조모와 어머니와 처와 며느리 등 4대가 투신하여 자결했다. 2남은 경운(慶雲)이다. 1녀는 성종과 숙의 홍 씨 사이에서 태어난 회산군(檜山君) 이수계(李壽誡)의 아들인 오위도총부 도총관 단성군(丹城郡) 이진(李鎭)과 결혼했고 2녀는 좌랑 정지한(鄭之罕)과 결혼했다. 장인 유근에 이어 대제학이 됨에 따라 장인사위 대제학의 가문을 이루었다.

생애

음직으로 참봉을 지내다가 선조 29(1596)년 문과 정시에서 을과로 급제하고 승문원 권지부정자에 임명되었다. 권지부정자로 있으면서 복수소

모사(復讐召募使) 김시현의 종사관으로 호서 지방과 영남 지방에서 활약하였다. 선조 31(1598)년 2월에 사헌부에서 복수소모사의 종사관으로 충주에 왕래할 적에 아버지 김여물이 전사한 탄금대 아래서 기생을 데리고 풍악을 울리며 술을 마셨다는 사헌부의 탄핵을 받고 파면되었다. 선조 33(1600)년 8월에 괴산의 진사 이정원의 상소와 우승지 김시헌의 상소로 탄금대에서 술을 마신 것이 무고임이 밝혀져 선조 34(1601)년 6월에 검열에 임명되고 12월에 대교로 전임되었다. 선조 35(1602)년 2월에 승정원주서에 임명되고 3월에 대교로 전임되었으며 8월에 예문관 봉교에 임명되었다. 그러나 정인홍이 사헌부 대사간에 임명되자 예전의 일을 문제 삼아서 파직되었다. 그 해에 봉교로 복직되고 선조 37(1604)년 4월에 형조좌랑에 임명되었으나 5월에 충청도 도사로 좌천되고 8월에는 전주 판관으로 전임되었다. 전주 판관으로 있으면서 선정을 베풀어 고을 백성들이 비석을 세워 칭송했다. 선조 40(1607)년 형조 좌랑에 임명되었다.

광해군 즉위(1609)년 임해군의 옥사가 일어나 국문할 때 문사랑으로 있었으나 병을 이유로 면직했다. 뒤이어 직강에 임명되고 광해군 2(1610)년 3월에 시강원 사서에 임명되었으며 4월에 홍문관 수찬을 거쳐 5월에 홍문관 부교리에 임명되었다. 광해군 3(1611)년 7월에 강계 부사에 임명되고 광해군 6(1614)년에는 대북정권 아래에서 가선대부에 가자되었다. 광해군 7(1615)년에는 동지사에 임명되어 명나라에 다녀오고 광해군 8(1616)년에는 성절사로 명나라에 다녀왔다. 명나라에 있을 때 역관 유지년이 궁액(궁에 속한 하인)과 친분이 있다고 횡포를 심하게 부리자 중한 형장을 쳐서 바로 잡으려고 했다. 이 일로 명나라에서 돌아와 보고하는 날 심문을 받았다. 광해군 9(1617)년 정인홍이 이언적과 이이를 비방하면서 문묘배향을 반대하자 태학의 유생들과 함께 유적에서 정인홍의 이름을 삭제하고 권당했다. 이 일로 북인으로부터 임금도 잊고 역적을 비호한다는 탄핵을 받고 쫓겨났고 광해군 10(1618)년 1월에는 폐모론으로 정청할 때 처음부터 불참했다. 이 일로 북인으로부터 탄핵을 받고 파면되었다. 광해군 12(1620)년 이귀 등과 반정을 꾀했으나 미수에 그쳤고 광해군 15(1623)년에 반정군으로부터 거의대장에 추대되어 단봉문을 열고 들어가 반정을 성공시키고 다음날 군령으로 백관을 불러 경운궁에 가서 능양군(인조)에게 문안드리게 했다.

인조 1(1623)년 3월에 반정을 성공시킨 공으로 병조 참판에 임명되었다가 4일 뒤에 병조 판서로 승진해서 대제학을 겸하면서 승평부원군에 봉해졌다. 7월에는 병조 판서로 호위대장을 겸하고 10월에 원접사에 임명되었으며 윤10월에는 판의금부사도 겸했다. 인조 2(1624)년에 이괄의 난이 발생하자 병조 판서로 인조의 남행을 호종하고 난이 평정된 뒤에 좌찬성에 임명되었으며 인조 3(1625)년 1월에 이조 판서에 임명되고 정사공신에 녹훈되었다. 이때 가도에 있던 명나라 장수 모문룡을 찾아가 그의 횡포를 막고 명나라 사신의 반송사가 되어 그들의 불만을 시문으로 달랬다. 이해 2월에 세자의 관례와 책봉례에서 집사를 맡았던 공으로 숙마 1필을 하사받고 5월에 세자우빈객에 임명되었으며 3일 뒤에 좌빈객으로 옮겼다. 7월에는 우찬성에 임명되어 대제학과 좌빈객과 판의금부사를 겸했다. 인조 4(1626)년 1월에 이조 판서에 임명되고 2월에 관상감 제조를 겸했다. 3월에는 대제학으로 인조의 생모인 계운궁의 묘지명을 지었다. 인조 5(1627)년 1월 정묘호란이 일어나자 이원익2)이 경기 충청 전라 경상도 도체찰사에 임명될 때 부체찰사에 임명되어 인조를 강화로 호종했다. 환도

---

2) 〈한국민족문화대백과사전〉에는 도체찰사 장만의 부체찰사로 기록되어 있으나 여기서는 〈인조실록〉의 기록을 따라 이원익으로 기록했다.

한 뒤에는 장만, 김자점과 함께 안주를 중심으로 도체찰사 중심의 방어체계 구축을 주장했다. 9월에 우의정으로 승진해서 대제학의 직을 사직할 것을 청하여 윤허를 받고 11월에는 왕세자빈 가례정사를 역임했다. 인조 6(1628)년 유효립의 모반사건이 일어나자 우의정 겸 도체찰사로 반군을 진압하고 7월에 진휼상사에 임명되어 기민 구제에 힘쓰고 좌의정으로 승진하고 도체찰사에 임명되었다. 10월에는 좌의정 겸 도체찰사로 이서, 이경직을 거느리고 여러 산성을 순시하고 도형을 그려 올리고 내의원 도제조도 겸했다. 이때 인조의 생부인 정원군(원종)의 추숭 문제가 일어나자 인조 9(1631)년 정원군의 추숭 문제로 극력 간쟁하여 반대의 뜻을 굽히지 않다가 세 차례 정사하여 좌의정에서 체직되었다. 그 뒤 체찰사와 내국의 소임에서 체직시킬 것을 청했으나 내의원 제조의 직만 체직되었다. 그러나 도체찰사의 직도 체차시킬 것을 청하여 11월에 체직되었다. 인조 11(1633)년 2월에 다시 좌의정으로 복귀하고 체찰사까지 겸했으나 9월에 우의정으로 전임되었다. 인조 12(1634)년에 다시 정원군의 추숭문제가 제기되자 예에 어긋나는 일이라고 강력하게 반대하여 인조의 노여움을 사자 두 번째 상소하여 우의정에서 물러났고 윤8월에 부묘에 반대한 일로 호위대장에서 체직되고 거느리던 군관을 모두 다른 장수의 휘하로 소속시키는 벌을 받았다. 인조 13(1635)년 인조가 전국에 교서를 내려 후금과의 '화친을 끊고 방어를 갖출 것'을 선언했다. 인조 13(1635)년 7월에 재변이 거듭되자 복직되고 인조 14(1636)년 3월에 상사도 도체찰사를 겸하다가 7월에 영의정으로 승진해서 국정권을 장악했다. 국정권을 장악한 뒤에 속오군 2만 명을 정선하여 사전에 대비할 것을 청하고 이전에 구상해 왔던 안주 중심의 방어체계를 강화하는 한편 안주가 무너지는 경우를 대비하여 평양, 안주, 황주, 평산의 방어선을 구축하고 그곳의 산성에 주된 병력을 배치했다. 그 해 병자호란이 발생하자 인조를 강화도로 파천시키려 했으나 길이 끊어지자 남한산성으로 피신시켰으며 강화도마저 함락되자 주화파의 뜻을 좇아 삼전도에서 항복하는 데 주도적인 역할을 했다. 인조 15(1637)년 화친을 주도한 일로 기평군(杞平君) 유백증(俞伯曾)이 상소하여 공박하고 7월에 양사와 옥당이 죄를 청하였으나 인조의 비호를 받아서 8월에야 관작이 삭탈되고 문외출송 되는 선에서 마무리 됐다. 인조 16(1638)년 12월에 대사령을 내려 석방되고 서용하라는 명에 따라 승평부원군으로 봉작되었다. 인조 17(1639)년 호위대장에 임명되어 다른 장수에게 분속되었던 장수들을 휘하로 환속시켰다. 인조 22(1644)년 심기원의 역모사건을 신속하게 처리한 공으로 2월에 다시 영의정에 제수되고 영국공신 1등에 녹훈되고 순천부원군(順天府院君)에 봉해졌다. 청나라에 볼모로 가 있던 세자의 환국을 주장했고 소현세자(昭顯世子)가 죽자 봉림대군을 왕세자로 책봉할 것을 주장했으며 봉림대군이 왕세자로 책봉되자 8월에는 세자사를 겸하고 9월에는 약방 도제조를 겸했으나 12월에 스물세 번의 사직상소를 올려 영의정에서 물러났다. 인조 23(1645)년 2월에 다시 영의정에 임명되고 10월에 종묘 도제조도 겸했다. 인조 24(1646)년 3월에 소현세자빈 강 씨의 옥사에 반대하다가 네 번째 정사하여 영의정에서 사직하고 벼슬에 발을 끊고 살다가 인조 26(1648)년에 죽었다.

〈인조실록〉 인조 26(1648)년 윤3월 5일 첫 번째 기사에 '전 영의정 승평부원군 김류의 졸기'가 있다. 졸기에 "병이 위독하게 되자 김류가 차자를 올려 사례하고 인하여 아뢰기를,

'신이 곧 죽게 되어 다시 은혜에 보답할 것을 도모할 길이 없어 몸뚱이만 어루만지면서 슬피 우노라니, 눈물이 빗물처럼 쏟아져 내립니다. 삼가 생각하건대, 신이 지금 성상께 영결을 고하면서 끝내 한마디도 하지 않는

다면 성상을 크게 저버리는 것입니다. 신은 정신이 혼란하여 인사를 살필수가 없습니다만, 임금을 사랑하는 구구한 정성은 죽음에 이르렀어도 없어지지 않고 있습니다. 삼가 바라건대 성상께서는 하늘의 노여움을 조심하여 국운이 영원하기를 빌고, 백성의 고통을 돌아보시어 나라의 근본을 공고하게 다지시며, 사의(私意)를 억제하여 충간(忠諫)을 받아들이시고, 현재(賢才)를 진용하여 명기(名器)를 중하게 하소서. 신은 여러 달 고질병에 시달려 병석에 누워 있기 때문에 끝내 다시 전하를 우러러 뵐 수 없으니, 구원(九原)의 아래에서 반드시 눈을 감지 못할 것입니다. 이것이 하찮은 신의 하나의 큰 한입니다.'

하였는데, 상이 열람한 다음 안타까운 마음으로 답하기를,

'경의 차자를 살펴보고 내가 매우 놀랍고 슬펐다. 훈계한 내용은 무두가 지론이었으니, 내가 불민하지만 명심하고서 힘써 행함으로써 경의 지극한 뜻에 부합되도록 하겠다.'

하였다. 또 승지를 보내어 병을 묻게 했고 세자도 궁료를 보내었으나 김류는 이미 말을 할 수 없었다. 향년 78세였다. 장생전(長生殿)의 관판(棺板)을 하사하라고 명하였다. ········· "김류는 근엄한 마음과 굳센 의지에 기국이 있었으므로 일찍이 공보의 기대를 지니고 있었다. 계해년에 정사원훈에 책봉되어 일대의 종신(宗臣)이 되었다. 이조 판서로서 문형을 맡았고 도체찰사를 겸했으며 다섯 번 상부(相府)에 들어갔었다. 추숭과 강옥(姜獄)이 있을 적에는 모두 정당함을 지켜 동요하지 않아 끝내 대계(大計)를 도와 이루고 국본(國本)을 정하였으니, 위대하다고 할 수 있다. 그러나 성품이 자기의 마음대로 하기를 좋아하여 남의 선을 따르는 데에는 부족한 점이 있었다. 병자년과 정축년의 난리 때에는 패자(敗子)에게 중임을 제수하여 결국 나라를 망하게 하였으니, 통분스러움을 금치 못하겠

다."고 평했다.

◣ 저술 및 학문

송익필(宋翼弼)을 사사했고 이이·성혼의 계열이다. "문장은 기력을 숭상하고 법도가 엄격했으며 시·율도 역시 세련되고 맑고 건실했으며 글도 기묘해 공경(公卿)의 비문을 많이 썼다."(〈한국민족문화대백과사전〉 발췌) 저서로 〈북저집〉이 있다.

◣ 참고 문헌

〈다음백과사전〉, 〈한국민족문화대백과사전〉, 〈조선의 영의정〉, 〈선조실록〉, 〈선조수정실록〉, 〈광해군일기정초본〉, 〈광해군일기중초본〉, 〈순천김씨대동보〉, 〈국조인물고 : 비명. 송시열(宋時烈) 지음)

본관은 덕수이고 자는 지국(持國)이며 호는 계곡(谿谷)·묵소(墨所)이고 시호는 문충(文忠)이다. 선조 20(1587)년에 태어나서 인조 16(1638)년에 죽었다.

◪ 임명일

— 인조 6(1628)년 6월 10일 : 이조 판서 장유(張維)를 대제학으로 삼았다.
— 인조 9(1631)년 4월 16일 : 장유를 대제학으로,
— 인조 11(1633)년 2월 25일 : 장유를 대제학으로,
— 인조 11(1633)년 3월 25일 : 신풍군(新豊君) 장유가 대제학의 면직을 청하면서 다섯 번이나 차자를 올리자 상이 마침내 허락하였다.

◪ 가문

아버지는 형조 판서 겸 오위도총부 도총관 운익(雲翼)이고 할아버지는 목천 현감 일(逸)이며 증조부는 장례원 사의 임중(任重)[3]이고 고조부는 사헌부 집의 옥(玉)이다. 외할아버지는 한성부 판윤 박숭원(朴崇元)이고 장인은 안동인 우의정 김상용(金尙容)이다.

아들은 예조 판서 겸 판의금부사 선징(善徵)이고 딸은 효종의 비인 인선왕후(仁宣王后)이다.

형은 의정부 경력 륜(綸)이고 아우는 강화도 방어에 책임을 지고 자결한 강화부 유수 신(紳)과 훈련초관 면(緬)이다. 누이들은 각각 무송인 윤인연(尹仁演), 장수인 황상(黃裳)과 결혼했다.

◪ 생애

선조 39(1605)년 사마시에 합격하고 광해군 1(1609)년 증광문과에서 을

---

3) 〈다음백과사전〉에는 양부인 자중(自重)으로 나오고 송시열이 지은 〈장유신도비〉에는 생부인 임중(任重)으로 기록되어 있어서 신도비문을 따른다.

과로 급제하고 독서당에 들어가서 독서했다. 광해군 2(1610)년 12월에 겸 설서에 임명되고 광해군 3(1611)년 2월에 승정원 주서에 임명되었으며 5월에 겸 설서로 전임되었다가 6월에 다시 주서로 전임되고 이어서 검열에 임명되었다. 광해군 4(1612)년 2월에 봉교에 임명되어 춘추관 기사관을 겸했으나 김직재(金直哉)의 무옥에 연루되어 파직되었다.

인조 1(1623)년 인조반정에 가담하여 정사공신 2등에 녹훈되고 4월에 이조 좌랑에 임명되어 이민구, 이식 등과 함께 사가독서의 명을 받았다. 윤10월에 이조 정랑에 임명되고 전라도 암행어사로 파견되었다 돌아와서 대동신법의 이해와 민역, 해방, 역로, 어염의 입안과 내노의 군사를 뽑는 등의 일을 조목별로 아뢰었다. 이때 이괄의 난이 일어나자 왕을 공주로 호종하였다. 같은 달에 병조 참지에 임명되었다가 2월에 사간원 대사간에 임명되고 8월에 사헌부 대사헌에 임명되었다. 인조 3(1625)년 이괄의 난이 일어났을 때 인조를 공주로 호종한 공으로 신풍군(新豊君)에 봉해지고 2월에 성균관 대사성에 임명되었으며 5월에 대사간으로 전임되었으나 배종할 때 의절(儀節)을 잘못한 일로 인피하여 체직되었다. 인조 4(1626)년 이조 참판에 임명되고 2월에 대사간에 임명되었으며 4월에 다시 이조 참판에 임명되고 8월에 홍문관 부제학에 임명되었다가 11월에 대사헌에 임명되었다. 인조 5(1627)년 1월에 정묘호란이 일어나자 인조를 강화도로 호종했다. 이 해 9월에 이조 판서에 임명되어 원접사를 겸했다. 10월에 장인 김상용은 좌빈객이고 처숙부 김상헌은 좌부빈객이 되어 한 집안에 세 명이 이선에 들었다는 이유로 우빈객의 직에서 체직시켜 달라고 상소했다. 인조 6(1628)년 6월에 이조 판서로 대제학을 겸하고 동지경연도 겸하다가 8월에는 행 대사헌에 임명되었다. 9월에 정헌대부로 가자되고 인조 7(1629)년 4월에 병조 판서 이귀가 "장유는 지금 큰소리만 치고 있는 것입니다."고 한 일로 대사헌에서 인피하였다. 이 해 7월에는 나만갑(羅萬甲)을 신구한 일로 나주 목사로 좌천되었다. 나주 목사로 좌천되자 최명길이 상소하고 영의정 오윤겸과 우의정 이정구가 상언했으며 사간원과 윤방, 김류가 반대하는 차자를 올리고 이귀와 홍문관에서 죄 없음을 아뢰었으나 11월에 대제학을 정경세로 바꾸었다. 인조 8(1630)년 10월에 형조 판서에 임명되고 12월에 대사헌에 임명되었으나 인조의 생부인 정원군에 대한 추숭이 논의되자 반대했다. 인조 9(1631)년 2월에 좌부빈객을 겸하고 4월에 대제학도 겸했다. 같은 달에 예조 판서에 임명되었으나 추숭하는 일로 면직을 요청하여 예조 판서에서 면직되었다. 인조 10(1632)년 옥책문 제술관을 겸하고 7월에 관상감 제조를 겸했으며 7월에 대사헌에 임명되었다. 8월에 이조 판서에 임명되고 10월에는 대제학으로 인목왕후의 지문과 애책문을 지었다. 11월에 애책문을 지은 공으로 가자되었다. 12월에 풍비병으로 체직을 청해 윤허 받았다. 인조 11(1633)년 2월에 다시 대제학에 임명되었으나 3월에 다섯 번 차자를 올려서 면직의 허락을 받았다. 인조 12(1634)년 사헌부 대사헌에 임명되고 인조 13(1635)년 5월에 예조 판서에 임명되었으나 곧 병으로 면직을 청하여 사직했다. 인조 14(1636)년 5월에 공조 판서에 임명되었으나 하루 뒤에 병으로 면직을 청하여 허락 받았다. 12월에 병자호란이 일어나자 비국 당상에 임명되어 최명길과 함께 강화론을 주장했다. 인조 15(1637)년 1월 화친으로 병자호란이 끝나고 예조 판서 김상헌이 출사하지 않자 예조 판서에 임명되었다. 이때 어머니가 죽어서 벼슬에서 물러났으나 7월에 기복되어 우의정으로 승진했다. 그러나 어머니의 상제를 마치게 해 달라고 열여덟 번 상소하여 허락을 받았다. 그러나 우의정에서 물러난 달에 인조의 명으로 이경석과 삼전도비의 글을 지었으나 이경석의 글이 채택되었다. 인조 16(1638)년 3월에는 포로로 잡혀갔다가 돌아온 부녀자들의 이혼 문제에 대해 계하고 어머니의 장례로 인한 과로로 죽었다.

〈인조실록〉 인조 16(1638)년 3월 17일 첫 번째 기사에 '신풍부원군 장유의 졸기'가 있다. 졸기에 "사람됨이 순후하고 깨끗하였으며, 문장을 지으면 기운이 완전하고 이치가 통창하여 세상에 그를 따를 자가 없었다. 정사(靖社)의 공훈에 참여하여 신풍군에 봉해졌다. 두 번이나 문형을 맡았는데, 공사(公私)의 제작이 모두 그의 손에서 나왔다. 오래도록 이조 판서에 있었는데도 문정(門庭)이 쓸쓸하기가 마치 한사(寒士)의 집과 같았다. 중망이 흡족히 여겨 흠잡거나 거론하는 자가 없었다. 산성에 있을 때는 힘껏 화친하자는 의논을 주장하였으며, 또한 거상(居喪) 중에 삼전도 비문을 지었는데, 시론이 그 점을 단점으로 여겼다. 그 뒤에 기복되어 정승에 제수되었으나, 소를 열여덟 번이나 올리면서 끝내 나아가지 않았다. 이에 마침내 체직되었는데, 오래지 않아 병으로 죽었다. 저술한 문집이 세상에 전한다."고 평했다.

☑ 저술 및 학문

사계 김장생의 문인이다. "천문·지리·의술·병서 등 각종 학문에 능통했고 서화와 문장이 뛰어나" 이정구·신흠·이식과 더불어 조선 중기 한학의 4대가로 불린다. 대부분의 저서는 없어지고 〈계곡만필〉·〈계곡집〉·〈음부경주해(陰符經註解)〉만 전한다.

☑ 참고 문헌

〈다음백과사전〉, 〈선조실록〉, 〈선조수정실록〉, 〈광해군일기정초본〉, 〈광해군일기중초본〉, 〈인조실록〉, 〈한국민족문화대백과사전〉, 〈장유신도비 : 송시열 지음〉, 〈덕수장씨족보 : 판윤공파〉

<table>
<tr><td>

정경세
(鄭經世)

</td><td>

본관은 진주이고 자는 경임(景任)이며 호는 우복(愚伏)이고 시호는 문장(文莊)이다. 명종 18(1563)년에 태어나서 인조 11(1633)년에 죽었다.

</td></tr>
</table>

임명일

— 인조 7(1629)년 11월 19일 : 정경세(鄭經世)를 대제학으로 삼았는데 장유의 후임이다.
— 인조 9(1631)년 3월 13일 : 정경세가 다시 차자를 올려 대제학을 사직하니, 상이 윤허하였다.

가문

아버지는 증좌찬성 여관(汝寬)이고 할아버지는 은성(銀成)이며 증조부는 계함(繼咸)이고 고조부는 번(蕃)이다. 외할아버지는 합천인 이가(李軻)이고 장인은 초배는 전의인 부장 이해(李海)이고 계배는 진보인 충순위 이결(李潔)이다.

2남 2녀를 두었는데 1남 심(杺)은 문과에 급제하고 예문관 검열을 역임했으나 일찍 죽었고 2남은 선교랑 학(㮛)인데 역시 일찍 죽었다. 측실 소생으로 만호 역(櫟)이 있다. 딸은 1녀는 광주인 생원 노석명(盧碩命)과 결혼했고 2녀는 은진인 이조 판서 송준길(宋浚吉)과 결혼했다. 송준길의 딸은 숙종의 비인 인현왕후의 아버지인 여흥인 공조 판서·여양부원군(驪陽府院君) 민유중(閔維重)과 결혼했다.

생애

선조 11(1578)년 경상도 향시에 응시하여 생원과 진사의 초시에 합격했다. 선조 15(1582)년 회시에 합격하여 진사가 되었고 선조 19(1586)년 알성문과에서 을과로 급제하여 승문원 부정자에 임명되었다. 선조 21(1588)년에 예문관 검열 겸 춘추관 기사관에 임명되었다가 대교로 승진했다. 선조 22(1589)년 한준겸 등과 홍문록에 뽑혔고 홍문관 저작에 임명되었으나 어떤 일로 갇히었다가 방송되었다. 이어서 봉교에 임명되어 사가독서에 뽑혔다. 선조 25(1592)년에 임진왜란이 일어나자 의병장으로 활동해 공을 세우고, 선조 27(1594)년 10월에 사간원 정언에 임명되었다가 11월에 홍문관 수찬으로 전임되어 정철의 관작을 추탈하기를 청했다. 선조 28(1595)년 6월에 성균관 직강에 임명되고 이틀 뒤에 다시 홍문관 수찬으로 전임되어 검토관을 겸하면서 겸 세자시강원 문학에 임명되었다. 그 뒤에 홍문관 교리를 거쳐 선조 29(1596)년에 이조 좌랑에 임명되어 시강원 문학을 겸했고 영남어사로 파견되어 어왜진영(禦倭鎭營)의 각지를 순시하고 돌아와 홍문관 교리에 임명되어 경연시독관과 춘추관 기주관을 겸하다가 이조 정랑에 임명되었다. 이조 정랑으로 있을 때 인사행정이 공정했다는 평가를 받았다. 선조 30(1597)년 의정부 사인에 임명되고 8월에 교리에 임명되었으며 8월에는 사헌부 장령에 임명되었다. 11월에 사간원 사간에 임명되었다가 12월에 동부승지에 임명되었다. 선조 31(1598)년 1월에 좌부승지에 임명되었다가 2월에 우부승지로 전임되었고 3월에 좌부승지로 전임되었다가 4월에 경상도 관찰사에 임명되었다. 경상도 관찰사로 부임한 뒤에 왜란으로 각박해진 도민에게 양곡을 적기에 지급하고 교화에 힘써 민심을 안정시키는 데에 힘썼다. 선조 33(1600)년 2월에 영해 부사로 좌천되었다가 겨울에 관직에서 물러나 학문 연구에 힘쓰는 한편 존애원(存愛院)을 설치하여 무료로 병을 진료했다. 선조 35(1602)년 예조 참의에 임명되었다.

광해군 즉위(1608)년 대구 부사를 역임하고 광해군이 즉위교서를 내려 구원하자 만인소를 올려 사치의 풍습을 경계하고, 인물의 정형을 공경히 하며 학문에 힘쓸 것을 강조했다. 광해군 1(1609)년 7월에 동지사(冬至使)로 명나라에 갔으며 광해군 2(1610)년 돌아와서 화약의 매입을 예년의 갑절로 하도록 병부에 글을 올렸다. 4월에 성균관 대사성에 임명되었다가 외직을 지원해서 나주 목사로 나갔다가 전라도 관찰사에 임명되었다. 이때 어머니의 상이 있었는데 사간원에서 어머니 상중에 고기를 먹고 기생과 놀았다는 정인홍 일파의 탄핵을 받고 해직되었다. 광해군 5(1613)년 3월에 강릉 부사에 임명되었으나 임하로 물러나서 학문에 전력했다.

인조 1(1623)년 3월에 홍문관 부제학에 임명되어 관직에 복귀하고 5월에는 보양관과 참찬관을 겸했다. 인조 2(1624)년 2월에 부제학으로 영남 검찰사로 파견되었다가 돌아와서 5월에 사헌부 대사헌에 임명되었으나 열흘 만에 사직하겠다는 상소를 올려 사직했으나 그날로 부제학에 임명되고 7월에 승정원 도승지에 임명되었으며 9월에 가자되었다. 인조 3(1625)년 1월에 도승지로 우부빈객에 임명되었다. 도승지로 있으면서 2품으로 가자되었고 6월에 사헌부 대사헌을 거쳐 10월에 형조 판서에 임명되었다. 이때 아들이 죽었다. 같은 달에 동지경연을 겸하다가 11월에 다시 사헌부 대사헌에 임명되었다. 인조 4(1626)년 2월에 대사헌에 임명되었다가 특명으로 홍문관 부제학에 임명되었으나 정2품으로 3품직을 맡을 수 없다고 사직을 청했으나 허락되지 않다가 4월에 부호군에 임명되고 5월에 동지경연에 임명되었다. 6월에 대사헌에 임명되고 8월에 부제학에 임명되었으며 8월에 다시 대사헌에 임명되었다가 11월에 다시 부제학에 임명되었다. 인조 5(1627)년 1월에 부제학으로 있을 때 두 아들이 죽어서 돌아가서 두 아들을 장사지내게 해 달라고 청했다. 그러나 같은 달에 부제학으로 경상좌도 호소사로 파견되고 5월에 대사헌에 임명되었다. 또 같은 달에 부제학에 임명되고 6월에 대사헌에 임명되었으며 7월에 다시 부제학에 임명되었다가 11월에 대사헌으로 옮겼다. 인조 6(1628)년 5월에 다시 부제학으로 전임되는 등 부제학과 대사헌을 번갈아 역임했다. 인조 7(1629)년 9월에 이조 판서에 임명되고 11월에 장유의 후임으로 대제학에 임명되었다. 인조 8(1630)년 2월에 〈광해군일기〉를 정리하기 위해 지춘추관사를 겸했으며 7월에는 대제학으로 선조대왕의 능을 옮길 때 쓸 지문을 짓고 9월에는 교서 제조도 겸했다. 인조 9(1631)년 지중추부사에 임명되어 우빈객을 겸하다가 3월에 대제학의 직에서 사직해 줄 것을 상소하여 허락받고 의정부 좌참찬에 임명되었다. 인조 10(1632)년 9월에 다시 사헌부 대사헌에 임명되고 9월에 지중추부사로 상주에 있으면서 국상 중에 서울에 갈 수 없음을 들어 사직을 요청하여 사직되었다. 그리고 인조 11(1633)년 6월에 죽었다. 죽은 뒤에 연곡면 퇴곡리에 퇴곡서원과 우복사를 세웠다. 상주의 도남서원, 대구의 연경서원, 경산의 고산서원, 강릉의 퇴곡서원, 개령의 덕림서원에 제향되었다.

〈인조실록〉 인조 11(1633)년 6월 28일 첫 번째 기사에 '전 이조 판서 정경세의 졸기'가 있다. 졸기에 "정경세는 상주 사람으로 자는 경임(景任)이며 스스로 우복(愚伏)이라고 호를 지었다. 사람됨이 근후하고 경술에 널리 통달한데다 문장에도 능하였는데 서애 유성룡과 사우(師友)의 의가 있었다. 선조 조에 전랑(銓郞)이 되어 당여를 심었다는 비판을 받았고, 광해 때 권간들로부터 축출을 당하여 시골에 쫓겨나 살았다. 반정 후 맨 먼저 발탁되어 화려한 관직을 역임하여 천조(天曹)의 장이 되어 문형을 맡았으며 경악(經幄)을 출입하면서 많은 규계의 도움을 주었다. 추숭할 때 임금의 뜻에 거슬려 귀향한 후 여러 번 부름을 받았으나 나가지 않았다. 이에 이르러 졸하니 향년이 70세였다."고 평했다.

☑ 저술 및 학문

서애 유성룡의 문인이다. 학문에는 이가 본이고 기는 용(用)이라는 이
본기용설을 주장했고 문하생으로 정명룡·신석번·강진룡·홍호 등이 있
다. 〈광해군일기〉 편찬에 참여했고 저서로 〈우복집〉·〈상례참고〉·〈주문
작해〉가 전한다.

☑ 참고 문헌

〈다음백과사전〉, 〈선조실록〉, 〈선조수정실록〉, 〈광해군일기정초본〉,
〈광해군일기중초본〉, 〈인조실록〉, 〈한국민족문화대백과사전〉, 〈우복 정
선생 행장, 송준길 지음〉, 〈진주정씨세보〉

| 최명길 (崔鳴吉) | 본관은 전주이고 자는 자겸(子謙)이며 호는 지천(遲川)·창랑(滄浪)이고 시호는 문충(文忠)이다. 선조 19(1586)년에 태어나서 인조 25(1647)년에 죽었다. |

임명일

— 인조 11(1633)년 5월 22일 : 최명길(崔鳴吉)을 대제학으로,

가문

아버지는 영흥 부사 기남(起南)이고 할아버지는 수준(秀俊)이며 증조부는 빙고 별제 업(業)이고 고조부는 명손(命孫)이다. 외할아버지는 전주인 참판 유영립(柳永立)이고 장인은 초배는 인동인 좌찬성 옥천부원군 장만(張晩)이고 계배는 양천인 종묘서 영 허인(許嶙)이다.

본부인에게 아들이 없어서 조카 후량(後良)을 입양했는데 계배에서 아들 후상(後尙)을 낳았다. 후량은 한성부 좌윤을 역임하고 완릉군(完陵君)에 봉해졌다. 후량은 아들 셋을 두었는데 1남은 진사로 학문에만 힘쓰다가 만년에 진위 현감과 공조 정랑을 역임한 석진(錫晉)이고 2남은 영의정·대제학 석정(錫鼎)이며 3남은 좌의정 석항(錫恒)이다. 후상은 아들이 없어서 후량의 아들 영의정·대제학 석정을 후사로 삼았다.

형은 공조 판서 내길(來吉)이고 동생은 이조 참판 혜길(惠吉)과 가길(嘉吉)·경길(敬吉)이다. 아들 석정과 더불어 조손 영의정에 조손 대제학이 되었다.

생애

선조 35(1602)년 성균관 유생이 되었으며 선조 38(1605)년 사마 생원

시에서 1등, 진사시에서 8등으로 합격하고 같은 해에 증광문과에 급제하고 승문원에 등용되었다가 성균관 전적으로 전임되었다.

광해군 3(1611)년 8월에 공조 좌랑에 임명되고 12월에 병조 좌랑에 임명되어 가자되었다. 광해군 4(1610)년 2월에 공조 좌랑으로 임명되었다가 광해군 5(1613)년에 다시 병조 좌랑으로 임명되었다. 광해군 6(1614)년 1월에 인목대비에 대한 폐모론의 기밀을 누설한 일로 하옥되고 관작이 삭탈된 뒤에 문외출송 되어 가평으로 내려가서 조익, 장유, 이시백 등과 교류하며 양명학을 연구하다가 광해군 11(1619)년 5월에 풀려났다.

인조 1(1623)년 3월에 김류, 이귀 등과 인조반정을 일으켜 정사공신 1등에 녹훈되고 완성군(完城君)에 봉해졌다. 3월에 이조 좌랑에 임명되고 8월에 이조 참의로 승진했으며 11월에 이조 참판으로 승진해서 비국 제조를 겸했다. 인조 2(1624)년 2월에 이괄의 난이 일어나자 총독 김류의 부사로 이괄의 난을 평정하는 데 공을 세웠다. 5월에 이조 참판 겸 동지사로 있으면서 대동법 시행이 재론되자 선행 조건으로 호패법 시행을 건의했다. 인조 3(1625)년 3월에 홍문관 부제학에 임명되어 관제, 전제, 병제의 개혁을 주장하는 차자를 올리고 사헌부 대사헌으로 전임되었다. 이때 왕손을 모함했다는 죄목을 받자 인피하여 체직되었다가 5월에 다시 대사헌에 임명되었다. 7월에 행 부제학으로 호패청의 당상을 겸했다. 인조 4(1626)년 2월에 인조의 생모인 계운궁(啟運宮 : 인헌왕후仁獻王后로 추존됨)이 죽었을 때 장례는 선비의 예에 따라 치르고 제사는 제후의 예에 따라 지내고 별도로 사당을 세울 것을 주장했다. 이 주장이 조정의 의논과 달라 탄핵을 받고 체직되었다가 8월에 형조 참판에 임명되었다. 인조 5(1627)년 1월에 정묘호란이 일어나자 병조 참판으로 호조의 잡물과 판적을 강화도로 수송해서 보내도록 청하여 실현시키고 임금을 강화도로 호종했다. 그리고 척화론에 맞서 강화를 주장하고 후금과 형제의 맹약을 맺도록 주장했다. 이 일로 적병이 물러간 뒤에 유학 허신이 화의를 주장한 이서와 최명길을 참수하여 팔방에 사주하라고 청하는 한편 양사가 탄핵했으나 인조가 추고만 시키라고 함으로 유배는 면했다. 인조 6(1628)년 인조의 생부인 정원군(定遠君 :원종으로 추존됨)에 대한 추숭의 문제가 논의되었다. 이 문제로 홍문관의 배척을 받고 경기도 관찰사로 나아갔으며 가의대부로 가자되었다. 인조 7(1609)년 1월에는 고양 등 8개 고을의 굶주린 백성들을 진휼청으로 이송하도록 청하여 실현시키고, 공신들이 남의 전답과 집을 빼앗는 폐단에 대해 아뢰었다. 그 뒤에 호조 참판과 병조 참판을 역임했다. 인조 8(1630)년 1월에는 군적을 완성시키고 가자되었으며 5월에 의정부 우참찬으로 승진했다. 인조 9(1631)년 4월에 홍문관 부제학에 임명되어 정원군의 추숭에 반대하였다. 11월에 예조 판서에 임명되고 인조 10(1632)년 2월에 예문관 제학을 겸하고 3월에는 동지성균관사도 겸했다. 4월에는 동지경연사로 세자 책봉을 주청하고 5월에 추숭의 문제가 생기자 별묘를 세울 것을 주장했다. 9월에 대행대비에게 시호를 올리는 시책문을 짓고 12월에 이조 판서에 임명되었다. 인조 11(1633)년 5월에 대제학에 임명되었으며 7월에는 나이 70이 넘은 수령을 개차하자는 사헌부의 의견에 동조했다. 인조 12(1634)년 7월에 원종의 옥책문을 지었다. 11월에 강학년을 천거한 일로 자신을 파직시켜 달라고 요청하고 인조 13(1635)년 다시 체직을 청하여 이조 판서에서 물러났다. 이 해 4월에 호조 판서에 임명되었다가 9월에 파직되었으나 바로 호조 판서에 임명되고 판의금부사를 겸했다. 인조 14(1636)년 4월에 병조 판서에 임명되고 8월에 예조 판서로 전임되었으나 병으로 사직하고 9월에 한성부 판윤에 임명되었다. 이때 금에 대한 호칭 문제로 사간원으로부터 탄핵을 받고 사직소를 올려 사직하였다. 11월에 겸 지경연에 임명되고 12월에 병자호란이 일어나자 이조 판서로 적진에 왕래하면서 화의를 주장했다. 인조 15(1637)년 청나라에 항복한 뒤인 4월에 우의정으로 승진했고 8월에 좌의정으로 승진했으며 11월에 사은사로 심양에 갔으나 병으로 심양에 남고 부사와 서장관이 속환된 780여 명을 데리고 왔다. 12월에 심양에서 돌아왔다. 인조 16(1638)년 영의정에 임명되어 9월에 다시 사은사에 임명되어 심양에 갔으며 인조 17(1639)년 1월에 심양에서 돌아와 양선의 폐해에 대해 계하였다. 8월에 약방 도제조를 겸했고, 10월에 다시 사은사로 심양으로 출발했으나 병으로 만사에 머물고 부사와 서장관만 심양으로 들어갔다. 인조 18(1640)년 3월에 청나라에서 인질을 요구하자 가짜 인질을 보냈다. 그러나 이 일이 발각되어 이경석과 함께 파직되었다가 6월에 완성부원군이 되었다. 7월에 이괄의 잔당인 김개가 아우 만길의 집에서 체포됨에 따라 완성부원군에서 다시 파직되었다. 11월에는 신득연과 함께 청나라에 반대하는 사람으로 김상헌과 조한영(曹漢英) 채이항의 이름을 용골대에게 알림으로써 이들이 청나라로 끌려 가서 모진 고문을 받게 했다. 인조 19(1641)년에 다시 완성부원군에 봉해지고 인조 20(1642)년 8월에 다시 영의정에 임명되었으나 조선이 명나라와 내통한 사실이 밝혀져 11월에 관작이 삭탈되고 그 관련자로 심양에 잡혀 억류되었다. 인조 21(1643)년 김상헌과 함께 심양에 구류되었다가 인조 23(1645)년 2월에 이경여, 김상헌 등과 함께 심양에서 돌아왔다. 돌아와서 직첩을 돌려받고 10월에 완성부원군 겸 어영 도제조에 임명되었다. 인조 24(1646)년 소현세자의 빈인 강 씨를 사사하라는 명이 내리자 폐출만 하고 죽이지 말라고 청했다. 인조 25(1647)년 5월에 죽었다. 죽은 뒤에 박천의 지천사우에 제향되었다.

〈인조실록〉 인조 25(1647)년 5월 17일 두 번째 기사에 '완성부원군 최명길의 졸기'가 있다. 졸기에 "명길은 사람됨이 기민하고 권모술수가 많았는데, 자기의 재능에 대해 자부심을 가지고 일찍부터 세상 일을 담당하겠다는 생각을 가졌다. 광해 때에 배척을 받아 쓰이지 않다가 반정할 때에 대계(大計)를 협찬하였는데 명길의 공이 많아 드디어 정사원훈(靖社元勳)에 녹훈되었고, 몇 년이 안 되어 차서를 뛰어 넘어 경상(卿相)의 지위에 이르렀다. 그러나 추숭(追崇)과 화의론을 힘써 주장함으로써 청의(淸議)에 버림을 받았다. 남한산성의 변란 때에는 척화를 주장한 대신을 협박하여 보냄으로써 사감(私感)을 풀었고 환도한 뒤에는 그른 사람들을 등용하여 사류와 알력이 생겼는데 모두들 소인으로 지목하였다. 그러나 위급한 경우를 만나면 앞장서서 피하지 않았고 일에 임하면 칼로 쪼개듯 분명히 처리하여 미칠 사람이 없었으니, 역시 한 시대를 구제한 재상이라 하겠다. 졸하자 상이 조회에 나와 탄식하기를 '최상(崔相)은 재주가 많고 진심으로 국사를 보필했는데 불행하게도 이 지경에 이르렀으니 진실로 애석하다.' 하였다."고 평했다.

☑ 저술 및 학문

이항복과 신흠의 문인이다. 양명학의 계통을 이었고 강화학파(江華學派)의 줄기를 이루었다. 저서로 〈지천집〉·〈지천주차〉·〈경서기의〉·〈병자봉사〉가 있다.

☑ 참고 문헌

〈다음백과사전〉, 〈한국민족문화대백과사전〉, 〈조선의 영의정〉, 〈선조실록〉, 〈선조수정실록〉, 〈광해군일기정초본〉, 〈광해군일기중초본〉, 〈인조실록〉, 〈전주최씨한성판윤공파세보〉, 〈국조인물고 : 비명. 남구만(南九萬) 지음〉

홍서봉
(洪瑞鳳)

본관은 남양(당홍계)이고 자는 휘세(輝世)이며 호는 학곡(鶴谷)이고 시호는 문정(文靖)이다. 선조 5(1572)년에 태어나서 인조 23(1645)년에 죽었다.

임명일

— 인조 13(1635)년 8월 1일 : 홍서봉(洪瑞鳳)을 대제학으로,

가문

아버지는 도승지 천민(天民)이고 할아버지는 황해도 관찰사 춘경(春卿)이며 증조부는 예문관 대교 계정(係貞)이고 고조부는 봉상시 부정 윤덕(閏德)이다. 외할아버지는 초배가 은진인 군수 송세경(宋世勁)이고 계배는 홍양인 제용감 주부 유탱(柳撑)인데 유탱이 친외할아버지이다. 장인은 영의정 황희의 후손인 장수인 승지 황혁(黃赫)이고 처할아버지는 판중추부사·대제학 황정욱(黃廷彧)이다.

아들은 강원도 관찰사와 대사성을 역임한 명일(命一)이고, 딸은 번남인 대사헌 박황(朴潢)과 결혼했다. 명일의 딸은 풍산인 판결사 홍만회(洪萬恢)와 결혼했는데 홍만회의 아버지는 선조와 인목대비 사이에서 태어난 정명공주(貞明公主)의 남편 영안위(永安尉) 홍주원(洪柱元)이다. 홍만회의 딸은 덕수인 좌의정 이집(李㴭)과 결혼했다.

작은아버지 성민(聖民)은 예조·이조·호조 판서로 대제학을 역임했다. 성민이 강원도 관찰사 서익(瑞翼)을 낳고 서익이 평안도 관찰사 명구(命耉)와 영의정 명하(命夏)를 낳았다. 명구는 우의정 중보(重普)를 낳았으며 중보의 아들 득기(得箕)는 효종대왕의 딸 숙안공주(淑安公主)와 결혼하여 익평위(益平尉)에 봉해졌다. 작은아버지 성민에 이어 숙질 대제학의 가문

을 이루었다.

◪ 생애

3세 때에 아버지가 죽고 6세 때에 외부(外傅)에 나갔다. 14세 때 송강 정철이 시를 짓게 하자 그 자리에서 지어 송강으로부터 칭찬을 받았다.

선조 23(1590)년 진사시에 합격하고 선조 27(1594)년 별시문과에 급제 하고 승문원 부정자에 임명되었다가 성균관 전적으로 승진했다. 선조 33 (1600)년 2월에 정유재란이 일어나자 먼저 도망한 벼슬아치의 이름에 올 랐다. 8월에 시강원 사서에 임명되어 홍문록에 뽑혔고 10월에 사간원 정 언에 임명되었으며 11월에 홍문관 수찬에 임명되었다. 선조 34(1601)년 11 월에 원접사의 종사관에 임명되고 이어서 이조 좌랑에 임명되었으나 선 조 35(1602)년 3월에 사헌부에서 정유재란 때에 먼저 도망간 일을 들어 파직하도록 청해서 사직했다. 그러나 안산에 있는 노모를 봉양하러 갔다 가 다음날 돌아왔는데 무고로 방을 붙인 일이 날조된 것임이 밝혀져 선조 36(1603)년에 다시 기용되어 예조 좌랑에 임명되었다. 그 뒤에 성균관 사 예로 전임되어 경기도 양전어사로 파견되었다. 선조 37(1604)년 8월에 성 주 목사에 임명되고 선조 40(1607)년 경기도 암행어사로 파견되었다가 돌아와서 9월에 성균관 사예에 임명되었다.

광해군 즉위(1608)년 홍문관 교리로 있다가 부교리를 거쳐 9월에 사성 에 임명되었다. 같은 달에 홍문관 부응교에 임명되어 문과중시에서 갑과 에 급제하고 11월에 사가독서할 사람 12명에 뽑혔다. 광해군 1(1609)년에 도사 영위사로 차출되었다가 광해군 2(1610)년 1월에 강원도 관찰사에 제 수되었다. 이 해에 동부승지에 임명되어 승문원 부제조를 겸했고, 광해군 3(1611)년 3월에 예조 참의로 전임되어 성절사로 연경에 다녀왔다. 광해군 4(1612)년 2월에 동부승지에 임명되었다. 장인인 황혁의 사돈이 신경진인데 신경진이 김직재(金直哉)의 옥사에 관련되었기 때문에 3월에 사직소를 올려 체차되었다가 5월에 신경진은 삭탈관작 되었다. 이 일로 서봉은 파직되어 칩거했다. 광해군 15(1623)년 김류, 이귀 등과 함께 인조반정을 일으켰다.

인조 1(1623)년 반정에 성공하고 3월에 병조 참의에 임명되었다가 다음 날 이조 참의로 전임되었다. 8월에 사간원 대사간에 임명되고 윤10월에 동부승지에 임명되었으며 정사공신 3등에 녹훈되고 익녕군(益寧君)에 봉해졌다. 인조 2(1624)년 2월에 이괄의 난이 발생하자 동부승지로 숭례문에 이르러 돌로 자물쇠를 부수게 하고 임금을 호종했다. 5월에 홍문관 부제학에 임명되고 7월에 사간원 대사간에 임명되었으며 10월에 다시 부제학에 임명되었다. 인조 3(1625)년 2월에 사헌부 대사헌에 임명되고 3월에 다시 부제학에 임명되었으며 6월에 병조 참판에 임명되었다. 7월에 대사간에 임명되었으나 인조 4(1626)년 3월에 다시 부제학으로 옮겼다가 7월에 승정원 도승지에 임명되었다. 인조 5(1627)년 정묘호란이 일어나자 임금을 강화도로 호종하고 도승지로서 화친이 어렵다는 것을 아뢰는 한편 기회를 보아 적을 섬멸해야 한다고 진언했다. 7월에 부제학에 임명되고 9월에 이조 참판에 임명되었다. 인조 6(1628)년 왕세자 가례 때 이조 참판으로 교명제술관을 맡았고 그 공으로 정헌대부에 가자되었다. 이때 유효립(柳孝立)의 모반사건을 고변하여 4월에 갈충효성병기 영사공신(寧社功臣) 2등에 녹훈되고 익녕군에 봉해졌으며 한성부 판관 겸 지의금부사에 임명되었다. 같은 달에 대사헌에 임명되었고 인조 7(1629)년 우참찬으로 홍문관 제학을 겸하다가 지경연도 겸했다. 윤4월에 예조 판서에 임명되어 연향을 주관하고 7월에 대사헌에 임명되었으며 10월에 겸 지의금부사에 임명되었다. 인조 8(1630)년 10월에 의정부 우참찬으로 있을 때 어머니의 칠순 잔치가 있었는데 잔치를 옛 병조에서 행하고 1등 악을 내리는 은전을 입었다. 12월에 예조 판서에 임명되었다가 3일 뒤에 이조 판서로 전임되었다. 인조 9(1610)년 인목대비가 병이 났을 때 시약한 공으로 숭정대부에 가자되었다. 2월에 이조 판서로 좌빈객을 겸하였으나 이 해에 사직소를 올리는 가운데 박팽년이 충신이라는 내용이 들어감에 따라 11월에 헌부가 추고하여 조율한 것을 가지고 3등급이 강등되어 고신을 빼앗겼고 뇌물을 받았다고 극력 비난을 받고 파직되었다. 인조 10(1632)년 12월에 예조 판서로 복직되어 홍문관 제학을 겸했고 인조 11(1633)년 11월에 병조 판서로 전임되어 인조 12(1634)년 3월에는 관반을 겸했다. 10월에 예조 판서에 임명되고 인조 13(1635)년 6월에 의정부 좌참찬으로 전임되었으며 같은 달에 다시 예조 판서에 임명되고 8월에 대제학에 임명되었다. 인조 14(1636)년 1월 의정부 우의정으로 승진하고 인열왕후의 상에 총호사가 되었다. 5월에 좌의정으로 승진해서 세자부를 겸했으나 6월에 사간 조경으로부터 비리가 있다는 상소가 올라왔다. 그러자 7월에는 아들인 헌납 명일이 아비의 무고함을 상소하였으나 서봉이 40여 차례에 걸쳐 정사하여 체직되었다. 병자호란이 일어나자 다시 좌의정에 임명되어 임금을 호가하여 남한산성으로 들어가서 최명길, 김신국, 이경직과 함께 화의를 주장했다. 인조 15(1637)년 화의가 이루어지자 최명길, 윤회 등과 함께 청나라 진영에 가서 항복 절차를 논의했다. 이러는 과정에 청나라 장수에게 재배하고 우리 임금을 신하라 칭했다. 인조 16(1638)년 어머니가 죽어서 좌의정에서 물러나 시묘하고 인조 18(1640)년 1월에 상을 마치고 영의정에 임명되었다. 인조 19(1641)년 8월에 30번째 정사하여 영의정에서 체차하는 것을 허락받고 익녕부원군으로 있다가 선조 22(1644)년 3

월에 다시 영의정에 임명되었다. 4월에 병을 핑계로 면직을 요청하여 김류를 영의정으로 삼고 자신은 좌의정으로 강등되었으나 같은 해에 다시 영의정에 임명되었다. 인조 23(1645)년 2월에 늙고 병든 진상을 설명하고 영의정에서 물러나 좌의정으로 있다가 8월에 74세로 죽었다. 이 해에 봉림대군을 세자로 책봉하려 할 때 세자 책봉에 반대하고 소현세자의 아들을 세손으로 삼을 것을 주장했으나 뜻을 이루지 못했다.

〈인조실록〉 인조 23(1645)년 8월 8일 첫 번째 기사에 '좌의정 홍서봉의 졸기'가 있다. 졸기에 "홍서봉은 사람됨이 총민하고 빼어났으며, 특히 문사에 뛰어나서 동류들의 추앙을 받았다. 계해년 반정으로 정사공신에 참록되었고, 이어 이조 판서·병조 판서와 대제학을 역임하고 재상이 되어서는 정사를 건의하여 밝힌 것이 없었다. 목릉(穆陵 : 선조의 능)의 변고 때에는 남의 말을 견강부회하여 임금을 속였고, 이조·병조 판서로 있을 적에는 뇌물을 꽤 받았으므로, 사람들이 이 때문에 그를 나무랐다."고 평했다.

◪ 저술 및 학문

시문집으로 〈학곡집(鶴谷集)〉이 있고 〈청구영언〉에 '이별하든 날에…'라는 시조 1수가 전한다.

◪ 참고 문헌

〈다음백과사전〉, 〈한국민족문화대백과사전〉, 〈조선의 영의정〉, 〈선조실록〉, 〈선조수정실록〉, 〈광해군일기정초본〉, 〈광해군일기중초본〉, 〈인조실록〉, 〈남양홍씨남양대군파세보〉, 〈국조인물고 : 비명. 최석정(崔錫鼎) 지음〉

김상헌 (金尙憲)	본관은 안동이고 자는 숙도(叔度)이며 호는 청음(淸陰)·석실산 인(石室山人)·서간노인(西磵老人)이고 시호는 문정(文正)이다. 선조 3(1570)년에 태어나서 효종 3(1652)년에 죽었다.

▣ 임명일

— 인조 14(1636)년 1월 28일 : 김상헌(金尙憲)을 대제학으로.

▣ 가문

친아버지는 돈녕부 도정 극효(克孝)였으나 큰아버지인 현감 대효(大孝)에게 입양됐다. 할아버지는 신천 군수 생해(生海)이고 증조부는 평양 서윤 번(璠)이며 고조부는 사헌부 장령 영수(永銖)이다. 외할아버지는 좌의정·대제학 정유길(鄭惟吉)이고 장인은 성주인 선전관 이의로(李義老)이다.

아들이 없어서 형 상관의 아들 동지중추부사 광찬(光燦)을 입양했는데 광찬이 공조 참판 수증(壽增)과 영의정 수흥(壽興)과 영의정 수항(壽恒), 적성 현감 수징(壽徵), 진사 수응(壽應), 학관 수칭(壽稱), 강동 현령 수능(壽能)을 낳았다. 딸은 1녀는 용인인 목사 이정악(李挺岳)과 결혼하여 좌의정 이세백(李世白)을 낳고 이세백은 영의정·대제학 이의현(李宜顯)을 낳았다. 2녀는 풍산인 현감 홍주천(洪柱天)과 결혼했고 3녀는 전주인 군수 이중휘(李重輝)와 결혼해서 영의정 이유(李濡)를 낳았으며 4녀는 은진인 판서 송규렴(宋奎濂)과 결혼하여 대제학 송상기(宋相琦)를 낳았다. 5녀는 한산인 지평 이광직(李光稷)과 결혼하여 딸을 광산인 판서 김진귀(金鎭龜)에게 출가시켜 인경왕후의 아버지인 광성부원군·대제학 김만기(金萬基)와 〈구운몽〉의 저자인 대제학 김만중(金萬重)을 낳았다. 6녀는 영의정 허적(許積)의 아들인 양천인 허서(許墅)와 결혼했다.

수항이 영의정 창집(昌集)과 예조 판서·대제학 창협(昌協)을 낳았다. 창집의 후손으로 좌의정 이소(履素), 순조의 국구인 영안부원군(永安府院君) 조순(祖淳), 철종의 국구인 영은부원군(永恩府院君) 문근(汶根), 헌종의 국구인 영흥부원군(永興府院君) 조근(祖根), 영의정 좌근(左根), 영의정 흥근(興根), 좌의정 홍근(弘根), 영의정·대제학 병학(炳學), 영의정 병국(炳國), 영의정 병시(炳始), 좌의정 병덕(炳德) 등이 배출 되어 안동김씨 세도를 주도했다.

형은 우의정 상용(尙容)인데 강화도가 함락되자 화약고에 불을 질러 자결했다. 상용의 사위는 효종비 인선왕후의 아버지인 우의정·대제학 장유이다.

외할아버지 정유길에 이어 외조손 대제학이 되고 외손자 송상기와 더불어 외조손 대제학이 되었다.

생애

선조 23(1590)년에 진사시에 합격하고 선조 29(1596)년 전쟁 중에 실시한 정시문과에서 병과로 급제하고 권지승문원부정자에 임명되었다. 선조 33(1600)년 2월에 예조 좌랑에 임명되고 12월에 홍문관 부수찬에 임명되었으며 같은 달에 사간원 정언에 임명되었다. 선조 34(1601)년 1월에 이조 좌랑에 임명되고 5월에 홍문관 교리에 임명되었다. 홍문관 교리로 재직하던 8월에 제주도에서 길운절(吉雲節)의 역옥(逆獄) 사건이 일어나자 이를 다스리기 위해 제주 안무어사로 파견되었다. 선조 35(1602)년 돌아와서 윤2월에 고산 찰방에 임명되었다가 선조 38(1605)년 8월에 경주 판관에 임명되었다. 선조 40(1607)년 개성부 경력에 임명되었다.

광해군 즉위(1608)년 문과중시에 을과로 급제하고 11월에 사가독서할 사람 12명에 뽑혀 사가독서 했다. 11월에 직강에 임명되고 광해군 1(1609) 년 1월에 검상에 임명되었다. 7월에 홍문관 교리에 임명되고 6월에 사간에 임명되었으며 9월에 홍문관 부응교에 임명되었다. 광해군 2(1610)년 12월에 직제학에 임명되고 광해군 3(1611)년 동부승지에 임명되었다. 이때 정인홍이 이언적과 이황을 배척하자 정인홍을 탄핵했는데 이 일로 6월에 광주 목사로 좌천되었다. 광해군 5(1613)년 6월에 영의정 박순의 서자 박응서를 비롯한 일곱 명의 서자들이 문경새재에서 상인을 죽이고 은 수백 냥을 강탈하는 이른바 칠서지옥(七庶之獄)이 발생했다. 이를 계기로 이이첨이 영창대군을 옹립하기 위한 자금을 마련하기 위한 것으로 조작하여 계축옥사를 일으켜 인목대비의 아버지인 김제남이 죽음을 당하는 일이 발생했다. 상헌의 양아들인 광찬(光燦)은 김제남의 아들인 김래(金瑮)의 사위이기 때문에 상헌과 김래는 사돈 관계가 된다. 이 일로 파직을 당하자 집권세력인 북인의 박해를 피해 경상도 풍산으로 이사하였다. 광해군 7(1615)년 8월에 삭탈관작 되었다.

인조 1(1623)년 인조반정 뒤에 이조 참의로 관직에 복귀하자 공신 세력의 보합위주정치(保合爲主政治)에 반대하고 시비(是非)와 선악의 엄격한 구별을 주장하여 서인 청서파(淸西波)의 영수가 되었다. 인조 2(1624)년 상중이었으나 1월에 기복시키려 하자 상기를 마치기를 상소했다. 그러나 8월에 사간원 대사간에 임명되고 10월에 대비전에 존호를 올릴 때 형 상용은 전문서사관이 되고 상헌은 악장제술관으로 활동하여 각각 반숙마 1 필을 하사받았다. 11월에 예조 참의에 임명되고 8일 뒤에 이조 참의로 전임되었으나 12월에 세 차례의 정고로 체직하고 형조 참의에 임명되었다. 인조 3(1625)년 1월에 사간원 대사간에 임명되고 2월에 이조 참의에 임명되어 언관을 대우하라고 상소했다가 붕당을 조성했다는 이유로 체직되었다. 김상헌이 체직되자 이정구, 김류, 이귀 등이 체직된 것에 대해 이의를 제기하고 복직을 요청하였다. 4월에 승정원 도승지로 복직되고 7월에 병조 참판에 임명되었으며 8월에 사헌부 대사헌에 임명되고 10월에 홍문관 부제학에 임명되었다. 12월에는 부호군으로 해평부원군 윤근수의 행장을 지었다. 인조 4(1626)년 성절 겸 사은진주사로 명나라에 다녀왔다. 5월에 동지중추부사에 임명되고 윤6월에 지경연사·세자우빈객에 임명되었으며 동지성절사로 연경에 갔다가 인조 5(1627)년에 돌아왔다. 연경에서 돌아와서 대사간에 임명되었으나 사직상소를 올려 사직하고 부호군에 임명되었다가 7월에 다시 도승지에 임명되고 9월에 부제학에 임명되었다. 10월에 좌부빈객에 임명되었는데 이때 형 상용은 좌빈객이었고 형의 사위인 장유는 우부빈객이었기 때문에 장유가 사직을 요청했다. 12월에 지춘추관사에 임명되고 같은 달에 행 사직으로 "청과 개시할 때 우리나라가 팔 물건은 중국의 물건은 하지 말고 토산물로 할 것"을 청했다. 인조 6(1628)년 1월에 대사간에 임명되고 5월에 부제학에 임명되었다가 도승지에 임명되었으며 7월에 형조 판서에 임명되었다. 11월에 사헌부 대사헌에 임명되고 인조 7(1629)년 2월에 도승지에 임명되어 홍문관 제학을 겸했다. 윤4월에 부호군에 임명되고 6월에 다시 대사헌에 임명되었으며 8월에 의정부 우참찬을 거쳐 10월에 대사헌에 임명되었으나 곧 사직했다. 인조 9(1630)년 지중추부사로 홍문관 제학에서 사직하는 것을 허락받고 12월에 예조 판서에 임명되었다. 이때 인조의 생부인 정원군(추존 원종)의 추숭 문제가 논의되자 추숭에 반대하는 차자를 올렸다. 인조 9(1631)년 2월에 예조 판서로 우부빈객을 겸했고 5월에 대사헌에 임명되었다. 8월에 지돈녕부사로 홍문관 제학을 겸대했고 10월에 동지성균관사를 거쳐 11월에 사헌부 대사헌에 임명되었다. 그러나 형인 상용이 견책을 받아 파직되자 체직을 청하여 사직했다가 같은 달에 도승지에 임명되었다. 인조 10 (1632)년 2월에 정원군의 추숭이 논의되자 다시 반대하는 상소를 올렸다. 4월에 형조 판서에 임명되고 5월에 대사헌에 임명되었으나 9월에 추숭의 문제로 양주 땅으로 물러가 겸직한 세자우빈객·동지성균관사의 면직을 청하여 모두 허락받았다. 인조 11(1633)년 5월에 함경도 관찰사에 임명되고 11월에 대사헌에 임명되었다. 인조 12(1634)년 1월에 예문관 제학에 임명되고 2월에 대사헌에 임명되었다. 인조 13(1635)년 3월에 대사헌에 임명되었으나 4월에 사직을 청하여 사직하고 6월에 성균관 대사성에 임명되었다. 8월에 대사헌에 임명되어 10월에 홍문관 제학을 겸하면서 군비의 확보와 북방의 군사시설의 확충을 건의했다. 인조 12(1636)년 1월에 공조 판서에 임명되고 같은 달에 대제학에 임명되었으며 2월에 지경연도 겸했다. 같은 달에 예조 판서에 임명되어 3월에 국방책에 대해 상소했다. 이 달에 원손이 탄생하자 대제학으로 반교문을 지었다. 4월에 대사헌에 임명되었다가 5월에 이조 판서에 임명되었으며 6월에 청백리에 뽑혀 한 등급 가자되었다. 12월에 병자호란이 일어나자 화의의 부당함을 아뢰고 주전론을 폈으며 비국 당상에 임명되었다. 인조 15(1637)년 청나라에 국서를 보내려 하자 반대했고 사신을 보내는 것도 반대했으며 최명길이 지은 국서를 찢고 벌을 주라고 청했다. 이때 강화도가 함락될 때 형인 전우의정 김상용이 자결하여 죽었다. 형이 죽은 다음날 관을 벗고 대궐 앞에 짚을 깔고 엎드려 적진에 나아가 죽게 해 달라고 청하고 그 뒤로 출사하지 않고 여러 날 음식을 끊고 있다가 스스로 목을 매었으나 자손들이 구조했다. 인조 16(1638)년 10월에 사헌부에서 중도부처하라고 아룀에 따라 파직되었고 11월에 삭탈관작 되었다. 인조 17(1639)년 행 부호군에 임명되었으나 인조 18(1640)년 11월에 최명길이 신득연과 함께 용골대에게 배청파로 김상헌, 조한영(曺漢英), 함평의 유생 채이항(蔡以恒) 등을 지목하여 알려줌으로써 12월에 조한영 등과 함께 심양에 잡혀갔다. 〈인조실록〉 인조 19(1641)년 1월 20일 기사에 심양에 도착하는 모습이 기록되어 있는데 "전 판서 김상헌, 전 지평 조한영, 학생 채이항 등이 심양에 도착하였는데, 목에 철쇄가 가해지고 두 손이 결박된 채 형부의 문 밖에 끌려나갔다."고 기록되어 있다. 인조 21(1643)년 1월 14일 기사에는 "역관 정명수가 김상헌을 핍박했다고 치계하다. 정역이 오는 길로 곧장 김상헌이 기거하고 있는 곳으로 가서 급히 신을 부르기에 신이 즉시 달려가 보니, 가는 노끈으로 김상헌의 두 팔을 묶어 방안에 안치하고 그의 서책을 모조리 불태웠으며, 의복과 기물은 그의 종에게 돌려주었습니다. 그리고 철쇄를 그의 목에다 채워두고서 신의 군관 두 사람이 감시하며 압송사를 기다리게 하였습니다."고 기록되어 있다. 2월 19일에 북관으로 옮겨 안치되었다가 인조 23(1645)년 2월에 심양에서 돌아왔다. 인조 24(1646)년 3월에 좌의정에 임명되었으나 6월에 34번의 사직서를 올려 사직하고 바로 양주로 돌아갔다. 양주로 돌아간 뒤에 영돈녕부사로 지냈다.

효종 즉위(1649)년 5월에 병든 몸으로 달려와서 곡을 했고 이때 조정에 있을 것을 부탁받았으나 사양했다. 8월에 이경석이 영의정이 될 때 좌의정에 임명되었으나 이경석이 상헌보다 자리가 높음이 옳지 않다고 사직하자 노병을 이유로 사직하고 영돈녕부사에 임명되었다. 효종 2(1651)년 상소를 올리고 서울을 떠나 양주로 내려가 살다가 효종 3(1652)년 6월에 죽었다.

〈효종실록〉 효종 3(1652)년 6월 25일 첫 번째 기사에 '좌의정 겸 영경연사 감춘추관사 세자부 김상헌의 졸기'가 있다. 이 글에서는 졸기 전체를 그대로 옮겨 적는다.

대광보국숭록대부 의정부 좌의정 겸 영경연사 감춘추관사 세자부 김상헌(金尙憲)이 양주(楊州)의 석실(石室) 별장에서 죽었다. 죽음에 임해서 상소하기를,

"신은 본래 용렬한 자질로 여러 조정에서 다행히도 은혜를 입어 지위가 숭반(崇班)에 이르렀는데도 작은 공효도 이루지 못하고 한갓 죄만 쌓아왔습니다. 병자년 정축년 난리 이후로는 벼슬에 뜻을 끊었는데 중간에 다시 화를 당하여 온갖 어려움을 갖추 겪었습니다. 그러다가 뜻하지 않게도 선왕(先王)께서 초야에 있던 신을 부르시어 태사(台司)에다 두시기에, 은명에 감격하여 힘든 몸을 이끌고 한번 나아갔으나, 흔단만 쌓은 여생이 힘을 다할 희망이 없어, 조상의 묘소가 있는 고향 땅에 물러나 지내면서 죽을 날만 기다리고 있었습니다.

성조(聖朝)에 이르러서는 남다른 은총을 과분하게 받아 노쇠한 몸이 보답할 길이 없기에, 다만 사류(士類)를 현양하고 강유(綱維)를 진작시켜 새로운 교화의 정치에 만에 하나라도 보답코자 하였는데, 불행히도 일이 마음과 어긋나서 뜻을 조금도 펴보지 못하고 외로이 성덕을 저버린 채 낭패하여 돌아왔습니다. 질병과 근심 걱정이 점점 깊이 고질이 되어 오늘날에 이르러서는 목숨이 거의 다 되었습니다. 거듭 천안(天顔)을 뵙기에는 이 인생 이제 희망이 없으니 멀리 대궐을 우러러보며 점점 죽어갈 뿐입니다.

삼가 바라건대 전하께서는 처음 왕위를 물려받으시던 때의 뜻을 더욱 가다듬으시고 어진 이를 좋아하는 정성을 바꾸지 마시어, 선한 사람을 등용하여 훌륭한 정치를 이루시고 실제적인 덕업을 잘 닦아 왕업을 넓히소서. 그리하여 우리 동방 억만 년 무궁한 아름다움의 기반을 크게 마련하시면 신이 비록 죽어 지하에 있더라도 거의 여한이 없을 것입니다. 죽음에 임해 기운이 없어서 무슨 말씀을 드려야 할지 모르겠습니다."

하였다. 상이 정원에 하교하기를,

"하늘이 사람을 남겨두지 않고 내게서 원로를 앗아갔으니 매우 슬프고 슬프다. 이 유소(遺疏)를 보니 말이 간절하고 훈계가 매우 지극하다. 나라 위한 충성이 죽음에 이르러서 더욱 독실하니 매우 가상하다. 가슴 깊이 새기지 않을 수 있겠는가. 내가 슬픔을 이기지 못하고 근신에게 하유한다." 하였다.

김상헌은 자는 숙도(叔度)이고, 청음(淸陰)이 그의 호이다. 사람됨이 바르고 강직했으며 남달리 주관이 뚜렷했다. 집안에서는 효도와 우애가 독실하였고, 안색을 바루고 조정에 선 것이 거의 오십 년이 되었는데 일이 있으면 반드시 말을 다하여 조금도 굽히지 않았으며 말이 쓰이지 않으면 번번이 사직하고 물러갔다. 악인을 보면 장차 자기 몸을 더럽힐까 여기듯이 하였다. 사람들이 모두 공경하였고 어렵게 여겼다. 김류가 일찍이 사람들에게 말하기를 "숙도를 만날 때마다 나도 모르게 등이 땀에 젖는다." 하였다.

광해군 때에 정인홍(鄭仁弘)이 선정신(先正臣) 이황(李滉)을 무함하여 욕하자 이에 진계하여 변론하였다. 윤리와 기강이 없어진 것을 보고는 문을 닫고 세상에 나오지 않고, 《야인담록(野人談錄)》을 저술하여 뜻을 나타냈다.

인조반정(仁祖反正)이 있자, 대사간으로서 차자를 올려 '여덟 조짐[八漸]'에 대하여 논한 것이 수천 마디였는데, 말이 매우 강개하고 절실하였다. 대사헌으로서, 추숭(追崇)이 예에 어긋난다고 논하여, 엄한 교지를 받고 바로 시골로 돌아갔는데, 오래지 않아 총재(冢宰)와 문형(文衡)에 제수되었다가 상의 뜻을 거슬러 또 물러나 돌아갔다.

병자년 난리에 남한산성에 호종해 들어가, 죽음으로 지켜야 된다는 계책을 힘써 진계하였는데, 여러 신료들이, 세자를 보내 청나라와 화해를 이루기를 청하니, 상헌이 통렬히 배척하였다. 출성(出城)의 의논이 결정되자, 최명길(崔鳴吉)이 항복하는 글을 지었는데, 김상헌이 울며 찢어버리고, 들어가 상을 보고 아뢰기를,

"군신(君臣)은 마땅히 맹세하고 죽음으로 성을 지켜야 합니다. 만에 하나 이루지 못하더라도 돌아가 선왕을 뵙기에 부끄러움이 없을 것입니다." 하고는 물러나 엿새 동안 음식을 먹지 아니했다. 또 스스로 목을 매었는데 옆에 있던 사람이 구하여 죽지 않았다.

상이 산성을 내려간 뒤 상헌은 바로 안동(安東)의 학가산(鶴駕山) 아래로 돌아가 깊은 골짜기에 몇 칸 초옥을 지어놓고 숨어 목석헌(木石軒)이라 편액을 달아놓고 지냈다. 늘 절실히 개탄스러워하는 마음으로 한밤중까지 잠을 이루지 못했다.

《풍악문답(豊岳問答)》을 지었는데, 그 글에,

"묻기를 '대가(大駕)가 남한산성을 나갈 때에 그대가 따르지 않은 것은 어째서인가?' 하기에, 내가 응답하기를 '대의(大義)가 있는 곳에는 털끝만큼도 구차스러워서는 안 된다. 나라님이 사직에 죽으면, 따라 죽는 것이 신하의 의리이다. 간쟁하였는데 쓰이지 않으면 물러나 스스로 안정하는 것도 역시 신하의 의리이다. 옛 사람이 한 말에, 신하는 임금에 대해서 그 뜻을 따르지 그 명령을 따르는 것이 아니라고 하였다. 사군자(士君子)의 나가고 들어앉은 것이 어찌 일정함이 있겠는가. 오직 의를 따를 뿐이다. 예의를 돌보지 않고 오직 명령대로만 따르는 것은 바로 부녀자나 환관들이 하는 충성이지 신하가 임금을 섬기는 의리가 아니다.' 하였다. 또 묻기를 '적이 물러간 뒤에 끝내 문안하지 아니하였으니, 이 뜻은 무엇인가?' 하기에, 내가 응답하기를 '변란 때에 초야에 낙오되어 호종하지 못했

다면 적이 물러간 뒤에는 의리로 보아 마땅히 문안을 해야 하겠거니와, 나는 성안에 함께 들어갔다가 말이 행해지지 않아 떠난 것이니, 날이 저물 때까지 기다릴 수 없었던 것이 당연하다. 어찌 조그마한 예절에 굳이 구애되겠는가. 자가기(子家羈)가 말하기를「겉으로 따라 나온 자는 들어가는 것이 옳고 계손씨(季孫氏)를 적으로 여겨 나온 자는 떠나는 것이 옳다.」고 했으니, 옛 사람들은 출입하는 즈음에 의로써 결단함이 이와 같았다.' 하였다. 또 묻기를 '자네가 대의는 구차스럽게 해서는 안 된다고 한 그 말은 옳으나, 대대로 봉록을 받은 집안으로서 나라의 두터운 은혜를 입었는데, 어찌 조종조의 은택을 생각지 않는가?' 하기에, 내가 응답하기를 '내가 의리를 따르고 명령을 안 따라 이백 년의 강상(綱常)을 부지하려 하는 것은 선왕께서 가르치고 길러주신 은택을 저버리지 아니하기 위해서이다. 우리나라가 평소 예의로 세상에 알려졌는데 하루아침에 재난을 만나 맹세코 스스로 지키지 못하고 임금에게 다투어 권하여 원수의 뜨락에 무릎을 꿇게 하였으니, 무슨 면목으로 천하의 사대부를 볼 것이며 또한 지하에서 어떻게 선왕을 뵙겠는가. 아, 오늘날 사람들은 또한 무슨 마음을 가지고 있는가.' 했다."

하였다. 상소하여 산성(山城)의 상자(賞資)를 사양하였는데, 그 상소에,

"신은 머리를 뽑으며 죄를 청한 글에서【항복하는 글.】마음이 떨어졌고 하늘과 땅이 뒤집어지는 즈음에 천성을 잃었습니다. 형체는 있으나 정신은 죽어 토목과 같습니다. 바야흐로 성상께서 산성에 계실 때에 대신과 집정자들이 출성(出城)을 다투어 권했는데도 신은 감히 죽음으로 지켜야 된다고 탑전에서 망령되이 아뢰었으니 신의 죄가 하나요, 항복하는 글이 차마 볼 수 없는 것이어서 그 초고를 손으로 찢어버리고 묘당에서 통곡했으니 신의 죄가 둘이요, 양궁(兩宮)이 몸소 적의 진영으로 갈 때에 신은

말 앞에서 머리를 부딪쳐 죽지도 못하였고 병이 들어 따라가지도 못했으니 신의 죄가 셋입니다. 이 세 가지 죄를 지고도 아직 형장(刑章)을 면하고 있으니 어찌 끝까지 말고삐를 잡고 수행한 자들과 더불어 감히 은수를 균등히 받을 수 있겠습니까. 또 신은 삼가 듣건대, 추위와 더위가 없어지지 않으면 가죽옷과 갈포옷을 없앨 수 없고 적국이 없어지지 않으면 전쟁과 수비하는 일을 잊어서는 안 된다고 합니다. 삼가 바라건대 전하께서는 와신상담하는 뜻을 가다듬으시고 보장(保障)의 땅을 증수하시어, 국가로 하여금 다시 욕을 당하는 일을 면케 하소서.

아, 한때의 강요에 의했던 맹약을 믿지 마시고 전일의 큰 덕을 잊지 마소서. 범이나 이리같은 나라의 인자함을 지나치게 믿지 마시고 부모와 같은 나라를 가벼이 끊지 마소서. 누가 이것으로써 전하를 위해 간절히 진계하겠습니까. 대저 천리 강토로 원수의 부림을 받는 일은 고금에 부끄러운 바입니다. 매양 선왕(先王)의 주문(奏文)에 만절필동(萬折必東)이라는 말이 있음을 생각하매 저도 모르게 눈물이 옷깃을 적십니다."

하였다. 그 뒤 유석(柳碩)·이도장(李道長)·이계(李烓) 등이, 임금을 버렸다는 것으로 논하여 멀리 귀양 보낼 것을 청하였는데, 삭직하라고만 명하였다.

청인(淸人)이 장차 우리 군대로 서쪽 명나라를 치려했는데, 김상헌이 글을 올려 의리로 보아 따를 수 없다는 것을 극언하였다. 그 상소에,

"근래 거리에 떠도는 말을 듣건대, 조정에서 북사(北使)의 말을 따라 장차 군대 오천 명을 발동하여 심양(瀋陽)을 도와 명나라를 치려고 한다 합니다. 신은 그 말을 듣고 놀라움과 의혹스러움이 진정되지 않은 채, 그렇게 해서는 안 된다고 생각합니다. 대저 신하가 임금에 대해서는 따를 만한 일도 있고 따라서는 안 될 일도 있습니다. 자로(子路)와 염구(冉求)가

비록 계씨(季氏)에게 신하 노릇을 하였으나,, 공자(孔子)는 오히려 그들도 따르지 않을 바가 있음을 칭찬했습니다. 당초 국가가 형세가 약하고 힘이 모자라 우선 목전의 위급한 상황을 넘길 계책을 했던 것인데, 난을 평정하고 바름으로 돌이키신 전하의 큰 뜻으로 와신상담한 것이 이제 3년이 흘러, 치욕을 풀고 원수를 갚는 일을 거의 손꼽아 바랄 수 있게 되었습니다. 어찌 갈수록 더욱 희미해져서 일마다 굽혀 따라 결국 못하는 일이 없는 지경에 이르게 될 줄을 생각이나 했겠습니까. 예로부터 죽지 않는 사람은 없었고 또한 망하지 않는 나라는 없었습니다. 죽는 것과 망하는 것은 차마 할 수 있지만 반역을 따르는 것은 할 수 없습니다.

어떤 사람이 전하께 아뢰기를 '원수를 도와 부모를 공격하는 사람이 있다.'고 하면 전하께서는 필시 유사에게 명하여 다스리게 할 것입니다. 그 사람이 비록 말을 잘 꾸며 스스로를 해명하더라도 전하께서는 용서하지 않으시고 필시 왕법으로 처단하실 것입니다. 이것은 천하에 통용되는 도리입니다. 오늘날 일을 계획하는 자들은, 예의는 지킬 것이 없다고 합니다만, 신이 예의에 근거하여 변론할 겨를도 없이, 비록 이해만으로 논해보더라도, 강한 이웃의 일시의 포악함을 두려워하고 천자(天子)의 육사(六師)의 정벌을 두려워하지 않는 것은 원대한 계책이 아닙니다. 정축년 이후로부터 중국 사람들은 하루도 우리나라를 잊지 않고, 그 구제하지 못하고 패하여 융적(戎賊)에게 절한 것이 본심이 아니었음을 특별히 이해해 주었습니다. 관하(關下) 열둔(列屯)의 병사들과 바다 배 위의 수졸들이 비록 가죽 털옷이나 걸치고 다니는 오랑캐를 소탕하여 요동 땅을 회복하기에는 부족하나, 우리나라가 근심거리가 되는 것을 막기에는 넉넉할 것입니다. 만약 우리나라 사람이 호랑이 앞에서 창귀(倀鬼) 노릇을 한다는 것을 들으면 죄를 묻는 군대가 우레나 번개처럼 치고 들어와 바람을 타고

하루만에 해서(海西) 기도(圻島) 사이에 곧바로 도달할 것이니, 두려워할 만한 것이 오직 심양에만 있다고 하지 마소서.

사람들이 모두 말하기를 '저들의 형세가 바야흐로 강하니 어기면 반드시 화가 있을 것이다.'고 합니다만, 신은 명분 대의가 매우 중하니 범하면 또한 재앙이 있으리라 여깁니다. 대의를 저버리고 끝내 위망을 면치 못할 바엔 바른 것을 지켜서 하늘에 명을 기다리는 것이 낫지 않겠습니까. 그러나 명을 기다린다는 것은 앉아서 망하기를 기다리는 것을 말하는 게 아닙니다. 일이 순리를 따르면 민심이 기뻐하고 민심이 기뻐하면 근본이 단단해집니다. 이것으로 나라를 지키면 도움을 받지 못하는 경우가 없었습니다.

태조 강헌 대왕께서 거의(擧義)하여 회군(回軍)을 하시어 이백 년 공고한 기반을 세우셨고, 선조 소경 대왕께서 지극한 정성으로 대국을 섬겨 임진년에 구해주는 은혜를 입었는데, 지금 만약 의리를 버리고 은혜를 잊고서 차마 이 거조를 한다면, 비록 천하 후세의 의논은 돌아보지 않는다 하더라도, 장차 어떻게 지하에서 선왕을 뵐 것이며 또한 어떻게 신하들로 하여금 국가에 충성을 다하게 할 수 있겠습니까.

삼가 원컨대 전하께서는 즉시 생각을 바꾸시고 큰 계책을 속히 정하시어 강한 이웃에게 빼앗기는바 되지 마시고 사악한 의논을 두려워 마시어, 태조와 선조의 뜻을 이으시고 충신과 의사의 여망에 부응하소서."
하였다.

흉인(兇人)이 유언비어로 청인에게 모함하여, 구속되어 심양으로 들어가게 되었는데, 길이 서울을 지나게 되자 상이 특별히 초구(貂裘)를 내려 위로하였다. 심양에 이르러 청인이 심하게 힐문하니 상헌은 누워서 일어나지도 않고 말하기를,

"내가 지키는 것은 나의 뜻이고 내가 고하는 분은 내 임금뿐이다. 물어도 소용없다."

하니, 청인들이 서로 돌아보며 혀를 차고 말하기를,

"정말 어려운 늙은이다. 정말 어려운 늙은이다."

하였다. 오랜 뒤 비로소 만상(灣上)으로 나왔는데, 그 뒤 신득연(申得淵)·이계(李烓)의 무함을 받아 또 심양에 잡혀가 있게 되었다. 모두 6년 동안 있으면서 끝내 조금도 굽히지 않았다. 청인이 의롭게 여기고 칭찬해 말하기를 '김상헌은 감히 이름을 부를 수 없다.'고 하였다. 인조 말년에 좌상에 발탁되었는데, 와서 사례하고 바로 돌아갔다.

상이 즉위하여 큰일을 해보려고 다시 불러 정승을 삼았는데, 청인이 잘못된 논의를 하는 신하를 다시 등용하였다고 책망을 하여, 상헌이 드디어 속 시원히 벼슬을 털어버리고 시골로 돌아갔다. 끝내 그 뜻을 펴보지 못했으므로 조야가 애석히 여겼다.

그의 문장은 간엄(簡嚴)하고 시는 전아(典雅)했다. ≪청음집(淸陰集)≫이 있어 세상에 행한다. 일찍이 광명(壙銘)을 지었는데, 그 명에,

지성은 금석에 맹서했고
대의는 일월처럼 걸렸네
천지가 굽어보고
귀신도 알고 있네
옛것에 합하기를 바라다가
오늘날 도리어 어그러졌구나
아
백년 뒤에
사람들 내 마음을 알 것이네

하였다. 죽을 때의 나이는 여든 셋이요 시호는 문정(文正)이다.

사신은 논한다. 옛 사람이 "문천상(文天祥)이 송(宋)나라 삼백 년의 정기(正氣)를 거두었다." 고 했는데, 세상의 논자들은 "문천상 뒤에 동방에 오직 김상헌 한 사람이 있을 뿐이다."라고 하였다.

저술 및 학문

윤근수의 문하에서 경사(經史)를 배웠고 성혼의 도학에 뿌리를 두었다. 이정귀, 김유, 신익성, 이경여, 이경석, 김집 등과 교유하였다. 시문·조천록·남사록·청평록·설교집·남하기략을 모아 엮은 〈청음전집〉 40여 권이 전한다.(〈한국민족문화대백과사전〉)

참고 문헌

〈한국민족문화대백과사전〉, 〈다음백과대사전〉, 〈선조실록〉, 〈선조수정실록〉, 〈광해군일기정초본〉, 〈광해군일기중초본〉, 〈인조실록〉, 〈효종실록〉, 〈안동김씨세보〉, 〈국조인물고 : 묘지명, 송시열 지음〉

| 이식 (李植) | 본관은 덕수이고 자는 여고(汝固)이며 호는 택당(澤堂)·남궁외사(南宮外史)·택구거사(澤癯居士)이고 시호는 문정(文靖)이다. 선조 17(1584)년에 태어나서 인조 25(1647)년에 죽었다. |

임명일

- 인조 14(1636)년 11월 7일 : 이식(李植)을 대제학으로 삼고 이어 가자하도록 하였다.
- 인조 16(1638)년 3월 14일 : 대제학 이식이 모상(母喪)을 당하였다.
- 인조 18(1640)년 윤1월 20일 : 다시 이식 대제학으로 삼았다.
- 인조 20(1642)년 10월 12일 : 이식이 대제학으로서 문서를 지었다.
- 인조 21(1643)년 1월 18일 : 대제학 이식과 중사(中使)·승지를 명초(命招)하여 빈국에 황감을 내리고 아울러 유생 제술시험을 보였는데,
- 인조 24(1646)년 7월 14일 : 이식을 대제학으로,

가문

아버지는 안기도 찰방 안성(安性)이고 할아버지는 생원 섭(涉)이며 증조부는 중추부 도사 원상(元詳)이고 고조부는 좌의정·대제학 행(荇)이다. 행은 영의정 기(芑)의 아우이고 중종반정공신 우찬성·판중추부사 조계상(曺繼商)의 처남이다. 외할아버지는 무송인 공조 참판 윤옥(尹玉)이고 장인은 청송인 옥과 현감 심엄(沈掩)인데 심엄은 영의정 심연원(沈連源)의 증손이고 명종의 국구이며 인순왕후(仁順王后)의 아버지인 영돈녕부사·청릉부원군(靑陵府院君) 심강(沈鋼)의 손자이고 서인의 초대 영수인 대사헌 심의겸(沈義謙)의 아들이다.

아들은 1남은 지중추부사 면하(冕夏)이고 2남은 예빈시 정 신하(紳夏)이며 3남은 좌의정·대제학 단하(端夏)이다. 신하가 영의정·대제학 여(畬)를 낳았고 단하의 고손이 영의정 병모(秉模)이다. 누이들은 각각 능성인 진

사 구인지(具仁至), 안동인 현령 권적(權勣)과 결혼했다.

아들 단하와 더불어 부자 대제학이 되고 손자 여와 더불어 조손 대제학이 되었다.

🗂 생애

광해군 2(1610)년에 별시문과에 급제했다. 광해군 5(1613)년 4월에 시강원 설서에 임명되어 세자에게 경사(經史)와 도의(道義)를 가르쳤다. 이해 6월에 홍문관 교리 조명욱(曹明勗)이, 그의 일가 이기남의 이름이 역적의 입에서 나온 것을 이유로 파직을 청했다. 그러나 식은 처형인 심정세(沈挺世)가 역적의 옥사에 죽은 것을 이유로 사직을 청하여 체직되었다. 광해군 8(1616)년 4월에 북평사에 임명되고 광해군 9(1617)년에 선전관에 임명되었다. 광해군 10(1618)년에 폐모론이 일어나자 관직에서 물러나 경기도 지평으로 낙향했다. 그 뒤에 남한강변에 택풍당(澤風堂)을 짓고 오직 학문에만 진념하면서 임숙영(任叔英), 여이징(呂爾徵), 정백창(鄭百昌), 조문수(曹文秀)와 더불어 글을 짓고 술 마시는 모임을 만들어 강호사시에 노닐면서 사람들로부터 흠모를 받았다. 호를 택당이라 한 것도 택풍당에서 연유된 것이라 한다.(《한국민족문화대백과사전》) 광해군 13(1621)년 종사관에 임명되었으나 거부하여 추고를 받았으며 4월에 진위사에 임명되었으나 전염병을 앓는다고 거절하여 삭직되었다. 광해군 14(1622)년 연경에 가라는 왕명을 거절하여 구속되었다.

인조 1(1623)년 4월에 장유와 함께 이조 좌랑에 임명되고 9월에 홍문관 수찬에 임명되었다. 인조 2(1624)년 1월에 홍문관 부수찬에 임명되고 2월에 사헌부 지평에 임명되었으나 4일 뒤에 다시 홍문관 수찬에 임명되었다. 열흘 뒤에 이조 좌랑으로 전임되고 7월에 홍문관 응교에 임명되었으며 4일 뒤에 사간에 임명되었으나 6일 뒤에 다시 홍문관 응교에 임명되어 시강관을 겸했다. 9월에 사헌부 집의에 임명되고 11월에 부응교로 전임되었으며 12월에 사헌부 집의에 임명되었다. 인조 3(1625)년 2월에 보덕으로 있다가 가자되고 3월에 예조 참의에 임명되었다가 4월에 동부승지에 임명되어 직언에 권면하기를 청하는가 하면 국가의 기강과 풍속을 바르게 하라고 상소했다. 11월에 이조 참의에 임명되고 같은 달에 지제교를 겸했다. 인조 4(1626)년 6월에 대사간에 임명되고 9월에 병조 참지에 임명되었으며 같은 달에 대사성에 임명되었으나 11월에 좌부승지에 임명되었다. 인조 5(1627)년 1월에 이경석, 윤지 등과 독서당에 뽑혔고 4월에는 대사간으로 있으면서 현자를 등용하라고 상주했다. 인조 6(1628)년 1월에 충주 목사로 있었으나 '글은 잘 하지만 정사를 다스리는 재주가 부족하다' 하여 파직되었다가 인조 7(1629)년에 다시 대사간에 임명되어 세 번 연임했다. 인조 10(1632)년 임금이 종실을 사사로이 기리고 관직을 이유 없이 높이는 일이 법도에 어긋난다고 논하다가 인조의 노여움을 사서 간성 현감으로 좌천되었다. 인조 11(1633)년 부제학에 임명되고 7월에 대사간에 임명되었으며 8월에 부제학에 임명되었으나 9월에 역사를 편찬하는 곳에서 술을 마신 것이 문제가 되어 추고를 당했다. 10월에 이조 참의에 임명되고 인조 12(1634)년 부제학에 임명되어 세 번에 걸쳐 연임되었으나 인조 13(1635)년 어떤 일로 추고를 당했다. 5월에 다시 부제학에 임명되었다가 6월에 대사성에 임명되고 7월에 비변사 제조를 겸했다. 인조 14(1636)년 6월에 대사간에 임명되고 11월에 대제학에 임명되고 가자되었다. 인조 15(1637)년 윤4월에 사헌부 대사헌에 임명되었으나 인조 16(1638)년 어머니의 상을 당했다. 인조 18(1640)년 윤1월에 이조 참판에 임명되고 같은 달에 대제학에 임명되었다. 6월에 윤겸선을 지탄한 일로 이조 참판에서 체직되었다가 9월에 대사헌에 임명되었다. 인조 19 (1641)년 2월에 면직을 요청하여 대사헌에서 사직하였다가 4월에 이조 참판에 임명되었으며 같은 달에 대제학으로 있으면서 〈선조실록〉이 기자헌과 이이첨의 손에서 나와서 시비가 어그러져 믿을 수 없으니 개수해야 한다고 요청했다. 이 해에 대제학에서 물러나 고향에 가 있다가 인조 20 (1642)년 1월에 대사간에 임명되었는데 이때 일본의 일광산 사당이 준공되자 왜에서 사신이 와서 편액과 시문을 요청해서 명을 지었다. 그 뒤에 예조 참판에 임명되었으나 12월에 김상헌과 함께 청나라를 배척할 것을 주장한 일로 심양으로 잡혀갔다가 돌아왔다. 돌아올 때 의주에서 청나라 관리에게 붙잡혔으나 탈출하여 돌아왔다. 인조 21(1643)년 대제학으로 대사헌을 겸하다가 12월에 좌부빈객도 겸했다. 인조 22(1644)년 대제학으로 형조 판서에 임명되고 2월에 대사헌에 임명되었으나 사직하고 5월에 다시 대사헌에 임명되었으며 7월에 예조 판서에 임명되고 8월에는 보양관을 겸했다. 11월에 이조 판서에 임명되어 지성균관사를 겸했고 인조 23 (1645)년 2월에 세자가 귀국한 일로 교서를 지었다. 5월에 대사헌에 임명되었다가 열흘 만에 예조 판서로 전임되고 윤6월에 다시 예조 판서에 임명되었으며 소현세자가 죽자 대제학으로 지문을 지었다. 8월에 대사헌에 임명되어 우빈객을 겸하고 9월에 이조 판서에 임명되었다. 이 달에 봉림대군이 왕세자로 책봉되고 부인 장 씨가 세자빈으로 책봉되자 대제학으로 교명문을 지었다. 10월에 죽책문 제술관도 겸했으나 병을 이유로 면직을 청하여 허락 받았다. 인조 24(1646)년 7월에 예조 판서에 임명되고 3일 뒤에 대제학에 임명되었다. 대제학으로 있으면서 별시관(別試官)으로 과거시험의 문제를 출제했는데 그가 출제한 문제에 역모의 뜻이 있다 하여 삭탈되기도 했다.(〈한국민족문화대백과사전〉) 인조 25(1647)년에 죽었다. 죽은 뒤에 여주의 기천서원(沂川書院)에 제향되고 영의정에 추증되었다.

〈인조실록〉 인조 25(1647)년 6월 13일 세 번째 기사에 '전 이조 판서 이식의 졸기'가 있다. 졸기에 "소탈하고 빼어나며 통명하였고, 전아하고 고상하며 검소하였다. 어려서부터 박람강기(博覽强記)하였고, 문장이 절묘하여 한 시대에 우뚝하였다. 혼조에는 여강에 물러나 살면서 임숙영(任叔英)·여이징(呂爾徵)·정백창(鄭百昌)·조문수(曺文秀)와 더불어 글 짓고 술 마시는 모임을 만들어 강호 사이에서 노니니, 많은 사람들이 흠모하였다. 반정하게 되자 청현의 직을 두루 거쳤고 세 번이나 문형을 맡았다. 병술년(인조 24년)에 시제의 일로 죄를 얻으니 모두가 원통하게 여겼다. 〈선조실록〉이 적신(賊臣) 기자헌·이이첨 등의 손에서 나와 시비가 어그러져 믿을 수 없었다. 이에 이식이 상에게 아뢰어 실록청을 설치하고 야사(野史)나 여러 사대부의 집에 소장된 잡기를 모아 수정하고 따로 한 질을 만들어 사고에 보관하고자 하였는데, 이루지 못하고 죽으니 사람들이 모두 애석하게 여겼다."고 평했다.

◪ 저술 및 학문

문장이 뛰어나 신흠·이정귀·장유 등과 함께 조선중기 한학의 4대가로 불리며 문하에서 많은 제자를 길렀다. 〈택당집〉이 전하는데 고체에 뛰어나다는 평가를 받았고 오언율시에 특색을 발휘했다. 저서로 〈초학자훈증집(初學字訓增輯)〉과 〈두시비해(杜詩批解)〉가 전하며 편찬서로 〈수성지(水城誌)〉와 〈야사초본(野史初本)〉이 전한다. 〈여한십가문초(麗韓十家文鈔)〉에 〈사간원차자(司諫院箚子)〉 등 6편의 글이 수록되어 있다.

📌 참고 문헌

〈다음백과사전〉, 〈한국민족문화대백과사전〉, 〈광해군일기정초본〉, 〈광해군일기중초본〉, 〈인조실록〉, 〈증보제9간덕수이씨세보〉

본관은 전주이고 자는 상보(尚輔)이며 호는 백헌(白軒)·쌍계(雙磎)이고 시호는 문충(文忠)이다. 선조 28(1595)년에 태어나서 현종 12(1671)년에 죽었다.

임명일

— 인조 16(1638)년 3월 20일 : 이경석을 대제학으로,
— 인조 18(1640)년 윤1월 16일 : 이조 판서 이경석이 세 차례 정사하니, 겸대한 대제학만 체차하였다.

가문

아버지는 동지중추부사 유간(惟侃)이고 할아버지는 돈용교위 수광(秀光)이다. 증조부는 함풍군(咸豐君) 계수(繼壽)이고 고조부는 완성군(莞城君) 귀정(貴丁)이다. 5대조는 병조 판서 신종군(新宗君) 효백(孝佰)이고 6대조는 덕천군(德川郡) 후생(厚生)이며 7대조는 정종 경(曔)이다. 외할아버지는 개성인 대호군 고한량(高漢良)이고 장인은 전주인 관찰사 유색(劉穡)이다.

아들은 생원으로 평시령(平市令)을 역임한 철영(哲英)이고 철영이 정랑 우성(羽成)과 군수 하성(廈成)을 낳았다. 우성은 예조 판서·대제학 진망(眞望)을 낳고 진망은 예조 참판·대제학 광덕(匡德)을 낳았다.

형은 호조 판서로 체찰사를 역임한 경직(景稷)과 현령을 역임한 경설(景卨)이다. 누이들은 각각 함양인 승지 박지계(朴知誡), 파평인 현감 윤전(尹瀍), 현감 최위지(崔衛之)와 결혼했다.

생애

광해군 9(1617)년 증광별시에 급제했다. 광해군 10(1618)년 인목대비를 폐비하자는 상소에 참여하지 않아서 삭적(削籍)되었다.

인조 1(1623)년 반정이 성공한 뒤에 다시 알성문과에 급제하여 승문원 부정자에 임명되고 9월에 검열에 임명되었으며 봉교와 춘추관 사관에 임명되었다. 인조 2(1624)년 1월에 승정원 주서에 임명되고 2월에 이괄의 난이 일어나자 임금과 자전(대비)과 중전을 공주로 호종했다. 3월에 대교에 임명되고 같은 달에 주서로 전임되었다. 이 해에 문과중시에 장원하고 6월에 사간원 정언에 임명되었다가 10월에 홍문관 부수찬에 임명되었다. 인조 3(1625)년 2월에 사간원 정언에 임명되었으나 얼마 뒤에 체직되고 3월에 다시 정언에 임명되었으나 늦게 부임하여 체직되었다가 5월에 다시 정언에 임명되었다. 6월에 헌납에 임명되었으나 다음날 홍문관 부교리로 전임되고 8월에 다시 헌납으로 전임되었으며 9월에 부교리로 전임되었으나 이틀 뒤에 다시 헌납에 임명되었다. 10월에 홍문관 수찬에 임명되고 같은 달에 정언을 거쳐 홍문관 교리에 임명되었다. 인조 4(1626)년 2월에 교리를 거쳐 헌납이 되고 3월에 다시 홍문관 교리에 임명되어 사가독서에 뽑히었다. 5월에 부교리에 임명되고 8월에 이조 좌랑에 임명되었으며 11월에 홍문관 부수찬에 임명되고 12월에 이조 좌랑에 임명되었다. 인조 5(1627)년 1월에 정묘호란이 일어나자 체찰사 장만의 종사관으로 강원도 지방의 군사 모집과 군량미 조달에 힘썼다. 이때 군사를 모집하기 위해 쓴 '격강원도사부부로서(檄江原道士夫父老書)'는 명문으로 평가되고 있다. 9월에 이조 좌랑에 임명되고 10월에 수찬에 임명되었다. 인조 6(1628)년 1월에 다시 이조 좌랑에 임명되고 2월에 이조 정랑에 임명되었으며 6월에 한 자급 가자되어 9월에 동부승지에 임명되고 12월에 우부승지로 전임되었다. 인조 7(1629)년 문신정시에서 2등으로 합격했으나 부모 봉양을 위해 외직을 원해 양주 목사로 나갔다. 인조 8(1630)년 친병 때문에 돌아왔는데 양주의 일로 파직되어 산직에 있다가 인조 9(1631)년 위장에 임명되었다. 인조 10(1632)년 1월에 좌부승지에 임명되고 우승지를 거쳐 가선 대부로 가자된 뒤에 6월에 대사간에 임명되었다. 인조 12(1634)년 8월에 홍문관 부제학에 임명되었는데 어머니 상을 당하고 이어서 아버지 상을 당했다. 인조 14(1636)년 상제를 마치고 부제학으로 복귀했다가 11월에 대사헌에 임명되었다. 12월에 병자호란이 일어나자 임금을 호종하여 남한산성으로 피신케 했고, 인조 16(1637)년 1월 화의가 이루어진 뒤에 부제학에 임명되었다가 2월에 승정원 도승지에 임명되고 상의원 제조와 예문관 제학을 겸했다. 4월에 대사헌으로 옮겼으나 윤4월에 다시 도승지에 임명되었다. 7월에 대사헌에 임명되었으나 9일 뒤에 부제학으로 옮겼으며 11월에 장유, 이경전, 조희일, 이경석이 인조의 명을 받아 각각 삼전도비의 글을 지었는데 장유와 이경석의 글이 1차로 채택되었다. 인조 16(1638)년 1월에 운일잠을 짓고 2월에 장유와 이경석이 지은 삼전도비문을 청나라에 보내 그들로 하여금 스스로 택하게 했다. 같은 달에 지경연에 임명되고 부제학에 임명되었으며 3월에 대제학에 임명되었다. 4월에 대사헌에 임명되고 6월에 대사헌으로 동지경연을 겸했으며 이어서 이조 참판에 임명되었다. 11월에는 대제학으로 고기례의 교명문을 짓고 12월에는 책비례의 옥책문을 지었으며 대사간에 임명되었다. 인조 17(1639)년 1월에 이조 판서로 승진했다. 이조 판서로 있는 동안 3월에는 각도에 유시를 내려 홀아비, 과부, 고아, 자식이 없는 사람을 찾아서 굶주림을 진구하고 죽은 시체를 묻어주도록 청하여 시행케 했다. 인조 18(1640)년 윤1월에 세 차례 정사하여 겸대한 대제학에서 물러났다. 3월에는 가짜 인질을 청나라에 보낸 일로 이조 판서에서 파직되었다가 12월에 대사헌에 임명되었다. 인조 19(1641)년 6월에 세자이사에 임명되어 심양에 갔으나 1년간 봉황성에 구금되었다가 인조 20(1642)년 심양에서 돌아왔다. 인조 21(1643)

년 반사의 시행에 따라 역관 정명수의 뜻으로 박황과 이경석을 서용하게 하고 이경여, 이명한, 민성휘, 허계, 심연, 김응해, 조한영(曺漢英)도 본국의 사면 조례에 따라 서용하게 했다. 이 조치에 따라 원손보양관에 임명되고 의정부 우참찬을 거쳐 인조 22(1644)년 행 대호군에 임명되었다가 인조 23(1645)년 2월에 다시 원손 보양관에 임명되었다. 3월에 지중추부사에 임명되었다가 대사헌으로 전임되었고 4월에 이조 판서에 임명되었으며 9월에 우의정으로 승차하여 세자부와 봉상시 도제조를 겸했다. 인조 24(1646)년 1월에 강빈옥사사건이 발생하자 처벌에 반대했고 2월에 사은사에 임명되어 청나라에 갔다. 9월에 판중추부사에 임명되고 인조 25(1647)년 영중추부사로 있다가 2월에 좌의정에 임명되었다. 8월에 병으로 15차례 상소하여 좌의정에서 물러났으나 인조 26(1648)년 5월에 다시 좌의정에 임명되었으며 7월에 〈연한요람〉을 만들어 진헌했고 인조 27(1649)년 4월에 종묘 도제조도 겸했다.

효종 즉위(1649)년 5월에 좌의정으로 원상에 임명되고 총호사를 맡았으며 6월에 세자부를 겸하다가 8월에 영의정에 임명되었다. 영의정에 임명되어서는 좌의정 김상헌보다 자신의 자리가 높음을 들어 사직을 청했으나 김상헌이 사직함에 따라 영의정으로 있으면서 약방 도제조를 겸했다. 효종 1(1650)년 3월에 역적 김자점이 청나라에 북벌정책을 밀고하고 청나라가 효종을 추궁하자 모든 책임은 자신에게 있다 하고 조경과 함께 의주의 백마성에 위리안치 되고 12월에 영원히 서용하지 말라는 청나라 황제의 명으로 풀려났다. 효종 2(1651)년 2월에 서울로 돌아왔고 효종 3(1652)년 6월에 영돈녕부사에 임명되었으며 효종 9(1658)년 4월에 영중추부사에 임명되었다.

현종 즉위(1659)년 영돈령부사에 임명되고 현종 1(1660)년 1월에 약방 도제조를 겸했고 5월에 실록청 총재관도 겸했으며 현종 2(1661)년 1월에 부묘도감 도제조를 겸했다. 현종 4(1663)년 3월에 영녕전 수개도감 도제조에 임명되었고 5월에 내의원 도제조를 겸했다. 현종 9(1668)년 11월에 궤장이 내려졌으나 남인이었기 때문에 송시열에게 배척당하고 영부사직에서 사직할 것을 청하였으나 임금의 신뢰로 불허되었다. 현종 12(1671)년 2월에는 구황할 방책을 진달하고 9월에 77세로 죽었다. 죽은 뒤에 남원의 방산서원(方山書院)에 제향되었다.

〈현종실록〉 현종 12(1671)년 9월 23일 첫 번째 기사에 '영중추부사 이경석의 졸기'가 있다. 졸기에 "이경석은 집에서 효도하고 우애로웠으며 조정에서 청렴하고 검소하였다. 일찍부터 문망을 지녔었는데 드디어 정승에 올랐다. 나라를 근심하는 마음은 늙도록 게을러지지 않았으나, 친분이 두터운 사람에게 마음 쓰는 것이 지나쳤고 친지나 당류를 위하여 상의 은혜를 구하되 구차한 짓도 피하지 않았으므로 사람들이 이 때문에 비평하였다."고 평했다.

◪ 저술 및 학문

김장생의 문인으로 저서로 〈백헌집〉이 있고 조경(趙絅)·조익(趙翼)과 함께 〈장릉지장(長陵誌狀)〉을 편찬했다. 〈삼전도비문〉을 찬진했다. 글씨로는 〈좌상이정구비문〉·〈이판이명한비〉·〈지돈녕정광성비문〉 등이 전한다.

◪ 참고 문헌

〈다음백과사전〉, 〈조선의 영의정〉, 〈광해군일기정초본〉, 〈광해군일기중초본〉, 〈인조실록〉, 〈효종실록〉, 〈현종실록〉, 〈전주이씨덕천군파보〉, 〈국조인물고 : 비명. 박세당(朴世堂) 지음〉, 〈한국민족문화대백과사전〉

이명한 (李明漢)	본관은 연안이고 자는 천장(天章)이며 호는 백주(白柱)이고 시호는 문정(文靖)이다. 선조 28(1595)년에 태어나서 인조 23(1645)년에 죽었다.

▶ 임명일

- 인조 19(1641)년 12월 1일 : 이명한을 대제학으로 삼았다.
- 인조 20(1642)년 2월 18일 : 상이 대제학 이명한으로 하여금 먼저 칠언율 한 수를 짓고 뽑힌 신하들에게 그에 화답하게 하였으며,

▶ 가문

아버지는 좌의정·대제학 정귀(廷龜)이고 할아버지는 삼등 현령 계(啓)이며 증조부는 동지중추부사 순장(順長)이고 고조부는 사헌부 장령 혼(渾)이다. 외할아버지는 안동인 예조 판서 권극지(權克智)이고 장인은 번남인 호조 판서·판의금부사 박동량(朴東亮)[4]이다.

아들은 좌의정·대제학 일상(一相)과 부제학 단상(端相)과 효도로 정려된 진사 가상(嘉相)과 진사 만상(萬相)이다. 일상이 사복시 첨정 성조(成朝)를 낳고 성조가 옥천 군수 주신(舟臣)을 낳았으며 주신이 영의정 천보(天輔)와 대제학 정보(鼎輔)를 낳았다. 만상의 고손이 좌의정·대제학 복원(福源)과 좌의정 성원(性源)이다. 아버지 정귀, 아들 일상과 더불어 3대가 대제학을 역임했다.

---

4) 박동량의 장인은 척화신인 안정인 공조 참의 나만갑(羅萬甲)인데 병자호란이 일어나자 어머니를 모시고 강화도로 피난했다. 강화도가 함락되자 자신은 적에게 잡히고 아내가 어머니를 모시고 옆의 섬으로 피난하게 했다. 풀려난 뒤에 적진에 들어가 어머니를 찾아 헤매디가 잡혀 죽었고 아내도 이 소식을 듣고 상심하여 죽었다.

광해군 2(1610)년 사마시에 합격하고 광해군 8(1616)년 증광문과에서 을과로 급제하고 승문원 권지정자에 임명되었다. 광해군 9(1617)년 7월에 아버지인 정귀가 가자된 날 6품에 천전시키라는 명으로 홍문관 전적에 임명되고 10월에 공조 좌랑에 임명되었다. 광해군 10(1618)년 폐모론이 한창일 때 정청에 참여하지 않은 일로 파직되었다가 광해군 12(1620)년 9월에 홍문관 부수찬으로 관직에 북귀했으나 광해군 13(1621)년 윤2월에 본직에서 체차되고 도감의 임무만 수행하라는 명으로 부수찬에서 체직되었다가 3월에 다시 부수찬에 임명되고 광해군 14(1622)년 4월에 수찬에 임명되었다.

인조 1(1623)년 인조반정이 있은 뒤에 경연시독관에 임명되었다. 3월에 홍문관 교리로 있으면서 정인홍을 국문할 것을 청했고 같은 달에 이조 좌랑에 임명되어 관동 암행어사로 파견되어 서리들의 정치와 백성들의 폐해를 살피고 돌아왔다. 5월에 홍문관 수찬에 임명되고 10월에 사가독서에 뽑히어 독서했다. 인조 2(1624)년 6월에 이조 정랑에 임명되고 7월에 사간에 임명되었으며 9월에 홍문관 부응교에 임명되었다. 11월에 다시 사간에 임명되었다가 종부시 정을 거쳐 이괄의 난 때 왕을 공주로 호종하고 이식과 함께 팔도에 보내는 교서를 지었다. 12월에 특별히 승진되어 이조 참의에 임명되었다. 인조 3(1625)년 8월에 문신정시에 합격했고 인조 4(1626)년 6월에 동부승지에 임명되었다. 인조 5(1627)년 2월에 좌부승지에 임명되고 5월에 우승지에 임명되었다가 남양 부사에 임명되었다. 인조 9(1631)년 2월에 홍문관 부제학에 임명되고 5월에 사간원 대사간에 임명되었다. 인조 10(1632)년 1월에 호조 참의에 임명되었으나 같은 달에 좌승지로 전임되었다. 그러나 4월에 실시한 알성시에서 감독을 소홀히 한 일로 좌승지에서 파직되었다. 5월에 시책문 제술관을 역임하고 대사간에 임명되었으나 6월에 인피하고 물러났다가 다시 대사간에 임명되었다. 인조 12(1634)년 윤8월에 성균관 대사성에 임명되었다. 인조 17(1639)년 5월 병조 참판을 역임하고 8월에 승정원 도승지에 임명되었으나 병으로 이틀 만에 체직하고 10월에 강원도 관찰사에 임명되었다. 인조 18(1640)년 9월에 이조 참의에 임명되었다. 인조 19(1641)년 1월에 한성부 우윤에 임명되고 2월에 대사간으로 전임되었으며 3월에 대사헌에 임명되었으나 같은 달에 대사간으로 전임되어 5월에 예문관 제학을 겸했다. 6월에 다시 대사헌에 임명되고 7월에 대사간에 임명되었으며 8월에 홍문관 부제학에 임명되었다가 10월에 승정원 도승지에 임명되어 12월에 대제학을 겸임했다. 같은 달에 대사헌에 임명되어 동지경연사까지 겸했다. 인조 20(1642)년 종2품으로 가자되어 이조 판서로 승진되고 12월에 우의정 심기원이 사은 겸 진주사로 갈 때 부사로 청나라에 다녀왔다. 인조 21(1643)년 2월에 척화파로 지목되어 이경여, 신익성과 함께 심양에 끌려가서 용걸대의 심문을 받고 억류되었다가 3월에 심양에서 돌아왔다. 돌아와서 지중추부사에 임명되었다가 12월에 대사헌에 임명되어 세자우빈객을 겸했다. 인조 22(1644)년 2월에 좌빈객으로 심양에 들어가서 볼모로 잡혀 있던 소현세자를 모시고 돌아왔다. 인조 23(1645)년 명나라와 밀통한 자문(咨文)을 썼다 하여 다시 청나라에 잡혀갔으나 돌아와서 3월에 예조 판서에 임명되었으나 4월에 죽었다.

〈인조실록〉 인조 23(1645)년 4월 16일 세 번째 기사에 '예조 판서 이명한의 졸기'가 있다. 졸기에 "사람됨이 시원스럽고 명랑하고 풍류가 있었으며, 문사(文詞)로 이름이 높아 마침내 대를 이어 문형을 맡았고 이어서 이조 판서에 제수되었는데, 이때에 이르러 죽었다. 그의 아우 소한(昭漢)

도 빛나는 재주가 있어 화려하고 현달한 관직을 두루 지내고 지위가 참판에 이르렀는데, 전염병으로 형제가 서로 이어 죽으니, 사람들이 모두 탄식하며 애석하게 여겼다."고 평했다.

✓ 저술 및 학문

공문사과(孔門四科)[5]가 중요함을 강조했고 시와 글씨에 뛰어났다. 저서로 〈백주집〉 20권이 있고 병자호란 때 척화파로 심양까지 잡혀갔던 의분을 노래한 시조 6수가 전한다.

✓ 참고 문헌

〈다음백과사전〉, 〈광해군일기정초본〉, 〈광해군일기중초본〉, 〈인조실록〉, 〈한국민족문화대백과사전〉, 〈연안이씨소부감판사공파세보〉

---

5) 공문의 덕행·언어·정사·문학을 말한다.

정홍명 (鄭弘溟)	본관은 연일이고 자는 자용(子容)이며 호는 기암(琦庵)·삼치(三癡)이고 시호는 문정(文貞)이다. 선조 15(1582)년에 태어나서 효종 1(1650)년에 죽었다.

↘ 임명일

— 인조 24(1646)년 2월 2일 : 이날 도목정(都目政)을 하여 정홍명(鄭弘溟)을 대제학으로.
— 효종 1(1650)년 6월 8일 : 대제학 정홍명이 병을 이유로 사직을 청하니, 윤허하였다.

↘ 가문

아버지는 관동별곡의 저자인 우의정 송강 철(澈)이고 할아버지는 돈녕부 판관 유침(惟沈)이며 증조부는 건원릉 참봉 위(潙)이고 고조부는 김제 군수 자숙(自淑)이다. 대제학 홍(洪)의 후손이다. 외할아버지는 문화인 유강항(柳強項)이고 장인은 기계인 유대이(俞大頤)이다.

아들은 동복 현감 이(泣)이다. 형은 진사 기명(起溟)과 강릉 부사 종명(宗溟)과 진명(振溟)이고 누이들은 각각 이기직(李基稷), 최오(崔澳), 목사 임회(林檜)와 결혼했다.

↘ 생애

광해군 8(1616)년 증광문과에 급제하고 승정원 권지부정자에 임명되었다. 그러나 당시 집권 세력인 대북파의 견제를 받자 고향으로 돌아가 학문 연구와 후진 양성에 힘썼다.

인조 1(1623)년 인조반정으로 서인정권이 들어서자 9월에 홍문관 수찬에 임명되고 10월에 장유, 이식, 이명한 등과 함께 사가독서에 뽑혔다.

인조 2(1624)년 2월에 이괄의 난이 일어나자 종사관으로 활동하고 인조를 공주로 호종하고 갔다가 돌아와서 사간원 정언에 임명되었다. 5월에 아버지인 철의 관작을 회복시키라고 상소하여 관작을 회복시키고 7월에 홍문관 교리에 임명되었으며 9월에는 헌납에 임명되고 12월에 이조 좌랑에 임명되었다. 인조 3(1625)년 5월에 다시 헌납에 임명되었다가 10월에 이조 정랑 겸 시강원 사서로 전임되었다. 인조 4(1626)년 8월에 홍문관 부응교에 임명되고 12월에 사간에 임명되었으며 인조 5(1627)년 1월에 홍문관 응교에 임명되어 독서당에 들어갔다. 3월에 사헌부 집의에 임명되고 6월에 홍문관 응교에 임명되었으며 7월에 다시 집의에 임명되었다. 같은 달에 옥당의 체차로 집의에서 체차되었다가 8월에 다시 집의로 복귀했고 9월에 홍문관 응교에 임명되었다. 10월에 사간에 제수되고 11월에 이인거의 역모사건을 잘못 처리했다는 이귀의 차자를 이유로 스스로 파직을 청하여 사간에서 물러났으나 같은 달에 다시 사간에 임명되었다. 인조 6(1628)년 홍문관 전한에 임명되고 2월에 원접사 장유의 종사관에 임명되었으며 같은 달에 집의에 임명되었다가 4월에 사간으로 전임되고 9월에 다시 집의로 전임되었다. 인조 7(1629)년 4월에 선위사로 활동하면서 왜사가 교자를 타는 것을 금하지 못해 국가의 체면을 훼손했다는 이유로 추고를 받았다. 인조 10(1632)년 2월에 홍문관 부응교에 임명되고 사헌부 집의에 임명되었으며 추숭도감의 낭청을 겸했다. 3월에는 월과(月課)에 연달아 세 번 수석하여 통정대부에 가자되어 병조 참지에 임명되고 12월에 홍문관 부제학에 임명되었다. 인조 11(1633)년 2월에 대사성에 임명되고 인조 14(1636)년 4월에 사간원 대사간에 임명되었으며 12월에 병자호란이 일어나자 소모사로 활약했다. 인조 15(1637)년 윤4월에 이조 참의에 임명되고 인조 16(1638)년 1월에 성균관 대사성에 임명되었으며 2월에 대사간에 임명되었다. 인조 17(1639)년 우부승지에 임명되고 인조 19(1641)년 대사성에 임명되었다. 그 뒤에 수원 부사에 임명되었다가 인조 21(1643)년 12월에 함양 군수로 좌천되었다. 인조 24(1646)년 2월에 도목정을 행하여 대제학에 임명되었으나 3월에 병으로 대제학을 사임하고 전라남도에 있다가 인조 26(1648)년 11월에 대사성에 임명되었다.

효종 즉위(1649)년 억지로 불려나와 10월에 대사성에 임명되고 대제학에 임명되었으며 11월에 동지경연사를 겸했으나 모두 취임하지 않았다. 효종 1(1650)년 4월에 대사헌에 임명되고 6월에 병을 이유로 대제학에서 사직할 것을 청하여 윤허 받았으며 10월에 죽었다.

〈효종실록〉 효종 1(1650)년 10월 1일 두 번째 기사에 '전 대제학 정홍명의 졸기'가 있다. 졸기에 "홍명은 옛 정승 정철의 아들이다. 일찍 가정의 훈화를 받고 자신을 갈고 닦아 스스로 서니, 더불어 교유하는 상대가 모두 한 시대의 이름 있는 사람들이었다. 광해군 때에는 뭇 소인들에게 미움을 받아 배척되어 등용되지 못했다. 인조가 중흥하자, 영화롭고 현달한 직임을 차례로 거치고 문형을 담당하는 데까지 이르렀으나, 모두 사양하여 제수되지 않았다. 성품이 강직하고 남을 잘 인정하지 않았으며 술 마시기를 매우 좋아했다. 문장은 넓고도 풍부하였는데, 더욱 사부(詞賦)에 장점이 있었다. 만년에 향리에 묻혀 살다가 일생을 마쳤다."고 평했다.

◪ 저술 및 학문

송익필에게 글씨를 배우고 김장생의 문인이 된 뒤에 〈근사록〉 등을 배웠다. 제자백가에 정통했고 고문에도 밝았지만 김장생의 영향을 받아 경전(經傳)을 으뜸으로 삼았고 예학에도 밝아 김장생의 학통을 이었다. 저서로 〈기옹집〉과 〈기옹만필(畸翁漫筆)〉이 있다.

☑ 참고 문헌

〈다음백과사전〉, 〈인조실록〉, 〈효종실록〉, 〈한국민족문화대백과사전〉, 〈연일정씨문제공파세보〉, 〈송강 정철 신도비명, 송시열 지음〉, 〈영일정씨 문청공파 속수세보〉

본관은 한양이고 자는 일장(日章)이며 호는 용주(龍州)·주봉(柱峯)이고 시호는 문간(文簡)이다. 선조 19(1586)년에 태어나서 현종 10(1669)년에 죽었다.

⬐ 임명일

— 인조 24(1646)년 10월 4일 : 상이 허락하지 않고 그로 하여금 전례대로 천망하게 하여 조경(趙絅)을 대제학으로 삼았다.

⬐ 가문

아버지는 사섬시 봉사 익남(翼男)이고 할아버지는 공조 좌랑 현(玹)이며 증조부는 절충장군 수곤(壽崑)이고 고조부는 사옹원 판관 운명(云明)이다. 외할아버지는 문화인 증좌승지 유개(柳愷)이고 장인은 (구)안동인 이조 판서 김찬(金瓚)이다.

1남 3녀를 두었는데 아들은 정언 위봉(威鳳)이고 1녀는 세자익위사 위수 이유정(李維楨)과 결혼했고 2녀는 정랑 이돈림(李敦臨)과 결혼했으며 3녀는 생원 이정징(李井徵)과 결혼했다. 아우는 구(絿)이다.

⬐ 생애

광해군 4(1612)년 사마시에 합격했으나, 광해군의 대북정권 하에서 과거를 포기하고 거창에 물러가 살았다.

인조 1(1632)년 4월에 이조에서 김익, 김육, 박지양 등과 함께 추천되어 형조 좌랑에 임명되고 인조 2(1624)년 7월에 목천 현감에 임명되었다. 인조 4(1626)년 8월에 정시 문과에서 장원으로 급제하여 10월에 사헌부 지평에 임명되고 12월에 사간원 정언으로 전임되었다. 인조 5(1627)년 4월에 다시 사헌부 지평에 임명되고 인조 6(1628)년 7월에 홍문관 교리에 임명되었으며 11월에 헌납으로 전임되었다가 12월에 다시 교리에 임명되었다. 인조 7(1629)년 3월에 접위관을 겸하고 4월에 시독관을 겸했으며 5월에 사가독서에 뽑혔다. 11월에 부교리를 거쳐 지평으로 있으면서 서인계 공신이 정국을 주도하자 정경세(鄭經世), 이준(李埈) 등과 함께 이에 맞서 남인계 맹장으로 활동하여 같이 공부했던 김상헌과 좌의정 홍서봉을 탄핵하여 조야의 지원을 받았다. 인조 8(1630)년 4월에 지제교를 거쳐 6월에 이조 좌랑에 임명되었다가 9월에 홍문관 수찬에 임명되었다. 인조 9(1631)년 1월에 이조 정랑에 임명되었다가 9월에 지례 현감에 임명되었다. 같은 달에 인조의 생부인 정원군에 대한 추숭의 논의가 일자 추숭에 찬성한 박지계를 벌레에 견주고 이서를 쥐에 견주면서 강하게 반대했다. 인조 11(1633)년 8월에 다시 이조 정랑에 임명되고 10월에 홍문관 응교에 임명되었으며 인조 12(1634)년 7월에 사간에 임명되었다. 인조 13(1635)년 6월에 사헌부 집의에 임명되고 8월에는 과거법을 어긴 심지원 등 감시관을 탄핵하고 9월에 집의에 임명되어 10월에 전라도 암행어사로 파견되었다. 인조 14(1636)년 사간에 임명되고 3월에 집의로 전임되었으며 6월에 다시 사간으로 전임되어 사간으로 있으면서 좌의정 홍서봉의 비리를 상소했다. 이 해 12월에 병자호란이 일어나자 척화론을 주장하면서 강화론을 주장하는 대신을 강경하게 논박했다. 인조 15(1637)년에는 집의로 있으면서 일본에 군사를 청하여 청나라 군대를 격파하자고 상소했으나 뜻을 이루지 못했다. 화의가 맺어진 뒤에 문외출송 되었다가 6월에 다시 집의에 임명되고 7월에 사간에 임명되었다. 인조 16(1638)년 4월에 집의에 임명되고 5월에 부응교에 임명되었으며 인조 17(1639)년 4월에 사간에 임명되었다. 인조 18(1640)년 2월에 부응교에 임명되고 3월에는 집의로 전임되고 4월에는 사간으로 전임되었으며 9월에는 집의로 전임되었다.

인조 19(1641)년 홍문관 응교에 임명되고 8월에 홍문관 전한에 임명되었다. 인조 19(1641)년 4월에 사헌부 집의에 임명되었다가 다시 홍문관 전한으로 옮겨 인조 21(1643)년 1월에 통신사 윤순지의 부사로 대마도에 갔다가 11월에 돌아와서 인조 22(1644)년 가자되었다. 대마도를 다녀오면서 보고 들은 것을 뒤에 기행문으로 엮은 책이 〈동사록(東槎錄)〉이다. 인조 23(1645)년 윤6월에 이조 참의에 임명되고 9월에 대사간에 임명되었으며 10월에 대사헌에 임명되었다. 인조 24(1646)년 1월에 성균관 대사성에 임명되고 2월에 형조 참판에 임명되었다. 같은 달에 대사헌으로 전임되어 있을 때 소현세자의 빈인 강 씨를 사사하라는 명이 내리자 사형을 면해 달라고 상소했다. 4월에 이조 참판에 임명되었는데 이조 참판으로 발탁된 것은 전날에 강빈이 음식에 독을 넣었다고 맨 먼저 발설한 일로 총애를 받았기 때문이다. 그러나 음식에 독을 넣었다는 말을 발설하여 총애를 받은 일로 이응시의 배척을 받자 부끄럽게 여겨 5월에 어머니 병을 핑계로 충청도 아산으로 내려갔다. 7월에 도승지에 임명되고 대사간에 임명되었으며 10월에 대제학에 임명되었다. 12월에 도승지에 임명되자 상소하여 문형의 직에서 사직했다. 인조 25(1647)년 3월에 대사간에 임명되었다가 4일 뒤에 형조 판서로 승진했고 7월에 이조 판서로 전임되었다. 인조 26(1648)년 윤3월에 우참찬에 임명되어 내의원 제조를 겸했다. 5월에 다시 대사헌에 임명되고 6월에 우참찬에 임명되었으며 7월에 대사헌에 임명되었다. 8월에 형조 판서에 임명되고 10월에 대사헌에 임명되었으나 11월에 체차되었다가 12월에 우참찬에 임명되었다. 그러나 같은 달에 대사헌 겸 동지경연에 임명되었다. 인조 27(1649)년 1월에 형조 판서에 임명되고 2월에 대제학으로 세손 책봉에 대한 교서를 지었으며 같은 달에 대사헌에 임명되었다.

효종 즉위(1649)년 5월에 조익과 함께 행장찬집청의 찬집관에 임명되어 인조의 행장을 지었다. 6월에 우참찬에 임명되었으나 다음날 대사헌에 임명되고 8월에 좌참찬에 임명되었다가 같은 달에 이조 판서에 임명되었다. 그러나 9월에 이유태가 상소하여 배척하자 여러 번 상소하여 사직을 허락 받았으나 이틀 뒤에 예조 판서에 임명되었다. 그러나 9월에 대여가 산릉을 5리 남겨 놓고 상여채가 부러지는 일이 발생하자 하옥되었다가 석방되어 지의금부사에 임명되고 10월에 지경연사를 겸하다가 10월에 대사헌에 임명되었다. 같은 달에 인조의 지문을 지은 일로 정헌대부로 가자되고 11월에는 대사헌과 우참찬에 차례로 임명되었다가 12월에 다시 대사헌에 임명되었다. 효종 1(1650)년 2월에 예조 판서에 임명되었으나 김자점의 밀고로 효종의 북벌계획을 눈치 챈 청나라가 사문사(査問使)를 보내어 효종을 추궁하자 3월에 영의정 이경석과 함께 책임을 지고 백마산성에 유배되어 위리안치 되었다. 12월에 청나라 황제의 방환하라는 명을 받고 효종 2(1651)년에 풀려났다. 효종 3(1652)년 11월에 사육신을 장려하라고 상소했다. 효종 4(1653)년 8월에 늙은 어머니가 있어서 군으로 발령 내 달라고 요청하여 회양 부사로 관직에 복귀하였다. 회양 부사를 지낸 뒤에 부호군으로 물러나 포천에서 늙은 어머니를 봉양하며 살았다. 효종 10(1659)년 1차 예송이 일어나자 윤휴, 홍우원 등과 함께 서인의 의견을 반박하고 3년설을 주장했다. 이 일로 서인들로부터 집중적인 공격을 받았다.

현종 즉위(1659)년 행 부호군을 지내고 현종 2(1661)년 1월에 판중추부사에 임명되었으나 4월에 윤선도를 옹호한 일로 서인들로부터 집중적인 공격을 받고 판중추부사에서 물러났다. 현종 5(1664)년 부호군으로 서용의 명을 받았으나 사양하고 현종 9(1668)년 노인을 우대하는 전례에 따라 보국숭록대부로 가자되고 행 부호군에 임명되었으나 현종 10(1669)년 2월에 죽었다. 죽은 뒤에 현종의 묘정에 배향되었으나 1681년에 출향되었다. 포천의 용연서원(龍淵書院)과 흥해의 곡강서원(谷江書院)과 춘천의 문암서원(文巖書院)에 제향되었다.

〈현종실록〉 현종 10(1669)년 2월 5일 여섯 번째 기사에 '행부호군 조경의 졸기'가 있다. 졸기에 "청문고절(淸文苦節)로 한 시대의 추앙을 받았다. 총재(冢宰)의 지위에 올랐고 문형을 지냈는데, 경인년에 청나라에게 죄를 받아 서쪽 변방으로 유배되었다. 돌아온 뒤에는 서용하지 못하게 하므로 부모를 위하여 회양 부사를 청하여 나갔는데, 얼마 후에 포천으로 돌아가 만년을 보냈다. 지성으로 계모를 섬겼는데, 나이 80세에 상을 당하였으나 남들이 따를 수 없을 만큼 예를 잘 수행하였다. 고령으로 품계가 승급되었고, 음식물의 하사도 있었는데 이때 84세로 졸하였다. 조경의 문장은 고상하면서도 기운이 넘쳐 고문에 가까웠으며, 그의 맑은 명성과 굳은 절개는 당세에 추앙받았다. 그런데 윤선도를 구하는 상소를 올린 일 때문에 크게 시의(時議)에 거슬림을 받아 사특하다고까지 지목되었으니, 이것이야말로 사인(邪人)이 정인(正人)을 지적하여 사특하다고 하는 것이 아니겠는가."라고 평했다.

◪ 저술 및 학문

윤근수의 문인이다. 김상헌, 이정구 등과 교류했다. 주자의 성리학을 근본으로 하면서 문사(文史)에도 박학하여 진한 이후의 글을 모두 섭렵했다. 저서로 〈등사록〉과 〈용주집〉이 있다.

◪ 참고 문헌

〈다음백과사전〉, 〈인조실록〉, 〈효종실록〉, 〈현종실록〉, 〈현종개수실록〉, 〈용주조경신도비〉, 〈증 좌찬성 조공 묘갈명, 허목 지음〉

조석윤 (趙錫胤)	본관은 배천이고 자는 윤지(胤之)이며 호는 낙정재(樂靜齋)이고 시호는 문효(文孝)이다. 선조 38(1605)년에 태어나서 효종 5 (1654)년에 죽었다.

임명일

— 효종 1(1650)년 6월 18일 : 이때 실록 찬수 기일이 급박하고 대제학이 오랫동안 비어 있었으므로 대신들이 대제학을 정할 것을 청하니 … 드디어 조석윤(趙錫胤)을 대제학으로 삼았다.

— 효종 2(1651)년 10월 26일 : 내일 정사 때에 대제학을 차출하라 하였다. 조석윤을 파직하였기 때문이다.

가문

아버지는 대사간 정호(廷虎)이고 할아버지는 첨지중추부사·상호군 충(沖)이며 증조부는 충좌위부호군 응두(應斗)이고 고조부는 부사과 장손(長孫)이다. 외할아버지는 청송인 군수 심언(沈言)이고 장인은 여흥인 경주부윤 민기(閔機)인데 민기가 민광훈(閔光勳)을 낳고 민광훈이 숙종의 계비인 인현왕후의 아버지 민유중(閔維重)을 낳았다.

아들이 없어서 사촌 동생 석조(錫祚)의 아들 윤(惀)을 후사로 삼았다. 딸은 다섯인데 1녀는 은진인 정랑 송광식(宋光栻)과 결혼했고 2녀는 전주인 교리 이휜(李蕙)과 결혼했으며 3녀는 밀양인 사인 박시상(朴時瑞)과 결혼했고 4녀는 청송인 정언 심유(沈濡)와 결혼했으며 5녀는 광산인 사인 김만준(金萬俊)과 결혼했다.

생애

인조 2(1624)년에 사마시에 합격하고 인조 4(1626)년 별시문과에 급제하였으나 파방되고 인조 6(1628)년 별시문과에서 장원급제했다. 급제한

해 8월에 사간원 정언에 임명되고 인조 7(1629)년 5월에 조경, 박의 등과 사가독서에 뽑히어 독서당에 들어갔으며 인조 8(1630)년 4월에 사헌부 지평에 임명되고 9월에 헌납으로 전임되었다. 인조 10(1632)년 11월에 홍문관 부수찬에 임명되고 인조 12(1634)년 윤8월에 홍문관 수찬에 임명되었다. 9월에 이조 좌랑에 임명되고 11월에 홍문관 부교리에 임명되고 같은 달에 헌납에 임명되었다. 인조 13(1633)년 1월에 홍문관 부교리에 임명되었다가 2월에 교리에 임명되었으나 3월에 옥당의 관원인 부제학 이식, 응교 심지원, 수찬 강대수와 함께 체차되었다. 5월에 다시 교리에 임명되고 수찬으로 전임되었으며 6월에 다시 교리에 임명되었다. 인조 14(1636)년 6월에 이조 정랑으로 있으면서 시폐 및 자강할 계책을 극진히 진달하여 가납되었다. 지방에 내려가 있을 때 병자호란이 일어나자 군사를 모아 싸웠으나 실패했다. 인조 15(1637)년 4월에 헌납에 임명되었다가 윤4월에 이조 정랑에 임명되고 12월에 응교에 이어 집의에 임명되었다. 인조 16(1638)년 6월에 다시 응교에 임명되고 이어서 진주 목사에 임명되었다. 인조 17(1639)년 12월에 교리에 임명되었다. 인조 18(1640)년 윤1월에 인질에 대한 논의가 있을 때 원손을 보내서는 안 된다고 강력히 주장했다. 6월에 다시 응교에 임명되고 8월에 집의에 임명되었으며 10월에 사헌부 대사헌에 임명되었다. 11월에 집의에 임명되었으나 오지 않아서 파직되고 인조 19(1641)년 4월에 교리에 임명되고 5월에 사간에 임명되었으며 10월에 집의에 임명되었다. 인조 21(1643)년 7월에 홍문관 전한에 임명되었다 물러났고 12월에는 전 전한으로 시폐에 관해 상소했다. 인조 22(1644)년 2월에 특별히 동부승지에 임명되고 7월에 우부승지로 전임되었으며 11월에 좌부승지로 있으면서 흉년이 든 영남, 호남, 관동 등의 도에 미포를 감해주라고 청하여 감해주었다. 11월에 공청도 관찰사에 임명되었으나 아버지가 공청도 내에 있다는 이유로 사양하고 부임하지 않다가 12월에 대사간에 임명되었다. 인조 23(1645)년 1월에 홍문관 부제학에 임명되었다가 2월에 우부승지로 전임되었고 4월에는 이조 참의에 임명되었다. 인조 24(1646)년 2월에 성균관 대사성에 임명되고 7월에 부제학으로 전임되었으며 9월에 대사간에 임명되었으나 10월에 어떤 일로 파직되었다가 인조 25(1647)년 6월에 이조 참의에 임명되었다.

효종 즉위(1649)년 10월에 사간원 대사간에 임명되고 12월에 대사간으로서 사간 심지한과 함께 백성의 어려움에 대해 상소하고 12월에 대사성에 임명되었다. 효종 1(1650)년 1월에 승지에 임명되고 부제학으로 전임되었으며 6월에 김상헌의 적극적인 추천으로 〈인조실록〉을 찬수하기 위해 대제학에 임명되었다. 7월에 대사헌으로 동지춘추를 겸하면서 김자점의 죄를 논하여 귀양 가게 했다. 그러나 이경석이 효종에게 여색을 멀리하라고 건의하다가 미움을 사자 이경석을 신구하다가 파직되었다. 9월에 병조 참판에 임명되었다가 11월에 예조 참판에 임명되어 윤11월에 동지경연을 겸했고 효종 2(1651)년 1월에는 우부빈객도 겸했다. 2월에 대사간에 임명되었으나 병으로 사직하고 행 부호군으로 있다가 4월에 예조 참판에 임명되었다. 6월에 대사간에 임명되어 대제학으로 가뭄·형벌의 공평·백성의 편리·당파 등에 대해 진언했다. 10월에 대사헌에 임명되었으나 어떤 일로 파직되어 부안으로 유배되었다. 효종 3(1652)년 2월에 석방되어 4월에 동지중추부사에 임명되고 5월에 대사간에 임명되었으나 이틀 만에 병으로 면직되었다. 6월에 동지성균관사에 임명되고 7월에 대사헌을 거쳐 이조 참판에 임명되었으나 이조 판서 정세규(鄭世規)를 비방하다가 호당(護黨)의 혐의를 받고 10월에 강계로 유배되고 11월에 간성으로 이배되었다가 12월에 풀려났다. 효종 4(1653)년 2월에 서용하라는 명이 있었고

4月에 대사성에 임명되었으며 윤7월에 대사헌 겸 대사성·좌빈객에 임명되었다. 8월에 대사헌으로 있으면서 서원리(徐元履)를 탄핵했다가 효종의 노여움을 사서 9월에 종성 부사로 좌천되었다. 그 뒤에 어떤 일로 유배되었으나 영안위 홍주원이 석방하라고 상소했고 12월에 특별히 동지중추부사에 임명되었으나 효종 6(1655)년 8월에 죽었다. 죽은 뒤에 좌찬성에 추증되고 청백리에 녹훈되었다. 금천의 도산서원(道山書院)과 안변의 옥동서원(玉洞書院)과 종성의 종산서원(鐘山書院)에 제향되었다.

〈효종실록〉 효종 6(1655)년 8월 30일 두 번째 기사에 '가의대부 이조참판 겸 홍문관 예문관 대제학 조석윤의 졸기'가 있다. 졸기에 "사람됨이 차분하고 깨끗했으며 몸가짐은 단정하고 가정에서의 조행은 더욱 독실하였다. 일찍부터 문형을 담당하고 항상 국자(國子)의 직임을 겸하였는데 매양 겸손히 사양하고 물러갈 뜻을 가졌다. 그리고 또 세사에 신경을 써서 상소하는 내용이 간결했으므로 사람들에게 존중을 받았다. 선배들이 한 시대의 인물을 논할 때는 반드시 석윤을 제일로 삼았다. 전후에 걸쳐 대각에 있으면서 일을 만나면 말을 끝까지 다하여 금기사항을 피하지 않았으므로 걸핏하면 상의 뜻을 거슬렀고 이 때문에 남북으로 유배 다니느라 조정에 편안히 있지 못하였다. 종성으로부터 소환된 뒤 얼마 안 되어 졸하였는데, 나이 겨우 50세였으므로 조야가 모두 슬퍼하며 애석하게 여겼다."고 평했다.

◪ 저술 및 학문

장유(張維)와 김상헌(金尙憲)의 문인이다. 양관 대제학으로 〈인조실록〉 편찬에 참여했고 저서로 〈낙정집(樂靜集)〉이 있다.

▣ 참고 문헌

〈다음백과사전〉, 〈인조실록〉, 〈효종실록〉, 〈디지털제천문화대전〉, 〈낙정조석윤신도비명병서 : 송시열 지음〉, 〈백천조씨대동세보〉

윤순지
(尹順之)

본관은 해평이고 자는 낙천(樂天)이며 호는 행명(涬溟)이다. 선조 24(1591)년에 태어나서 현종 7(1666)년에 죽었다.

◩ 임명일

— 효종 2(1651)년 11월 4일 : 윤순지(尹順之)를 대제학으로 삼았다.

◩ 가문

아버지는 평안도 관찰사 훤(暄)이고 할아버지는 영의정 두수(斗壽)이며 증조부는 군자감정 변(忭)이고 고조부는 충무위 부사용 희림(希琳)이다. 외할아버지는 서인의 초대 영수인 청송인 대사헌 심의겸(沈義謙)인데 심의겸은 영의정 심연원(沈連源)의 손자이고 명종의 국구이자 인순왕후의 아버지인 청릉부원군 심강(沈鋼)의 아들이다. 장인은 번남인 관찰사 박동열(朴東說)이다.

아들이 없어서 아우인 청도 군수 의지(誼之)의 아들 한성부 서윤 전(塼)을 후사로 삼았다. 영의정 방(昉)의 조카이며 대제학 근수(根壽)의 종손이며 제자이다.

◩ 생애

광해군 4(1612)년 사마시에 합격하고 광해군 12(1720)년에 정시문과에서 병과로 급제했다. 그 뒤에 예문관 검열을 역임했다.

인조 1(1623)년 사간원 정언을 역임하고 인조 2(1624)년 11월에 사헌부 지평에 임명되었으며 지평으로 있으면서 인성군(仁城君) 이공(李珙)을 위리안치시키라고 청했다. 12월에 홍문관 부수찬에 임명되었다가 인조 3(1625)년 2월에 다시 정언으로 전임되었다. 같은 달에 홍문관 부교리에 임명되었고 3월에 홍문관 교리에 임명되었다가 10월에 헌납에 임명되었다. 인조 4(1626)년 10월에 다시 교리에 임명되었다. 그러나 인조 5(1627)년 정묘호란 때에 아버지인 평안도 관찰사 훤이 적의 침입을 막지 못한 죄로 사사되었다. 〈인조실록〉 2월 26일 기사에는 다음과 같은 기록이 있다. "윤훤이 군율을 범하여 죽임을 당하였지만 그의 아들 윤순지는 바로 시종신이니, 전례에 의하여 부조하고 판관 1부도 명하여 지급하게 하라." 그러나 아버지가 죽은 뒤에 벼슬에서 물러나 10년간 은거했다. 인조 7(1629)년 5월에 예조 정랑에 제수되었으나 받지 않고 재야에 있었으나 인조 14(1636)년 병자호란 때 남한산성이 적에게 포위되었다는 소식을 듣고 샛길로 성중에 들어가 왕을 호종했다. 인조 15(1637)년 2월에 부교리에 임명되고 6월에 동부승지에 임명되었으며 이어서 충주 목사에 임명되어 지방관으로 나갔다 돌아와서 좌부승지에 임명되었다. 인조 18(1640)년 8월에 문안사로 심양에 다녀왔다. 인조 20(1642)년 9월에 사간원 대사간에 임명되었고 인조 21(1643)년 1월에 병조 참지로 통신사에 임명되어 일본을 다녀와서 가자되었다. 인조 22(1644)년 4월에 승정원 도승지에 임명되고 9월에 대사간에 임명되었으며 10월에 대사성에 임명되었으나 같은 달에 다시 도승지에 임명되었다. 인조 23(1645)년 3월에 경기도 관찰사에 임명되었으나 소송사건을 빨리 처리하지 않은 일로 민원을 사서 유배되었다. 풀려나서 인조 24(1646)년 5월에 대사헌에 임명되고 9월에 병조 참판에 임명되었으며 인조 25(1647)년 9월에 대사성에 임명되었다.

효종 즉위(1649)년 12월에 도승지에 임명되고 효종 1(1650)년 1월에 동지경연에 임명되었으며 4월에 이조 참판에 임명되었다. 6월에 동지경연과 동지성균관사를 겸했고 11월에 병조 참판에 임명되었다가 윤11월에 도승지에 임명되었다. 효종 2(1651)년 1월에 내의원 부제조로 활동한 공으로 가자되었다. 4월에 동지경연에 임명되고 6월에 대사헌 겸 예문관 제학에 임명되었다. 8월에 예문관 제학으로 왕후 책봉에 관한 교명문을 짓고 9월에는 옥책문을 지었다. 이어서 대제학에 임명되고 효종 3(1652)년 1월에 대사헌에 임명되었다. 4월에 세자의 스승으로 있었는데 사서 이상진이 탄핵하자 다음날 대제학의 면직을 거듭 요청하여 허락받고 개성 유수에 임명되었다. 효종 4(1653)년 2월에 다시 도승지에 임명되고 윤 7월에 경기도 관찰사에 임명되었으나 경기도 관찰사로 재직하면서 소송 사건을 빨리 처리하지 않은 일로 민원을 사서 유배되었다가 풀려나서 효종 7(1656)년 윤7월에 도승지에 임명되었다. 효종 8(1657)년 1월에 실록수정청의 당상에 임명되어 〈선조수정실록〉 편찬에 참여하고 같은 달에 동지춘추를 겸했으며 10월에 동지 겸 사은 부사로 심양에 다녀왔다.

현종 즉위(1659)년 동지춘추로 예조 참판의 일을 대행하고 장생전(長生殿)의 일도 관리 감독했다. 현종 1(1660)년 동지춘추를 겸하고 현종 2(1661)년 4월에 옥책문 제술관과 악장문 제술관에 차임되었다. 윤7월에 자헌대부로 가자되고 12월에 관상감 제조를 역임했다. 현종 4(1663)년 12월에 공조 판서에 임명되고 현종 5(1664)년 2월에 한성부 판윤에 임명되었으며 3월에 의정부 우참찬을 거쳐 7월에 좌참찬에 임명되었다.

〈현종개수실록〉 현종 7(1666)년 9월 29일 두 번째 기사에 '전 판서 윤순지의 졸기'가 있다. 졸기에 "시를 짓는 재주가 있어 문형을 맡아 육경의 자리에 올랐으나, 성품이 나약하고 지기가 없었기 때문에 사람들이 이를 단점으로 여겼다."고 평했다.

↘ 저술 및 학문

종조부인 근수에게서 학문을 배웠다. 시(詩)·사(史)·서(書)·율(律)에 뛰어났으며 저서로 〈행명집〉이 있다.

◤ 참고 문헌

〈다음백과사전〉, 〈광해군일기정초본〉, 〈광해군일기중초본〉, 〈인조실록〉, 〈효종실록〉, 〈현종실록〉, 〈현종개수실록〉, 〈해평윤씨세보〉, 〈윤순지 묘표 : 윤순 지음〉

채유후
(蔡裕後)

본관은 평강이고 자는 백창(伯昌)이며 호는 호주(湖洲)이고 시호는 문혜(文惠)이다. 선조 32(1599)년에 태어나서 현종 1(1660)년에 죽었다.

임명일

- 효종 3(1652)년 3월 3일 : 대제학 채유후(蔡裕後)와 승지를 명소하여 성균관에서 유생을 시험케 하였는데,
- 효종 3(1652)년 4월 9일 : 채유후를 가선 수 대제학으로 삼고,
- 효종 6(1655)년 11월 26일 : 대제학 채유후가 면직되었다.
- 효종 7(1556)년 8월 8일 : 채유후를 대제학으로,

가문

아버지는 진사 충연(忠衍)이고 할아버지는 홍문관 응교 경선(慶先)이며 증조부는 사헌부 집의 난종(蘭宗)이고 고조부는 용양위 호군 중경(仲卿)이다. 5대조는 돈녕부 주부 자침(子沉)인데 양녕대군 이제(李禔)의 외손자사위이고 순성군(順成君) 이개의 사위이다. 외할아버지는 순흥인 현령 안사열(安士說)이고 장인은 초배가 효령대군의 7대손인 전주인 완풍군 이서(李曙)이고 계배는 파평인 공조 참의 윤민헌(尹民獻)이다.

아들이 없어서 아우 성균관 생원 진후(振後)의 큰아들인 장성 도호부사 시구(時龜)를 후사로 삼았다.

생애

광해군 8(1615)년에 17세로 생원시에 합격하고 인조 1(1623)년 개시문과(改試文科)에서 장원으로 급제했다. 이어 홍문관에 들어갔고 인조 2(1624)년 7월에 사은사의 서장관에 임명되었으나 병으로 가지 않았다. 인조 6(1628)년 11월에 사간원 정언에 임명되었다가 4일 뒤에 홍문관 수찬

으로 전임되었다. 인조 7(1629)년에 헌납을 역임하고 인조 8(1630)년 4월에 홍문관 교리에 임명되었으며 6월에 헌납에 임명되고 11월에 이조 좌랑에 임명되었다. 인조 9(1631)년 4월에 헌납을 거쳐 이틀 뒤에 부교리에 임명되고 12월에 사헌부 지평에 임명되었으나 이행원의 일로 인피하여 파직되었다. 인조 10(1632)년 12월에 이조 좌랑에 임명되어 직강을 겸하다가 인조 11(1633)년 4월에 이조 정랑에 임명되고 4월에 홍문관 부응교를 거쳐 6월에 응교에 임명되었다. 인조 12(1634)년 7월에 사간에 임명되었으나 인조의 아버지인 정원군(定遠君) 이부(李琈)를 원종으로 추존하고 태묘에 들이려 하자 태묘에 들이는 일이 불가하다고 반대했다. 이 일로 강석기, 조정호 등과 함께 삭탈관작 되어 성문 밖으로 내치는 형벌을 받았다. 인조 14(1636)년 5월에 홍문관 응교에 임명되고 11월에 사간에 임명되었다가 집의로 전임되었다. 집의로 있을 때에 병자호란이 일어나자 강화 천도를 반대하고 인조를 남한산성으로 호종했다. 인조 15(1637)년 4월에 서장관으로 사은표를 가지고 심양에 갔으며 10월에는 개전 초에 김류가 주장한 강화 천도를 반대하고 주화론을 폈다는 이유로 강서에 유배되었다가 인조 16(1538)년 1월에 석방되었다. 인조 19(1641)년 7월에 제주도에 유배되었던 광해군이 죽자 예조 참의에 임명되어 제주에 가서 호상하였다. 그러나 광해군의 상여를 운반하고 제주에서 나올 때 담군들이 다 백건을 사용한 일로 시론에 비난을 받고 체직되었다. 평소에 술을 좋아하여 실수가 많아 인조의 눈 밖에 났으나 인조 24(1646)년 이조 참의에 임명되고 지교제를 겸하면서 소현세자의 빈인 강빈폐출사사교문을 짓고[6] 다시 중용되어 5월에 사간원 대사간에 임명되었다. 그 뒤에 병조 참의로

---

6) 교문을 짓고 집에 와서는 소장하고 있던 교문 짓는 데 필요한 사육전서를 모두 불태워버리면서 후회했다 한다.

전임되고 병조 참의로 별시문과 초시의 시관에 임명되었으나 부정이 있다 하여 파직되었다가 12월에 동부승지로 발탁되었다. 인조 25(1647)년 2월에 다시 부제학에 임명되고 7월에 대사간에 임명되었으며 11월에 부제학에 임명되었다. 인조 26(1648)년 1월에 성균관 대사성에 임명되고 5월에 대사간으로 전임되었으며 9월에 이조 참의로 전임되었다.

효종 1(1650)년 11월에 부제학에 임명되고 윤11월에 동부승지에 임명되었다. 효종 2(1651)년 3월에 대사간에 임명되고 5월에 부제학에 임명되었으며 7월에 다시 대사간에 임명되었다. 8월에 부제학으로 전임되어 대왕대비의 옥책문을 짓고 11월에 이조 참의에 제수되었다. 효종 3(1652)년 3월에 대사간에 임명되고 4월에 승지에 임명되었으며 같은 달에 수 대제학에 임명되어 가선대부로 가자되었다. 5월에 동지경연사에 임명되고 대사간에 임명되었다. 10월에 이조 참판에 임명되고 효종 4(1653)년 7월에 〈인조대왕실록〉이 완성되자 서책을 만들어 바쳤다. 윤7월에 도승지에 임명되고 도청 당상으로 한 자급 가자되었다. 8월에 이조 참판 겸 동지경연에 임명되고 9월에 대사헌으로 전임되었다가 같은 달에 다시 이조 참판에 임명되었다. 효종 5(1654)년 1월에 대사헌에 임명되고 9월에 좌부빈객을 겸했다. 효종 6(1655)년 3월에 대제학으로 세자 책봉 교문을 짓고 4월에 이조 참판에 임명되었다가 6월에 대사간에 임명되고 7월에 지성균관사에 임명되었다. 8월에 도승지에 임명되고 11월에 대제학에서 면직되었으며 대제학에서 면직된 다음날에 대사헌에 임명되었다. 효종 7(1656)년 8월에 다시 대제학에 임명되고 9월에 대사헌에 임명되었다가 11월에 대사간으로 전임되어 효종 8(1657)년 1월에 좌부빈객을 겸했다. 이때 대제학으로 〈선조수정실록〉 편찬의 책임을 지고 같은 달에 대사헌에 임명되었다가 4월에 예조 판서로 승진했다. 8월에 의정부 좌참찬에 임명되고 9

월에 대사헌에 임명되었다가 우참찬에 임명되고 11월에 다시 대사헌에 임명되었다. 효종 9(1658)년 1월에 이조 판서에 임명되고 9월에 대사헌에 임명되었다. 효종 10(1659)년 1월에 형조 판서에 임명되었고 같은 달에 여러 차례 사직 상소를 올려 대제학에서 면직되었다. 3월에 대사헌에 임명되고 윤3월에 예조 판서에 임명되었으나 술에 취해 위의를 그르친 일로 사헌부의 탄핵을 받고 예조 판서에서 파직되었다가 4월에 지경연에 임명되었다.

현종 즉위(1659)년 6월에 대사헌에 임명되고 실록청 당상으로 〈효종실록〉 편찬에 참여하고 7월에 성절사로 청나라에 다녀왔다. 현종 1(1660)년 4월에 대사헌에 임명되어 실록청 지춘추를 겸했으나 유계의 탄핵으로 사임하고 6월에 공조 참판에 임명되고 내각 제조를 겸했으며 10월에 공조 판서에 임명되고 11월에 동지경연에 임명되었으나 출사하지 않고 있다가 병으로 12월에 죽었다. 죽은 뒤에 실록을 편찬한 공으로 숭정대부 좌찬성에 추증되었다.

〈현종실록〉 현종 1(1660)년 12월 26일 두 번째 기사에 '전 대사헌 채유후의 졸기'가 있다. 졸기에 "유후는 성품이 깨끗하고 까다롭지 않았으며 글 솜씨가 변려문(駢儷文)을 잘 지었다. 인조 조에 강 씨를 폐하여 서인으로 만들 교서를 지어야 할 사신(詞臣)들이 모두 회피하여 마지막으로 유후에게 떨어졌다. 유후가 부득이하여 짓기는 했지만 집에 들어간 즉시 자기가 소장하고 있던 〈사륙전서(四六全書)〉를 불태워버렸으니, 대개 후회하는 뜻이었다. 그러나 술을 너무 좋아하여 위엄이 없었고, 또 스스로 재능이 미약하다고 하여 일을 맡으려 하지 않았다. 효묘조에 두 번 문형을 맡았고, 인조·효종 양조의 실록을 편찬하는 데 참여했으며 〈선조실록〉을 개수하는 데 참여했다. 벼슬은 이조 판서까지 역임하고 졸하였다."고 평했다.

◤ 저술 및 학문

시조 두 수가 전하며 저서로 〈호주집〉이 있다. 〈인조실록〉과 〈효종실록〉 편찬에 참여하고 〈선조실록〉을 개수하는 데에 참여했다.

◤ 참고 문헌

〈다음백과사전〉, 〈한국민족문화대백과사전〉, 〈광해군일기정초본〉, 〈광해군일기중초본〉, 〈인조실록〉, 〈효종실록〉, 〈현종실록〉, 〈현종개수실록〉, 〈대제학채유후신도비〉, 〈평강채씨대동보〉

<table>
<tr>
<td>

김익희
(金益熙)
</td>
<td>
본관은 광산이고 자는 중문(仲文)이며 호는 창주(滄洲)이고 시호는 문정(文貞)이다. 광해군 2(1610)년에 태어나서 효종 7(1656)년에 죽었다.
</td>
</tr>
</table>

임명일

— 효종 7(1656)년 1월 5일 : 김익희(金益熙)를 대사헌 겸 대제학 동지경연으로,
— 효종 7(1656)년 8월 3일 : 대제학 김익희가 병으로 면직을 청하니, 허락하였다.

가문

아버지는 이조 참판 반(槃)이고 할아버지는 호조 참판 사계 장생(長生)이며 증조부는 공조 참판 계휘(繼輝)이고 고조부는 지례 현감 호(鎬)이다. 외할아버지는 서주(徐澍)이고 장인은 한산인 대사간 이덕수(李德洙)이다.

아들은 승지 만균(萬均)과 음사로 벼슬한 임피 현령·중추부지사 만증(萬增)과 순창 군수 만준(萬埈)이며 딸은 정랑 이세장(李世長)과 결혼했다.

생애

인조 11(1633)년 증광문과에서 병과로 급제하고 승문원 부정자에 임명되었으며 10월에 검열에 임명되었다. 인조 12(1634)년 12월에 봉교에 임명되고 인조 13(1635)년 6월에 홍문관 신록에 제수되어 7월에 홍문관 수찬에 임명되었고 12월에 사서를 거쳐 홍문관 부수찬에 임명되었다. 인조 14(1636)년 2월에 사간원 정언에 임명되고 홍문관 부수찬으로 전임되었으나 곧 정언으로 전임되었다. 그러나 3월에 김자점의 신칙 문제로 정태화와 의견이 맞서자 인피하여 체직되었다. 5월에 다시 부수찬에 임명되고 7월에 헌납으로 전임되었으나 같은 달에 다시 부수찬에 임명되었다. 10월에 수찬에 임명되고 같은 달에 홍문관 부교리로 전임되었다가 11월에 교

리에 임명되었다. 인조 15(1637)년 병자호란에서 척화를 주장하고 인조를 남한산성으로 모시고 가서 독전어사(督戰御使)에 임명되었다. 이어서 교리, 집의를 거쳐 인조 17(1639)년 4월에 부교리에 임명되고 5월에 이조 좌랑에 임명되었다. 인조 21(1643)년 1월에 사간에 임명되고 3월에 홍문관 응교에 임명되었으며 4월에 사헌부 집의를 거쳐 5월에 다시 홍문관 응교에 임명되었다. 인조 22(1644)년 5월에 홍문관 부응교에 임명되고 6월에 사간으로 전임되었으며 7월에 응교에 임명되었다. 8월에 집의에 임명되어 나라의 일을 걱정하여 만인소를 올렸으며 9월에는 호조 판서 이이명을 탄핵하고 12월에 사간에 임명되었다. 인조 23(1645)년 10월에 도청을 역임하고 11월에 사간을 거쳐 집의에 임명되었다. 인조 24(1646)년 2월에 여론으로부터 비난이 일자 인혐하고 물러났다가 6월에 다시 집의에 임명되어 7월에 안익신의 옥사를 처리한 공으로 한 자급 가자되고 동부승지에 임명되었다. 8월에 우부승지에 임명되었으나 평소에 당론이 준엄하였기 때문에 상이 앞장선 것으로 여겨 파직되었다.

효종 즉위(1649)년 6월에 다시 동부승지에 임명되고 효종 1(1650)년 7월에 사간원 대사간에 임명되었으며 윤11월에 승지를 거쳐 12월에 다시 대사간에 임명되었다. 효종 2(1651)년 8월에 지제교로 세자 책례 교명문을 짓고 그 공으로 숙마 1필을 하사받았다. 10월에 강원도 관찰사에 임명되고 효종 3(1652)년 6월에 홍문관 부제학에 임명되었다가 8월에 이조 참의에 임명되었다. 효종 4(1653)년 1월에 대사간에 임명되고 4월에 부제학에 임명되어 부제학으로 있으면서 오랫동안 버려두었던 노산군의 묘소에 제사 드릴 것을 청하여 시행하게 하고 7월에 이조 참의에 임명되었다가 10월에 성균관 대사성에 임명되었다. 효종 5(1654)년 1월에 승정원 도승지에 임명되어 가선대부로 가자되고 5월에 대사성으로 전임되었으며 8월에 동지경연을 겸하고 10월에 대사간 겸 대사성에 임명되었다. 인조 6 (1655)년 1월에 대사헌에 임명되고 2월에 부제학으로 전임되었으며 7월에 는 대사성에 임명되고 9월에는 대사간에 임명되었으며 10월에는 부제학 에 임명되었다. 효종 7(1656)년 1월에 대사헌 겸 대제학 동지경연에 임명 되고 2월에 형조 판서에 임명되었다가 5월에 대사헌에 임명되었다. 같은 달에 이조 판서에 임명되었으나 7월에 병으로 면직을 청하여 이조 판서 에서 체직되고 8월에 병으로 체직을 청하여 대제학에서 체직되었으며 12 월에 죽었다.

〈효종실록〉 효종 7(1656)년 7월 12일 두 번째 기사에 '전 이조 판서 김 익희의 졸기'가 있다. 졸기에 "익희는 장생의 손자이고 반(般)의 아들이 다. 사람됨이 총명하여 일찍이 재능과 명망을 지녔으며 문사(文詞)를 잘 하였는데 소장(疏章)에 더욱 능하여 붓을 잡으면 그 자리에서 완성하였고 주대(奏對)할 때마다 경전(經傳)과 사기(史記)를 인용하였으므로 상이 총 애하고 신임하였다. 그래서 1년 내에 차례를 뛰어넘어 총재(冢宰)에 임명 되고 겸해서 문형을 맡았었다. 그러나 지론(持論)이 지나치게 준엄하고 성질 또한 급하고 편협하였으므로 사람들이 이것을 단점으로 여겼었다. 이때에 이르러 졸하니 나이 47세였다."고 평했다.

저술 및 학문

숙종 34(1708)년에 손자 진옥(鎭玉)이 글을 모아 〈창주유고〉로 간행했다.

참고 문헌

〈다음백과사전〉, 〈인조실록〉, 〈효종실록〉, 〈광산김씨족보〉, 〈김익희신 도비 : 송시열 지음〉, 〈광산김씨판군기감사공파보〉

이일상
(李一相)

본관은 연안이고 자는 함경(咸卿)이며 호는 청호(靑湖)이다. 광해군 4(1612)년에 태어나서 현종 7(1666)년에 죽었다.

임명일

— 효종 10(1659)년 3월 18일 : 이일상(李一相)을 대제학으로 삼았다.
— 현종 1(1660)년 6월 24일 : 대제학 이일상을 추고하고 즉시 사진(仕進)하도록 하소서 하니 상이 윤허하였다.
— 현종 3(1662)년 3월 21일 : 대제학 이일상이 면직되었다. 일상의 아버지는 이명한이고 할아버지는 이정귀인데, 3세에 걸쳐 문형을 담당한 것은 일찍이 세상에 없던 일이었다.

가문

아버지는 이조 판서·대제학 명한(明漢)이고 할아버지는 좌의정·대제학 정귀(廷龜)이며 증조부는 삼등 현령 계(啓)이고 고조부는 동지중추부사 순장(順長)이다. 외할아버지는 번남인 우참찬·판의금부사 박동량(朴東亮)이고 장인은 초배는 전주인 영의정 이성구(李聖求)인데 부인이 병자호란 때에 강화도로 피난 갔으나 강화도가 함락되자 자결하여 정려문이 세워졌다. 초배에서 1녀를 두었는데 광산인 승지 김만균(金萬均)과 결혼했다. 계배는 문화인 군수 유인성(柳仁聲)과 결혼해서 3남 2녀를 두었는데 1남은 군수 성조(成朝)이고 2남은 중조(重朝)인데 일찍 죽었고 3남은 진사 해조(海朝)이다. 딸은 1녀는 김상헌과 함께 청나라에 잡혀가 모진 고문을 받고 돌아온 생삼학사 문충공 조한영(曺漢英)의 아들인 창녕인 현령 조헌주(曺憲周)와 결혼했고 2녀는 좌의정 원두표의 손자인 원주인 원몽은(元夢殷)과 결혼했다.

할아버지 정귀와 아버지 명한에 이어 3대 대제학의 가문을 이루었다.

　인조 6(1628)년 17세로 알성문과에 급제했으나 나이가 어려서 벼슬 대신 공부에 힘썼다. 인조 11(1633)년 1월에 검열에 임명되고 12월에 대교에 임명되었다. 인조 13(1635)년 1월에 홍문관 부수찬에 임명되고 인조 14(1636)년 2월에 사간원 정언에 임명되었으나 곧 인피하고 물러났다가 4월에 수찬에 임명되었고 7월에 헌납에 임명되었다. 그러나 병자호란이 일어났을 때 왕을 호종하지 못하고 척화신으로 화의를 반대했다. 인조 15(1637)년 화의가 이루어진 뒤인 2월에 호종하지 못하고 화의를 반대한 일로 탄핵을 받고 영암으로 유배되었다가 다시 이원으로 이배되었다. 인조 25(1647)년 남노성 등의 주장으로 풀려나서 10월에 사간에 임명되고 11월에 창덕궁 수리소 도청으로 공을 세워 당상관으로 가자되었으나 2일 뒤에 장령 신열도의 건의에 따라 체차되었다.

　효종 즉위(1649)년 8월에 우승지에 발탁되어 효종의 총애를 받으며 효종 1(1650)년 4월에 사간원 대사간에 임명되었다가 5월에 우승지에 임명되어 홍무적을 두둔했다. 효종 2(1651)년 8월에 세자가 책례를 할 때 지교제로 죽책문을 짓고 12월에 다시 대사간에 임명되었다. 효종 3(1652)년 2월에는 역적 김자점의 역옥을 다스릴 때 국청에 참여한 일로 가자되고 홍문관 부제학에 임명되었다. 4월에는 승정원 도승지에 임명되었으나 탄핵을 받은 특진관 윤강(尹絳)을 구하려다가 사사로운 벗을 아끼려는 마음으로 윤강을 구해주려 했다 하여 효종의 노여움을 사서 파직되었다. 5월에는 좌의정 김육, 영의정 정태화, 부제학 민응형이 훌륭한 일을 했는데 당여를 비호한다고 의심하여 배척한 것은 지나치다는 변호를 받았으며 홍무적의 탄원으로 벼슬에 복귀했다. 9월에 다시 도승지에 임명되고 12월에 부제학에 임명되었으나 3일 만에 대사간으로 전임되었다. 효종 4(1653)

년 2월에 대사성으로 특진관을 겸하다가 4월에 대사헌에 임명되었으나 6월에 인피하여 체직되었다. 효종 5(1654)년 진하사 인평군 이요의 부사로 청나라에 다녀와서 청나라의 실정을 보고하고 효종의 북벌계획 수립에 도움을 주었다. 효종 6(1655)년 4월에 대사간에 임명되고 5월에 이조 참판에 임명되었으며 8월에 대사헌에 임명되었다. 효종 7(1656)년 2월에 성균관 대사성에 임명되어 예문관 제학을 겸했다. 같은 달에 대사헌에 임명되고 3월에 이조 참판에 임명되었으며 윤5월에 조한영(曹漢英)은 이조 참의가 되고 일상은 대사성에 임명되었다. 7월에 대사헌에 임명되고 12월에 부제학에 임명되어 효종 8(1657)년 1월에 수정청의 당상에 임명되어 〈선조수정실록〉 편찬에 참여하고 4월에 대사헌에 임명되었다. 효종 9(1658)년 3월에 대사성으로 전임되었으나 5일 뒤에 대사성에 임명되었으며 4월에 대사성을 거쳐 경기도 관찰사에 임명되었다. 11월에 이조 참판에 임명되고 효종 10(1659)년 대제학에 임명되었다.

현종 즉위(1659)년 이조 참판으로 빈전도감 당상에 임명되고 찬집청 당상으로 〈영릉지장(寧陵誌狀)〉의 애책문을 지었다. 현종 1(1660)년 예조 참판에 임명되고 실록청 당상으로 〈효종실록〉 편찬의 책임을 맡았다. 6월에 비국 제조를 겸했으나 사사에 방해가 되니 비국의 자리에 참석하지 말고 찬수의 일에만 전념하게 해 달라고 상언하여 허락받고 찬수의 일에만 전념했다. 그러나 이른바 미선사건(米船事件)으로 남인 계열의 이지익(李之翼)의 탄핵을 받았다. 8월에 병조 참판에 임명되고 11월에 동지의금부사를 겸했다. 현종 2(1661)년 2월에 대사헌에 임명되고 4월에 병조 참판에 임명되었으며 5월에 〈효종실록〉을 찬수한 공으로 정헌대부로 가자되었다. 6월에 공조 판서로 승진되고 현종 3(1662)년 3월에 대제학에서 면직되었다. 현종 4(1663)년 5월에 예조 판서에 임명되고 6월에 대사헌에 임명되었으며 7월에 의정부 우참찬에 임명되었다. 8월에 좌참찬으로 전임되었다가 10월에 대사헌에 임명되고 같은 달에 다시 좌참찬에 임명되었다. 현종 5(1664)년 1월에 대사헌에 임명되었으나 3일 뒤에 인피하고 물러났다가 공조 판서에 임명되었다. 4월에 다시 대사헌에 임명되었으나 소명에 응하지 않고 인피하여 체직되었다. 5월에 다시 대사헌에 임명되었으나 패초하여 나오지 않아 체직되고 6월에 공조 판서에 임명되었다. 윤6월에 다시 대사헌에 임명되었으나 사직하여 체직되고 9월에 호조 판서에 임명되었으나 사직하여 체직되었다가 예조 판서에 임명되었다. 현종 6(1665)년 1월에 대사헌에 임명되었으나 인피하여 다음날 체직되었다. 그러나 다시 대사헌에 임명되고 역시 체직을 청하여 체직되었다. 2월에 예조 판서에 임명되고 좌참찬으로 옮겼다가 3월에 다시 예조 판서에 임명되었으나 현종 7(1666)년 1월에 예조 판서로 죽었다. 죽은 뒤에 약방 도제조로 활약했던 공을 인정받아 우의정에 추증되었다.

〈현종개수실록〉 현종 7(1666)년 1월 1일 세 번째 기사에 '예조 판서 이일상의 졸기'가 있다. 졸기에 "일상은 17세에 과거에 급제하여 청요직을 두루 거쳤다. 송시열이 이조 판서가 되었을 때에 그와 함께 일을 하고자 하여 번얼(藩臬)로부터 아전(亞銓)으로 옮겨오게 하였으니 사론(士論)에 추중을 받는 것이 대개 이와 같았다. 말년에 이지직의 탄핵을 받게 되자 조정의 신하들이 다 사실이 아니라고 말하여 드디어 신설되었다. 일상이 평소에 답답하게 여기고 즐거워하지 아니하면서 말하기를 '나같이 재주 없는 자가 대제학이 되었으니 마땅히 재앙이 빨리 올 것이다.'라고 하였다. 일상은 그의 아버지 이명한(李明漢)과 그의 할아버지 이정구(李廷龜)와 더불어 3세가 대제학을 지냈으니 국조 수백 년 동안 없던 일이었다." 고 평했다.

☑ 저술 및 학문

찬집청 당상으로 〈영릉지장(寧陵誌狀)〉의 애책문(哀册文)을 짓고 실록청 당상으로 〈효종실록〉 편찬의 책임을 맡았으며 〈선조수정실록〉 편찬에 참여했다.

☑ 참고 문헌

〈다음백과사전〉, 〈인조실록〉, 〈효종실록〉, 〈현종실록〉, 〈현종개수실록〉, 〈국조인물고〉, 〈한국민족문화대백과사전〉, 〈연안이씨소부감판사공파세보〉, 〈이일상신도비 : 박세채 지음〉

김수항 (金壽恒)	본관은 안동이고 자는 구지(久之)이며 호는 문곡(文谷)이고 시호는 문충(文忠)이다. 인조 7(1629)년에 태어나서 숙종 15(1689)년에 죽었다.

임명일

- 현종 3(1662)년 4월 17일 : 일단 수항을 의천했다가 마침내 제수하였는데 이때 그의 나이 34세였다.
- 현종 9(1668)년 3월 18일 : 대제학 김수항(金壽恒)이 모상(母喪)을 당하니, 상이 대신 가운데 일찍이 대제학을 지낸 자에게 천거하게 하라고 명하였다.
- 현종 12(1671)년 1월 25일 : 이조 판서 김수항을 대제학으로,
- 현종 13(1672)년 6월 3일 : 우의정 김수항은 그대로 양관의 대제학을 겸임하였다.

가문

아버지는 동지중추부사 광찬(光燦)이고 할아버지는 좌의정·대제학 상헌(尚憲)[7]이며 증조부는 동지돈령부사 극효(克孝)이다[8]. 극효는 광해군의 정비인 문성군부인의 이모부이다. 극효는 아들 다섯을 두었는데 상용(尚容)이 우의정이고 상관이 장단 부사이며 상복(尚宓)이 진사로 광릉 참봉을 역임했고 상헌이 좌의정·대제학이며 상건(尚蹇)이 경주 부윤이다. 고조부는 생해(生海)인데 신천 군수를 역임하고 영의정에 증직되었으며 성종과 숙의 홍 씨 사이에 태어난 경명군(景明君) 이침(李忱)의 사위이다. 외할아버지는 연안인 목사 김래(金琜)이고 외증조부는 선조의 계비인 인목왕후의 친정아버지인 연흥부원군(延興府院君) 김제남(金悌男)이며 장인은 안정인 해주 목사 나성두(羅星斗)이다.

아들은 여섯인데 1남은 영의정 창집(昌集)이고 2남은 대제학·예조 판

---

7) 광찬의 친아버지는 부사 상관(尚寬)인데 광찬이 좌의정 상헌에게 입양되어 상헌의 대를 이었다.
8) 친증조부는 동지돈녕부사 극효(克孝)인데 상헌이 삼가 현감 대효(大孝)에게 입양되었다.

서 창협(昌協)인데 좌의정·대제학 이정귀의 손녀사위이며 우의정 이행원의 외손녀사위이다. 3남 창흡(昌翕)은 진사이며 학자인데 영의정·대제학 이항복의 현손녀사위이다. 4남 창업(昌業)은 문인화가로 동몽교관에 임명되었으나 취임하지 않았다. 익풍군(益豐君) 이속(李涑)의 사위이고 양녕군(陽寧君) 이경(李儆)의 처할아버지이고 임해군(臨海君) 이진(李珒)의 처증조부이다. 5남 창즙(昌緝)은 생원이며 학자로 예빈시 주부에 임명되었으나 취임하지 않았다. 영의정·대제학 홍서봉(洪瑞鳳)의 처증조부이다. 6남 창립(昌立)은 학자인데 판서·대제학 이민서(李敏敍)의 사위이며 좌의정 원두표(元斗杓)가 처외할아버지이다. 딸은 전주인 이섭(李涉)과 결혼했다.

형은 공조 참판 수증(壽增)과 영의정 수흥(壽興)이고 아우는 적성 현감 수징(壽徵)과 진사 수응(壽應)과 학관 수칭(壽稱)과 강동 현령 수능(壽能)이다.

할아버지 상헌과 조손 대제학이 되고 아들 창협과 더불어 부자 대제학의 가문을 이루었다.

생애

인조 23(1645)년 반시에 수석하고 효종 즉위(1649)년 진사시에 합격했으며 효종 2(1651)년 알성문과에서 장원으로 급제했다. 홍문관 전적에 임명되었다가 지평으로 전임되었으나 효종 4(1653)년 2월에 인피하여 체차되었다가 사간원 정언에 임명되었으나 4월에 또 인피하여 체차되었다. 6월에 다시 정언에 임명되어 상소하고 다시 체차되었다. 9월에 문신 정시에 합격하고 다시 정언에 임명되었으며 11월에 정조사 심지원과 부사 홍명하의 서장관으로 청나라에 다녀왔다. 효종 5(1654)년 홍문관 교리에 임명되고 시독관을 겸하면서 화폐 유통의 폐단에 대해 상소했다. 7월에 이조 정랑에 임명되고 10월에 중학 교수를 겸했다. 효종 6(1655)년 1월에 홍문관 교리에 임명되고 2월에 이조 정랑에 임명되었으며 8월에 사가독서에 뽑히어 호당에 들어갔다. 9월에 홍문관 부교리에 임명되고 10월에 홍문관 수찬에 임명되었으며 12월에 이조 정랑으로 전임되었다. 효종 7(1656)년 4월에 의정부 사인에 임명되고 윤5월에 홍문관 응교로 전임되었으며 7월에 사인으로 전임되고 다시 사간에 임명되었으며 8월에 겸보덕에 임명되었다. 같은 달에 부응교에 임명되고 10월에 독서당에 뽑혔고 이어서 동부승지로 발탁되었다. 효종 8(1657)년 5월에 이조 참의에 임명되고 7월에 승지에 임명되었으며 9월에 대사간으로 전임되었다가 12월에 이조 참의에 임명되었다. 효종 9(1658)년 6월에 승지에 임명되고 7월에 홍문관 부제학에 임명되었으며 효종 10(1659)년에 우승지에 임명되었다.

현종 즉위(1659)년 5월에 왕세자의 즉위식에서 대보를 바쳤다. 이어서 효종 능의 비문에 전서를 쓴 공으로 가선대부로 가자되었다. 현종 1(1660)년 1월에 대사간에 임명되고 3월에 도승지에 임명되었으며 5월에 동지춘추를 겸했다. 7월에 예문관 제학에 임명되고 8월에 성균관 대사성에 임명되었다가 예조 참판에 임명되고 9월에 부제학에 임명되고 11월에 이조 참판에 임명되었다. 현종 2(1661)년 4월에 중궁을 책봉할 때 책례옥책문을 지었다. 5월에는 아버지인 광찬이 음직으로 공조 참의에 임명되었다. 5월에 이조 참판으로 동지춘추를 겸하다가 7월에는 동지경연도 겸하고 윤7월에는 동지의금부사도 겸했다. 현종 3(1662)년 4월에 대제학에 임명되고 5월에 대사헌에 임명되었으며 또 도승지에 임명되었고 7월에 이조 참판에 임명되었다. 8월에 34세의 나이로 현종의 특지로 예조 판서에 임명되고 12월에 지춘추를 겸했다. 현종 4(1663)년 3월에 영녕전 수개도감 제조를 겸하다가 4월에 대사헌에 임명되었으나 5월에 다시 예조 판서에 임명되었다. 7월에 이조 판서에 임명되었다가 대사헌에 임명되었으나 서필원의 탄핵을 받고 인피하고 물러났다가 10월에 다시 대사헌에 임명되었다. 그러나 응교 남구만이, 수항이 패소에 나오지 않은 것을 이유로 체차를 청하여 체차되었다가 10월에 형조 판서에 임명되었으며 11월에 이조 판서로 전임되었다. 현종 5(1664)년 이조 판서에서 물러나 부호군으로 있다가 6월에 예조 판서에 임명되었으며 윤6월에 대제학으로 북도의 시관이 되어 과거를 주관했다. 7월에 의정부 우참찬에 임명되고 9월에 이조 판서에 임명되어 북도로부터 돌아와서 그곳의 폐해에 대해 진달했다. 현종 6(1665)년 잠1편을 지어 올리고 규계의 뜻을 붙여 올렸으며 6월에 원자보양관에 임명되었다. 현종 7(1666)년 9월에 예조 판서에 임명되고 10월에 대사헌에 임명되었으며 11월에 대사헌으로 세자좌빈객을 겸했다. 12월에 형조 판서에 제수되었다가 이조 판서로 전임되었다. 현종 8(1667)년 영녕전이 중건되자 그 공으로 형 수흥과 함께 가자되었으며 현종 9(1668)년 1월에 사직상소를 올려 이조 판서에서 사직을 허락받았다. 그러나 같은 달에 대사헌에 임명되었으나 인피하여 대사헌에서 물러나 예조 판서에 임명되었다. 3월에 어머니의 상을 당하여 이조 판서와 대제학에서 물러나 상례를 치렀다. 현종 11(1670)년 3월에 상복을 벗고 지경연에 임명되고 5월에 우참찬에 임명되어 좌빈객을 겸하다가 2일 뒤에 대사헌에 임명되었다. 그러나 6월에 신병 때문에 부름에 나가지 못한 것을 이유로 인피하여 대사헌에서 체직되고 예조 판서에 임명되었다가 11월에 이조 판서로 전임되고 현종 12(1671)년에 대제학을 겸했다. 4월에 세자빈에 대한 교서를 지어 바치고 7월에 판의금부사에 임명되고 8월에 선공감 제조에 임명되었다. 현종 13(1672)년 5월에 우의정으로 승진하고 양관 대제학을 겸했으나 차자를 올려 대제학에서 사직하는 것을 허락 받았다. 11월에 의정부 좌의정으로 승진되어 세자부를 겸했다. 현종 14(1673)년 5월에 영릉을 봉심할 때 있었던 일9)로 관작이 깎였다가 9월에 행 판중추부사에 임명되었다. 현종 15(1674)년에는 사은사로 북경에 다녀왔으며 6월에 행 판중추부사로 인선왕후의 지문을 지었다. 이 해 갑인예송에서 영의정이던 형 수흥이 쫓겨나자 7월에 다시 좌의정에 임명되었다.

숙종 즉위(1674)년 8월에 현종이 죽자 총호사에 임명되었으나 11월에 우의정으로 강등되었다. 숙종 1(1675)년 1월에 우의정으로 강외로 물러나 있다가 사퇴하였으나 2월에 좌의정에 임명되었다. 그러나 병으로 상소를 올리고 대궐에 나오지 않았다. 3월에 좌의정에 임명되었으나 스스로 탄핵하는 상소를 올려 6월에 허락 받고 판중추부사에 임명되었다. 판중추부사로 있던 7월에 차자를 올려 남인인 허적과 윤휴를 배척하고, 추문을 들어 종실 복창군(福昌君) 이정과 복선군(福善君) 이남 형제의 처벌을 주장하다가 집권파인 남인의 미움을 받아 원주로 유배되었다. 수항이 유배되자 도승지 이홍연이 상소하여 수항을 옹호하였으나 이 일로 이홍연은 파직되고 수항은 영암으로 이배되었다. 숙종 2(1676)년 7월에 석방의 명을 받았으나 사간 권유를 비롯하여 홍문관 관원과 승정원에서 반대하여 숙종 4(1678)년 4월에 철원으로 이배되었다. 숙종 6(1680)년에 경신대축출로 남인들이 실각되자 3월에 귀양에서 풀려나서 영중추부사에 임명되었다가 4월에 특배로 의정부 영의정에 임명되었다. 이어 호위대장을 겸하면서 송시열과 박세채를 불러들이는 한편 남인인 허적을 삭탈관작시켜 백성의 신분으로 돌아가게 했다. 또 허견을 처형하고 허견과 친밀한 박승종의 손자 박만휘와 박만리를 절도에 유배하도록 청하여 시행하게 했고 복평군 이염을 위리안치 시켰으며 7월에는 영춘추관 영사로 〈현종실록〉을 개찬

---

9) 서인의 송시열 등이 왕의 경원을 받고 물러남을 보고, 남인의 재상 허적을 탄핵한 대간을 힘써 변호했던 일

하도록 청했다. 숙종 7(1681)년 3월에 3도감 총호사를 겸하면서 가자되었다. 숙종 11(1685)년 7월에 스물일곱 차례에 걸쳐 정사하여 영의정에서 체차되었으나 8월에 다시 영의정에 임명되었다. 8년 동안 영의정으로 있다가 숙종 13(1687)년 7월에 여러 차례에 걸쳐 사직소를 올려 사직하고 영돈녕부사에 임명되었다. 그러나 거취가 불안스럽게 되자 도성 밖으로 나갔다. 숙종 15(1689)년 태조의 영정을 전주에 모셔놓고 돌아오는 길에 기사환국이 일어나고 남인이 재집권하자 윤3월에 남인의 명사를 함부로 죽였다[10]는 이유로 대사간 정박과 장령 김방걸과 양사의 합계로 진도로 유배되어 위리안치 되었다. 뒤이어 예조 판서 민암을 비롯하여 6판서와 참판, 참의 등의 건의와 사간원과 사헌부의 합계로 숙종 15(1689)년 윤3월에 사사되었다. 죽은 뒤인 숙종 20(1694)년 갑술환국으로 남인이 제거되고 서인이 집권하자 신원·복관되고 고종 23(1886)년 현종의 묘정에 배향되었다. 진도의 봉암사(鳳巖祀), 영암의 녹동서원(鹿洞書院), 양평의 옥병서원(玉屛書院) 등에 제향되었고 양주의 석실서원(石室書院)과 전주의 호산서원(湖山書院)에 추향되었다.

〈숙종실록〉에는 졸기가 없고 숙종 15(1689)년 윤3월 28일 첫 번째 기사에 '예조 판서 민암 등이 송시열과 김수항의 처형을 상소하다'는 기사가 있다. 그러나 〈숙종실록보궐정오〉 숙종 15(1689)년 윤3월 26일 첫 번째 기사에는 '전 영의정 김수항의 졸기'가 있다. 이 글에서는 두 기사를 모두 옮긴다.

〈숙종실록보궐정오〉 기사에는 "전(前) 영의정(領議政) 김수항(金壽恒)을 죽였다. 경재(卿宰)인 민암(閔黯) 등의 말에 따라 영암(靈巖)의 귀양지에서

---

10) 경신대축출로 남인 옥사를 다스릴 때 위관으로 있으면서 소론의 반대에도 불구하고 남인의 재상 오사수를 처형한 일

사사(賜死)된 것이다. 김수항은 현상(賢相)의 손자로서 젊은 나이에 태사(台司)에 올랐고 풍의(風儀)가 단아하고 정중하였으며 지조와 품행이 조용한 가운데 함축성이 있었다. 문사(文辭)에 능하였는데 유술(儒術)로 수식하였다. 갑인년에는 고명(顧命)을 받아 국가의 종신(宗臣)이 되었고 정사년에는 직언(直言)을 했다가 죄를 받았으므로 사류(士流)가 더욱 흠모하였다. 경신년에 요직(要職)에 앉아 역적 허견(許堅)을 다스릴 적에 연좌(連坐)된 사람이 많았기 때문에 거듭 그 당여(黨與)에게 원수로 여겨지게 되었는데, 이때에 이르러 시배(時輩)들이 마음껏 보복하게 된 것이다. 이미 해도(海島)에 귀양 보내어 위리(圍籬)시키고 나서 또 합사(合辭)의 논계(論啓)와 경재(卿宰)의 상소가 있어 기필코 죽이고야 말았는데, 그의 죄명(罪名)은 꾸며 만든 것이 많았으므로 사람들이 모두들 억울하게 여겼다. 김수항은 스스로 강방(剛方)함을 자임(自任)했지만 국량(局量)이 작았기 때문에 괴팍한 데 가까웠고, 스스로 견확(堅確)함을 허여(許與)했지만 사심(私心)이 성했기 때문에 전횡(專橫)에 가까웠다. 스스로 세도(世道)를 담당한다고 했지만 도리어 훈척(勳戚)들에게 부림을 당했고, 스스로 사문(斯文)을 호위한다고 일컬었지만 부억(扶抑)에 중도(中道)를 잃음을 면치 못하는 등 실제로 사무(事務)에 통달하는 능력이 모자랐다. 그리하여 재처(裁處)하는 모든 것이 매양 피상적이었으므로 8년 동안 국정(國政)을 담당하고 있었으면서 일컬을 만한 선정(善政)이 없었다.

경신년 오시수(吳始壽)의 죽음과, 임술년 전익대(全翊戴)의 옥사(獄事)는 크게 공평성을 잃은 처사였으며, 은밀히 밀고(密告)를 주장하였으므로 이미 청류(淸流)에게 배척당하였다. 그리고 처음부터 송시열(宋時烈)에게 마음을 바쳐 그의 말이면 어기는 것이 없었으며, 오로지 이것으로 가계(家計)를 삼아 거의 옳다는 것은 있어도 그르다는 것은 없었다. 갑자년 경연

(經筵)에서 사적인 일을 아뢰어 조정(朝廷)에까지 올린 다음 자신의 사견(私見)만을 주장하고 공의(公議)를 거슬림으로써 드디어 선비들의 추향(趨向)을 분열시키고 조정을 불리하게 하여 15년간의 흑백(黑白)의 논전(論戰)의 꼬투리를 열어놓았으니, 화수(禍首)를 소급하여 논한다면 절로 귀착(歸着)되는 데가 있는 것이다. 더구나 그의 집안은 대대로 고관(高官)을 지내어 문벌이 정성(鼎盛)한데 총리(寵利)에 대한 경계에 어두웠고, 겸익(謙益)에 대한 훈계를 소홀히 한 탓으로 부녀(婦女)의 사치도 제어할 수가 없었다. 군자(君子)들이 진실로 그가 자신의 죄가 아닌 것으로 화(禍)를 당한 것을 마음 아파했지만, 또 일면으로는 화를 자취(自取)하게 된 이유가 없지 않다고 하였다. 처음 사초(史草)를 편수한 사람이 세 가지 대절(大節)로 그를 허여한 것은 그 또한 여탈(與奪)에 공정성을 잃은 것이라고 하겠다."고 평했다.

〈숙종실록〉은 졸기가 아니지만 당시 사화의 실상을 자세히 알리기 위해 기사의 전문을 옮긴다. 기사에 "예조 판서(禮曹判書) 민암(閔黯)·이조 판서(吏曹判書) 심재(沈梓)·좌참찬(左參贊) 이관징(李觀徵)·병조 판서(兵曹判書) 민종도(閔宗道)·호조 판서(戶曹判書) 권대재(權大載)·형조 판서(刑曹判書) 이우정(李宇鼎)·우참찬(右參贊) 유명천(柳命天)·판윤(判尹) 오시복(吳始復)·우윤(右尹) 윤이제(尹以濟)·이조 참판(吏曹參判) 유하익(俞夏益)·형조 참판(刑曹參判) 박상형(朴相馨)·공조 참판(工曹參判) 신후재(申厚載)·호조 참판(戶曹參判) 권유(權愈)·강화 유수(江華留守) 정박(鄭樸)·병조 참의(兵曹參議) 이서우(李瑞雨)·대사성(大司成) 유명현(柳命賢)·공조 참의(工曹參議) 박정설(朴廷薛)·부호군(副護軍) 목임유(睦林儒)·예조 참의(禮曹參議) 유하겸(俞夏謙)·호조 참의(戶曹參議) 이의징(李義徵)·병조 참지(兵曹參知) 이현기(李玄紀)가 상소(上疏)를 올려 김수항(金壽恒)·송시열(宋時烈)을

죽일 것을 청하니, 임금이 답하기를,

"삼사(三司)의 의논과 공경(公卿)의 요청이 이에 이르렀는데, 김수항의 가득 찬 죄는 왕법(王法)으로 헤아려 보건대 결코 용서할 수 없는 것이다. 특별히 참작하여 사사(賜死)한 것이다. 송시열이 지은 죄도 모르는 것은 아니지만, 이미 엄하게 천극(栫棘)을 가하여 간사한 마음을 끊게 하였는데, 기필코 율(律)에 의거하여 다스릴 것이 무어 있겠는가?"

하였다. 국조(國朝)의 고사(故事)에 아무리 큰 의논이 있을지라도 이른바 경재(卿宰)의 상소라는 것은 들어보지 못했는데, 민암 등이 어진 이를 장살(戕殺)하는데 급급하여 이에 처음 창립한 것이다. 그리고 이담명(李聃命)은 이원정(李元禎)의 아들로, 아버지의 원수를 갚는다고 일컬으면서 군소배(群小輩)들을 종용(慫慂)하여 이 지경에 이르렀으므로 사람들이 모두 낙심하였다. 어떤 사람이 김덕원(金德遠)에게 말하기를,

"김수항(金壽恒)을 죽이는 것은 부당합니다."

하니, 김덕원이 말하기를,

"우리 덕이(德而)에 대해 어찌할 수 있겠는가?"

하였다. 덕이는 오시수(吳始壽)의 자(字)인데, 이 말은 오시수의 죽음에 대한 당연한 보복(報復)이라는 뜻이다. 신익상(申翼相)은 평소 김수항과 서로 뜻이 맞지 않은 사이였지만 김수항의 억울함을 안타깝게 여겨 김덕원에게 글을 보내어 붕당(朋黨) 때문에 보복함으로써 고명대신(顧命大臣)을 보전시키지 못하는 것을 책하였는데, 김덕원이 그 편지를 받고는 매우 머쓱해 하였다. 이때 김수항은 진도(珍島)에서 귀양 살고 있다가 사사(賜死)하는 명을 받고는 시를 지어 자신의 뜻을 붙이고, 아들들에게 훈계를 남긴 다음 종용(從容)히 자진(自盡)했는데, 사기(辭氣)가 평소와 조금도 다름이 없어 사람들이 그에게 신조(信條)가 있다는 것을 믿었다. 그 절필시

(絕筆詩)에 이르기를,

　세 조정 욕된 벼슬 무슨 도움 주겠는가?
　한 번 죽음 예부터 당연한 일인 것을
　임금 사랑하는 일편단심만은
　구천에서 귀신을 보내어 알리리.

하였는데, 이를 들은 사람들은 모두 슬퍼해 마지않았다. 김수항은 선정
(先正)의 가문(家門)에서 태어나 일찍부터 유훈(遺訓)을 이어받아 행실과
마음이 단아하고 간결하여 내외(內外)가 수연(粹然)히 완비되었다. 약관
(弱冠)의 나이에 괴과(魁科)로 발탁되었고, 나이 40이 넘어서는 이미 태정
(台鼎)의 지위에 올랐으며, 문학(文學)과 언론(言論)은 진신(搢紳)들의 영
수(領袖)였다. 외모가 빼어났고 걸음걸이가 안중(安重)하여 조회(朝會) 때
마다 기상(氣象)이 엄연(儼然)하였으므로 온 조정이 눈길을 모았다. 그리
하여 현묘(顯廟)의 고명(顧命)을 받아 사왕(嗣王)을 보좌했는데, 허적(許積)
의 무리가 용사(用事)할 때 온갖 비방이 잇따라 일어나 스스로 일을 할 수
없다는 것을 헤아리고 극력 떠나가겠다고 요구하였으나, 임금이 오히려
허락하지 않았다. 이어 상소를 올려 윤휴(尹鑴)와 홍우원(洪宇遠)에 대해
말하다가 말이 자성(慈聖)에게 핍박되었다는 죄로 드디어 남쪽 지방으로
귀양 갔다.

　경신년 개기(改紀) 때 영의정으로 국정(國政)을 맡았다가 정묘년에 비로
소 자리를 내어놓게 되었다. 이는 장희재(張希載)와 이항(李杭)에게 이미
궁액(宮掖)의 세도가 있었기 때문이었다. 이때에 이르러 중궁(中宮)이 폐
위(廢位)되어 사제(私第)에 거처하게 되어 있었고, 또 허적(許積)의 여당
(餘黨)에게 무함을 받아 참화(慘禍)를 당하기에 이른 것이다. 그의 진퇴
시종(進退始終)의 대치(大致)를 살펴보면 세도(世道)의 승강(昇降)을 알 수

있음은 물론, 또한 그가 일대(一代)의 명신(名臣)이었음을 알 수가 있다. 김수항이 전후 10여 년 동안 국정을 맡았었는데, 그의 재모(才謀)는 혹 미진한 점이 있었지만, 요컨대 지닌 뜻이 정대(正大)하고 나라 위해 몸 바치는 정충(貞忠)이 있어 심사(心事)가 푸른 하늘의 흰 구름처럼 일호도 숨기는 것이 없는 사람이었다. 근세(近世)의 명공(名公)들을 두루 헤아려 보아도 김수항에 비견될 만한 사람이 없을 것이라고들 하였다.

논자(論者)들은, 김수항이 조정에 벼슬하면서 세 가지 대절(大節)을 수립하였다고 했다. 장채(章蔡)의 역모(逆謀)를 미리 꺾어 이륜(彝倫)을 부지(扶持)시킨 것이 그 하나이고, 군소배들이 멋대로 이론(異論)을 제기하여 흉당(凶黨)에 아첨할 적에 홀로 정도(正道)를 지켜 화를 당해도 뉘우치지 않은 것이 둘이고, 윤증(尹拯)이 스승을 배반한 것을 통렬히 배척하여 선비들의 추향(趨向)을 분명하게 함으로써 사문(斯文)이 힘입을 데가 있게 한 것이 셋이다. 큰 것이 이러하니 세세한 것은 생략해도 된다. 송시열이 김수항의 장사(葬事) 때 지은 지문(誌文)에 말하기를,

"공(公)은 노선생(老先生)에게서【김상헌(金尙憲)을 가리킨다.】가르침을 받았는데, 기관(機關)을 농락(籠絡)하는 것은 심술(心術)이 부정한 것이고, 피차(彼此)를 조정(調整)하는 것은 사위(事爲)에 매우 해로운 것으로 여기고 있었다. 이는 주 부자(朱夫子)가 일찍이 '송 원헌(宋元憲)이 농락한 일은 내가 할 수 없는 일이고, 건중 정국(建中靖國) 때의 조정(調整)은 혼란을 유치(誘致)시키는 방법이었다.' 한 데서 유래된 생각이었는데, 공의 가법(家法)의 연원(淵源)이 본래 이러하였다. 항상 하늘이 사마공(司馬公)으로 하여금 송(宋)나라의 국운(國運)을 돕게 하였다면 반드시 이런 일이 없었을 것이라는 마음을 지녔고, 범 충선(范忠宣)이 은밀히 뒷날 자신을 보전할 계책을 세운 것을 경계로 삼았다. 이것이 번번이 시의(時議)와 어긋

나서 유난히 간당(奸黨)들에게 질시를 받게 된 이유인 것이다.

아아! 유양(劉梁)의 죽음에 대해 천하가 슬퍼하였고, 여채(呂蔡)의 화(禍)에 대해 지금까지 그 억울함을 송변(訟辯)하고 있다. 그러나 당시의 용사자(用事者)들이 어떤 사람들이라는 것을 안다면 제공(諸公)의 죽음은 영광이요, 욕이 아닌 것이다. 더구나 지금 선모(宣母)께서 무함을 받았고, 성사(聖姒)께서 폐모(廢母)의 욕을 당하였으며, 양현(兩賢)이 성무(聖廡)에서 출향(黜享)당한 이러한 때에 있게 된 공의 죽음은 도리어 영광스러운 것이 아니겠는가? 주자(朱子)가 임종(臨終)할 적에 제생(諸生)들에게 진결(眞訣)을 주기를, '천지(天地)가 만물(萬物)을 생육하고, 성인(聖人)이 만사(萬事)에 응하는 것은 정직(正直)일 뿐이다.' 하였고, 다음날 또 말하기를, '도리(道理)는 이러할 뿐이니, 마땅히 뼈에 새겨 굳게 지켜야 한다.' 하였으니, 이것이 어찌 공맹(孔孟)이 이른바, '인생이 태어난 것은 직도(直道)에 의한 것이니 직도로 길러야 한다.' 한 정법(正法)이 아니겠는가? 공의 일생의 언행(言行)이 사리(事理)에 어긋나는 것이 없었던 것은 여기에서 체득(體得)한 것이 아니겠는가? 분명 여기에서 체득한 점이 있었던 것이다."
하였는데, 이것이 송시열의 절필(絶筆)이다. 송시열이 김수항을 제일 중히 여겼고 사림(士林)의 종주(宗主)로 추대했기 때문에, 임명(臨命)할 적에 그를 위하여 표장(表章)한 것이 이와 같았다. 김수항이 졸(卒)한 때의 나이는 61세였다. 뒤에 관작(官爵)을 회복시키고 사제(賜祭)하였다."고 기록되어 있다.

◪ 저술 및 학문

김장생의 문인인 송시열·송준길과 교류했으나 서인이 노소로 분열할 때 노론의 영수가 되자 소론 명류들에게 배척받기도 했다. 시문에 뛰어났

고 변려문(騈儷文)에서는 당대의 제 일인자로 꼽혔다. 전서와 해서와 초서
에 능했고 저서로 〈문곡집(文谷集)〉 28권이 전한다.

◪ 참고 문헌

〈다음백과사전〉, 〈조선의 영의정〉, 〈인조실록〉, 〈효종실록〉, 〈현종실
록〉, 〈현종개수실록〉, 〈숙종실록〉, 〈숙종실록보궐정오〉, 〈안동김씨세보〉,
〈지문. 송시열 지음〉

본관은 풍양이고 자는 중초(仲初)이며 호는 송곡(松谷)이고 시호는 문간(文簡)이다. 광해군 1(1609)년에 태어나서 현종 12(1671)년에 죽었다.

임명일

- 현종 9(1668)년 3월 18일 : 조복양(趙復陽)을 대제학으로,
- 현종 9(1668)년 12월 30일 : 대제학 조복양을 파직시키소서. 한 번 아뢰자 즉시 따랐다.(정시 관장을 잘못했기 때문이다.)
- 현종 10(1669)년 8월 5일 : 조복양을 대제학으로,

가문

아버지는 좌의정 익(翼)이고 할아버지는 지중추부사 영중(瑩中)이며 증조부는 의빈부 도사 간(侃)이고 고조부는 부총관 안국(安國)이다. 외할아버지는 영의정 유전(柳㙉)의 외손자인 성주인 인동 현감 현덕량(玄德良)이고 장인은 덕수인 전라도 관찰사 이경용(李景容)이다.

아들은 1남이 지형(持衡)이고 2남은 지성(持成)이며 3남은 경상도 관찰사 지겸(持謙)이고 4남은 부제학 지원(持元)이다. 딸은 1녀는 판서 홍처량의 아들인 남양인 진사 홍구성(洪九成)과 결혼했고 2녀는 영의정 오윤겸의 손자이고 군수 오달천의 아들인 해주인 판서·대제학 오도일(吳道一)과 결혼했다.

형은 현감 몽양(夢陽), 군수 진양(進陽)이고 아우는 진사 내양(來陽), 생원 현양(顯陽)이며 누이는 진사 이상주(李相冑)와 결혼했다.

사위 오도일이 대제학을 역임함에 따라 장인과 사위가 대제학을 역임했다.

생애

인조 11(1633)년 사마시에 합격하고 인조 16(1638)년 정시문과에서 병과로 급제하고 2월에 검열로 등용되어 원손을 심양에 보내지 말라고 상소했다. 인조 19(1641)년 1월에 봉교에 임명되고 7월에 춘추를 겸하다가 인조 20(1642)년 2월에 지평에 임명되었다. 인조 22(1644)년 3월에 사간원 정언에 임명되었으나 4월에 인조의 아우인 능원대군(綾原大君)의 집 객청에 국고의 음식을 공급하는 것을 반대하다가 체차되었다가 조석윤(趙錫胤)의 구원으로 인조 23(1645)년 윤6월에 다시 정언에 임명되었다. 얼마 뒤에 헌납에 임명되고 인조 26(1648)년 2월에 교리에 임명되었다.

효종 즉위(1649)년 6월에 지평에 임명되었다가 부교리로 전임되어 7월에는 김자점과 원두표가 분당으로 정치를 어지럽힌다고 상소했다. 그러나 원두표의 당으로 지목되어 효종의 미움을 샀으나 조석윤의 신구로 무사했고 사직으로 전임되었다. 효종 1(1650)년 7월에 부교리에 임명되었으나 10월에 소를 올려 파직을 청하여 파직되었다. 효종 2(1651)년 3월에 아버지 익이 쓴 윤방의 시호에 참여한 일로 의금부에 감금되었다가 장형을 맞았고 5월에 조한영(曺漢英) 등과 함께 석방되었으나 벼슬에 나가지 못했다. 효종 4(1653)년 2월에 헌납에 임명되어 관직에 복귀하고 2월에 부교리에 임명되고 3월에 이조 좌랑에 임명되었으며 6월에 이조 정랑에 임명되었다. 윤7월 집의로 있다가 8월 사성으로 옮겼는데 이때 민점을 저지한 일로 사적인 감정으로 사천(史薦)을 마음대로 막았다는 이유로 파직되고 이어서 삭탈관직 되었다. 그러나 또 조석윤이 파직 환수를 주장하고 구원해서 종성 부사로 나갔다. 그 뒤에 집의 서원리가 자신을 파직하고 복양을 용서하라고 적극적으로 구원하여 효종 6(1655)년 2월에 사헌부 집의에 임명되고 보덕을 겸했다. 이 해에 시강관으로 있으면서 궁중음악의 타락을 지적하고, 고악(古樂)을 본받아 이를 시정할 것을 주장하고 악장 옥책교문을 지었다.(〈한국민족문화대백과사전〉) 효종 8(1657)년 5월에 집 의에 임명되고 6월에 사간으로 전임되었으며 7월에 응교에 임명되고 8월 에 필선을 겸했다. 9월에 사간에 임명되었다가 응교로 전임되고 12월에 응교로 전임되었다가 다시 집의로 전임되었다. 효종 9(1658)년 1월에 응 교에 임명되어 서필원(徐必遠)이 많은 기생을 둔 것을 비방하다가 효종의 미움을 샀으나 송준길(宋浚吉)의 구원으로 2월에 집의에 임명되었다가 다 시 부응교로 전임되었다. 3월에 집의에 임명되고 4월에 보덕에 임명되었 다가 부응교에 임명되어 필선을 겸하고 5월에 승지로 발탁되었다. 6월에 응교에 임명되고 12월에 대사성으로 승진하고 효종 10(1659)년 1월에 이 조 참의에 임명되었다.

현종 즉위(1659)년에 상소를 올려 사직하였다가 현종 1(1660)년 5월에 예조 참의에 임명되어 춘추를 겸했다. 6월에 대사성으로 있으면서 그릇된 폐단을 바로잡기 위해 음관들도 함께 제술에 임하게 하고 진휼정책을 적 극적으로 이행해야 한다고 주장하였다. 7월에 이조 참의에 임명되고 상소 하여 진휼청을 설치하게 하고 진휼청 당상에 임명되어 흉년으로 기아에 허덕이는 백성들을 구제하는 데에 힘썼다. 현종 2(1661)년 4월에 대사간 에 임명되고 5월에 이조 참의에 임명되어 삼남지방의 수군과 육군을 조 련하는 일과 세초를 정지하도록 청해서 실현시켰다. 현종 3(1662)년 2월 에 이조 참의에 임명되고 4월에 홍문관 부제학에 임명되었으며 8월에 특 지로 예조 참판에 임명되었다가 12월에 사헌부 대사헌에 임명되었다. 현 종 4(1663)년 4월에 병조 참판에 임명되었다가 개성 유수로 나갔으며 8 월에 이조 참판에 임명되어 동지성균관사를 겸하다가 12월에 강화 유수 에 임명되었다. 현종 5(1664)년 5월에 이조 참판에 임명되었으나 6월에 다시 강화 유수에 임명되었다. 현종 6(1665)년 6월에 부제학에 임명되고 7월에 예문관 제학을 겸했고 10월에 원자보양관을 겸하고 11월에는 대사성까지 겸했다. 현종 7(1666)년 2월에 대사헌으로 전임되었다가 5월에 대사성으로 전임되고 9월에 다시 대사헌으로 전임되었으며 11월에 부제학에 임명되었다. 현종 8(1667)년 1월에 이조 참판에 임명되었으나 7일 뒤에 대사성으로 전임되고 10일 뒤에 다시 대사성에 임명되었다. 현종 9(1668)년 2월에 대사성에 임명되고 부제학에 임명되었다가 3월에 예조 판서로 승진해서 대사성을 겸하고 대제학도 겸했다. 6월에 대사헌에 임명되었으나 7월에는 충청 병영의 기수 혁파 문제로 인피하여 체차되었다가 2일 뒤에 예조 판서에 임명되었다. 그러나 12월에 예조 판서로 대제학을 겸하면서 정시를 총괄했는데 정시에서 과거의 시제가 같은 것을 두 번 출제한 일로 죄를 청하고 12월 말일에 집의 김징 등이 탄핵하여 현종 10(1669)년 1월에 파직되었다. 그러나 허적이 서용하기를 청하여 1월에 한성부 판윤에 임명되었으나 외부에 있어서 2월에 판윤에서 파직되고 우빈객에 임명되고 대사헌에 임명되었으나 추감(推勘) 중에 있다고 인피하여 체직되었다. 3월에 형조 판서에 임명되었으나 송준길이 체직시키라고 상언하여 체직되고 의정부 우참찬에 임명되었다. 6월에 대사헌에 임명되었으나 소패를 받고도 나오지 않아서 다음날 체직되고 체직된 다음날 우참찬에 임명되었다. 8월에 다시 대제학에 임명되고 이조 판서에 임명되었으며 9월에 지춘추로 강화부에 가서 임신년의 추승도감 의궤를 가져왔다. 현종 11(1670)년 11월에 이조 판서에서 면직되고 3일 뒤에 예조 판서에 임명되었으나 현종 12(1671)년 1월에 예조 판서로 죽었다. 죽은 뒤에 광주의 명고서원(明皐書院)에 제향되었다.

〈현종실록〉 현종 12(1671)년 1월 10일 첫 번째 기사에 '예조 판서 조복양의 졸기'가 있다. 졸기에 "조복양은 좌의정 조익(趙翼)의 아들인데 병이 난 지 며칠 안 되어 죽었다. 상이, 상을 치르는 데 필요한 물품을 주라고 명하고 세자도 관재(棺材)를 내렸다. 조복양은 젊어서 글재주가 있어 호화로운 관직을 두루 거쳤으나 조정에 있는 동안 일컬을 만한 일은 없었고 당론에만 좋아하였다. 전조의 권한을 잡게 되어서는 벼슬을 판다는 비방이 많이 있었으므로 식자가 비루하게 여겼다."고 평했다.

그러나 〈현종개수실록〉 현종 12(1671)년 1월 10일 첫 번째 기사에는 "법도 있는 가문에서 생장하여 일찍 명성이 있었고 벼슬에 오른 이래로 화려한 관직을 두루 거쳤다. 전부(銓部)의 장관과 문형을 담당하고 있으면서 사론(士論)을 힘껏 받쳐주어 여러 동료들에게 중망을 얻었다. 오래도록 추밀(樞密)에 있으면서 시설한 바가 많았고 누차 진휼청 당상이 되어 마음을 다해 진구하여 전후로 백성들을 살려낸 것이 매우 많았다. 이 해에 또 큰 흉년이 들어 백성들이 굶어죽게 되자, 복양이 전세(田稅)를 감면하여 조금이나마 백성들의 힘을 펴지게 하는 것이 마땅하다고 하다가 대신과 탁지(度支)의 반대에 부딪쳐 탄식해 마지않았으며, 병이 위독해짐에 이르러서도 그 일을 잊지 못하고 상소를 하여 그 이해득실을 진달하여 상께서 깨달으시기를 바랐으니, 그가 지극한 정성으로 백성을 사랑한 것이 이와 같았다. 그가 죽자 상이 그가 아뢴 말을 생각하고 묘당에 의논하여 시행하였다."고 평했다.

◪ 저술 및 학문

김상헌의 문인이다. 저서로 〈송곡집〉이 있다.

참고 문헌

〈다음백과사전〉, 〈인조실록〉, 〈효종실록〉, 〈현종실록〉, 〈현종개수실록〉, 〈풍양조씨세보〉, 〈포저 조공 신도비명 병서, 송시열 지음〉

김만기
(金萬基)

본관은 광산이고 자는 영숙(永淑)이며 호는 서석(瑞石)·정관재(靜觀齋)이고 시호는 문충(文忠)이다. 인조 11(1633)년에 태어나서 숙종 13(1687)년에 죽었다.

임명일

━ 현종 13(1672)년 윤7월 18일 : 김만기(金萬基)를 좌윤 겸 대제학으로,

가문

아버지는 생원 익겸(益謙)이고 할아버지는 이조 참판 반(槃)이며 증조부는 형조 참판 장생(長生)이고 고조부는 예조 참판 계휘(繼輝)이다. 외할아버지는 해평인 예조 참판 지(墀)이다. 지는 영의정 윤두수(尹斗壽)의 증손이고 영의정 윤방(尹昉)의 손자이며 선조와 인빈 사이에서 태어난 정혜옹주(貞惠翁主)의 남편인 해숭위(海嵩尉) 윤신지(尹新之)의 아들이다. 장인은 청주인 천안 군수 한유량(韓有良)이다. 숙종의 원비인 인경왕후(仁敬王后) 아버지인 광성부원군(光城府院君)이다.

아들은 호조 판서·판중추부사 진귀(鎭龜)와 영의정 이경여(李敬輿)의 외손서인 예조 판서·대제학 진규(鎭圭)와 진서(鎭瑞)와 진부(鎭符)이고 딸은 숙종의 원비인 인경왕후(仁敬王后)이고 2녀는 동래인 사인 정형진(鄭亨晉)과 결혼했고 3녀는 연안인 군수 이주신(李舟臣)과 결혼하여 영의정 이천보(李天輔)를 낳았다.

진귀는 시조시인 춘택(春澤)과 전라도 관찰사 보택(普澤)과 호조 참판 운택(雲澤)을 낳았고 진규는 영의정·대제학 양택(陽澤)을 낳았다. 아우는 〈구운몽〉과 〈사씨남정기〉를 지은 대제학 만중(萬重)이다.

아들 진규와 손자 양택이 대제학을 역임하면서 3대 대제학의 가문을

이루었고 아우 만중이 대제학을 역임함으로 형제 대제학 가문을 이루었다. 또 익희와 더불어 숙질 대제학의 가문을 이루었다.

생애

인경왕후(仁敬王后)의 아버지로 광성부원군이다. 효종 3(1652)년 사마시에 합격하고 효종 4(1653)년 별시문과에서 을과로 급제하고 승문원 부정자에 임명되었다. 승문원에 임명되자 사헌부에서 만기가 병으로 한 눈이 먼 것을 이유로 임명에 반대했으나 효종이 듣지 않고 임명했다. 뒤이어 승정원 주서와 설서, 예조와 병조의 낭관, 사헌부 지평, 문학을 거쳐 수찬, 정언, 교리를 역임했다.(〈한국민족문화대백과사전〉) 효종 8(1657)년 교리로 있으면서 〈오례의〉의 복상제 등에 잘못이 있으니 고쳐야 한다고 상언했다. 효종 9(1658)년 12월 정언에 임명되고 효종 10(1659)년 1월에 사서에 임명되었다. 2월에 다시 정언에 임명되고 윤3월에 사서에 임명되었다가 지평으로 전임되고 다시 부수찬에 임명되었다.

현종 즉위(1659)년 5월에 효종이 죽고 자의대비(慈懿大妃)의 복상 문제로 논란이 일자 기년설을 주장하여 3년설을 주장한 남인 윤선도를 공격했다. 8월에 부수찬에 임명되고 10월에 지평으로 전임되었다가 바로 부수찬에 임명되었으며 12월에 교리에 임명되었다. 현종 1(1660)년 1월에 지평에 임명되고 교리로 전임되었으며 2월에 지평에 임명되고 4월에 부교리에 임명되어 5월에는 춘추를 겸했다. 6월에 헌납에 임명되고 7월에 교리에 임명되었으며 9월에 다시 헌납에 임명되었다. 현종 2(1661)년 1월에 수찬으로 측후관에 임명되어 관상감에서 숙직하면서 혜성의 소재를 살폈고 같은 달에 이조 좌랑에 임명되었으며 8월에 이조 정랑에 임명되고 12월에 교리와 헌납에 연달아 임명되었다. 현종 3(1662)년 4월에 이민서와 합세하여 병조 판서 허적을 배척했고 같은 달에 수찬으로 부교리 이민적과 함께 인족(隣族)을 침하하여 징수하는 폐단과 대간을 자주 바꾸는 폐단에 대해 상차했다. 9월에 교리에 임명되고 12월에 이조 정랑에 임명되었으며 현종 4(1663)년 2월에 집의에 임명되었다. 3월에 응교에 임명되었다가 집의로 전임되어서 병조 판서 김좌명이 예조 판서 김수항을 능멸했다고 논핵하고 이어서 임의백의 문제로 박세당을 비판하며 인피했다. 5월에 집의에 임명되었으나 패(牌)에 응하지 않아서 면직되었다가 현종 5(1664)년 종부시 정을 거쳐 9월에 부응교에 임명되어 남구만 등을 변호했다. 현종 6(1665)년 2월에 사인에 임명되고 5월에 사간에 임명되었으며 7월에 부응교에 임명되었다. 10월에 의정부 사인에 임명되고 11월에 부응교로 전임되었으며 12월에 동부승지로 발탁되었다. 현종 7(1666)년 3월에 우부승지에 임명되고 5월에 전라도 관찰사에 임명되었으며 8월에 대사간에 임명되었다가 8월에 승지로 전임되고 현종 8(1667)년 1월에 가선대부로 가자되었다. 2월에 우승지로 전임되고 5월에 좌승지에 임명되었으나 김좌명에게 논박을 당했다는 이유로 인피하고 물러났다. 현종 10(1669)년 1월에 대사간에 임명되었다가 4월에 우승지로 전임되고 6월에 좌승지로 전임되었으며 7월에 부제학에 임명되었다가 이조 참의로 전임되었다. 현종 11(1670)년 대사성에 임명되고 5월에 승지에 임명되었으며 6월에 부제학에 임명되고 9월에 이조 참의에 임명되었다. 12월에 딸이 세자빈으로 간택되어 현종 12(1671)년에 궁으로 들어갔다. 5월에 예조 참판에 임명되고 12월에 대사성에 임명되었으며 3월에 부제학에 임명되었다. 현종 13(1672)년 윤7월에 대제학 권점에서 9점을 받고 한성부 좌윤 겸 대제학에 임명되었다가 호조 참판으로 전임되었다. 11월에 동지의금부사에 임명되고 12월에 병조 판서로 승진했다. 현종 14(1673)년 영릉을 옮길 때 산릉도감의 당상관으로 활동했고 9월에 병조 판서로 있으면서 조곡을 받을 때 이자를 면제해 주라고 상언하여 허락을 받았다. 현종 15(1674)년 병조 판서 겸 대제학으로 국장도감의 당상을 맡으면서 애책문 제술관으로 활동했고 2차 예송이 일어나자 자의대비의 3년 상을 주장했다.

숙종 즉위(1674)년 8월에 왕세자(숙종)의 즉위 교서를 짓고 9월에는 영돈녕부사 1원을 가설하여 국구로 영돈녕부사에 임명되고 호위대장을 겸했다. 그러나 같은 달에 광성부원군으로 모든 직임을 사양하여 문형, 경연, 춘추관, 주사, 진휼청, 선혜청 등의 직임에서 물러났고 10월에는 비국의 당상과 지경연의 직임에서 면제해 주기를 청하여 허락받았다. 숙종 1(1675)년 1월에 총융사에 임명되고 9월에는 상의원 제조에 임명되었으며 김수항의 천거로 대제학에 임명되었다. 숙종 6(1680)년 3월에 훈련대장에 임명되어 경신환국 때에는 끝까지 남인과 싸워 허적의 서자 허견과 종실의 복창군, 복선군, 복평군 등의 역모를 다스렸다. 그 공으로 5월에 분충효의병기협모보사공신 1등에 책록되었다. 숙종 7(1681)년 12월에 전선시 악장을 사용하지 말라고 청하여 허락 받았다. 숙종 13(1687)년 1월에 병이 위독하자 아들인 전라도 관찰사 진귀를 올라오게 했고 3월에 55세로 죽었다. 아들 진규에 손자 양택이 대제학이 됨에 따라 3대가 대제학에 올랐고, 아우 만중도 대제학에 올라 형제 대제학이 되었다. 노론의 과격파로 숙종 15(1689)년 기사환국으로 남인이 정권을 잡자 삭직되었다가 뒤에 복직되었으며 현종의 묘정에 배향되었다.

〈숙종실록〉 숙종 13(1687)년 3월 15일 첫 번째 기사에 '광성부원군 김만기의 졸기'가 있다. 졸기에 "김만기는 문원공(文元公) 김장생(金長生)의 증손이다. 사람됨이 침착하고 깊이가 있었으며 묵직하고 후덕하여 구차하게 헐뜯거나 비웃지 않았고, 젊어서 등제하여 청렴한 재량으로 한 시기에 중시되었었다. 현종 조를 당하여 오랫동안 요로에 있으면서 유현을 보호하고 간사한 말과 치우친 말을 가리고 막아내어, 더욱 사류(士類)들이 의지하는 바가 되었다. 비록 세속 사람들이 시기하게 되어도 고려하지 않았고, 인경왕후(仁敬王后)가 덕선(德選)11) 받게 되면서는 더욱 삼가고 가다듬어 평소의 행동이 변함없었다. 성상의 초년에 늙은 간신이 정권을 쥐고 있고 반역하는 종친이 흘겨보고 있어 국가 사세의 위태로움이 터럭 하나에 매어달린 것처럼 두려웠었는데, 그야말로 모가 나지 않으면서 밀물(密勿)하게 계획을 세워 그들의 기선을 제압하여 써먹을 수 없게 함으로써, 어두운 그림자가 걷히어 맑아지고 종사(宗社)가 다시 편안해지게 만들어, 그의 공이 컸었다. 주토(誅討)가 이미 끝나게 되어서 즉시 극력 사직하여 장수의 인수(印綬)를 내놓고 집으로 돌아와 8년을 살다가 졸했다. 사람들이 모두 그의 일 처리 잘한 것을 칭찬했고, 공명을 세울 적에 비록 취향이 달랐던 사람이라 하더라도 또한 하자를 지적할 수 없었다고 한다."고 평했다.

↘ 저술 및 학문

작은 아버지 익희에게서 수학했고 송시열의 문인이다. 저서로 〈서석집〉이 있다.

↘ 참고 문헌

〈다음백과사전〉, 〈한국민족문화대백과사전〉, 〈효종실록〉, 〈현종실록〉, 〈현종개수실록〉, 〈숙종실록〉, 〈숙종실록보궐정오〉, 〈광산김씨문원공파세보〉, 〈김만기신도비 : 송시열 지음〉

---

11) 덕이 있는 왕후로 뽑히는 것.

이단하
(李端夏)

본관은 덕수이고 자는 계주(季周)이며 호는 외재(畏齋)·송간(松磵)이고 시호는 문충(文忠)이다. 인조 3(1625)년에 태어나서 숙종 15(1689)년에 죽었다.

임명일

— 숙종 즉위(1674)년 10월 10일 : 이조 참의 이단하(李端夏)를 품계를 뛰어넘어 대제학으로.

가문

아버지는 이조 판서·대제학 식(植)이고 할아버지는 안기도 찰방 안성(安性)이며 증조부는 생원 섭(涉)이고 고조부는 중추부 도사 원상(元祥)이며 5대조는 좌의정·대제학 행(荇)이다. 외할아버지는 청송인 사복시 주부 심엄(沈掩)인데 심엄은 영의정 심연원의 증손이다. 장인은 청주인 참판 한필원(韓必遠)이다.

아들은 김제 군수 심(蕃)과 공조 참의 축(蓄)이다. 자가 생원 악진(岳鎭)을 낳고 악진이 연(演)을 낳았으며 연이 영의정 병모(秉模)를 낳았다. 딸은 각각 군수 정진(鄭珍), 좌랑 안광욱(安光郁), 제용정 조비(趙備), 구인지(具仁至), 권적(權勣)과 결혼했다. 형은 홍문관 수찬 면하(冕夏)와 예빈시 정 신하(紳夏)인데 신하가 영의정·대제학 여(畲)를 낳았다.

아버지 식에 이어 대제학에 임명됨으로 부자 대제학의 가문을 이루었고 조카 여와 더불어 숙질 대제학 가문을 이루었다.

생애

선조(先祖)의 덕으로 음직에 등용되어 공조 좌랑을 역임했다. 현종 3(1662)년 증광문과에서 을과로 급제하고 5월에 사간원 정언에 임명되었다. 현종 4(1663)년 사헌부 지평에 임명되고 현종 5(1664)년 용인 현감으로 재직하다가 2월에 부교리에 임명되었으며 6월에 지평으로 전임되었다가 부수찬에 임명되었다. 윤6월에 헌납에 임명되고 부수찬에 임명되었으며 북평사에 임명되었다. 북평사로 있으면서 감사 민정중(閔鼎重)과 함께 임진왜란 때의 의병장 정문부(鄭文孚)의 사적을 조사해 조정에 알려 관직을 추증하고 사당을 세웠으며 충렬사(忠烈祠)라는 사액을 내리게 했다. 현종 6(1665)년 8월에 문학이 가장 뛰어난 사람을 변방에서 근무하게 하는 것이 옳지 않다는 여론에 따라 같은 달에 북평사에서 부수찬으로 전임되어 서울로 돌아왔다. 현종 7(1666)년 2월에 부교리에 임명되어 부교리로서 유배중인 대신들을 속히 사면하라고 주청했다. 10월에 지평에 임명되었다가 부수찬에 임명되었으며 11월에 부수찬으로 사서를 겸했다. 현종 8(1667)년 3월에 이조 정랑에 임명되고 4월에 부교리에 임명되었으며 5월에 보덕을 겸했다. 8월에 이조 정랑에 임명되고 11월에 헌납으로 전임되었으며 12월에 다시 이조 정랑에 임명되었다. 현종 9(1668)년 교리로 있으면서 김인후, 강항, 김덕령을 추증할 것을 요청하여 추증하게 했고 5월에 헌납에 임명되었다. 6월에 이조 정랑에 임명되고 8월에 부수찬에 임명되었는데 이때 성균관에 교서 교정청이 설치되자 김만중 등과 함께 교정관에 임명되었다. 현종 10(1669)년 2월에 이조 정랑에 임명되어 각 사(司) 노비의 공안(貢案)을 정리하라고 청하여 신공(身貢)을 반씩 줄이게 하고 7월에 응교에 임명되었다. 9월에는 응교로 있으면서 송시열을 논박한 서필원을 징계토록 청했다. 같은 달에 사간에 임명되어 공주들의 저택의 칸수를 줄이도록 청하고 12월에 집의에 임명되었다. 현종 11(1670)년 윤2월에 검상에 임명되고 3월에 의정부 사인에 임명되었는데 5월에 김징을 구원하려다가 의금부에 갇혔다. 현종 12(1671)년 3월에 다시 사인에 임명되고 6월에 집의에 임명되었다가 동부승지로 발탁되었다. 7월에 우부승지에 임명되었다가 집의로 옮기고 8월에는 좌부승지에 임명되었다가 이조 참의로 전임되었다. 현종 13(1672)년 윤7월에 대사성에 임명되고 8월에 이조 참의에 임명되었다. 이조 참의로 있으면서 중종의 비였던 신 씨의 신주를 써서 본집으로 옮겼는데 이때 지어 올린 제문의 내용 때문에 국문을 당했다. 현종 15(1674)년 부제학에 임명되어 대사성을 겸하다가 7월에 이조 참의에 임명되었다.

숙종 즉위(1674)년 9월에 현종의 시장과 행장을 짓고 10월에 품계를 뛰어넘어 이조 참의로 대제학에 임명되었다. 같은 달에 대사헌에 임명되어 대제학을 겸하다가 이조 참판에 임명되었으나 12월에 행장의 일로 상소를 올렸다가 파직되어 동지중추부사에 임명되었다. 숙종 1(1675)년 서인으로 복상 문제로 숙청당한 의례제신의 처벌이 부당하다고 상소하다가 파직되고 숙종 2(1676)년에 삭직되었다. 숙종 6(1680)년 경신대축출로 남인이 제거되고 서인이 정권을 잡자 풀려나서 6월에 경기도 관찰사에 임명되고 8월에 공조 참판에 임명되었으며 10월에 동지경연사를 겸했다. 11월에 특별히 형조 판서로 승진되고 12월에 대사헌에 임명되었으며 같은 달에 예조 판서에 임명되었다. 숙종 7(1681)년 1월에 예조 판서로 아버지인 택당 식이 지은 〈초학자훈증집〉을 바쳤으며 1월에 대사헌에 임명되었다. 2월에 예조 판서로 인경왕후의 시책문을 짓고 3월에 대사헌에 임명되었다가 5월에 홍문관 제학으로 전임되어 영소전의 제문을 짓고 〈현종개수실록〉의 당상에 임명되었다. 9월에 지돈령부사와 동지경연사를 겸하면서 백관의 녹봉을 감액하고 용병을 감축할 것을 건의했다. 11월에 이조 판서에 임명되었으나 12월에 박태보의 탄핵으로 면직되어 여주로 갔다. 숙종 8(1682)년 1월에 좌참찬에 임명되고 4월에 대사헌에 임명되어 각 능의 기신(忌辰)제사에 올리는 유과와 과일 위를 덮는 채색 꽃을 줄여 제사 비용을 줄이도록 하고 11월에는 1년 세금을 4등분으로 쪼개어 거두도록 상소했다. 숙종 9(1683)년 대사헌에서 물러나 8월에 부호군으로 있다가 11월에 다시 대사헌에 임명되었다. 숙종 10(1684)년 1월에 의정부 좌참찬에 임명되어 약방 제조를 겸하다가 2월에 다시 대사헌에 임명되고 3월에 예조 판서에 임명되었다. 예조 판서로 있으면서 〈사창절목〉을 지어 올리고 4월에 다시 좌참찬에 임명되어 〈선묘보감〉 5책을 바쳤으며 10월에 우참찬에 임명되었다. 숙종 11(1685)년 3월에 예조 판서에 임명되고 숙종 12(1686)년 9월에 우의정으로 승진해서 우의정으로서 사창 설치의 다섯 가지 이익을 건의하고 죽을 죄인에게 삼신제를 실시할 것을 청했다. 숙종 13(1687)년 좌의정으로 승진했다가 병으로 해면되어 판중추부사에 임명되었으나 거취가 불안스럽게 되자 도성 밖으로 나갔다. 숙종 14(1688)년 9월에 국상이 나자 달려와서 곡을 하고 소를 두고 돌아가서 숙종 15(1689)년 행 판돈녕부사로 65세로 죽었다. 무력해진 의정부의 기능을 회복하기 위해 비변사를 의정부의 직방으로 만들고 그 곁에 한 방을 비변사로 만들어 의정부와 통하게 했다(〈한국민족문화대백과사전〉)는 평가를 받는다.

〈숙종실록〉 숙종 15(1689)년 3월 30일 두 번째 기사에 '행 판돈녕부사 이단하의 졸기'가 있다. 졸기에 "어려서 정훈(庭訓)을 승습(承襲)하여 독실(篤實)하고 돈후하며 내행을 심히 갖추었다. 경학이 또 우수하여 문장을 하는데 조각하는 태도가 없었다. 젊었을 때에 사리(事理)를 해득하기 어려운 경우를 당하면 정도(程度)에 지나치도록 탐색하였다. 그러나 중년 이후로는 자못 의사(意思)가 관대하고 화평하여졌음을 깨닫고 일찍이 사람에게 말하기를, '이것은 나의 독서의 힘이다.' 하였다. 조정에 서서 벼슬한 지 30년에 지위가 삼사(三事)[12]에 이르렀으나 몸가짐은 한사와 같았으며, 언행은 성(誠)을 주장으로 삼았다. 붕당을 타파하는 데는 매양 태괘(泰卦)13)를 말하였으며, 기황을 구휼하는 데는 곧 사창(私倉)을 논하였다. 사람들이 혹 그의 오활(迂闊)함을 기롱하였으나, 나라를 위하고 백성을 위하는 뜻은 언제나 측달(惻怛)하였다. 송시열은 일직이 칭찬하기를,

'계조(季周)는 조금도 거짓이 없는 참된 사람이다.' 하였고, 논하는 자는,

'돈후하기가 이단하와 같고 결백하고 소박하기가 김만중과 같으면, 비록 옛날의 명신일지라도 이보다 나을 수 없다.' 하였다. 유사(有司)가 말하기를,

'치제(致祭)함이 마땅합니다.' 하니, 임금이 명하여,

'거행하지 말라.' 하였다."고 평했다.

◪ 저술 및 학문

송시열의 문인으로 조선 후기 경학을 대표하는 학자이다. 사창제도를 철저히 실시해서 굶주리는 백성을 돌볼 것을 역설했다. 저서로는 문집인 〈외재집〉과 편서인 〈북관지(北關誌)〉가 있다. 〈사찰절목〉을 짓고 〈선묘도감〉 5책을 지었다.

◪ 참고 문헌

〈다음백과사전〉, 〈한국민족문화대백과사전〉, 〈현종실록〉, 〈현종개수실록〉, 〈숙종실록〉, 〈숙종실록보궐정오〉, 〈증보제9간덕수이씨세보〉

---

12) 삼정승
13) 주역의 11번째 괘. 여기서는 붕당을 타파하고 조정이 화합해야 한다는 의미이다.

민점
(閔點) ─ 본관은 여흥이고 자는 성여(聖與)이며 호는 쌍오(雙梧)이다. 광해군 6(1614)년에 태어나서 숙종 6(1680)년에 죽었다.

임명일

━ 숙종 2(1676)년 2월 9일 : 민점(閔點)을 대제학으로.

가문

친아버지는 이조 참판 응협(應協)인데 응회(應恢)에게 입양되었다. 할아버지는 첨지중추부사 영(諴)이며 증조부는 여주 목사 세주(世舟)이고 고조부는 전첨 총(叢)이다. 이 문중은 공조 전서 세영(世榮)을 중시조로 한다. 친외할아버지는 풍산인 예조 판서 김수현(金壽賢)이고 양외할아버지는 이성욱(李聲郁)이다. 장인은 도원수·판중추부사 김시양(金時讓)이다.

아들은 공조 참의 안도(安道)와 병조 참지 종도(宗道)와 병조 좌랑 홍도(弘道)와 성균관 진사 주도(周道)와 낭청 성도(成道)이고 형제로는 쌍둥이 형인 좌의정 희(熙)와 아우 우의정·대제학 암(黯)이다. 딸은 각각 고령인 정언 신선온(申善溫), 교리 유재(柳載), 원주인 교리 김몽양(金夢陽)과 결혼했다.

생애

효종 2(1651)년 별시문과에서 병과로 급제하고 효종 4(1653)년 시강원 설서에 임명되었다. 9월에 문신정시에 합격하였다. 효종 7(1656)년 문과 중시에서 병과로 급제하고 4월에 사간원 정언에 임명되고 효종 8(1657)년 8월에 홍문관 수찬으로 전임되었으나 창기를 가까이 했다는 탄핵을 받고 파직되었다. 효종 9(1658)년 4월에 부수찬에 임명되고 사예로 전임되었으나 효종 10(1659)년 윤3월에 헌납 민유중의 주청으로 파직되었다.

　현종 3(1662)년 3월에 옥당에 결원이 생기자 홍문관에 특별히 서용되었고 종부시 정으로 전임되어 10월에 실시한 문신정시에서 삼중(三中)으로 차석하였다. 현종 4(1663)년 3월에 동부승지에 임명되었다. 현종 7(1666)년 1월에 경상도 관찰사에 임명되었으나 5월에 남천택(南天澤)이 금화(禁火) 구역인 태봉 안에 전장(田莊)을 설치하였는데 즉시 처벌하지 않은 일로 사간 이유의 청에 따라 파직되었다. 5월에는 동지정사 정지화의 부사로 청나라에 다녀왔다. 돌아서 현종 8(1667)년 2월에 우승지에 임명되었다가 6월에 전라도 관찰사에 임명되었다. 현종 9(1668)년 11월에 우부승지로 전임되고 현종 10(1669)년 3월에 좌부승지로 전임되었으며 6월에 우승지로 전임되고 7월에 병조 참의에 임명되었다. 현종 11(1670)년 안태사로 있으면서 태봉(胎峯)이 편입된 토지를 관둔전(官屯田)으로 보상하게 했다. 4월에 좌승지에 임명되고 현종 12(1671)년 1월에 판결사에 임명되었으며 7월에 평안도 병사에 임명되었다. 현종 14(1673)년 9월에 공조 참판에 임명되고 현종 15(1674)년 2월에 빈전도감 제조에 임명되고 5월에 동지의금부사에 임명되었다. 7월에 황후의 상을 위문하기 위해 진위 겸 진향정사로 북경에 다녀왔다.

　숙종 1(1675)년 1월에 승정원 도승지에 임명되었다가 2월에 형조 판서로 승진하고 5월에 의정부 좌참찬에 임명되었는데 이때 아들 종도는 대사성이었다. 7월에 홍문관 제학에 임명되고 11월에 우참찬에 임명되었으며 12월에 대사헌에 임명되었다. 숙종 2(1676)년 2월에 대제학에 임명되고 3월에 우참찬에 임명되었으며 10월에 대제학으로 왕비의 책명을 짓고 대왕대비 옥책문과 왕대비의 옥책문을 지었으며 왕비의 교명문과 옥책문을 지었다. 숙종 3(1677)년 3월에 이조 판서에 임명되고 6월에는 동지정사에 임명되었다. 10월에 과거시험에 아들인 주도(周道)를 부정으로 합격시킨 일이 발각되어 파직되었다가 12월에 공조 판서에 임명되었다. 숙종 4(1678)년 4월에 호조 판서로 전임되고 5월에는 호조 판서로 홍문관 제학을 겸했다. 숙종 5(1679)년 4월에 한성부 판윤에 임명되고 7월에 의정부 좌찬성에 임명되었으나 숙종 6(1680)년 6월에 64세로 죽었다.

〈숙종실록〉 숙종 6(1680)년 6월 14일 세 번째 기사에 '좌찬성 민점의 졸기'가 있다. 졸기에 "민점은 민희(閔熙)의 아우인데, 민회와는 쌍둥이다. 사람됨이 이익을 좋아하고 행검(行檢)이 없었다. 허적에게 붙어 청현직을 두루 역임하였고, 심지어 문형의 자리까지 더럽히며 응제(應製)한 문자가 비열하니, 당시에 웃음거리가 되었다."고 평했다.

▣ 저술 및 학문

저술이나 학문에 대해서는 알려진 것이 없고 왕실의 옥책문, 교명문 등을 지었다.

▣ 참고 문헌

〈다음백과사전〉, 〈한국민족문화대백과사전〉, 〈효종실록〉, 〈현종실록〉, 〈현종개수실록〉, 〈숙종실록〉, 〈숙종실록보궐정오〉, 〈우의정 민응협 신도비, 민암 지음〉

김석주 (金錫冑)	본관은 청풍이고 자는 사백(斯百)이며 호는 식암(息庵)이고 시호는 문충(文忠)이다. 인조 12(1634)년에 태어나서 숙종 10(1684)년에 죽었다.

☑ 임명일

— 숙종 3(1677)년 11월 8일 : 김석주(金錫冑)를 대제학으로 삼았다.
— 숙종 6(1680)년 4월 19일 : 병조 판서 김석주가 대제학 직임의 사임을 청하자 허락했다.

☑ 가문

아버지는 병조 판서 좌명(佐明)이고 할아버지는 영의정 육(堉)이며 증조부는 강릉 참봉 흥우(興宇)이고 고조부는 군자감 판관 비(棐)이며 6대조는 기묘명현의 한 사람인 대사성 식(湜)이다. 외할아버지는 영의정·대제학 신흠의 아들로 선조와 인빈 사이에 태어난 정숙옹주의 사위인 동양위 오위도총부 도총관 신익성(申翊聖)이다. 장인은 초배는 전주인 우의정 이후원(李厚源)인데 후사가 없고 계배는 창원인 의주 부윤 황일호(黃一皓)이다.

아들은 호조 좌랑 도연(道淵)인데 아들이 없어서 족손 인천 부사 성하(聖廈)를 후사로 삼았다. 황일호는 척화파로 의주 부윤으로 있으면서 명나라를 도와 청나라를 치려고 계획을 세우다가 청나라에 발각되어 처형되었다.

작은아버지는 청풍부원군 우명(佑明)인데 우명은 현종의 정비이며 숙종의 어머니인 명성왕후(明聖王后) 김 씨의 친정아버지이다.

☑ 생애

효종 8(1657)년 진사시에 합격하고 현종 2(1661)년 10월에 효종이 성균관에 거동해서 실시한 제술시험에서 우등하여 전시에 직부 되었다. 현종 3(1662)년 3월에 실시한 증광문과에서 장원으로 급제하고 홍문관 전적에 임명되었으며 이조 좌랑을 거쳐 현종 4(1663)년 10월에 사간원 정언에 임명되었으나 11월에 사헌부의 요청에 따라 체차되었다. 현종 5(1664)년 10월에 부수찬에 임명되고 12월에 지평으로 전임되었으며 현종 6(1665)년 1월에 수찬에 임명되었다. 3월에 부수찬으로 전임되고 9월에 부교리에 임명되어 10월에 문례관을 겸했다. 현종 7(1666)년 4월에 수찬에 임명되고 11월에 문학에 임명되었으나 현종 8(1667)년 1월에 다시 수찬에 임명되었다. 현종 10(1669)년 7월에 부교리에 임명되어 병제의 개정과 궁실의 근검 등에 대해 상소하고 현종 11(1670)년 2월에 헌납에 임명되었다. 헌납으로 있으면서 전라도 관찰사 김징이 어머니의 회갑 잔치를 화려하게 한 일로 김징과 잔치에 참여한 관리들을 논죄했다. 3월에 이조 좌랑에 임명되고 6월에 부수찬에 임명되었으며 8월에 교리에 임명되어 세출을 절감시킬 것을 건의하여 따르게 했다. 현종 14(1673)년 5월에 교리에 임명되고 6월에 헌납으로 전임되었으며 7월에 부교리로 전임되었다가 이조 좌랑으로 전임되었으나 곧 이조 정랑으로 전임되었다. 현종 15(1674)년 2월에 부응교에 임명되고 2월에 헌납에 임명되었으나 3월에 중궁(명성왕후)이 병이 들자 약방에 드나들기 위해 체직을 요청하여 체직되고 보덕에 임명되었다가 응교에 임명되었다. 4월에는 사간에 임명되었으나 곧 부응교로 전임되었다. 그러나 혼정도감의 도감 유연이 현지에서 죽자 응교로 혼정도감의 도감 직을 대행했다. 5월에 응교와 검상에 차례로 전임되고 6월에 다시 응교로 임명되었다가 승지에 임명되었다. 7월에 중전이 죽자 자의대비의 복상 문제로 2차 예송이 일어났는데 이때 좌부승지와 우승지로 있으면서 남인의 허적 등과 결탁하여 송시열, 김수항 등 산당(山黨)을 숙청했다. 김석주는 본래 서인이었기 때문에 서인이 이길 것으로 예상했으나 당시의 실권자이던 김석주의 뜻으로 남인에 패했다. 김석주가 남인과 결탁한 배경에는 김석주는 한당(漢黨)으로 집권당이던 산당에 의해 중용되지 못했기 때문이다.

숙종 즉위(1674)년 2차 예송으로 산당을 제거한 뒤에 9월에 수어사에 임명되고 9월에 도승지로 특진되었으며 10월에 이조 참판에 임명되었다. 이어 지성균관사와 수어사를 겸하다가 12월에 도승지에 임명되어 약방 부제조를 겸했다. 2월에 병조 판서에 임명되고 5월에 김만기의 추천에 의해 대제학에 임명되었다. 숙종 2(1676)년 1월에 대제학에서 사직하고 3월에 병조 판서로 홍문관 제학을 겸했다. 6월에 왕대비의 병세가 심해지자 입진했는데 이는 왕대비의 사친이고 의술에 정통했기 때문이다. 왕대비의 병세가 호전되자 시약한 공으로 가자되었다. 10월에 아버지인 좌명이 배향되고 시호를 맞이하는 잔치를 하였는데 풍악을 내리고 선온하라는 어명이 있었으나 사양했다. 같은 달에 대왕대비의 옥책문과 왕대비의 옥책문, 그리고 왕비의 교명문과 옥책문을 지었다. 12월에 우찬성에 임명되었으나 승지가 정사를 열고 있어서 불가하다고 해서 그대로 병조 판서에 유임되었다. 숙종 3(1677)년 대제학에 임명되었고 숙종 4(1678)년 윤3월에 병조 판서와 대제학으로 있으면서 판의금부사를 겸하고 수어대장을 겸하다가 수어대장에서 어영대장으로 옮겼다. 10월에 병조 판서로 강화도를 살피고 돌아와 지도와 서계를 올리고 축성하는 방략을 강정했다. 숙종 5(1679)년 2월에 강화도에 돈대를 축조할 것을 건의하고 3월에는 병기에 대해 편집한 책인 〈행군수지〉를 바쳤다. 또 같은 달에 숙종의 명에 의해 〈여지승람〉을 증보 개간하고 6월에 강화도 돈대 48좌를 그린 족좌를 올렸다. 숙종 6(1680)년 3월에 평안도의 안의, 식송, 청강, 양하 등의 군량을 관리하는 둔소를 승격시켜 만호를 삼기를 청하여 허락받았다. 이때 남인의 정권이 강화되자 이를 제거하기 위해 다시 서인들과 제휴해 송시열을 제거하려는 남인들의 책동을 꺾었다. 이때부터 송시열과 밀접한 관련을 맺었다. 4월에 유약남용사건(왕실에서 쓰는 장막을 사사로이 사용한 사건)으로 궁성을 호위하고 허견의 죄상을 알려 허견을 제거하고 같은 달에 대제학에서 사임하고 홍문관 제학에 임명되었으며 4월에 원훈으로 책록되어 5월에 분충효의병기협모보사공신 1등에 책록되고 보국숭록대부로 가자된 뒤에 청성부원군에 봉해졌다. 같은 달에 정1품으로 홍문관 제학을 할 수 없다고 아뢰어 겸직이던 홍문관 제학에서 물러났으며 10월에 병조 판서에서 해면해 주기를 청하여 이조 판서로 전임되고 분내의원 제조에 임명되고 남인의 잔여세력을 박멸했다. 숙종 7(1681)년 5월에 전 대제학으로 책비례 교명문을 짓고 〈헌종개수실록〉 당상에 임명되었다. 11월에 여러 번 면직을 청하여 이조 판서에서 물러났다가 12월에 예조 판서에 임명되고 좌찬성에 임명되었다가 다시 병조 판서에 임명되었다. 숙종 8(1682)년 2월에 판의금부사를 겸하고 훈련대장을 겸했다. 5월에 우의정으로 승진하고 8월에 특지로 호위대장을 겸했다. 숙종 9(1683)년 사은사로 청나라에 다녀왔고 남인을 제거하기 위해 모함했다. 이 일로 서인의 소장파로부터 반감을 사서 서인이 노론과 소론으로 갈리는 원인을 제공했으며 12월에 왕대비의 행장을 지었다. 숙종 10(1684)년 영원군에 영성진을 설치할 것을 건의하여 허락 받았다. 9월에 특지로 병조 판서에 임명되었으나 얼마 뒤에 51세로 죽었다. 죽은 뒤인 숙종 15(1689)년 기사환국으로 남인이 재집권하자 공신의 호를 박탈당했으나 뒤에 복구되었고 숙종의 묘정에 배향되었다.

〈숙종실록〉 숙종 10(1684)년 9월 20일 첫 번째 기사에 '청성부원군 김석주의 '졸기'가 있다. 졸기에 "임금이 희정당에서 거애하니 승지·사관이 입시하여 조애하였다. 임금이 곡하며 몹시 슬퍼하였고, 그를 위해 2일 동안 소찬을 올리게 하였다. 김석주의 자는 사백(斯百)으로 젊어서 문한으로 이름이 있었는데, 등제하자, 청의를 가진 자들이 초친(椒親)[14]인 까닭에 혹은 허여(許與)하지 아니하기도 하였다. 김석주의 조부 김육(金堉)은 일찍이 대동법을 힘써 주장하여 김집(金集)과 의논이 화합하지 아니하였는데, 김집이 이 때문에 조정을 떠났고, 김육도 서로 기꺼이 굽히지 아니하니, 사람들이 이로써 김육이 사류와 서로 좋지 않았다고 일컬었다. 김육을 장사할 때에 미쳐 김좌명(金佐明) 등이 참람하게 수도(隧道)[15]를 따니, 대신 민유중(閔維重) 등이 법에 의거하여 죄주기를 청하였다. 이때 송시열이 이판이 되어 자못 그 논의를 도와 곧 대간의 논의와 다른 자는 내치고 같은 자는 올리니, 이 때문에 김석주의 집에서 사류를 깊이 원망하였다. 갑인년(현종 15년) 이후에 시사(時事)가 크게 변하여 송시열이 가장 무거운 죄를 받았고, 일반 사류도 거의 모두 쫓겨나니, 사람들이 곽씨(霍氏)의 화(禍)[16]는 참승한 데에서 싹텄다고 하였다. 김석주가 한편의 사람들과 서로 미워하지 않았고, 또 폐부지친(肺腑之親)으로서 임금의 권우를 받아 몇 해 사이에 낭서(郎署)에서 경재(卿宰)의 지위에 올랐는데, 스스로 국가와 휴척지신(休戚之臣)으로서 시배(時輩)의 하는 바가 음흉하고 궤휼(詭譎)하고 방자하여 장차 반드시 집을 해치고 나라를 망하게 할 것을 눈으로 보고는 비로소 깊은 근심을 가지게 되어 겉으로는 비록 옳다고 하였

---

14) 외척
15) 묘도
16) 〈사기〉의 곽광전에, "선제가 즉위하던 초기에 고묘를 뵈러 나갈 때 대장군 곽광이 참승하자, 임금이 등에 가시가 있는 것처럼 불안해하였는데, 뒤에 거기장군 장안세가 참승할 때에는 임금이 아주 마음이 편하게 여겼다. 후에 곽광이 죽고 나서 그의 일족이 주멸 당하자, 시속에서 전하기를, 곽씨의 화는 참승한 데에서 비롯되었다."고 하였다. 참승은 임금 옆에 모시고 타는 것이다.

으나 속으로는 서로 도모하려 하였다. 정(楨)·남(柟) 등이 몰래 불궤를 꾀하자, 윤휴·허적의 무리가 체결하고 반거(盤據)하여 성세(聲勢)를 서로 의뢰하자, 김석주가 밤낮으로 이를 우려하여 마음과 기지를 다 써서 다방면으로 형찰(詗察)하고, 은밀히 예단(睿斷)을 협찬하여 마침내 흉얼(凶孼)을 쓸어 없애고 다시 종사(宗社)를 편안하게 할 수 있었으니, 그 공이 크다고 이를 만하다. 경신년(숙종 6년) 경화(更化) 후에 일종의 시의(時議)가 스스로 사론에 핑계대어 이르기를, '당초에 환국(換局)한 거조는 일이 혹은 바르지 못하였다'하고, 자못 공박(攻駁)하여 배척하는 뜻이 있었다. 송시열이 말하기를, 예전에 조여우(趙汝愚)가 영종(寧宗)을 세운 것은 진실로 인륜의 막대한 변고인데, 그 일이 한탁주(韓侂胄)와 환관 관례(關禮)로 말미암은 것이었지만, 그 종사를 온건하고 편안하게 한 공을 주자는 잘못이라고 하지 아니하고 더불어 같이 일하였다. 또 본조(本朝)의 청양군(靑陽君) 심의겸(沈義謙)도 일찍이 내통의 비난이 있었으나, 문성공(文成公) 이이(李珥)는 그가 사람을 붙들어 보호한 공이 있음을 허여하였었다. 지금 김석주의 공은 또 심의겸에게 비할 뿐만이 아닌데, 그 일이 한결같이 정당한 데에서 나오게 할 수 없었다 하더라도 또한 이로써 허물할 수는 없다."

하였다. 김수항의 뜻도 시의와 같았는데, 드디어 송시열과 김수항을 아울러 공격하여 마침내 이로써 기사년(숙종 15년)의 화가 싹트게 되었다. 오직 신범화(申範華)는 악당을 편들어 준 자취가 있었는데, 김석주가 친척인 까닭에 그 죽음을 벗어나게 하려고 그 훈공을 추록하여 사람으로 하여금 손을 대지 못하게 하였으니, 인심이 자못 불울(拂鬱)하였다. 대개 추록한 일은 오로지 김석주에게서 나왔는데, 행문(倖門)[17]을 크게 열어서 국체를 손상하므로, 공의가 매우 이를 비난하였다. 그의 평생 시종(始終)의

17) 요행의 문

자취를 논하건대, 비록 그 소위가 순수한 정도(正道)는 아니라고 하더라도 나라가 위의(危疑)한 때를 당하여 왕실에 마음을 다해 주선한 것이 마땅함을 얻었으므로, 탁연(卓然)히 주석지신(柱石之臣)[18]이 되어 한때의 의뢰하는 바가 무거웠는데, 갑자기 죽어서 흉한 무리들로 하여금 기뻐 뛰게 하고 국세가 외롭고 위태롭게 되니, 비록 평일에 좋아하지 않던 자들도 나라를 위해 탄식하여 애석해 하지 않는 자가 없었다. 문장 또한 초한(悄悍)하고 법이 있어서 울연(蔚然)히 근래의 명가(名家)가 되었고, 저술한 문집이 세상에 행한다. 오직 호사(豪奢)가 습관이 되어 예로써 자율(自律)하지 못하고, 집을 넓게 일으키고 오랫동안 권세를 잡았으므로, 청의(淸議)가 자못 이를 단점으로 여겼다"고 평했다.

저술 및 학문

저서로 〈식암집〉과 〈해동사부(海東辭賦)〉가 있다.

참고 문헌

〈다음백과사전〉, 〈한국민족문화대백과사전〉, 〈효종실록〉, 〈현종실록〉, 〈현종개수실록〉, 〈숙종실록〉, 〈숙종실록보궐정오〉, 〈청풍김씨세보〉, 〈청풍김씨세계도〉, 〈식암김석주신도비〉

---

18) 나라의 중요한 신하

본관은 의령이고 자는 운로(雲路)이며 호는 약천(藥泉)·미재(美齋)이고 시호는 문충(文忠)이다. 인조 7(1629)년에 태어나서 숙종 37(1711)년에 죽었다.

임명일

— 숙종 6(1680)년 4월 27일 : 남구만(南九萬)을 대제학으로 삼았다.
— 숙종 9(1683)년 2월 11일 : 대제학 남구만이 현종의 행장을 지어 올렸다.
— 숙종 9(1683)년 4월 10일 : 대제학 김만중을 면직하였다. 남구만으로 대신하게 하였다.
— 숙종 15(1689)년 3월 1일 : 대제학에 남구만을 천거하다. 남구만이 끝내 응하지 않고 상소하자 비답을 내려 위유하였다.

가문

영의정 재(在)의 후손으로 아버지는 금성 현령 일성(一星)이고 할아버지는 평강 현감 식(烒)이며 증조부는 부호군 타(柁)이고 고조부는 좌승지·함경도 병마절도사 언순(彦純)이며 5대조가 좌의정 지(智)이다. 외할아버지는 안동인 부사 권박(權膊)이고 장인은 초배는 동래인 지평 정수(鄭脩)이고 계배는 여흥인 절도사 민승(閔昇)이다.

4남 1녀를 두었는데 1남 학명(鶴鳴)은 종부시 주부에 임명되었으나 출사하지 않고 은거하며 학문 연구에 힘써 〈회은집〉·〈회은잡지〉를 남겼다. 영의정·대제학 이항복의 증손녀 사위이다. 2남은 현감 학성(鶴聲)이고 3남은 주부 학청(鶴淸)이며 4남은 현감 학정(鶴貞)이다. 1녀는 양주인 예빈시정 조태상(趙泰相)과 결혼했고 2녀는 경주인 이대곤(李岱坤)과 결혼했다.

누이들은 각각 번남인 판중추부사 박세당(朴世堂), 전주인 현감 이관성(李觀成), 전주인 진사 이한익(李漢翼)과 결혼했다.

효종 2(1651)년 진사시에 합격하고 효종 7(1656)년 별시문과에서 을과
로 급제하고 가주서에 임명되었다가 12월에 6품직에 승진시키라는 효종
의 명으로 홍문관 전적에 임명되었다. 효종 8(1657)년 2월에 사서에 임명
되고 7월에 정언에 임명되었으나 효종 9(1658)년 3월에 사헌부 지평으로
전임되었다가 5월에 다시 정언에 임명되었다. 7월에 다시 지평에 임명되
었으나 20일 뒤에 다시 정언으로 전임되었으며 효종 10(1659)년 2월에
지평에 임명되어 지난해에 흉년이 들고 보릿고개이므로 공주의 저택 짓
는 일을 중지하라고 청했다. 윤3월에 사서로 전임되었다가 정언으로 전임
되고 4월에 부교리에 임명되었다.

현종 즉위(1659)년 교리에 임명되고 현종 1(1660)년 11월에 이조 정랑
에 임명되었으며 현종 2(1661)년 1월에 이조 정랑으로 측후관을 겸하면서
관상감에서 숙직하면서 혜성의 소재를 살폈다. 6월에 교리에 임명되고 8
월에 헌납에 임명되었으며 9월에 다시 이조 정랑에 임명되고 12월에 또
헌납으로 전임되었다가 곧바로 이조 정랑으로 전임되었다. 현종 3(1662)
년 2월에 영남의 진휼어사로 파견되어 진휼에 힘쓰는 한편 수령들을 추
수가 끝날 때까지 잉임시키라고 청하여 허락받았다. 어사의 임무를 마치
고 돌아와서 4월에 홍문관 수찬에 임명되고 5월에 헌납에 임명되었다가
이조 좌랑에 임명되었으며 7월에 응교에 임명되었다. 현종 4(1663)년 2월
에 사헌부 집의에 임명되었다가 부응교로 전임되었으며 5월에 사간으로
전임되고 7월에 다시 집의에 임명되었다. 8월에 원두표가 나라 일에 성의
가 있는 사람이 진휼청의 낭청이 되어야 한다며 추천해서 진휼청 낭청에
임명되고 9월에 집의에 임명되었으나 소명에 응하지 않고 인피하여 면직
되었다가 2일 뒤에 부응교에 임명되었다. 10월에 집의와 응교에 차례로

임명되었으며 응교로서 민유중, 이민서를 출사시키라고 청하여 현종이 따랐다. 현종 5(1664)년 1월에 응교에 임명되고 2월에 집의에 임명되어 암행어사로 파견되었다가 4월에 사간에 임명되었다. 5월에 동부승지로 발탁되고 9월에 대사간에 임명되었으며 11월에는 대사간으로 있으면서 경상도 감영의 물선군을 혁파하고 민폐를 제거할 것을 청했는데 이 청이 대신을 공격한 것이 되어 체차되었다. 현종 8(16670년 6월에 우부승지에 임명되었으나 12월에 어떤 일로 하옥되었다가 풀려나서 형조 참의에 임명되었다. 현종 9(1668)년 4월에 승지에 임명되고 6월에 안변 부사에 임명되었으며 9월에 전라도 관찰사에 임명되었다. 그러나 부임도 하기 전에 대사간에 임명되고 10월에 우승지에 임명되었으며 현종 10(1669)년 1월에 이조 참의에 임명되었다. 4월에 사관으로 패초되었으나 나가지 않아 파직되었다가 8월에 대사성에 임명되었다. 현종 11(1670)년 청주 목사를 역임하고 현종 12(1671)년 7월에 함경도 관찰사에 임명되었으며 현종 15(1674)년 함경도 관찰사로 있으면서 전세(田稅)를 반액으로 줄여주라고 청하여 허락 받고 유학을 진흥시키고 변경 수비를 튼튼히 하는 데에 힘썼다.

숙종 즉위(1674)년 9월에 이조 참판에 임명되고 11월에 형조 참판에 임명되었으며 12월에 대사성에 임명되었다가 숙종 1(1675)년 2월에 부호군에 임명되었다. 숙종 4(1678)년 10월에 특지로 형조 판서에 임명되고 숙종 5(1679)년에 한성부 좌윤에 임명되어 남인인 윤휴와 허견 등의 방자함을 탄핵하다가 3월에 거제도로 유배되었다. 숙종 6(1680)년 경신대축출(경신환국)로 남인이 제거되자 3월에 서용하라는 숙종의 명에 따라 4월에 도승지에 임명되고 2일 뒤에 부제학에 임명되었으며 20여일 뒤에 대제학에 임명되었다. 숙종 8(1682)년 7월에 대사간에 임명되어 북로의 폐단을 아뢰는 한편 이조와 병조로 하여금 본도에서 천거하는 문관·무관 각 사람을 뽑아서 특별히 임용하게 했으며 서북 사람도 청현의 길을 열어주도록 청하여 실현시켰다. 8월에 병조 판서에 임명되고 병조 판서로 있으면서 폐한 사군(四郡)의 재설치를 주장하여 무창, 자성 2군을 설치하고 군정(軍政)의 어지러움을 개신하도록 힘썼다. 숙종 9(1683)년 2월에 대제학으로 현종의 행장을 고치고 4월에 다시 대제학에 임명되었다. 숙종 10(1684)년 1월에 병조 판서에서 우의정으로 승진하고 4월에는 대행대왕비의 애책문을 지었다. 6월에 우의정으로 겸대한 대제학에서 해면해 주기를 청하여 허락 받았다. 이어 사은사로 심양에 다녀와서 숙종 11(1685)년 5월에 좌의정으로 승진했으나 6월에 병을 핑계로 나오지 않고 10월에 서른 한 차례에 걸쳐 정사하여 좌의정에서 체차되었으나 11월에 다시 좌의정에 임명되었다. 숙종 12(1686)년 윤4월에 자의대비의 존호를 강인(康仁)으로 정하였으며 12월에 사은정사로 청나라에서 돌아왔다. 숙종 13(1687)년 7월에 영의정에 임명되고 영의정으로서 언로가 막힌 폐해를 논했다. 숙종 14(1688)년 3월에 영의정으로 평안도에 1년을 한도로 주전(鑄錢)할 것을 청하여 실현하게 했다. 이때 송시열의 훈척 비호를 공격하는 소장파를 주도해서 소론의 영수로 지목되고 7월에 경흥부에 위리안치 되었다가 풀려났다. 숙종 15(1689)년 1월에 판중추부사에 임명되고 3월에 대제학에 임명되었으나 용인에 머물면서 끝내 응하지 않았다. 이어서 기사환국으로 남인이 득세하자 강릉으로 유배되었다가 숙종 16(1690)년에 풀려났다. 숙종 20(1694)년 갑술옥사로 인현왕후 민 씨가 복위되자 4월에 다시 영의정에 임명되고 호위대장을 겸하면서 장희재를 사형시키지 않고 절도에 안치하게 했다. 윤5월에 장희재의 일로 강민저의 상소가 있고 희빈 장 씨의 사사가 결정되자 용인으로 떠나서 병을 들어 정고했다. 숙종 21(1695)년 7월에 영의정에서 체직되어 영중추부사에 임명되었으나 10월에 다시 영의정에 임명되었다. 숙종 22(1696)년 영의정에서 물러나 영중추부사에 임명되었으며 약방 제조로 숙종의 환후가 미령할 때에는 들어왔다. 숙종 23(1697)년 윤3월에 영중추부사로 장희재를 비호하는 차자를 올렸으며 5월에 〈성경도(盛京圖)〉라는 지도를 바쳤다. 숙종 24(1698)년 12월에 단종과 정순왕후의 구주에 시호를 올리는 예를 행할 때 애책문을 지었다. 숙종 26(1700)년 6월에 병으로 약방 도제조에서 면직되고 숙종 27(1701)년 장희재의 일로 노론의 탄핵을 받고 11월에 영중추부사에서 파직되고 삭탈 관작 되었으며 숙종 28(1702)년 5월에 아산에 유배되었다가 11월에 방귀 전리 되고 숙종 30(1704)년에 방송되었으며 숙종 31(1705)년 서용하라는 숙종의 명에 따라 영중추부사에 임명되었다. 숙종 33(1707)년 7월에 영부사에서 치사하기를 청하고 봉조하가 되어 기로소에 들어갔으며 4품의 월름을 받음은 물론 봄·가을과 세시에는 주급을 받는 은전을 받았다. 숙종 37(1711)년 2월에 병이 깊어 어의의 간호를 받았으나 3월에 83세로 죽었다. 죽은 뒤에 숙종의 묘정에 배향되고, 강릉의 신석서원(申石書院)과 종성의 종산서원(鐘山書院)과 무산의 향사(鄕祠) 등에 제향 되었다.

〈숙종실록〉 숙종 37(1711)년 3월 17일 첫 번째 기사에 '봉조하 남구만의 졸기'가 있고 〈숙종실록보궐정오〉 숙종 37(1711)년 3월 17일 첫 번째 기사에도 '봉조하 남구만의 졸기'가 있다.

〈숙종실록〉의 졸기에는 "남구만은 국초(國初)의 상신(相臣) 남재(南在)의 후손(後孫)인데 중간에 형세가 기울어 세력을 떨치지 못하여 호서(湖西)[19]의 결성(結城)에 우거(寓居)하였다. 남구만은 젊어서부터 문재(文才)가 있었고, 필법(筆法)도 또한 공교하고 아름다웠다. 서울에 유학(遊學)하여 김익희(金益熙)에게 의탁하니, 김익희는 곧 그의 내외종(內外從)과의

---

19) 충청도

근친(近親)이었다. 김익희가 그를 사랑하여 그의 자질(子姪)과 같이 공부하도록 하였고, 이어서 이민적(李敏迪)의 형제(兄弟)와 서로 사이좋게 사귀며 즐기었다. 김(金)·이(李) 두 집안이 서로 칭찬하여 추천하고 좋은 평탄을 널리 퍼뜨리니 저절로 유림(儒林)의 우두머리에 있게 되어 명성(名聲)이 이미 알려졌다. 과거에 급제하기에 이르러서는 청반(淸班)의 길에 조금도 거리끼고 막힘이 없었으며, 또 송준길(宋浚吉)의 문하(門下)에 학업을 청하여 문인(門人)·사우(士友)와 더불어 종유(從游)하니 당시의 명망이 더욱 높아갔다. 성품이 편협(褊狹)하고 강퍅하며 각박한데, 강직하여 패려궂고 뽐내는 행동을 좋아하므로 세상이 입을 모아 강개의 선비라고 일컬었다.

갑인년(현종 15년)에 간흉(奸兇)이 정권을 잡으니 향곡(鄕曲)으로 물러가 있다가, 기미년(숙종 5년)에 좌윤(左尹)으로 서울에 들어왔다. 이때 역적(逆賊) 허견(許堅)이 이정(李楨)[20]·이남(李柟)[21]과 결탁하여 모반(謀反)할 마음을 품어 중외(中外)가 어수선하고 두려워하면서도 감히 그 기미(機微)의 싹을 꺾는 자가 있지 않았는데, 김석주(金錫胄)가 남구만에게 그 간사하고 기만된 일을 발설하도록 권하였더니 남구만이 두려워서 따르지 않자, 김석주가 이에 귀뜸하기를, '이것은 내지(內旨)이니 다른 우려는 없도록 보장하겠다.' 하였다. 남구만이 이를 믿고 마침내 임금에게 상소(上疏)하였다가 귀양 가게 되었으니, 이 때문에 명성이 더욱 높아지게 되었으나, 그 일을 아는 자는 이미 그가 군자(君子)가 아니라고 의심하였다.

갑술년(숙종 20년)에 조정(朝廷)에 나아가게 되어서는 제일 먼저 장희재(張希載)를 옹호하였으며, 그 뒤 업동(業同)의 옥사(獄事)에 더욱 낭패

20) 복창군
21) 복선군

(狼狽)하고 실수(失守)해서 명분(名分)과 의리(義理)와는 적수(敵讐)가 되었고, 마침내 흉악한 계략이 더욱 성하기에 이르러 화(禍)가 궁위(宮闈)[22]에 미치게 되었다. 젊어서는 자못 청렴 간결하여 사심(私心)이 없는 것으로써 자허(自許)하더니 관작이 높아지면서부터는 모든 것이 거꾸로 되었다. 훈국(訓局)[23]을 관장하면서는 촉탁(囑托)이 분연(紛然)하여 사사로운 뜻이 낭자(狼藉)하였고, 더욱이 대장(大將) 신여철(申汝哲)과 서로 거슬려 그 사사로운 부탁을 들어주지 않은 것을 노엽게 여겨 탑전(榻前)에서 청죄(請罪)하고, 그 장임(將任)을 파면케 하니, 조야(朝野)가 몹시 놀랐다.

만년(晚年)에 서자(庶子)를 위하여 산업(産業)을 경영했는데, 비루(鄙陋)하고 외잡(猥雜)한 일이 많아서 천종(賤宗)[24]의 모욕(侮辱)까지 받게 되기에 이르니, 사람들이 모두 비웃었다. 남구만은 그가 이미 사류(士類)에서 용납되지 못함을 스스로 알고는 정론(正論)을 배척하고 억제하는 데 더욱 꺼리는 바가 없었다. 만년에 문자(文字)를 저술(著述)하면서 송시열(宋時烈)과 김수항(金壽恒) 부자(父子)를 침해하고 비방하였는데, 그 말이 몹시 해괴하고 패악하여 그 평생(平生)의 심술(心術)을 여지없이 드러냈다고들 한다. 뒤에 그의 무리가 국권(國權)을 잡아 시호(諡號)를 '문충(文忠)'이라 하였다"고 평했다.

〈숙종실록보궐정오〉에는 "남구만(南九萬)은 고상(故相) 남재(南在)·남지(南智)의 후손이다. 성품이 강개(剛介)하고 독실(篤實)하여 백련금(百鍊金)[25]과 같았으며, 체구는 침소(寢小)[26]하였으나 정기(精氣)는 철석(鐵石)

---

22) 궁궐
23) 훈련도감
24) 천한 종실
25) 거듭거듭 단련한 쇠
26) 못생기고 작음

을 꿰뚫을 만하였다. 삼조(三朝)27)를 내리 섬기면서 큰 절의가 탁연(卓然)하였고, 대성(臺省)에 있으면서부터 직언(直言)으로 명성이 높았다. 처지(處地)가 매우 고단(孤單)하고 가난하였으나 사환(仕宦)과 논의(論議)는 항상 남들의 뜻밖에 뛰어났으며, 남에게 의지하거나 아부하지 않았다.

갑인년(현종 15년)에 임금이 어린 나이로 왕위(王位)를 이어받으매 소인(小人)들의 무리가 궁 안의 후원을 끼고 주장(譸張)28)하는 것을 남구만이 상소하여 환수(宦竪)들이 정사에 간여하는 형상을 발설(發說)하였는데, 그 말이 절직(切直)함이 많아서 사람들이 모두 그의 과감한 말을 칭찬하였다. 기미년(숙종 5년)에 경조(京兆)(한성부)의 1소(疏)로 또 역적(逆賊)윤휴(尹鑴)·허견(許堅)의 흉악한 모략을 내리 꺾다가 자신이 비록 찬척(竄斥)되었으나 종사(宗社)가 힘입음이 있었다. 경신년(숙종 6)에 개기(改紀)한 뒤에는, 남구만이 청의(淸議)를 도와 훈척(勳戚)을 내쫓으니, 더욱 사류(士流)들의 우러르는 바가 되었다.

무진년(숙종 14년)에 유현(儒賢)이 궁금(宮禁)을 논하여 종사(宗事)를 가까이 하다가 엄지(嚴旨)를 입으니, 남구만이 청대(請對)를 구하여 읍간(泣諫)하고 통렬하게 말하여 은휘(隱諱)하지 않다가, 임금의 위엄[雷威]을 거슬러 북방 변경(邊境)에 천극(栫棘)29) 되었고, 기사년(숙종 15년)에 왕후[長秋]가 손위(遜位)하게 되매 많은 흉역(凶逆)의 무리가 권병(權柄)을 절취(竊取)하니 남구만은 또 동해(東海)로 찬배(竄配)되었으며, 갑술년(숙종 20년)에 경화(更化)하여서는 다시 영의정(領議政)에 제배(除拜)되어 제일 먼저 곤궁(坤宮)을 복위(復位)할 때에 회의(會議)한 의논을 물리쳤다. 당시에 한둘의 흉악한 소인[凶竪]들이 은화(銀貨)를 모아서 은밀히 결탁(結托)

27) 효종조, 현종조, 숙종조
28) 허풍침
29) 위리안치

하고 툭하면 요화(瑤華)30)의 회복을 구실로 하였으나 실지는 그 사사로운 일을 구제하였는데, 기사년 사람들이 그 상황을 정탐해 내고는 옥사(獄事)를 이루어 크게 벌이려 하였으나 끝을 맺지 못하고 실패하였다. 남구만이 끝내 그들을 다스려서 방무(邦誣)를 씻고 국체(國體)를 높이어 우리 조정(朝廷)을 일월(日月)처럼 광명정대하게 하기를 청하니, 그 무리들이 터무니없는 말로 위협 공동(恐動)하였으나, 걱정하지 않았다. 기사년에 화(禍)를 입은 사람은 권력이 있는 대가(大家)가 많았는지라, 그의 자제(子弟)로서 조론(朝論)을 주장하는 자들이 시기를 타서 시원스럽게 형벌을 남용(濫用)하려고 하였는데, 남구만이 그들의 뜻을 억제하고 되도록 관대하게 처리하도록 힘쓰니, 이로 인하여 거듭 당인(黨人)들의 미움을 샀다.

역적 장희재(張希載)는 곧 동궁(東宮)의 사친(私親)의 동기(同氣)로서 국모(國母)를 위해(危害)할 모의를 하다가 일이 발각되어 주륙(誅戮)의 죄를 당하게 되었는데, 남구만이 경법(經法)과 권도(權道)를 참작하여 부생(傅生)31)의 의논을 하였다. 그때를 당하여 동궁(東宮)이 바야흐로 옷이 약간 척[衣若干尺]이어서32) 처지(處地)가 지극히 외롭고 위태하였는데, 넓은 초원(草原)에 복융(伏戎)33)한 것 같아서 일로 보아 물리치고 돌아보지 않을 수 없는 것이 있었으므로, 남구만은 의연히 자신이 역적(逆賊)을 두호한다는 비방을 당하면서도 삼척(三尺)34)을 굽히고 사은(私恩)을 펴서 동궁을 위하여 죽기를 원하는 뜻을 보이어, 임금의 마음을 굳히고 역절(逆節)을 막음으로써 난국(亂局)을 미연(未然)에 없애려고 하였는데, 많은 사람

---

30) 귀중함을 일컫는 말
31) 죽을 죄에 있을 때 그 죄를 경감시켜 목숨을 살려줌
32) 경종이 나이 어림을 말함
33) 복병
34) 법을 이르는 말

들의 원망이 약연(躍然)히 다투어 일어났으나 언제나 명의(名義)로써 이를 지키니, 비록 사류(士流) 중에서 그의 고심(苦心)을 살피는 자까지도 간혹 그가 토죄(討罪)를 완만하게 하고 경법(經法)을 지키는 것에서 피하는 것으로 의심하였으나, 남구만은 끝내 조금도 후회하지 않았다. 이로부터 세도(世道)가 흔들리고 이단(異端)의 말이 준답(噂沓)한 것이 거의 30여 년이나 계속되었다.

신축년(경종 1년)·임인년(경종 2년) 이후에 흉역(凶逆)이 낭자(狼藉)하고 당화(黨禍)가 한층 더 격화되자, 세상이 비로소 남구만의 선견(先見)에 탄복하였다. 그러나 남구만이 갑술년에 승출(陞黜)을 죄준 논의와 병자년(숙종 22년)에 업동(業同)을 구원한 논의는 너무 간섭해 말하는 병통과 너무 깊이 생각하는 미혹(迷惑)함을 면하지 못하였으니, 식자(識者)들이 또 혹은 단점으로 여기었다. 대개 남구만의 학술(學術)은 비록 순정(純正)하지는 못하였더라도 지조와 행동은 정확(貞確)하였으며, 기량(器量)은 비록 크지 못하다 하더라도 견식(見識)과 사려(思慮)는 정심(精深)하였다. 시행하고 조처한 것이 혹은 뇌락(磊落)[35]하지 못하고, 심중(心中)이 혹은 활달하지 못하였으나, 그 강직하고 방정한 기절(氣節)과 결백한 조행(操行)은 비록 취향을 달리하는 자라 할지라도 의당 다른 말을 두지 않을 것이다. 흡연(翕然)히 태산북두(泰山北斗)를 우러러보듯 여러 사람의 존경을 받아 온 것이 거의 반평생[半世]이나 되었다. 그러나 갑술년에 이르러서는 음사(陰邪)를 물리치고, 평반(平反)[36]을 주장하여 당인(黨人)들의 마음을 크게 거슬리어, 골수(骨髓)에 맺힌 원수처럼 보았다. 벼슬을 하던 날에 이미 여러 번 독해(毒害)를 당했었는데, 처음 초사(初史)를 편수한 사람이

---

35) 마음이 활달하여 조그마한 일에는 구애하지 않는 모양
36) 억울한 죄를 다시 조사하여 무죄로 하거나 감형하는 것

심지어 평일의 한 마디의 말로 공경하고 복종하였다고 하였는데, 기미년의 당언(讜言)[37] 같은 것을 차마 척신(戚臣)이 종용(慫慂)하였던 바라고 이르니, 특히 이 밖의 을묘년(숙종 원년)의 소어(疏語)와 무진년의 연주(筵奏)와 같은 그 늠름(凛凛)한 직언(直言)은 또 장차 어떤 풍지(風旨)로 될지 알지 못하나, 전연 형영(形影)조차 없는 말을 창출(刱出)하여 멋대로 죽고 없는 그를 더럽히고 아울러 그 청렴하고 간결(簡潔)한 절개까지도 일체 마구 욕을 하여 백세(百世)토록 현란(眩亂)시키려는 계책으로 삼으려고 하니, 식자(識者)들이 이를 마음 아파하였다.

　남구만은 처음에 한미(寒微)하고 소원(疏遠)한 집에서 출세하여 재학(才學)과 풍절(風節)로써 임금의 특별한 지우(知遇)를 입어 화려한 관직을 역임하고, 숭질(崇秩)과 현작(顯爵)을 취하였는데, 내외를 통해 모두 능력 있는 명성이 나타나서 문무(文武)를 겸전한 인재로 추중(推重)되었으며, 삼사(三事)[38]의 지위에 거의 40년이나 있었다. 만년(晚年)에는 제우(際遇)[39]가 더욱 높았고 울연(蔚然)히 중흥(中興)의 현명한 보좌가 되어 임금의 서찰(書札)과 시장(詩章)에 기여한 뜻이 정중하므로 물고기와 물[魚水]의 만남처럼 서로 친밀한 계합(契合)이었음을 담자(談者)는 지금까지도 일컫는 것이다. 세상에서 남구만을 논하는 자가 본조(本朝)의 선배(先輩)에 비유하기를,

　"곧고 굳은 절조(節操)와 미륜(彌綸)[40]하는 재능은, 이 완평(李完平)(이원익)·최 완성(崔完城)(최명길)과 백중(伯仲)이 될 만하다."

고 하였다. 남구만의 호(號)는 약천(藥泉)이요, 뒤에 문충(文忠)으로 사시

---

37) 바른 말
38) 삼공
39) 임금과 신하가 서로 만남
40) 두루 다스림

(賜諡)하였으며, 태묘(太廟)의 묘정에 배향(配享)하였다.

사신(史臣)은 말한다. 남구만은 사람됨이 단아하고 정연하여 언소(言笑)가 망령되지 않았고, 일어나고 앉는 몸가짐에도 절도(節度)가 있었다. 문사(文辭)가 법도 있고 아름다웠으며, 필획(筆畫) 또한 예스럽고도 힘찼다. 집에 있거나 조정에 나가거나 모두 굳게 절개를 지켜 변하지 않았고, 평생토록 남에게 주는 서독(書牘)(편지)에 일찍이 구걸(求乞)하는 글자를 쓰지 않았다고 스스로 말하고 있다. 청주(淸州)의 수령(守令)으로 나갔을 때나 북방(北方)에 안절(按節)하여서도 모두 명성과 공적이 있었다. 세상이 바야흐로 붕비(朋比)[41]하여 서로가 모함과 알력을 일삼았는데도 남구만은 마음가짐과 주장하는 의논이 항상 공평하고 윤당(允當)하였기 때문에 원망하고 미워하는 말이 일어나지 않았다. '만일 남구만으로 하여금 그의 죽음[卒]이 갑술년(숙종 20년) 이전에 있게 하였다면, 그의 청명(淸名)과 망중(望重)은 옛사람에게서 구해야 할 것이니, 누가 감히 흠잡아 논의할 사람이 있겠는가?'고 하였다. 이것은 곧 남구만과는 취향이 다른 자의 말이었는데, 그 칭찬하는 정도가 이와 같았다면 남구만을 가히 알아볼 만할 것이다.

◩ 저술 및 학문

송준길의 문하에서 수학했다. 시조 '동창이 밝았느냐'의 작가로 서화에 뛰어난 것으로 평가되고 있다. 저서는 〈약천집〉과 〈주역참동계주(周易參同契註)〉가 있고 글씨로는 '좌상남지비(左相南智碑)'·'찬성장현광비(贊成張顯光碑)'·개심사(開心寺)·양화루(兩花樓)·영송루(迎送樓)의 액자를 남겼다.

---

41) 붕당을 지어 자기편을 두둔함

◪ 참고 문헌

〈다음백과사전〉, 〈한국민족문화대백과사전〉, 〈조선의 영의정〉, 〈효종실록〉, 〈현종실록〉, 〈현종개수실록〉, 〈숙종실록〉, 〈숙종실록보궐정오〉, 〈의령남씨족보〉, 〈국조인물고〉

<table>
<tr><td>이민서
(李敏敍)</td><td>본관은 전주이고 자는 이중(彝仲)이며 호는 서하(西河)이고 시호
는 문간(文簡)이다. 인조 11(1633)년에 태어나서 숙종 14(1688)
년에 죽었다.</td></tr>
</table>

🔼 임명일

- 숙종 6(1680)년 5월 29일 : 이민서(李敏敍)를 대제학으로,
- 숙종 9(1683)년 4월 1일 : 대제학 이민서를 면직시키고 김만중(金萬重)을 대신하게 하였다.
- 숙종 10(1684)년 6월 21일 : 이민서를 대제학으로 삼았다.

🔼 가문

친아버지는 영의정 경여(敬與)인데 당숙인 내섬시 주부·선천 부사 후여(厚與)에게 입양되었다. 친할아버지는 여주 목사 유록(綏祿)인데 후여의 아버지인 형조 참의 성록(成祿)의 대를 이었다. 증조부는 봉상시 첨정 극강(克綱)이며 고조부는 광원수(廣原守) 구수(耇壽)이다. 광원수는 세종의 아들인 밀성군(密城君)의 7대손이다. 외할아버지는 친가로 초배는 해평인 영의정 윤승훈(尹承勳)이고 계배는 풍천인 별좌 임경신(任景莘)이다. 양가로는 무안인 도사 박린(朴燐)이다. 장인은 원주인 좌의정 원두표이다.

아들은 셋인데 1남은 좌의정·대제학 관명(觀命)이고 2남은 좌의정 건명(健命)이며 3남은 길명(吉命)이다. 딸은 풍산인 첨정 홍중기(洪重箕)와 결혼했다. 관명이 우의정·대제학 휘지(徽之)를 낳았다. 형은 이조 참판 민장(敏章)과 민적(敏迪)인데 민적은 정여(正與)에게 입양되었다. 아우는 통진 현감 민채(敏采)와 찰방 민계(敏啓)이다. 누이들은 각각 연안인 이수(李璹), 단양인 만호 이후필(李後泌)과 결혼했다.

민장이 병조 판서 사명(師命)과 좌의정 이명(頤命)을 낳았다. 민적의 아

들이 좌의정 이명(頤命)인데 이명은 광산인 대제학 김만중(金萬重)의 사위이다.

아들 관명에 이어 손자 휘지가 대제학을 역임함에 따라 3대 대제학의 가문을 이루었다.

⤵ 생애

효종 1(1650)년 진사시에 합격하고 효종 3(1652)년 증광문과에서 을과로 급제하고 검열에 임명되었다. 현종 4(1653)년 8월에 사친 문제로 승정원에서 패초하길 청했는데 사진하지 않아 파직되었다가 검열에 임명되었다. 효종 6(1655)년 4월에 사간원 정언에 임명되고 6월에 지평으로 전임되었다.

현종 1(1660)년 6월에 수찬에 임명되었다가 7월에 교리로 전임되었고 10월에 부교리에 임명되었다. 현종 2(1661)년 5월에 남한산성과 강화도의 곡식을 대여하여 기민을 구제하도록 청해서 윤허를 받고 8월에 교리에 임명되었다. 현종 3(1662)년 2월에는 교리로 영남에 파견되어 여제(厲祭)를 지내고 왔으며 3월에는 수찬으로 옮겨 교리 오시수와 함께 형옥의 문란, 양역의 고달픔, 공사간의 이익 독점, 기강의 해이에 대해 차자를 올렸고 5월에 다시 교리로 전임되었다. 현종 4(1663)년 3월에 사헌부 지평에 임명되고 4월에 수찬에 임명되어 남유중 등을 공격했다. 6월에 이조 좌랑에 임명되고 10월에 부수찬으로 전임되었다가 11월에 헌납에 임명되어 화전을 금지하고 산림을 보호할 것을 청했다. 현종 5(1664)년 10월에 부교리에 임명되고 11월에 헌납으로 전임되었으며 현종 6(1665)년 다시 부교리에 임명되고 4월에는 청풍부원군 김우명의 종사관으로서 빈청에서 숙직하며 궁궐 안을 지켰다. 6월에 이조 정랑에 임명되고 7월에 응교에 임명되었으나 늙은 어머니를 봉양하기 위해 지방관으로 나가기를 청하여 8월에는 개성 경력으로 나갔다가 같은 달에 다시 응교에 임명되었다. 현종 7(1666)년 6월에 사인에 임명되었다가 바로 응교로 전임되었으나 12월에 다시 사인에 임명되었다. 현종 8(1667)년 6월에 나주 목사에 임명되고 현종 9(1668)년 11월에 부교리로 전임되었으며 현종 10(1669)년 4월에 부교리로 시관에 패초되었으나 나오지 않아 파직되었다가 7월에 의정부 사인에 임명되었다. 8월에는 사인으로 부묘도감 도청에 임명되고 9월에 부응교에 임명되었으며 10월에 사인으로 전임되었다가 다시 부응교에 임명되었다. 11월에는 부응교로 숙직을 하다가 칼을 빼어 자신의 목을 찔렀으나 동료의 구원으로 목숨을 구했다. 2월에 질병으로 체직되었다가 윤2월에 당상으로 승진했는데 승진한 이유는 부묘도감의 낭청이었기 때문이다. 현종 14(16730년 2월에 대사성에 임명되고 현종 15(1674)년 1월에 이조 참의에 임명되었으며 7월에는 호조 참의에 임명되었다.

숙종 3(1677)년 광주 목사로 있으면서 임진왜란 때의 의병장 박광옥(朴光玉)의 사우를 중수하고, 김덕령(金德齡)을 제향 했다. 숙종 4(1678)년 9월에 광주 목사로 있으면서 미친 증세가 나타나 스스로 배를 찔러 파직되었다. 숙종 6(1680)년 4월에 승지에 임명되었다가 대사간으로 전임되었으며 승진되어 함경도 관찰사에 임명되었다. 5월에 대사간에 임명되어 예문관 제학을 겸하다가 대제학에 임명되었으며 6월에 이조 참판에 임명되었다. 숙종 7(1681)년 4월에 대사간에 임명되고 5월에 대제학으로서 대혼례(인현왕후)의 교서를 지었으며 〈현종개수실록〉의 당상관에 임명되었다. 6월에 이조 참판에 임명되고 12월에 정종의 옥책문을 지었다. 숙종 8(1682)년 1월에 대사헌에 임명되었으나 2월에 대사헌에서 물러나 행 부호군이 되었다가 대사헌에 임명되었다. 6월에 이조 참판에 임명되었고 7

월에 이조 판서로 승진했다. 숙종 9(1683)년 1월에 대신을 경멸했다는 이
유로 이조 판서에서 면직되고 사직에 임명되었다가 3월에 우참찬에 임명
되었다. 4월에는 대제학에서 면직되고 6월에 논박을 당한 뒤에 외직을
청하여 함경도 관찰사에 제수되었으나 부임도 하기 전에 강화 유수에 임
명되었다. 숙종 10(1684)년 3월에 강화 유수로 백마, 문수, 진강 세 곳에
성을 쌓고 장진, 주문 두 섬에도 진을 두는 것을 청하여 윤허 받았다. 6
월에 다시 대제학에 임명되고 7월에 대사헌에 임명되었으며 12월에 한성
부 판윤에 임명되었다. 숙종 11(1685)년 1월에 예조 판서에 임명되고 3월
에 대사헌에 임명되었다가 5월에 다시 한성부 판윤에 임명되었다. 6월에
형조 판서로 전임되고 9월에 이조 판서로 전임되었으며 숙종 12(1686)년
9월에 예조 판서에 임명되었다. 숙종 13(1687)년 1월에 호조 판서에 임명
되고 12월에 예문관 제학을 겸했다. 그 뒤에 지돈녕부사에 임명되었다가
숙종 14(1688)년 2월에 죽었다. 죽은 뒤에 나주의 서하사(西河祠)와 흥덕
의 동산서원(東山書院)에 제향 되었다.

〈숙종실록〉 숙종 14(1688)년 2월 2일 네 번째 기사에 '지돈녕부사 이민
서의 졸기'가 있다. 졸기에 "이민서는 고 상신 이경여의 아들인데, 〈성품
이〉 강명(剛明) 방정하고, 간묵(簡默) 정직하였으며, 조정에 있은 지 30년
에 여러 번 사변을 겪었으나 지조가 한결같았고, 직위가 총재(冢宰)에 이
르렀으나 문정(門庭)은 쓸쓸하기가 한사와 같았으며, 한결같이 청백한 절
개는 처음에서 끝까지 변함이 없었다. 문장 또한 고상하고 건아(健雅)하
여 온 세상의 추앙을 받는 바가 되어, 국가의 전책도 대부분 그의 손에서
나왔다. 매양 매복(枚卜)[42]할 때를 당하면 그 당시에 의논하는 사람들이
모두 말하기를, '아무를 두고 그 누가 되랴?' 하였다. 임금이 그의 강직하

---

42) 정승이 될 사람을 점침

고 방정한 것을 꺼려하여 그다지 우악하게 총애하지 않았기 때문에 마침내 들어와 정승이 되지 못하였다. 이에 이르러 시대의 일에 근심이 많은 것을 눈으로 직접 보고는 근심과 번민이 병이 되어 졸하였다. 조양에서 슬퍼하고 애석해 하지 않은 이가 없었으며, 비록 평일에 서로 좋아하지 않았던 자라도 정직한 사람이 죽었다고 말하였다."고 평했다.

◩ 저술 및 학문

송시열의 문인으로 문장과 글씨가 뛰어나 많은 시문을 남겼으며 김수항, 이단하, 남구만 등과 교유했다. 저서로 〈서하집〉 17권이 있고 편서로 〈고시선(古詩選)〉과 〈김장군전(金將軍傳)〉이 있다.

◩ 참고 문헌

〈다음백과사전〉, 〈한국민족문화대백과사전〉, 〈효종실록〉, 〈현종실록〉, 〈현종개수실록〉, 〈숙종실록〉, 〈숙종실록보궐정오〉, 〈조선의 영의정〉, 〈전주이씨밀성군파보〉, 〈국조인물고. 이민서 시장 : 이여 지음〉, 〈대제학 이민서 묘갈〉

김만중 (金萬重)	본관은 광산이고 어릴 때 이름은 선생(船生)이며 자는 중숙(重淑)이고 호는 서포(西浦)이며 시호는 문효(文孝)이다. 인조 15(1637)년에 태어나서 숙종 18(1692)년에 죽었다.

임명일

- 숙종 9(1683)년 4월 1일 : 대제학 이민서를 면직시키고 김만중(金萬重)을 대신하게 하였다.
- 숙종 9(1683)년 4년 10일 : 대제학 김만중을 면직하였다. 남구만으로 대신하게 하였다.
- 숙종 12(1686)년 9월 17일 : 김만중을 대제학으로,

가문

아버지는 강화도가 함락되자 김상용과 함께 화약을 터뜨려 자결한 익겸(益兼)이고 할아버지는 이조 참판 반(槃)이고 증조부는 호조 참판 장생(長生)이며 고조부는 예조 참판 계휘(繼輝)이다. 외할아버지는 해남인 이조 참판 윤지(尹墀)인데 윤지는 해숭위(海嵩尉) 윤신지(尹新之)의 아들이고 영의정 윤방(尹昉)의 손자이며 영의정 윤두수(尹斗壽)의 증손이다. 장인은 좌의정·대제학 이정구(李廷龜)의 손자인 연안인 이조 판서 이은상(李殷相)이다.

아들은 충주 목사 진화(鎭華)이다. 딸은 전주인 좌의정 이이명(李頤命)과 결혼했는데, 이이명은 영의정 이경여(李敬輿)의 손자이고 대사헌 이민적(李敏迪)의 아들이다. 진화가 용택(龍澤)과 광택(光澤)과 경택(京澤)을 낳았다. 형은 숙종의 원비인 인경왕후(仁敬王后)의 아버지인 광성부원군 대제학 만기(萬基)이다.

형 만기가 진규, 양택과 더불어 3대 대제학의 가문인데, 만중은 형과

더불어 형제 대제학의 가문을 이루었다. 또 익희와 더불어 숙질 대제학의
가문을 이루었고 진규와 더불어 숙질 대제학의 가문을 이루었다.

◪ 생애

아버지 익겸이 인조 15(1637)년 강화도에서 순절함에 따라 형 만기와
함께 어머니의 가정교육을 받으며 자랐다.

효종 1(1650)년 14세에 진사 초시에 합격하고 효종 3(1652)년에 진사시
에 합격하였다.

현종 6(1665)년에 정시문과에 장원으로 급제했다. 12월 홍문관 실록 권
점에서 6점을 받았다. 현종 7(1666)년 11월에 사간원 정언에 임명되었으
나 추감(推勘)을 받았다는 이유로 인피하여 면직되었다가 같은 달에 사서
에 임명되었다. 현종 8(1667)년 4월에 사헌부 지평에 임명되었으나 다음
날 황연을 논계하는 데 혐의상 참여할 수 없다는 이유로 인피하여 면직되
었다. 8월에 홍문관 수찬에 임명되었으나 현종 9(1668)년 2월 김수흥을
탄핵했으나 받아들여지지 않았고 3월에 허적에게 중사를 보낸 일을 논하
다 파직되었다. 김만중이 파직되자 헌납 윤형성이 파직을 거두기를 청하
고 이어서 홍문관이 파직을 거두기를 청했다. 그러나 추고하라는 명이 내
려졌으나 정태화 등의 요청으로 명을 거두었다. 8월에는 교정청을 설치하
고 교정관으로 임명되었다. 10월에 홍문관 교리에 임명되고 12월에 헌납
으로 전임되었다. 현종 10(1669)년 1월에 헌납으로 있으면서 행 부호군
조계원을 탄핵하고 같은 달에 사서에 임명되고 부수찬으로 전임되었으며
2월에 헌납에 임명되었다가 이조 좌랑으로 전임되었다. 5월에는 부교리
에 임명되어 신덕왕후의 부묘를 청했으나 허락받지 못하고 헌납에 임명
되고 7월에 부수찬에 임명되었다. 현종 11(1670)년 5월에 박세당과 함께

이조 좌랑에 임명되고 7월에 수찬으로 전임되었다. 현종 12(1671)년 1월에 부교리에 임명되고 8월에 수찬으로 전임되어 9월에 경기도의 진휼암행어사로 파견되었다가 돌아와서 12월에 부교리에 임명되었다. 현종 13(1672)년 윤7월에 세자시강원 문학을 겸하다가 11월에 헌납에 임명되고 이조 정랑으로 전임되었으며 12월에 부교리에 임명되었다. 현종 14(1673)년 8월에 부수찬에 임명되었으나 현종 15(1674)년 2월에 효종의 비인 인선왕후가 죽은 뒤에 2차예송(갑인예송)에서 서인이 패하자 유배되었다가 4월에 석방되었으며 7월에 교리에 임명되고 같은 달에 사서도 겸했다.

숙종 즉위(1674)년 8월에 헌납에 임명되고 9월에 응교로 전임되었으며 응교로 있으면서 이수연 등에 내린 파직의 명을 거두라고 청했다. 10월에 사간으로 전임되었으며 2일 뒤에 응교에 임명되었다. 숙종 1(1675)년 호조 참의를 역임하고 윤5월에 동부승지로 발탁되었으나 윤휴를 배척하다가 파직되고 인선대비의 상복 문제로 서인이 패하자 관작이 삭탈되었다가 숙종 2(1676)년에 직첩을 돌려받았다. 숙종 5(1679)년 12월에 예조 참의로 관직에 복귀하고 복귀하자 사간원의 탄핵을 받았다. 숙종 6(1680)년 경신환국으로 허적, 윤휴 등이 사사되고 서인이 집권하자 4월 5일에 대사간에 임명되었다가 4월 17일 승지로 전임되고 4월 19일에 대사성에 임명되었다. 5월에는 홍문관 제학에 임명되고 6월에 대사헌에 임명되었다가 부제학으로 전임되었으며 7월에 예문관 제학에 임명되었다. 윤8월에 대사헌에 임명되고 9월에 부제학에 임명되었으며 10월에 대사헌, 11월에 부제학, 12월에 대사간에 임명되었다. 숙종 7(1681)년 1월에 조지겸의 권휜탄핵의 잘못을 들어 인피하여 체직되었다가 3월에 대사성에 임명되고 5월에 예문관 제학으로 〈현종개수실록〉 당상에 임명되어 실록 편찬에 참여했다. 6월에 부세에 대해 상소했고 10월에 부제학에 임명되어 예문관 제학으로 정종의 비인 정안왕후의 옥책문을 짓고 같은 달에 대사헌에 임명되었다. 대사헌으로 있으면서 호포 시행에 대한 잘못을 논했다. 숙종 8(1682)년 1월에 부제학에 임명되고 2월에 이조 참판에 임명되었으나 외척은 전형하는 자리에 있어서 안 된다는 논리를 들어 스스로 사퇴하고 4월에 부제학에 임명되었다. 7월에 도승지에 임명되고 10월에 부제학에 임명되었으며 숙종 9(1683)년 1월에 다시 도승지로 발탁되었다. 2월에 호조 참판에 임명되고 호조 참판으로 있으면서 아버지의 묘표를 살피기를 청하여 타고 갈 말과 재물을 올릴 물품을 하사 받았다. 4월에 이민서의 후임으로 대제학을 겸하면서 공조 판서로 승진했으나 극력 사양하여 대제학에서 면직되었다. 9월에 대사헌 겸 홍문관 제학에 임명되었으나 2일 뒤에 글을 올려 사직되었다. 숙종 10(1684)년 2월에 의정부 우참찬에 임명되고 숙종 11(1685)년 5월에 예조 판서에 임명되었으며 8월에 병조 판서로 전임되었으나 10월에 사직소를 올려 병조 판서에서 사직하는 것을 허락 받았다. 12월에 좌참찬에 임명되고 숙종 12(1686)년 4월에 판의금부사에 임명되고 9월에 다시 대제학에 임명되었다. 숙종 13(1687)년 판의금부사에 임명되었으나 9월 장숙의(장희빈) 일가를 둘러싼 언사(言事)의 사건에 연루되어 의금부에 하옥되어 추국을 받고 선천으로 유배되었다. 숙종 14(1688)년 노모가 있다는 이유로 풀려났으나 숙종 15(1689)년 기사환국으로 남인이 집권하자 2월에 집의 박진규와 장령 이윤수 등의 논핵으로 극변에 안치되었다가 남해로 이배되어 위리안치 되었다. 위리안치 되었을 때 어머니 윤 씨가 아들을 걱정하다가 병이 들어 죽었으나 장례에 참석하지 못하고 상사에 분상할 수 없음을 애통해 하며 울부짖다가 병이 되어 숙종 18(1692)년 4월 30일 남해의 적소에서 56세로 죽었다. 죽은 뒤인 숙종 20년 관작을 회복하라는 명이 내려졌다. 숙종 22년 동지사 최석정의 건의로 치제하게 하고 숙종 24(1698)년 관작이 회복되고 숙종 32(1706)년 김창집이 김만중의 효행에 대해 아뢰자 효행에 대한 정표가 내려졌다.

〈숙종실록〉 숙종 18(1692)년 4월 30일 두 번째 기사에 '전 판서 김만중의 졸기'가 있다. 졸기에 "사람됨이 청렴하게 행동하고 마음이 온화했으며 효성과 우애가 매우 돈독했다. 벼슬을 하면서는 언론이 강직하여 성이 위축되고 악이 신장하게 될 때마다 더욱 정직이 드러나 청렴함이 다른 사람들보다 뛰어났고, 벼슬이 높은 품계에 이르렀지만 가난하고 검소함이 유생과 같았다. 왕비의 근친이었기 때문에 더욱 스스로 겸손하고 경계하여 권세 있는 요로를 피하여 멀리했고, 양전과 문형을 극력 사양하고 제수 받지 않으므로, 세상에서 이를 대단하게 여겼었다. 글 솜씨가 기발하고 시는 더욱 고아하여 근세의 조잡한 어구를 쓰지 않았으며, 또한 재주를 감추고 나타내지 않았는데, 사람들이 그의 천품이 도에 가까우면서도 학문에 공력을 들이지 못한 것을 한스럽게 여겼었다. 적소에 있으면서 어머니의 상사를 만나 분상할 수 없으므로, 애통해 하며 울부짖다가 병이 되어 졸하게 되었으므로, 한때 슬퍼하며 상심하지 않는 사람이 없었다."고 평했다.

◪ 저술 및 학문

가난한 집에서 어머니를 통해 〈소학〉·〈사략(史略)〉·〈당률(唐律)〉을 배우는 등 가학(家學)을 통해 학문적 성과를 이루었다. 가끔은 주희의 논리를 비판하고 불교적 용어를 사용한 점은 이러한 교육 환경 때문인 것으로 추정된다. 그는 '국문가사예찬론'을 펴서, 우리말을 버리고 다른 나라의 말을 통해 시문을 짓는 것을 앵무새가 사람의 말을 하는 것과 같다고 했다. 또 한문을 '他國之言'으로 보고 정철의 한글가사를 굴원(屈原)의 이소

(離騷)에 견주어 높이 평가했다.

그가 〈사씨남정기〉와 같은 국문소설을 창작했다는 점에서 허균(許筠)을 잇는 것으로 평가받기도 한다. 주정적 시가관에서 지어진 것으로 알려진 장편시 〈단천절부시(端川節婦詩)〉를 비롯하여 소설 〈구운몽〉과 〈사씨남정기〉를 지었다.

◪ 참고 문헌

〈다음백과사전〉, 〈효종실록〉, 〈현종실록〉, 〈현종개수실록〉, 〈숙종실록〉, 〈숙종실록보궐정오〉, 〈광산김씨족보〉

| 남용익
(南龍翼) | 본관은 의령이고 자는 운경(雲卿)이며 호는 호곡(壺谷)이고 시호
는 문헌(文憲)이다. 인조 6(1628)년에 태어나서 숙종 18(1692)년
에 죽었다. |

▣ 임명일

— 숙종 13(1687)년 1월 7일 : 대제학의 전망을 들여오도록 명하여 남용익(南龍翼)으로 삼았는데, 이전에 없던 예이다.
— 숙종 20(1694)년 4월 3일 : 전 대제학 남용익을 복관하라 명하였다.

▣ 가문

아버지는 인천 부사 득명(得明)이고 할아버지는 의빈부 도사 진(鎭)이며 증조부는 무주 현감 복시(複始)이고 고조부는 맹하(孟夏)이다. 외할아버지는 평산인 신복일(申復一)이고 장인은 평강인 사헌부 지평 채성구(蔡聖龜)이다.

아들은 1남은 충청도 관찰사 정중(正重)인데 정중이 동지돈녕부사 한기(漢紀)를 낳고 한기가 대제학 유용(有容)을 낳았으며 유용이 영의정·대제학 공철(公轍)을 낳았다. 2남은 명중(命重)이고 3남은 첨사 성중(聖重)이며 4남은 경중(景重)이다. 딸은 각각 전주인 현감 이중번(李重蕃), 거창인 도사 신휘전(愼徽典), 이후(李焆)와 결혼했다.

▣ 생애

인조 24(1646)년 진사시에 합격하고 인조 26(1648)년 정시문과에서 병과로 급제했다.

효종 1(1650)년 4월에 시강원 설서에 임명되고 같은 달에 승정원 가주서에 임명되었으며 효종 2(1651)년 9월에 정언에 임명되었다. 효종 3

(1652)년 2월에 암행어사로 파견되었다가 돌아와서 4월에 정언에 임명되었다. 6월에 대사간 채유후 등과 차자를 올려 임금의 허물을 말하고 6월에 체직을 청하여 허락받았다. 11월에 부수찬에 임명되고 부교리로 옮겨 효종 5(1654)년 2월에 봄철에 열무하는 것을 중지해야 한다고 상언했다. 이에 효종은 열무하는 날 용익은 어가를 수행하지 못하게 하고 만일 어가를 수행하면 의장 밖으로 쫓으라고 명하였다. 7월에 수찬에 임명되고 8월에 교리에 임명되었다. 효종 6(1655)년 4월에 일본 통신사 조형(趙珩)의 종사관으로 뽑혀 일본에 파견되었다. 이때 관백의 원당(願堂)에 절하기를 권고 받았으나 거절하여 온갖 겁박을 받았다. 돌아와서 8월에 김수항, 이단상 등과 함께 독서당에 선발되었다. 효종 7(1656)년 2월에 부교리에 임명되고 윤5월에 수찬에 임명되었으며 7월에 교리에 임명되었다. 9월에 문신중시에서 장원하고 승지로 발탁되었다. 이어서 형조 참의와 예조 참의를 역임하고 양주 목사에 임명되었다.

현종 1(1660)년 4월에 우부승지에 임명되고 5월에 좌부승지로 전임되어 춘추를 겸했으며 6월에 우승지, 9월에 좌승지로 순서를 밟아 승진했다. 현종 2(1661)년 3월에 도승지로 승진하고 10월에 대사간에 임명되었으며 11월에 한성부 우윤에 임명되고 12월에 동지의금부사에 임명되었다. 현종 3(1662)년 7월에 도승지에 임명되어 승문원 제조와 내의원 부제조를 겸했다. 현종 4(1663)년 2월에 대사간에 임명되었으나 좌의정 원두표의 아들이며 효종과 인선왕후 사이에 태어난 숙경공주의 남편 흥평위(興平尉) 원몽린의 아버지인 원만리(元萬里)가 배척한 것을 이유로 패소에 응하지 않고 인피하여 면직되었다. 3월에 예조 참판에 임명되고 도승지에 임명되었다가 7월에 병조 참판에 임명되었다. 10월에 대사간에 임명되고 11월에 다시 도승지로 발탁되었으며 현종 5(1664)년 1월에 병조 참판에 임명되었다. 2월에 대사간에 임명되고 3월에 도승지에 임명되었으며 7월에 대사간에 임명되었으나 체직되었다. 8월에 형조 참판에 임명되었다가 도승지로 옮기고 10월에 예조 참판에 임명되었으며 12월에 경기도 관찰사에 임명되었다. 12월에 한성부 우윤에 임명되었으나 4일 뒤에 대사간으로 전임되었다. 현종 6(1665)년 2월에 대사성에 임명되고 4월에 예조 참판에 임명되었으며 5월에 다시 도승지에 임명되었다. 7월에 한성부 우윤에 임명되고 8월에 형조 참판에 임명되었으며 10월에 한성부 우윤에 임명되었다. 11월에 예조 참판에 임명되어 동지의금부사를 겸하다가 현종 7(1666)년 6월에 대사간에 임명되었다. 현종 8(1667)년 6월에 경상도 관찰사에 임명되고 현종 9(1668)년 5월에 예조 참판에 임명되었으며 10월에 대사간에 임명되었고 11월에 도승지에 임명되었다. 현종 10(1669)년 3월에 예조 참판에 임명되고 4월에 대사간에 임명되었다가 도승지에 임명되었는데 이는 아홉 번째로 조선 역사상 가장 많은 숫자이다. 12월에 경기도 관찰사에 임명되고 현종 12(1671)년 4월에 대사간에 임명되어 관상감 제조를 겸하다가 10월에 특별히 발탁되어 형조 판서에 임명되었다. 현종 13(1672)년 6월에 비변사 제조를 겸하고 윤7월에는 홍문관 제학도 겸했다. 9월에 공조 판서로 전임되고 10월에 다시 형조 판서에 임명되었으나 12월에 사형수를 심리할 때 이미 죽은 자와 탈옥한 사람까지 초계하였기 때문에 파직되었다. 현종 14(1673)년 2월에 공조 판서로 관직에 복귀하고 현종 15(1674)년에 대사헌에 임명되었다.

숙종 3(1677)년 3월에 개성 유수에 임명되고 숙종 4(1678)년 5월에 한성부 판윤에 임명되었으며 6월에 형조 판서에 임명되었다가 물러났다. 숙종 6(1680)년 10월에 빈전도감 제조에 임명되고 11월에 지중추부사에 임명되었다가 형조 판서에 임명되었다. 숙종 7(1681)년 3월에 원접사를 역임하고 7월에 형조 판서에 임명되고 숙종 8(1682)년 1월에 한성부 판윤에 임명되었고 2월에 문안사에 임명되었으며 4월에 예조 판서에 임명되었다. 숙종 9(1683)년 4월에 좌참찬에 임명되었다가 예조 판서로 전임되어 판의금부사를 겸했고 6월에 다시 좌참찬으로 전임되고 9월에 예문관 제학과 판의금부사를 겸했다. 숙종 11(1685)년 1월에 형조 판서에 임명되고 숙종 12(1686)년 10월에 판의금부사에 임명되었으며 12월에 예조 판서에 임명되었다. 숙종 13(1687)년 1월에 예조 판서로 대제학에 임명되고 4월에는 판의금부사도 겸했다. 숙종 14(1688)년 12월에 이조 판서에 임명되고 숙종 15(1689)년 2월에 지중추부사에 임명되었다. 숙종 15(1689)년 소의 장 씨가 왕자를 낳아 원자로 책봉하려 하자 이에 극언으로 반대하다가 숙종 17(1691)년 10월에 명천으로 유배되었다가 숙종 18(1692)년 2월에 유배지에서 65세로 죽었다. 죽은 뒤인 숙종 20(1694)년 갑술환국으로 인현왕후가 복위되고 남인이 제거되고 서인이 집권하자 복관되었다.

〈숙종실록〉 숙종 18(1692)년 2월 2일 첫 번째 기사에 '전 판서 남용익의 졸기'가 있다. 졸기에 "어려서부터 또래들보다 뛰어나게 총명했고 글솜씨가 민활(敏活)하여 비록 급작스러운 때에 있어서도 종이와 붓만 들면 어느새 써내어 말이 바로 글이 되었었다. 일찍감치 등제하고 이어 중시에 장원하여 재주와 명망이 매우 높았고, 청현한 벼슬을 차례차례 지냈으며, 동전(東銓)[43]이 되어서는 문병(文柄)[44]을 도맡아보다가 품계가 보국으로 올라갔었다. 사람됨이 온화하고 후덕하여 치우치게 하는 적이 없었고 논의하기를 좋아하지 않았으며, 오직 시와 술을 가지고 자위(自慰)하며 지내어 마치 세상일을 생각하지 않는 것 같았지만, 속마음에는 진실로 지키

---

43) 이조의 장관
44) 문치의 권한

는 바가 있었고 몸가짐이 자못 소박하여, 여러 차례의 세상 변란을 겪었었지만 평소의 행동에 흠이 없었다. 원자의 호칭을 정할 때를 당해 입대하여 '대사에 관한 의논을 너무 급하게 할 필요가 없습니다.' 하였다가 임금의 뜻을 거스르게 되었고, 이어 간사한 무리들의 모함을 받아 오래도록 외방에서 귀양살이하므로, 사람들이 또한 그의 만년의 지조가 볼만 함을 칭찬했었다. 뒤에 관작이 복구되었고, 시호는 문헌(文憲)이다."고 평했다.

◪ 저술 및 학문

시문집 〈호곡집(壺谷集)〉이 있고 신라시대부터 조선 인조 때까지 497명의 시를 모아서 엮은 〈기아(箕雅)〉와 통신사 종사관으로 일본에 다녀온 기록인 〈부상록(扶桑錄)〉을 남겼다. 또 우리나라와 중국의 유명한 시들을 추려서 싣고 평론을 곁들인 〈호고시화(壺谷詩話)〉 3권 3책이 있다.

◪ 참고 문헌

〈다음백과사전〉, 〈인조실록〉, 〈효종실록〉, 〈현종실록〉, 〈현종개수실록〉, 〈숙종실록〉, 〈숙종실록보궐정오〉, 〈의령남씨족보〉

민암 (閔黯)	본관은 여주이고 자는 장유(長孺)이며 호는 차호(叉湖)이다. 인조 14(1636)년에 태어나서 숙종 20(1694)[45]년에 죽었다.

◪ 임명일

━ 숙종 15(1689)년 윤3월 15일 : 민암(閔黯)을 대제학으로 삼았다.
━ 숙종 17(1691)년 1월 15일 : 민암이 대제학으로서 정승에 제배된 것을 이유로 사퇴하니, 체임을 하락하였다.

◪ 가문

아버지는 이조 참판 응협(應協)이고 할아버지는 첨지중추부사 영(韺)이며 증조부는 여주 목사 세주(世舟)이고 고조부는 전첨 총(叢)이다. 이 문중은 공조 전서 세영(世榮)을 중시조로 하는 문중이다. 외할아버지는 풍산인 예조 판서 김수현(金壽賢)이고 양외할아버지는 이성욱(李聲郁)이다. 장인은 초배는 참판 김시진(金始振)이고 계배는 현감 정후준(鄭後俊)이다.

아들은 1남은 경기도 도사 장도(章道)와 측실 소생의 존도(存道)이다. 딸은 각각 형조 좌랑 ■상어(■尙淤), 유학 이도문(李道聞)과 결혼했다. 형은 좌의정 희(熙)와 좌찬성·대제학 점(點)인데 희와 점은 쌍둥이다. 희는 관찰사 정세구(鄭世矩)의 딸과 결혼하여 계도(啓道), 형조 판서 취도(就道), 수운판관 사도(思道), 경상도 관찰사 창도(昌道), 시강원 사서 흥도(興道)를 낳았고 점은 김시양(金時讓)의 딸과 결혼하여 공조 참의 안도(安道), 병조 판서 종도(宗道), 병조 좌랑 홍도(弘道), 성균관 진사 주도(周道)를 낳았고 측실에서 성도(成道)를 낳았다.

---

45) 다른 문헌에는 숙종 19(1693)년으로 나왔으나 〈숙종실록〉 숙종 20년 7월 8일 첫 번째 기사에 "민암을 사사하다"가 있어서 이를 따른다.

↘ 생애

현종 9(1668)년 별시문과에서 급제했다. 현종 10(1669)년 1월에 승문원 선발에 끼었으나 논핵을 당하여 출사하지 않다가 현종 13(1672)년 9월에 춘추에 임명되고 현종 14(1673)년에 지평에 임명되었다.

숙종 1(1675)년 5월에 홍문록 제작에 참여하고 장령에 임명되었으며 윤 5월에 사간에 임명되었다. 6월에 남인이 허목과 윤휴를 수반으로 하는 청남과 허적과 권대운을 수반으로 하는 탁남으로 나뉘자 민암은 민점, 민희, 민종도 등과 탁남에 합류했다. 9월에 대사헌에 임명되고 10월에 교리로 전임되었으며 11월에 집의와 부교리와 사인에 차례로 임명되었다. 12월에는 부수찬에 임명되었다가 부교리, 사인, 응교로 차례로 전임되었다. 숙종 2(1676)년 1월에 승지로 발탁되고 4월에 도승지로 승진되었으며 8월에 함경도 관찰사에 임명되었다. 숙종 4(1678)년 10월에는 동지사 겸 변무사 복평군(福平君) 이연(李㮒)의 부사로 청나라에 갔다가 숙종 5(1679)년 3월에 돌아와서 가자되었다. 이 해에 고산 찰방 조지겸이 당시의 함경도 관찰사인 이원록(李元祿)이 분수에 넘치게 역마를 탄다고 상소했다. 이 때 그는 자기가 함경도 관찰사로 있을 때의 함경도 실정과 경험을 가지고 이원록이 아무런 잘못이 없다고 이원록을 구원하고 탄핵했던 조지겸을 문초받게 했다.(〈한국민족문화대백과사전〉) 5월에 다시 도승지에 임명되고 7월에 특별히 승진되어 예조 판서에 임명되었다. 7월에 유학 이후평이 허적과 민암의 죄를 논하고 정사를 개탄하는 상소를 올렸으나 무사했고 9월에 대사헌에 임명되었다. 10월에 한성부 판윤 겸 지경연에 임명되었다가 대사헌으로 전임되었고 11월에 예조 판서에 임명되었다가 12월에 대사헌에 임명되었다. 숙종 6(1680)년 1월에 예조 판서에 임명되었다가 대사헌으로 전임되었고 2월에 원접사를 역임했다. 4월에 경신대축출로 남인이 몰락하자 대사헌에서 체임되고 다음날 장령 심유 등이 간사한 자질로 재물과 여색을 탐하여 행검이 없다는 이유를 들어 삭탈관작하고 귀양 보내라고 청했다. 숙종 8(1682)년 10월에는 서인 김중하로부터 모반한다는 무고를 받아 조사를 받았으나 무사했다. 숙종 15(1689)년 2월에 기사환국으로 서인이 쫓겨나고 남인이 돌아오자 관직에 복귀하여 예문관 제학으로 좌참찬을 겸했다. 윤3월에 판의금부사에 임명되고 예조 판서에 임명되어 대제학을 겸했다 4월에 병조 판서에 임명되고 5월에 왕비 민씨(인현왕후)를 폐하여 서인으로 삼을 때 대제학으로 교서를 지었다. 6월에 지성균관사를 겸하고 7월에 판의금부사도 겸하면서 보사공신을 혁파하는 교서를 짓고 보양관에 임명되었다. 숙종 16(1690)년 1월에 장 씨가 책봉받을 때 교서를 지었다. 6월에는 숙종의 명에 따라 명성왕후의 지문을 고쳐서 짓고 인조의 탄강비를 해주목에 세울 때에도 교서를 지었다. 또 왕세자의 책례가 끝나는 교서를 지었다. 8월에 지춘추관사로 강화의 〈실록〉을 살피고 9월에 판의금부사에 임명되었으며 10월에 희빈 장 씨를 왕비로 책봉할 때 교명문을 지었다. 숙종 17(1691)년 1월에 의정부 우의정으로 승진하고 정승에 제배되었기 때문에 대제학에서 사퇴하고 약방 도제조를 겸했다. 이어서 사은사로 청나라에 다녀왔다. 숙종 20(1694)년 김춘택 등이 폐비인 민 씨를 복위하는 음모를 꾸민다는 고변이 있자 남인의 영수로서 훈련대장 이의징(李義徵)과 함께 옥사를 일으키려 했으나 갑술옥사가 있자 제주도 대정으로 유배되어 위리안치되었다가 영의정 남구만의 탄핵으로 7월에 이의징과 함께 사사되었다. 이때 아들 장도는 국문을 받고 장독으로 죽었다.

〈숙종실록〉 숙종 20(1694)년 7월 8일 첫 번째 기사에 '민암을 사사하다'는 기사가 있다. 기사에 "전일의 판비(判批)대로 민암을 사사했다. 민암은 사람됨이 야비하고 패리(悖理)하며 흉악하고 간사했다. 장희재(張希載)와 결탁하여 모후를 폐출하게 만들었으니, 더할 수 없이 무거운 죄를 저질렀음은 이전의 역사에서도 거의 들을 수 없는 일이었다. 그가 탐음(貪淫)하고 방종하며 명행(名行)을 멸시(蔑視)하였음은 특히 그 중에도 자질구레한 것이었다. 남구만이 몸소 장희재를 보호하여 저지른 일을 묻지 않은 것이 많았기 때문에, 민암의 음모도 또한 모두 밝혀 내지 못하여 끝내 사저시조(肆諸市朝)[46]하지 못하게 되자, 사람들이 실형한 데 분개하였다. 그 뒤 신사년(숙종 27년)의 옥사 때에 와서야 비로소 역적으로 논죄하게 되었다."고 평했다.

◪ 저술 및 학문

〈명가필보〉에 글씨가 전한다.

◪ 참고 문헌

〈다음백과사전〉, 〈현종실록〉, 〈현종개수실록〉, 〈숙종실록〉, 〈숙종실록보궐정오〉, 〈한국민족문화대백과사전〉, 〈민응협신도비, 민암 지음〉

---

46) 죄인을 사람이 많이 모이는 곳에서 처형하여, 모두들 보도록 오래 놓아두는 것.

┤ 본관은 안동이고 자는 퇴보(退甫)이며 호는 하계(霞溪)이다. 인 조 11(1633)년에 태어나서 숙종 30(1704)년에 죽었다.

임명일

— 숙종 17(1691)년 4월 21일 : 대제학 권유(權愈)도 함께 지어 바치라고 명하고

가문

아버지는 봉사 단(儃)이고 할아버지는 목사 훈(勛)이며 증조부는 훈련 정 약(若)이고 고조부는 승지 형(詗)이다. 태종의 제3공주인 경안공주(慶安公主)의 남편인 길창군(吉昌君) 규(跬)의 후손이다. 규는 대제학 근(近)의 아들인데 대제학 제(踶)의 아우이고 좌의정·대제학 남(擥)의 숙부이다. 외할아버지는 진주인 장령 정백형(鄭百亨)이고 장인은 우찬성 이덕형(李德泂)의 아들인 한산인 경기도 도사 이행원(李行源)이다.

아들은 호(護)와 영(譏)과 경(謍)이고 딸은 남양인 진사 홍예(洪芮)와 결혼했다. 남인 최후의 대제학이다.

생애

현종 6(1665)년 별시문과에서 병과로 급제하였다. 현종 11(1670)년 5월에 승정원 주서에 임명되고 현종 13(1672)년 윤7월에 사서에 임명되었다가 지평으로 옮겼다. 현종 14(1674)년 4월에 정언에 임명되었으나 인피하여 체차되었다가 현종 15(1674)년 7월에 수찬에 임명되었다.

숙종 즉위(1674)년 9월에 지평에 임명되고 숙종 1(1675)년 1월에 시독관으로 있으면서 남인인 허목과 윤휴를 경석에 출입하도록 허락하라고 청해서 윤허 받았다. 윤5월에 교리, 헌납, 이조 좌랑에 차례로 임명되었

다가 7월에 수찬으로 전임되고 11월에 부수찬으로 전임되었다. 12월에 이조 좌랑에 임명되고 10일 뒤에 이조 정랑에 임명되었으며 숙종 2(1676)년 1월에 헌납, 교리에 차례로 임명되었다. 2월에 교리에 임명되고 3월에 헌납에 임명되었다가 응교로 전임되어 4월에 경상도 암행어사로 파견되었으며 집의에 임명되고 6월에 암행어사의 임무를 마치고 돌아와서 부응교에 임명되었다. 7월에 응교에 임명되었다가 즉시 사간으로 전임되었고 8월에는 의정부 사인에 임명되었다가 응교로 전임되고 또 사간으로 전임되었으나 10월에 다시 사인에 임명되었다가 승지로 발탁되었다. 숙종 4(1678)년 12월에 대사간에 임명되고 숙종 5(1679)년 5월에 이조 참의에 임명되었으며 9월에 대사성에 임명되었다가 11월에 대사성에 임명되었다. 숙종 6(1680)년에 대사성에 임명되었으나 경신대출척으로 남인이 몰락하고 서인이 득세하자 벼슬에서 쫓겨나고 유배되었다. 숙종 15(1689)년 기사환국으로 서인이 쫓겨나고 남인이 권력을 잡자 2월에 승지에 임명되고 윤3월에 호조 참판에 임명되었으며 5월에 이조 참판에 임명되었다. 숙종 16(1690)년 1월에 예문관 제학을 겸하고 대사간에 임명되었다가 3월에 도승지로 발탁되었다. 4월에 형조 참판에 임명되고 6월에 예문관 제학으로 인경왕후(仁敬王后)의 지문을 지었다. 10월에 대사헌에 임명되고 11월에 이조 참판에 임명되었으며 숙종 17(1691)년 4월에 대제학에 임명되었다. 7월에 대사헌에 임명되고 숙종 18(1692)년 4월에 공조 판서로 승진하고 10월에 우참찬에 임명되었다. 숙종 19(1693)년 7월에 형조 판서에 임명되고 9월에 대사헌에 임명되었다가 11월에 좌참찬에 임명되었다. 숙종 20(1694)년 2월에 예조 판서에 임명되어 개성부 목청전에 비를 세워서 그 공적을 기록할 때 숙종이 친히 액자를 쓰고 대제학으로 글을 짓고 지경연을 겸했다. 그러나 이 해에 갑술옥사로 인현왕후가 복위되고 서인이 정권을 장악하였으며 남인이 축출되자 4월에 벼슬에서 파면되고 관작이 삭탈된 뒤에 유배되었다. 숙종 21(1695)년 형벌이 경감되어 풀려났다가 숙종 30(1704)년에 죽었다.

〈숙종실록〉 숙종 30(1704)년 9월 20일 세 번째 기사에 '전 판서 권유의 졸기'가 있다. 졸기에 "권유는 권근의 후손으로, 고문사(古文辭)를 한다고 자부하였으나, 규도(揆度)에 전혀 어두웠다. 생소하고 이치에 어긋나는 말을 쓰기에 좋아하여, 고상한 것으로 여겼으나 거칠고 비루함을 기리기 어려웠으니, 하나도 볼 만한 것이 없었다. 그 당이 추허(推許)하여 벼슬이 문형에 이르렀으며, 기사년의 흉도로써 죄를 받아 귀양 갔다가 얼마 아니되어 놓여 돌아와서 졸하였으니, 나이 72세이다."고 평했다.

☑ 저술 및 학문

고문서를 즐기고 시문에 능하였다. 기사환국으로 송시열이 화를 당하자 송시열이 지었던 인경왕후의 능지문인 〈인경왕후지(仁敬王后誌)〉를 다시 짓고 태조부터 현종까지 역대 왕들의 글씨를 모아 〈열성어제(列聖御製)〉 편찬에 참여하였다. 문집으로 〈하계집(霞溪集)〉이 전한다.

☑ 참고 문헌

〈다음백과사전〉, 〈현종실록〉, 〈현종개수실록〉, 〈숙종실록〉, 〈숙종실록보궐정오〉, 〈디지털광명문화대전〉, 〈안동권씨세보〉

박태상 (朴泰尙)	본관은 번남이고 자는 사행(士行)이며 호는 만휴당(萬休堂)·존 성재(存誠齋)이고 시호는 문효(文孝)이다. 인조 14(1636)년에 태 어나서 숙종 22(1696)년에 죽었다.

▶ 임명일

━ 숙종 20(1694)년 윤5월 5일 : 박태상(朴泰尙)을 대제학으로 삼았다.

▶ 가문

아버지는 우승지 세견(世堅)이고 할아버지는 이조 참판 정(炡)이며 증조
부는 의정부 좌참찬 동선(東善)이고 고조부는 사재감 정 응천(應川)이다.
외할아버지는 해주인 판관 최곤(崔滾)이고 장인은 풍양인 사헌부 장령 조
속(趙涑)이다.

2남 3녀를 두었는데 1남은 예산 현감 필순(弼純)이고 2남은 호조 참판
필건(弼健)이며 1녀는 평산인 부사 신확(申瓁)과 결혼했고 2녀는 한산인
좌랑 이수함(李壽涵)과 결혼했으며 3녀는 한산인 사인 이병철(李秉哲)과
결혼하여 호조 판서 이태중(李台重)을 낳았다. 아우는 태소(泰素)인데 세
규(世圭)에 입양되었다.

▶ 생애

효종 5(1654)년 진사시에 합격하고 현종 12(1671)년 정시문과에서 장원
으로 급제했다. 현종 13(1672)년 6월에 사간원 정언에 임명되고 8월에 지
평에 임명되었으며 현종 14(1673)년 2월에 정언에 임명되었고 5월에 사헌
부 지평에 임명되었으며 7월에 홍문관 교리에 임명되어 북평사로 파견되
었다 돌아와서 현종 15(1674)년에 이조 좌랑에 임명되었다. 이 해에 기사

환국으로 서인이 쫓겨나고 남인이 득세하자 상주 목사로 나갔다.

숙종 1(1675)년 1월에 전라도 암행어사로 파견되었다가 돌아와서 3월에 수찬에 임명되고 5월에 부수찬에 임명되었다. 숙종 2(1676)년 4월에 함경도 암행어사로 파견되었다. 돌아와서 홍주 목사에 임명되어 진휼에 힘썼다. 숙종 4(1678)년 군자감과 예빈시 정을 역임하고 숙종 6(1680)년 경신대축출로 남인이 실각하고 서인이 정권을 잡자 4월에 이조 참의에 임명되고 7월에 승지로 전임되었으며 10월에 예조 참의에 임명되었다가 11월에 대사간에 임명되었다. 숙종 7(1681)년 1월에 이조 참의에 임명되고 5월에 승지에 임명되었으며 숙종 8(1682)년 7월에 대사성에 임명되고 10월에 승지에 임명되었으며 11월에 대사간에 임명되었다가 4일 뒤에 다시 승지에 임명되었다. 숙종 11(1685)년 3월에 대사성에 임명되고 5월에 평안도 관찰사로 전임되었으며 12월에 이조 참판에 임명되었다. 숙종 12(1685)년 1월에 대사성에 임명되고 4월에 대사간에 임명되었다가 이조 참판으로 전임되었다. 9월에 대사헌에 임명되고 도승지 겸 예문관 제학에 임명되었고 10월에 이조 참판에 임명되었다. 숙종 13(1687)년 5월에 함경도 관찰사에 임명되고 숙종 15(1689)년 형조 참판에 임명되고 조위사로 청나라에 다녀와서 병을 핑계로 고향에 내려가서 아버지를 모시려 했다. 숙종 19(1693)년 8월에 황해도 관찰사에 임명되고 숙종 20(1694)년 갑술옥사로 서인이 복귀하자 4월에 이조 참판에 임명되었다가 형조 판서로 승진해서 예문관 제학을 겸했다. 윤5월에 예조 판서에 임명되고 6월에 왕비를 책정하는 예를 거행할 때 홍문관 제학으로 반교문(인현왕후의 중궁 복위 옥책문)을 짓고 대제학에 임명되었다. 7월에 우참찬에 임명되고 12월에 예조 판서에 임명되었다. 숙종 21(1695)년 2월에 좌참찬에 임명되었다가 다시 예조 판서에 임명되었으며 4월에 왕세자 관례 때에 교서를 짓고 같은 달에 대사헌에 임명되었다. 5월에 남인이 권대운 등을 석방하려 할 때 서인으로서 유독 혼자 찬성하고 6월에 좌찬성에 임명되고 8월에 예조 판서에 임명되었으며 9월에 공조 판서로 전임되었다가 12월에 다시 예조 판서에 임명되었다. 예조 판서로 있을 때는 서원의 지나친 설치의 폐해를 지적했다. 숙종 22(1696)년 2월에 이조 판서로 전임되고 5월에 형조 판서에 임명되었으나 같은 달에 61세로 죽었다.

〈숙종실록〉 숙종 22(1696)년 5월 7일 세 번째 기사에 '전 판서 박태상의 졸기'가 있다. 졸기에 "박태상은 세가에서 태어나 조금 간소하다고 일컬어졌으나, 사람됨이 편벽하고 초연한 기개가 없었다. 갑인년(숙종 즉위년)·기사년(숙종 15년) 흉당이 나라의 권세를 잡았을 때에 구차하게 조정에 용납되어 자못 흐름에 따른 잘못이 있었는데, 이때에 이르러 또 남구만에게 붙어 지론이 많이 어그러졌으므로, 공론이 허여하지 않았다."고 평했다.

◪ 저술 및 학문
인현왕후의 중궁복위옥책문을 지었다.

◪ 참고 문헌
〈다음백과사전〉, 〈효종실록〉, 〈현종실록〉, 〈현종개수실록〉, 〈숙종실록〉, 〈숙종실록보궐정오〉, 〈한국민족문화대백과사전〉, 〈이조판서박공신도비명, 윤증 지음〉, 〈증판서공임종파 번남박씨세보〉

최석정 (崔錫鼎)	본관은 전주이고 처음 이름은 석만(錫萬)이며 자는 여시(汝時)·여화(汝和)이고 호는 존와(存窩)·명곡(明谷)이며 시호는 문정(文貞)이다. 인조 24(1646)년에 태어나서 숙종 41(1715)년에 죽었다.

임명일

━ 숙종 22(1696)년 5월 5일 : 최석정(崔錫鼎)을 대제학으로,

가문

친아버지는 한성부 좌윤 후량(後亮)인데 작은아버지인 홍문관 응교 후상(後尙)에게 입양되었다. 할아버지는 영의정·대제학 명길(鳴吉)이고 증조부는 영흥 부사 기남(起南)이며 고조부는 수준(秀俊)이다. 외할아버지는 경주인 감사 안헌징(安獻徵)인데 석정이 후상에게 입양함으로 양외할아버지는 함평인 함평부원군 이해(李瀣)이다. 장인은 경주인 좌의정 이경억(李慶億)이다.

아들은 성균관 대사성 창대(昌大)이고 딸은 1녀는 전주인 이성휘(李聖輝)와 결혼했고 2녀는 경주인 이경좌(李景佐)와 결혼했으며 3녀는 파평인 윤상신(尹尙愼)과 결혼했다. 형은 공조 좌랑 석진(錫晉)이고 아우는 좌의정 석항(錫恒)이다.

할아버지 명길에 이어 대제학을 역임함으로써 조손 영의정에 조손 대제학의 가문을 이루었다.

생애

17세에 감시의 초시에 장원하고, 현종 7(1666)년 진사시에 장원하고 생원시에도 장원했다. 현종 12(1671)년 정시문과에서 병과로 급제하고 승문

원 부정자에 임명되었다. 현종 13(1672)년 검열에 임명되었다가 사서로 전임되었다.

숙종 1(1675)년 7월에 홍문록에 뽑히고 숙종 2(1676)년 1월에 오도 도체찰사 허적의 종사관으로 뽑혔다. 3월에 봉교로 있으면서 이식, 이돈, 오도일을 수찬에 응찬했는데 수찬에 응찬한 것이 붕당이라 하여 파직되었다. 숙종 3(1677)년 특지로 수찬에 임명되고 숙종 4(1678)년 1월에 교리에 임명되었으며 윤3월에 교리로 있으면서 시정·예론에 관해 상소했는데 상소문이 문제가 되어 양사와 옥당의 탄핵을 받고 삭탈관작 되고 문외출송 되었다가 5월에 한재로 인해 특별히 석방되었다. 숙종 6(1680)년 경신환국 이후 2월에 병조 정랑에 임명되고 3월에 특별히 부응교에 임명되었으며 4월에 응교에 임명되었다. 6월에 홍문관 전한에 임명되고 윤8월에 동부승지로 발탁되었으나 양아버지인 후상의 상을 당하여 관직에서 물러났다. 숙종 10(1682)년 6월에 동부승지로 관직에 돌아와서 7월에 성균관 대사성에 임명되고 9월에 홍문관 부제학에 임명되었다. 숙종 11(1683)년 2월에 소론의 영수인 윤증을 옹호하고 김수항을 논척하여 파직되었다가 9월에 영의정 김수항의 청으로 홍문관 부제학에 임명되고 11월에 특별히 승진되어 호조 참판에 임명되었으며 3일 뒤에 성균관 대사성에 임명되었다. 숙종 12(1684)년 6월에 진주사 정재숭의 부사로 청나라에 다녀왔고 11월에 한성부 우윤에 임명되었다. 숙종 13(1685)년 2월에 부제학에 임명되고 7월에 숙종의 명에 의해 신기옥형 수리에 착수했다. 9월에 승정원 도승지에 임명되었다가 10월에 대사성에 임명되었다. 숙종 14(1686)년 1월에 부제학에 임명되고 5월에 신기옥형을 완성시켰다. 5월에 상소하여 박세채와 밖에 있는 여러 대신을 소환하게 하였다. 7월에 의금부의 자사를 받고 관직이 삭탈되었으나 8월에 대사성에 임명되고 10월에 이조 참판에 임명되었으며 숙종 15(1687)년 1월에 홍문관 부제학을 겸했다. 2월에 이익수를 의망한 일로 안동 부사로 좌천되었다가 체차되었다. 기사환국으로 남인이 집권하자 실직에서 물러나 부호군으로 있다가 숙종 20(1694)년 갑술환국으로 서인이 집권한 뒤인 숙종 22(1696)년 2월에 이조 참판 겸 홍문관 제학에 임명되고 같은 달에 한성부 판윤으로 전임되었다가 대사헌에 임명되었다. 4월에 대사헌으로 경기·호서의 진휼책에 대해 상소하고 장희재의 처벌을 청하고 한성부 판윤에 임명되었다가 다음날 이조 판서에 임명되고 대제학에 임명되었다. 숙종 23(1697)년 1월에 이조 판서로 시폐 19조를 올리고 3월에 의정부 우의정으로 승진했으며 윤3월에 왕세자 책봉을 위한 진주 겸 주청정사로 청나라에 갔다가 9월에 돌아와서 품계를 더했다. 숙종 24(1698)년 5월에 이부 시랑 도대가 궤유미 1백석을 가지고 왔을 때에 역관이 없는 상태에서 "가을 개시(開市)의 정지를 청하기 위하여 계문하기를 청한다."고 했다. 이 일로 역관이 없는 상태에서 국격을 떨어뜨렸다는 양사의 탄핵을 받고 삭출되고 유배되었다가 9월에 판중추부사로 복귀하여 10월에 봉릉도감 도제조에 임명되었다. 숙종 26(1700)년 3월에 좌의정에 임명되어 〈대전속록〉 찬수의 명을 받았고 6월에 판돈녕부사에 임명되고 10월에 영돈녕부사에 임명되었다. 숙종 27(1701)년 6월에 영의정으로 승진하고 9월에 세자를 보호하기 위해 희빈 장 씨의 처형에 반대하는 상소를 올렸다. 이 일로 10월에 진천현으로 유배되었다가 숙종 28(1702)년 1월에 석방되고 12월에 서용하라는 명에 의해 판중추부사에 임명되었다. 숙종 29(1703)년 2월에 다시 영의정에 임명되었으나 6월에 사직을 청하여 허락받고 판중추부사에 임명되었다. 숙종 31(1705)년 4월에 영의정에 임명되었으나 8월에 여러 번의 사직 상소로 사직을 허락받고 판중추부사에 임명되었다. 숙종 32(1706)년 1월에 영의정에 임명되고 2월에 〈여지승람〉을 수정할 것을 청하여 허락받았다. 10월에 사직을 청하여 영의정에서 사직하는 것을 허락받고 판중추부사에 임명되었다가 숙종 33(1707)년 1월에 다시 영의정에 임명되었으나 5월에 사직 상소를 올리고 나오지 않아 잠시 체직되었다가 7월에 다시 영의정에 임명되었다. 숙종 34(1708)년 4월에 영의정에서 면직되고 판중추부사로 물러났다가 7월에 다시 영의정에 임명되었다. 숙종 35(1709)년 6월에 40여 차례에 걸쳐 정사하고 20여 차례에 걸쳐 상소하여 영의정에서 물러나 판중추부사로 있으면서 10월에 숙종의 명으로 강화도에 가서 축성하는 형편을 살피고 돌아와서 영의정에 임명되었다. 그러나 숙종 36(1710)년 병을 핑계 대어 일곱 번 정고하여 영의정에서 물러나 판중추부사에 임명되었다. 그러나 영의정으로 내의원 도제조를 겸하다가 왕의 탕환에 시약을 잘못한 일로 3월에 양사의 합계로 파직을 청하여 파직되었고 최석정이 바친 〈예기유편〉 15권은 주자를 배반했다는 비난을 받아 거둬들여 불태워졌다. 숙종 37(1711)년 5월에 행 판중추부사에 임명되었으나 7월에 병이 깊어 위중하게 되었고 숙종 41(1715)년 11월에 죽었다. 죽은 뒤에 숙종의 묘정에 배향되었고 진천의 지산서원에 제향되었다.

〈숙종실록〉 숙종 41(1715)년 11월 11일 세 번째 기사에 '판중추부사 최석정의 졸기'가 있다. 졸기에 "최석정은 성품이 바르지 못하고 공교하며 경솔하고 천박하였으나, 젊어서부터 문명이 있어 여러 서책을 널리 섭렵했는데, 스스로 경술에 가장 깊다고 하면서 주자가 편집한 〈경서〉를 취하여 변란시켜 삭제하였으니, 이로써 더욱 사론에 죄를 짓게 되었다. 그리고 여러 번 태사에 올랐으나 일을 처리함에 있어 전도되고 망령된 일이 많았으며, 남구만을 스승으로 섬기면서 그의 언론을 조술(祖述)하여 명분과 의리를 함부로 전도시켰다. 경인년(숙종 36년)에 시약(侍藥)을 삼가지 않았다 하여 엄지(嚴旨)를 받았는데, 임금의 권애(眷愛)가 갑자기 쇠미해져서 그 뒤부터는 교외에 물러가 살다가 졸하니, 나이는 70세이다."고 평했다.

↘ 저술 및 학문

명리학(양명학)의 대가로 탈주자학풍을 계승했다. 남구만·이경억의 문인으로 박세채(朴世采)와 종유했다. 문집으로 〈명곡집(明谷集)〉 36권이 있으며 운학서인 〈경세정운도설〉을 편찬했다. 편서로 〈좌씨집선(左氏輯選)〉·〈운회전요(韻會箋要)〉·〈전록통고(典錄通考)〉·〈예기유편〉이 있다. 글씨로 '금곡리옥천병자'가 있고 비문으로 '영상유상운갈'·'영상최명길비'·'형판장운익비'·'전우석비' 등이 전한다. 〈야승(野乘)〉을 집대성하고자 찬수청을 설치했으나 목표를 달성하지는 못했다.

↘ 참고 문헌

〈다음백과사전〉, 〈조선의 영의정〉, 〈현종실록〉, 〈현종개수실록〉, 〈숙종실록〉, 〈숙종실록보궐정오〉, 〈전주최씨한성판윤공파세보〉

오도일
(吳道一)

본관은 해주이고 자는 관지(寬之)이며 호는 서파(西坡)이다. 인조 23(1645)년에 태어나서 숙종 29(1703)년에 죽었다.

임명일

- 숙종 23(1697)년 윤3월 21일 : 오도일(吳道一)을 대제학으로 삼았다.
- 숙종 23(1697)년 8월 5일 : 오도일을 대제학으로,
- 숙종 25(1699)년 11월 7일 : 임금이 대제학에 오도일을 천거하게 하여 임명하게 하였다.
- 숙종 26(1700)년 2월 7일 : 오도일을 다시 대제학으로,

가문

아버지는 형조 좌랑·고양 군수 달천(達天)이고 할아버지는 영의정 윤겸(允謙)이며 증조부는 선공감역 희문(希文)이고 고조부는 사헌부 감찰 경민(景閔)이다. 외할아버지는 한양인 도사 조간(趙幹)이고 장인은 초배는 풍양인 이조 판서·대제학 조복양(趙復陽)이고 계배는 연일인 정엄(鄭淹)이다.

아들은 1남은 홍문관 교리 지제교 수원(遂元)이고 2남은 공조 좌랑 수욱(遂郁)이며 3남은 예조 참판·대사헌 수채(遂采)이고 4남은 진사 수복(遂福)이다. 형은 도종(道宗)과 도융(道隆)인데 도융의 아들이 수량(遂良)이고 수량의 아들이 우의정 명항(命恒)이다.

장인인 조복양에 이어 대제학을 역임함으로써 장인과 사위가 대제학을 역임하는 영예를 안았다.

생애

현종 14(1673)년 춘당대문과에서 을과로 급제했다.

숙종 2(1676)년 3월에 수찬에 응찬 되고 숙종 6(1680)년 2월에 병조 정

랑으로 있다가 4월에 지평에 임명되었으며 5월에 홍문록에 뽑혔고 6월에 홍문관 부수찬으로 전임되었다. 7월에 홍문관 부교리에 임명되어 이이의 〈성학집요〉가 정치하는 데 도움이 될 것이라고 건의했다. 숙종 7(1681)년 1월에 전라도 암행어사로 파견되었는데 암행어사로 파견되어 있을 때 홍문관 교리로 전임되었다. 7월에 홍문관 부교리에 임명되고 8월에 사헌부 헌납에 임명되었으며 9월에 수찬으로 전임되었다가 10월에 교리, 헌납, 교리로 연달아 전임되었다가 12월에 다시 헌납에 임명되었다. 숙종 8(1682)년 1월에 교리로 전임되고 2월에 헌납, 지평, 부교리를 차례로 역임하고 3월에는 교리와 지평에 임명되었으며 5월에 사가독서에 뽑혔다. 부수찬, 부교리를 거쳐 6월에 헌납, 부교리에 임명되었다. 7월에 혜성이 나타나자 측후관에 임명되고 8월에 헌납과 수찬을 거쳐 9월에 이조 좌랑에 임명되었다. 숙종 9(1683)년 1월에 수찬에 임명되고 2월에 이조 좌랑에 임명되었으며 3월에 교리로 전임되었다가 4월에 이조 좌랑에 임명되었다. 6월에 의정부 사인에 임명되고 집의, 부응교, 사간을 차례로 역임하고 음진 장령으로 외직에 나갔다가 숙종 11(1685)년 사헌부 장령에 임명되었다. 숙종 12(1686)년 11월에 부응교에 임명되고 숙종 13(1687)년 1월에 응교를 거쳐 2월에 승지에 임명되었으나 승지에 임명된 뒤에 자파를 옹호하다가 파직되었다. 11월에 서용하라는 명에 따라 12월에 다시 승지에 임명되었으나 승지에 임명된 5일 만에 이조 참의로 전임되었다. 숙종 14(1688)년 10월에 성균관 대사성에 임명되고 11월에 다시 이조 참의에 임명되었으며 숙종 15(1689)년 1월에 대사성에 임명되었다가 청풍 부사로 좌천되었다. 숙종 20(1694)년 4월에 이조 참의에 임명되고 6월에 개성 유수로 승진했으며 주청부사에 임명되었다. 같은 달에 예문관 제학에 임명되어 예문관 제학으로 이이와 성혼을 문묘에 종향하는 반교문을 지었다. 7월에 홍문관 부제학에 임명되고 2일 뒤에 대사간으로 전임되었으나 4일 뒤에 다시 부제학에 임명되었으며 8월에 주청부사로 청나라로 떠났다. 돌아와서 12월에 부제학에 임명되고 같은 달에 강원도 관찰사에 임명되었다. 숙종 21(1695)년 8월에 홍문관 제학에 임명되고 10월에 부제학에 임명되었으며 12월에 대사헌에 임명되었다가 같은 달에 승정원 도승지에 임명되었다. 숙종 22(1696)년 1월에 부제학에 임명되어 장희재의 처벌에 대해 상소하고 2월에 이조 참판에 임명되었다. 6월에 대사헌에 임명되고 10월에 공조 참판에 임명되고 11월에 대사성에 임명되었다가 12월에 대사헌에 임명되었다. 숙종 23(1697)년 1월에 경기도 관찰사에 임명되었으나 2월에 사직하겠다는 상소를 올려 허락받고 예문관 제학에 임명되었다. 윤3월에 이조 참판에 임명되어 이조 참판으로 대제학을 겸했다. 4월에 진작관으로 있으면서 술에 취해 넘어지면서 음복주를 엎질러 추고당하고 파직되었다가 6월에 다시 이조 참판에 임명되고 8월에 다시 대제학에 임명되었다. 숙종 24(1698)년 2월 우부빈객에 임명되고 7월에 공조 참판에 임명되었으나 양양 부사로 좌천되었다가 삭출되었다. 숙종 25(1699)년 5월에 예조 참판으로 복귀해서 11월에 다시 대제학에 임명되었다. 숙종 26(1700)년 1월에 좌의정 서문중이 파직에 그칠 수 없으니 심문하라고 청해서 심문을 받았으나 의금부에서 무죄를 상주함에 따라 2월에 네 번째로 대제학에 임명되었다. 3월에 〈대전속록〉 찬수 당상에 임명되고 4월에 종부시 제조에 임명되었으며 5월에 한성부 판윤으로 발탁되었다가 6월에 병조 판서에 임명되었다. 그러나 민언량(閔彦良)의 옥사에 연루되어 병조 판서에서 파직되고 숙종 28(1702)년 충청도 임천으로 유배되었다가 전라도 장성으로 이배되었으며 숙종 29(1703)년 유배지인 장성에서 59세로 죽었다. 죽은 뒤인 숙종 32(1706)년 관작이 회복되었다. '동인삼학사'의 한 사람으로 울산의 고산서원(孤山書院)에 제향되었다.

〈숙종실록〉 숙종 29(1703)년 2월 14일 첫 번째 기사에 '오도일이 장성 배소에서 죽다'는 기사가 있다. 기사에 "오도일은 본래 방탕하고 몸을 단속함이 없었는데, 만년에는 더욱 방자하고 패악해 다시 사람의 도리가 없었다. 적소에 있으면서 더욱 뜻을 잃고 슬퍼하여 오로지 술로써 스스로 마음을 풀었는데, 취하면 문득 옷을 벗고 벌거숭이가 되었다. 그 당류인 읍재(邑宰)가 관동(官僮)과 관기(官妓)를 보내어 부리도록 주었는데, 오도일은 이들을 모두 발가벗겨, 그가 함께 쫓아다니며 희롱하므로 사람들이 차마 볼 수가 없었다. 어떤 사람이 가서 보자 또 억지로 옷을 벗게 하였으나, 그 사람이 달아나서 겨우 면하였는데, 남쪽 사람이 침을 뱉고 꾸짖었으며, '사람 짐승'으로 지목하였다. 젊어서는 자못 청백하다고 스스로 일컬었는데, 만년에 명을 기다린다고 일컬으며 부상(富商)의 집에 붙어살면서, 날마다 술과 고기를 마련하게 하고 요구가 끝이 없어 상인이 크게 원망하였다. 종실(宗室) 전성군(全城君) 이혼(李混)은 행동이 개돼지와 같아서 사람들 사이에 끼이지 못하였는데, 오도일은 그 부를 탐하여 아들을 장가들게 하니, 그 당류들도 이를 더럽게 여겼다."고 평했다.

◪ 저술 및 학문

문장이 뛰어나 동인삼학사(東人三學士)로 불렸다. 저서로는 〈서파집〉이 있다.

◪ 참고 문헌

〈다음백과사전〉, 〈현종실록〉, 〈현종개수실록〉, 〈숙종실록〉, 〈숙종실록보궐정오〉, 〈해주오씨대동보〉, 〈한국민족문화대백과사전〉, 〈해주오씨주요세계도〉

본관은 덕수이고 자는 치보(治甫)이며 호는 수곡(睡谷)·수촌(睡村)·포음(浦陰)이고 시호는 문경(文敬)이다. 인조 23(1645)년에 태어나서 숙종 44(1718)년에 죽었다.

◪ 임명일

— 숙종 23(1697)년 12월 14일 : 이여(李畲)를 대제학으로,
— 숙종 27(1701)년 7월 16일 : 이여를 추천하여 대제학으로 삼고,

◪ 가문

아버지는 예빈시 정 신하(紳夏)이고 할아버지는 이조 판서·대제학 식(植)이며 증조부는 안기도 찰방 안성(安性)이고 고조부는 생원 섭(涉)이다. 6대조는 좌의정·대제학 행(荇)이다. 외할아버지는 영월인 교관 신후원(辛後元)이고 장인은 풍천인 사정 임좌(任座)이다.

아들은 돈녕부 도정 태진(台鎭)인데 태진이 만녕전 참봉 침(沉)을 낳았다. 딸이 넷인데 1녀는 번남인 돈녕부 도정 박필문(朴弼文)과 결혼했고 2녀는 남양인 현령 홍우해(洪禹諧)와 결혼했으며 3녀는 원성인 현감 원명직(元命稷)과 결혼했고 4녀는 광산인 현령 김홍택(金弘澤)과 결혼했다.

형은 삼척 부사 번(蕃)이고 아우는 양구 현감 당(簹)이다. 작은아버지가 좌의정·대제학 단하(端夏)이다.

할아버지 식에 이어 대제학을 역임함으로써 조손 대제학의 가문이 되고 작은아버지 단하와 함께 숙질 대제학의 가문을 이루었다.

◪ 생애

현종 3(1662)년 사마 진사시에 합격하고 숙종 6(1680)년 춘당대 문과에 급제했다. 숙종 7(1681)년 4월에 검열에 임명되었으며 7월에 홍문록에 뽑

히고 10월에 홍문관 정자에 임명되었다. 숙종 8(1682)년 5월에 임영, 오도일, 서종태 등과 독서당에 뽑혔으며 6월에 홍문관 박사에 임명되고 7월에 홍문관 정자에 임명되었으며 10월에 홍문관 수찬에 임명되었다. 11월에 사간원 정언에 임명되었다가 같은 달에 부수찬으로 전임되었다. 숙종 9 (1683)년 1월에 강원도 암행어사로 파견되고 2월에 부수찬에 임명되었다. 5월에 부수찬에 임명되고 6월에 이조 좌랑에 임명되었으며 7월에 헌납으로 전임되었다가 7월에 다시 이조 좌랑으로 전임되었다. 숙종 10(1684)년 2월에 이조 정랑에 임명되고 7월에 부응교에 임명되었으며 8월에 사헌부 집의로 전임되었다가 같은 달에 헌납으로 전임되었다. 9월에 사간원 사간에 임명되어 김환(金煥)을 탄핵했고 11월에 집의에 임명되었으며 12월에 의정부 사인으로 전임되었다. 숙종 11(1685)년 1월에 부응교에 임명되고 7월에 집의에 임명되었다가 승진해서 동부승지에 임명되었다. 9월에 이조 참의에 임명되고 10월에 승지로 전임되었다가 11월에 부제학에 임명되고 12월에 이조 참의에 임명되었다. 숙종 12(1686)년 4월에 성균관 대사성에 임명되고 12월에 부제학에 임명되었으며 숙종 13(1687)년 3월에 이조 참의로 전임되었다가 9월에 다시 부제학에 임명되었다. 숙종 14(1688)년 2월에 사간원 대사간에 임명되었으나 4월에 어떤 일로 체직되었다가 5월에 이조 참의에 임명되고 8월에 대사간으로 전임되었으며 10월에 부제학으로 전임되고 11월에 대사간에 임명되었다. 숙종 15(1689)년 1월에 이조 참의에 임명되었으나 기사환국으로 남인이 집권하고 서인이 몰락하자 송시열과 함께 면직되었다. 숙종 20(1694)년 4월에 갑술옥사로 남인이 제거되고 인현왕후가 복위되자 4월에 형조 참판에 임명되어 관직에 돌아왔다. 6월에 대사간에 임명되고 6월에 형조 참판으로 있으면서 인현왕후의 중궁복위교명문을 짓고 6월에 홍문관 제학에 임명되었으며 11월에 대사성에 임명되었다. 숙종 21(1695)년 3월에 부제학에 임명되었다가 4월에 도승지에 임명되었으나 어머니를 봉양하기 위해 벼슬을 그만둘 것을 청하여 허락받았다. 6월에 이조 참판에 임명되고 숙종 22(1696)년 3월에 공조 참판을 거쳐 5월에 대사성에 임명되었다. 7월에 한성부 판윤으로 승진하고 8월에 예조 판서에 임명되었으며 11월에 한성부 판윤에 임명되었다. 숙종 23(1697)년 1월에 대사헌에 임명되고 2월에 경기도 관찰사에 임명되었으며 8월에 이조 판서에 임명되었다. 10월에 예문관 제학에 임명되고 11월에 의정부 좌참찬에 임명되었으며 11월에 대제학에 임명되었다. 숙종 24(1698)년 5월 대사헌에 임명되고 6월에 예조 판서에 임명되었다. 숙종 26(1700)년 11월에 이조 판서에 임명되어 홍문관 제학을 겸하게 했으나 대제학을 지낸 사람이 제학에 임명되는 것이 부당하다고 사양하였으나 홍문관 제학을 제수 받았다. 숙종 27(1701)년 5월에 이조 판서로 판의금부사를 겸하면서 장희빈이 인현왕후를 저주한 무고의 옥을 다스려 장희빈과 장희제를 처형했다. 7월에 다시 대제학에 임명되고 숙종 28(1702)년 윤6월에 이조 판서에서 사직하는 것을 허락받고 좌참찬에 임명되었다. 숙종 29(1703)년 4월에 〈광국지경록〉을 지어 올리고 8월에 좌의정으로 승진했다. 숙종 30(1704)년 좌의정으로 있으면서 임진왜란 때 군대를 파견했던 명나라 신종의 은혜를 추모하기 위해 제보단을 쌓는 일에 참여했다. 숙종 31(1705)년 10월에 사직 상소를 내어 좌의정에서 사직하는 것을 허락받고 판중추부사에 임명되었다. 숙종 36(1710)년 3월에 영의정에 임명되었으나 소론과 갈등하다가 윤7월에 판중추부사에 임명되었다. 판중추부사에 임명되자 숙종 37(1711)년 소를 남기고 여주로 내려가 은거했다. 숙종 39(1713)년 1월에 돌아오라는 비망기를 받았으나 끝내 돌아오지 않다가 숙종 44(1718)년 1월에 행 판중추부사로 졸하였다. 향년 74세였다.

숙종 44(1718)년 1월 22일 첫 번째 기사에 '행 판중추부사 이여의 졸기'가 있다. 졸기에 "이여는 판서 이식의 손자였는데, 약관에 이미 문명을 떨쳤다. 처음 벼슬하여 사국(史局)에 천거되어 들어갔으며 이어 옥당에 선임되어 호당에 사가(賜暇)하였다. 화직(華職)을 두루 거쳐 여러 번 전관(銓官)의 자리에 들어갔는데, 선인의 경계를 인용하여 힘써 사양하였으나 체직이 되지 않았다. 태사(台司)에 올라와서 더욱 경계하고 조심하여 마음을 편하게 가지지 아니하고 항상 국세를 진작시키고 조정을 화합시키는 것을 자기의 임무로 삼았다. 언제든 당론이 나라의 화가 될 것을 걱정하여 일찍이 과격하거나 각박한 의논을 한 적이 없었다. 전후 상소하여 아뢴 것이 명백하고도 적절하여 간략하게 설득하는 뜻을 깊이 체득했다. 사문(斯文)의 큰 시비를 당하여서는 또 의연하게 의논을 정립하여 조금도 흔들리거나 의혹되지 아니하니, 사람들이 그 학력을 증험하게 되었다. 지위가 공상(公相)에 올랐으나 몸가짐은 한결같이 포의의 선비처럼 하였으며, 거주하는 집이 좁고 누추하였으나 거처하는 데에 여유가 있었다. 임종할 즈음에는 온화하여 마치 편안히 잠자는 것 같았는데, 다음날에 이르러서도 얼굴색이 조금도 변하지 아니하니, 사람들이 모두 기이하게 여겼다."고 평했다.

☑ 저술 및 학문

송시열의 문인이다. 저서로 〈수곡집(睡谷集)〉이 있고 〈광국지경록〉을 지었다.

☑ 참고 문헌

〈다음백과사전〉, 〈조선의 영의정〉, 〈현종실록〉, 〈현종개수실록〉, 〈숙종실록〉, 〈숙종실록보궐정오〉, 〈증보제9간덕수이씨세보〉, 〈국조인물고 : 묘표. 권상하(權尙夏) 지음〉

<table>
<tr>
<td>

서종태
(徐宗泰)

</td>
<td>

본관은 대구이고 자는 노망(魯望)이며 호는 만정(晩靜)·서곡(瑞谷)·송애(松厓)이고 시호는 문효(文孝)이다. 효종 3(1652)년에 태어나서 숙종 45(1719)년에 죽었다.

</td>
</tr>
</table>

◘ 임명일

━ 숙종 24(1698)년 8월 27일 : 서종태(徐宗泰)를 대제학으로 삼았다.

◘ 가문

아버지는 병조 참의 지제교 문상(文尙)이고 할아버지는 남원 부사 정리(貞履)이며 증조부는 선조와 인빈 김 씨 사이에 태어난 정신옹주(貞愼翁主)의 남편인 달성위(達城尉) 겸 오위도총부 도총관 경주(景霌)이고 고조부는 판중추부사 성(渻)이다. 외할아버지는 연안인 이조 판서·대제학 이명한(李明漢)이고 외증조부는 좌의정·대제학 이정귀(李廷龜)이며 장인은 전주인 지제교 이흼(李藘)이다.

아들은 넷인데 1남은 명륜(命倫)이고 2남은 좌의정 명균(命均)이며 3남은 군자감 정 명순(命純)이고 4남은 이조 판서 명빈(命彬)이다. 딸은 1녀는 한산인 판돈녕부사·대제학 이병상(李秉常)과 결혼했고 2녀는 동래인 생원 정석경(鄭錫慶)과 결혼했다. 명균이 영의정 지수(志修)를 낳고 지수가 대사헌·대제학 유신(有臣)을 낳았으며 유신이 판돈녕부사·대제학 영보(榮輔)를 낳고 영보가 대제학 기순(箕淳)을 낳아 3대 정승의 가문과 3대 대제학의 가문을 이루었다. 또 지수는 우의정 김구의 사위인데 김구의 아들이 영의정 김재로이고 김재로의 아들이 영의정 김치인이다.

손자 지수가 영의정을 역임함으로써 조손 대제학의 가문을 이루었는데 지수의 아들 유신과 유신의 아들 영보와 영보의 아들 기순이 3대 대제학을 이루었고, 외할아버지 이명한과 외증조 이정귀와 외삼촌 이일상이 대제학을 역임하여 외가도 3대 대제학의 가문을 이루었다. 또 사위 이병상이 대제학을 역임함으로 장인사위 대제학의 가문을 이루었다.

◨ 생애

숙종 1(1675)년 생원시에 장원하고 숙종 6(1680)년 문과별시에 급제했다. 숙종 7(1681)년 7월에 검열에 임명되고 9월에 홍문록에 뽑혔으며 실록청 도청·낭청으로 〈현종실록〉 편찬에 참여했다. 숙종 8(1682)년 3월에 홍문관 정자에 임명되고 5월에 독서당에 들어갔으며 7월에 홍문관 저작에 임명되고 숙종 9(1683)년 3월에 홍문관 박사에 제수되었다. 5월에 홍문관 수찬에 임명되고 6월에 헌납으로 전임되었다가 7월에 홍문관 교리로 전임되었으며 같은 달에 다시 헌납으로 전임되었다가 이조 좌랑으로 전임되었다. 8월에 수찬에 임명되고 10월에 지평에 임명되었으며 11월에 이조 좌랑에 임명되고 12월에 부교리에 임명되었다. 숙종 10(1684)년 1월에 헌납으로 전임되고 같은 달에 부교리로 전임되었으며 2월에 이조 좌랑과 수찬에 차례로 임명되었다가 3월에 헌납으로 전임되었다. 4월에 수찬에 임명되고 7월에 부교리로 전임되었으나 숙종 11(1685)년 1월에 다시 헌납으로 전임되었다가 6월에 교리에 임명되었으며 8월에 수찬에 임명되었다. 숙종 12(1686)년 1월에 홍문관 부응교에 임명되었다가 2일 뒤에 사헌부 집의로 전임되었으며 2월에 교리로 전임되어 시폐 9조를 작성하여 상소했다. 3월에 사간원 사간에 임명되고 같은 달에 부응교, 응교, 집의에 차례로 임명되었으며 4월에 부응교로 전임되었다가 윤4월에 응교를 거쳐 7월에 특별히 승진되어 승지에 임명되었다. 숙종 13(1687)년 11월에 대사간에 임명되고 숙종 14(1688)년 5월에 승지로 전임되었다. 그러나 숙종 15(1689)년에 기사환국으로 인현왕후 민 씨가 폐위되고 남인 정권이 들어서자 오두인(吳斗寅)·박태보(朴泰輔) 등과 함께 소를 올리고 벼슬에서 은퇴하여 저술에만 전념했다. 숙종 20(1694)년 갑술환국으로 인현왕후가 복위되고 서인이 정권을 잡자 윤5월에 대사간으로 관직에 복귀하여 하루 뒤에 승지로 전임되었다. 6월에 이조 참의에 임명되고 7월에 성균관 대사성에 임명되었으며 8월에 사간원 대사간에 임명되었다. 그러나 9월에 별시의 초시에서 감독을 소홀히 한 이유로 사직하였으나 2일 뒤에 다시 대사성에 임명되었다. 11월에 부제학으로 전임되고 같은 달에 승지로 전임되었으며 12월에 이조 참의에 임명되었다. 숙종 21(1695)년 1월에 사직상소를 올려 허락받고 이조 참의에서 물러났으나 2월에 승진되어 한성부 우윤에 임명되고 3월에 대사성으로 전임되었다가 8월에 개성 유수에 임명되었다. 숙종 22(1696)년 2월에 대사성에 임명되고 같은 달에 대사헌과 부제학으로 차례로 전임되었으며 4월에 이조 참판에 임명되고 7월에 이조 참판으로 홍문관 제학을 겸했다. 8월에 예조 참판에 임명되고 10월에 판결사로 전임되었다가 11월에 대사헌과 부제학에 차례로 전임되었다. 숙종 23(1697)년 4월에 이조 참판에 임명되고 8월에 부제학에 임명되었으며 9월에 대사성에 임명되었다. 그 뒤에 공조 참판을 거쳐 11월에 이조 참판에 임명되었다가 숙종 24(1698)년 6월에 부제학에 임명되고 8월에 대제학에 임명되었다. 이때 유생들이 권당하자 권당한 유생들을 조사하라는 명을 받았으나 사양하고 다음날 대사성에 임명되었다가 호조 참판을 거쳐 11월에 좌참찬에 임명되었다. 숙종 25(1699)년 3월에 예조 판서로 승진했으나 어머니의 상을 당하여 대제학과 예조 판서에서 사직하고 시묘했다. 숙종 27(1701)년 상례를 마치고 5월에 우참찬에 임명되고 6월에 예문관 제학에 임명되었으며 7월에 호조 판서에 임명되었다. 8월에 공조 판서로 전임되었으나 다음날 예조 판서로 전임되어 인현왕후의 국장을 주관하고 9월에 한성부 판윤에 임명되었다가 11월에 예조 판서로 전임되어 인현왕후의 애책문을 지었다. 12월에 의정부 좌참찬에 임명되고 숙종 28(1702)년 2월에 예문관 제학에 임명되고 3월에는 홍문관 제학으로 북도에 가서 문과를 주관했다. 4월에 대사헌에 임명되었으나 5월에 구차하게 양사의 합계에 함께 할 수 없다고 인피하여 체직되었다. 그 일로 사당을 비호했다는 이유로 서문유, 조상우와 함께 파직되었다. 숙종 29(1703)년 1월에 한성부 판윤에 임명되고 6월에 홍문관 제학을 겸했으며 8월에 공조 판서에 임명되었으나 동지사를 사양한 일로 추고를 당하고 9월에 승문원 제조에 임명되고 10월에 동지사로 청나라로 떠났다. 숙종 30(1704)년 4월에 한성부 판윤에 임명되고 7월에 이조 판서에 임명되었으나 인혐하고 출사하지 않아서 체직되고 다음날 공조 판서 겸 홍문관 제학에 임명되었다. 11월에 공조 판서로 〈단종실록〉 부록 찬진 제조를 겸하고 12월에 축단 공사를 감독한 노고로 가자되고 형조 판서로 전임되었다. 숙종 31(1705)년 1월에 이조 판서에 임명되고 2월에 판의금부사를 겸했다. 윤4월에 이조 판서에서 면직되고 2일 뒤에 공조 판서에 임명되었으며 6월에 우참찬으로 전임되었다가 7월에 한성부 판윤에 임명되었다. 11월에 사직을 거쳐 판의금부사에 임명되고 지돈녕부사를 거쳐 우의정으로 승진했다. 숙종 32(1706)년 2월에 좌의정으로 승진하였으나 10월까지 열아홉 번 정사하여 좌의정에서 물러나서 판중추부사에 임명되었다. 숙종 33(1707)년 10월에 우의정에 임명되었으나 숙종 34(1708)년 5월에 면직되고 판중추부사에 임명되었다. 숙종 35(1709)년 4월에 좌의정에 제배되었으나 숙종 36(1710)년 5월에 쉰아홉 번에 걸쳐 정고하여 체직을 허락받고 판중추부사에 임명되었다. 그러나 9월에 다시 좌의정에 임명되고 숙종 37(1711)년 영의정으로 승진되었다. 그러나 숙종 38(1712)년 1월에 열두 번의 사직상소로 영의정에서 잠시 물러나서 판중추부사로 있다가 4월에 다시 영의정에 임명되었다. 9월에 이유가 영의정에 제수되면서 종태는 한 계단 낮추어서 좌의정에 임명되었다. 그러나 11월까지 40차례에 걸쳐 정사하여 본직에서 물러나서 판중추부사에 임명되었다가 숙종 40(1714)년 9월에 다시 영의정에 임명되었다. 숙종 42(1716)년 약방 도제조를 겸했으나 7월에 약방 도제조의 직에서만 체직되었다가 8월에 영의정에서 사직하는 것을 윤허 받고 판중추부사에 임명되었다. 숙종 44(1718)년 판중추부사로 빈궁도감 도제조를 겸했으나 숙종 45(1719)년 2월에 죽었다.

〈숙종실록〉 숙종 45(1719)년 2월 21일 첫 번째 기사에 '행 판중추부사 서종태의 졸기'가 있다. 졸기에 "서종태는 사람됨이 겸손하고 공손하고 고상하고 정제(整齊)하였으니, 문학으로 지위가 태사에 이르렀다. 비록 정승으로서 일컬을 만한 업적은 없었으나 지론(持論)이 과격하지 않았고, 자신을 단속하여 청렴하고 검소하였으므로 문하에 잡빈이 없었으니, 사람들이 이로써 칭찬하였다."고 평했다.

◪ 저술 및 학문
〈현종실록〉 편찬에 참여하고 저서로 〈만정당집〉이 있다.

◪ 참고 문헌
〈다음백과사전〉, 〈조선의 영의정〉, 〈숙종실록〉, 〈숙종실록보궐정오〉, 〈대구서씨세보〉

<table>
<tr><td>

최규서
(崔奎瑞)

</td><td>

본관은 해주이고 자는 문숙(文叔)이며 호는 간재(艮齋)·소릉(少陵)·파릉(巴陵)이고 시호는 충정(忠貞)이다. 효종 1(1650)년에 태어나서 영조 11(1735)년에 죽었다.

</td></tr>
</table>

☑ 임명일

— 숙종 25(1699)년 6월 6일 : 최규서(崔奎瑞)를 대제학으로 삼았다.
— 숙종 25(1699)년 10월 16일 : 대제학 최규서가 극력 사퇴하여 해직되었는데 세상에서는 그가 자신을 안 것을 훌륭하게 여겼다.

☑ 가문

친아버지는 사도시 정 석영(碩英)인데 지평·현감 석유(錫儒)에게 입양되었다. 할아버지는 총융사 진해(振海)이고 증조부는 호조 좌랑 집(潗)이며 고조부는 삼당시인으로 꼽히는 종성 부사 경창(慶昌)이다. 외할아버지는 광산인 군수 김현(金顯)이고 장인은 전주인 첨지중추부사 이혜(李蕙)이다.

아들이 여섯인데 1남은 연기 현감 상진(尚震)이고 2남은 사도시 첨정 상복(尚復)이며 3남은 지돈령부사 상정(尚鼎)이고 4남은 동빙고 별검 상겸(尚謙)이다. 5남은 영천 군수 상관(尚觀)이고 6남은 사헌부 지평 지제교 상리(尚履)이다. 딸은 1녀는 청송인 서윤 심종현(沈宗賢)과 결혼했고 2녀는 원주인 증 이조 참판 원명설(原命卨)과 결혼했다.

형은 경릉 참봉 익서(翼瑞)이고 아우는 돈령부 도정 성서(星瑞)이다.

☑ 생애

현종 10(1669)년 사마 진사시에 합격하고 숙종 6(1680)년 별시문과에서 병과로 급제했다. 숙종 11(1685)년 5월에 사헌부 지평에 임명되고 6월에 사간원 정언으로 전임되어 정언으로 있으면서 현종이 서북인을 통청(通

淸)하라는 하교를 내리자 이에 맞서 "인문(人文)이 황폐하고 가합자(可合者)가 없다"는 논지로 소를 올렸다. 뒤에 이 소는 논객의 면모를 보였다는 평가를 받는다.(〈한국민족문화대백과사전〉) 7월에 지평으로 전임되고 11월에 홍문록에 뽑혔다. 숙종 12(1686)년 윤4월에 홍문관 수찬에 임명되고 6월에 이조 좌랑에 임명되었다. 7월에 함경도 암행어사로 파견되어 인삼 판매를 금지시킨 후의 폐단을 서계하고 8월에 헌납으로 전임되었다가 10월에 이조 정랑에 임명되었으며 숙종 13(1687)년 2월에 헌납에 임명되고 3월에 홍문관 교리로 전임되었다가 다시 헌납으로 전임되었다. 10월에 부수찬과 의정부 사인에 차례로 임명되고 11월에 부응교에 임명되었으며 12월에 사간에 임명되었다. 숙종 14(1688)년 5월에 승지에 임명되고 5월에 대사간에 임명되었으며 8월에 양주 목사로 나갔다가 12월에 성균관 대사성에 임명되었다. 숙종 15(1689)년 1월에 대사간으로 전임되었다가 같은 달에 승지에 임명되었으며 숙종 16(1690)년 희빈 장 씨를 왕비로 책봉하려 하자 반대했다. 숙종 20(1694)년 4월에 전라도 관찰사로 나갔다가 12월에 부제학에 임명되었다. 숙종 21(1695)년 2월에 이조 참의에 임명되고 8월에 대사성에 임명되었으며 12월에 부제학에 임명되었다. 숙종 22(1696)년 1월에 승지에 임명되고 2월에 대사성에 임명되었으며 4월에 이조 참의에 임명되었다. 5월에 승진하여 강화 유수에 임명되었다가 8월에 대사헌으로 전임되고 11월에 이조 참판으로 전임되었다. 숙종 23(1697)년 3월에 주청정사 최석정의 부사로 청나라에 다녀왔고, 9월에 부제학에 임명되었다가 4일 뒤에 도승지에 임명되고 10월에 우부빈객을 겸하다가 대사성으로 전임되었다. 숙종 24(1698)년 1월에 형조 판서로 승진하여 비국 유사당상을 겸하고 7월에 예조 판서로 전임되었다가 바로 좌참찬에 임명되었다. 8월에 다시 예조 판서에 임명되고 9월에 우참찬으로 전임되었으며 10월에 예조 판서에 임명되었다. 숙종 25(1699)년 4월에 예문관 제학을 거쳐 4월에 대사헌에 임명되고 6월에 대제학에 임명되었다. 10월에 형조 판서에 임명되고 같은 달에 극력 사퇴하여 대제학에서 해직되고 11월에 대사헌에 임명되었다. 숙종 26(1700)년 1월에 우참찬을 거쳐 2월에 이조 판서로 전임되었으나 3월에 소를 올려 어머니의 병을 진달하고 고향으로 돌아갔다. 6월에 예조 판서에 임명되었으나 취임을 거부하여 삭탈관작 되었다가 11월에 예조 판서에 임명되었다. 숙종 27(1701)년 2월에 우참찬에 임명되고 3월에 예조 판서로 전임되었으며 6월에 형조 판서에 임명되었으나 7월에 어머니의 병으로 사임했다. 그 뒤에 대사헌에 임명되었으나 8월에 궐 밖의 곡반에서 상소를 올리고 곧 돌아와서 어머니를 봉양하다가 11월에 형조 판서에 임명되고 숙종 28(1702)년 1월에 한성부 판윤에 임명되었다. 숙종 32(1706)년 7월에 홍문관 제학과 수어사에 임명되고 2일 뒤에 형조 판서에 임명되었으나 같은 달에 상소하여 사직했다. 숙종 33(1709)년 어머니의 상을 당했다. 숙종 35(1711)년 개성 유수에 임명되었으나 끝내 부임하지 않았으며 9월에 동지정사에 임명되었으나 병으로 체차되고 11월에 형조 판서와 대사헌에 차례로 임명되었다. 숙종 36(1712)년 행사직을 거쳐 5월에 형조 판서에 임명되었다가 9월에 좌참찬에 임명되었으며 숙종 37(1713)년 2월에 판의금부사에 임명되었으나 고향 광주에 있으면서 판의금부사에서 사직했다. 4월에 판돈녕부사에 임명되고 5월에 예조 판서를 거쳐 7월에 공조 판서로 전임되었으며 8월에 다시 예조 판서에 임명되었다. 숙종 39(1715)년 12월에 홍문관 제학에 임명되고 숙종 42(1718)년 9월에 예문관 제학에 임명되었다. 숙종 45(1721)년 병신처분으로 소론이 세력을 잃자 4월에 판돈녕부사에서 파직되고 7월에 홍문관 제학에 임명되었으나 사퇴하고 고향 광주(廣州)로 내려가 여생을 마치러 했다.

경종 1(1721)년 초야에 묻혀 있다가 소론이 득세하자 소론의 영수로 12월에 좌의정에 임명되었다. 숙종 3(1723)년 6월에 좌의정으로 실록청 총재관에 임명되어 〈숙종실록〉 편찬에 참여하고 7월에 내의 도제조를 거쳐 같은 달에 호위대장을 겸임하다가 영의정에 임명되었다. "이 무렵 노론들이 연잉군(영조)의 대리청정을 추진하자 이에 맞서는 등, 소론 정권의 주역을 맡았으나 강경파 김일경 등이 신임사화를 일으킬 때에는 온건하게 대처했다.

영조 즉위(1724)년 9월에 영의정에서 치사하고 봉조하에 임명되어 정치 일선에서 물러났으며 봉조하가 된 뒤에 성묘를 핑계대고 고향 광주(廣州)로 돌아갔다. 영조 4(1728)년 이인좌 등이 소현세자의 증손인 밀풍군(密豐君) 이탄(李坦)을 추대하여 역모를 일으켰을 때 조정에 알려 난을 평정하는 데에 기여했다. 이 일로 영조로부터 일사부정(一絲扶鼎)이라는 어필을 하사받았으나 공신에 녹훈되는 것은 끝내 거절하였다. 영조 5(1729)년 향리로 내려가 봉조하로 있다가 영조 9(1733)년 치국의 도에 있어 실천의 중요함을 상소하고 영조 11(1735)년 봉조하로 죽었다. 죽은 뒤에 영조의 묘정에 배향되었다.

〈영조실록〉 영조 11(1735)년 1월 1일 네 번째 기사에 '봉조하 최규서의 졸기'가 있다. 졸기에 "최규서는 어려서부터 한때의 명망이 있었으며, 지위가 재상에까지 이르렀으나 성묘한다고 핑계하고 고향으로 돌아가 숙종의 세대가 끝날 때까지 그대로 있으면서 벼슬하지 아니하였다. 경종 조에 이르러서 임인년의 옥사가 일어나자, 곧 한 소장을 올렸는데, '40년 동안 쌓여 오던 화가 비로소 오늘날에 와서 터졌다.'라는 말이 있었으니, 그때의 사람들이 앙화를 일으킬 마음이라고 말하였다. 무신년의 역변이 일어남에 미쳐 도성에 달려와서 적의 동정을 고발하여 사건이 평정되자 훈명을 힘써 사양하니, 임금이 이를 가상히 여겨 '한 가닥 절의로 나라를 붙들었다(一絲扶鼎)라는 네 글자를 손수 써서 주어 그를 포장하였었다. 이때에 이르러 서울의 사제에서 졸하였는데, 임금이 부음을 듣고 애도하여 유지를 내리기를,

'청렴하고 근신하는 지조와 기미를 먼저 알아보는 명석함으로써 몸을 깨끗이 하여 고향에 은거하였으며, 신축년 임인년의 분경하던 때를 당하여 더러움에 물들지 않고 나쁜 것에 더럽히지 않아서 그 마음이 맑고 깨끗하였다. 하물며 종사와 나라를 깊이 사랑하여 먼저 적당의 간담을 꺾어버려 세상에 다시없는 큰 공을 세웠는데도 힘써 훈명을 사양하여 항구 불변의 우아한 지조를 이룩하였으니, 그가 벼슬에서 물러나고 나아가는 것이 진실로 처신하는 의리에 마땅하였다. 아! 원로가 서거하였으니, 장차 어디에 의지하랴? 상장(喪葬)의 여러 가지 필요한 물자를 생시의 예에 의하여 수송하도록 하라. 또 태상시(太常寺)로 하여금 시장을 기다리지 말고 시호를 내리는 은전을 거행하도록 하라.'고 평했다.

◰ 저술 및 학문

시집으로 〈간재집〉 15권이 있다.

◰ 참고 문헌

〈다음백과사전〉, 〈조선의 영의정〉, 〈현종실록〉, 〈현종개수실록〉, 〈경종실록〉, 〈경종수정실록〉, 〈영조실록〉, 〈해주최씨세보〉, 〈한국민족문화대백과사전〉

송상기
(宋相琦)

본관은 은진이고 자는 옥여(玉汝)이며 호는 옥오재(玉吾齋)이고 시호는 문정(文貞)이다. 효종 8(1657)년에 태어나서 경종 3(1723)년에 죽었다.

임명일

- 숙종 30(1704)년 7월 26일 : 송상기(宋相琦)를 대제학으로 삼았다.
- 숙종 39(1713)년 1월 18일 : 송상기를 대제학으로 삼았다.
- 숙종 39(1713)년 10월 6일 : 사간원에서 대제학 송상기를 탄핵하다.
- 숙종 40(1714)년 7월 24일 : 송상기를 대제학에 제수하다.

가문

아버지는 예조 판서 규렴(奎濂)이고 할아버지는 국전(國銓)이며 증조부는 성균관 학유 희원(希遠)이고 고조부는 임천 군수 남수(柟壽)이다. 외할아버지는 동지중추부사 김광찬(金光燦)이고 영의정 김창집, 대제학 김창협과는 내외종이다. 장인은 철원인 생원 윤선적(尹宣績)이다.

아들은 황주 목사 필환(必煥)이고 딸은 1녀는 대제학 이인엽(李寅燁)의 아들인 경주인 부수 이하곤(李夏坤)과 결혼했고 2녀는 전주인 생원 이천기(李天紀)와 결혼했으며 3녀는 해평인 윤득항(尹得恒)과 결혼했고 4녀는 영의정·대제학 서종태의 아들이며 좌의정 서명균(徐命均)의 아우인 대구인 판서 서명빈(徐命彬)과 결혼했으며 5녀는 여흥인 부윤 민통수(閔通洙)와 결혼했는데 민통수는 인현왕후(仁顯王后)의 아버지인 여양부원군(驪陽府院君) 민유중(閔維重)의 손자이고 좌의정 민진원(閔鎭遠)의 아들이다. 아우는 순흥 도호부사 상유(相維)이고 누이는 대사헌 이민적(李敏迪)의 아들인 전주인 목사 이익명(李益命)과 결혼했다.

⬛ 생애

숙종 10(1684)년 정시문과에서 병과로 급제하고 승문원 부정자에 임명되었다. 숙종 11(1685)년 11월에 홍문록에 뽑히고 숙종 12(1686)년 11월에 홍문관 저작에 임명되었다. 홍문관 저작으로 있을 때에는 문장에 능숙하고 학식이 풍부하여 홍문관에서 올리는 글의 대부분을 지었다. 숙종 13(1687)년 설경을 역임하고 5월에 홍문관 박사에 임명되었다가 9월에 검열로 전임되었다. 숙종 14(1688)년 3월에 다시 홍문관 박사에 임명되고 4월에 수찬에 임명되었다가 11월에 부수찬에 임명되었으며 숙종 15(1689)년 1월에 홍문관 부교리에 임명되었다. 이때 희빈 장 씨의 어머니가 가마를 탄 채 대궐에 드나드는 것을 보고 가마를 불태워야 한다고 청했다가 파면되었다. 파면된 해에 부교리로 복직되었으나 기사환국으로 남인이 재집권하고 서인이었던 송시열과 김수항이 사형을 당하자 벼슬을 버리고 낙향했다. 숙종 20(1694)년 갑술옥사로 인현왕후 민 씨가 복위되고 남인이 제거되자 4월에 사헌부 장령으로 복귀하여 같은 달에 부교리로 전임되었다가 윤5월에 사간원 사간에 임명되었다. 6월에 부수찬에 임명된 뒤에 국모를 모해한 죄로 윤휴의 관작을 추탈할 것을 상소하고 7월에 부교리로 전임되었다. 같은 달에 다시 사간으로 전임되고 8월에 필선을 겸하다가 9월에 응교에 임명되었다. 11월에 교리와 부응교에 차례로 임명되고 숙종 21(1695)년 충주 목사에 임명되어 외직으로 나갔으나 숙종 22(1696)년 부제학 서종태가 상기의 문학이 높음을 들어 내직으로 불러들이기를 청함에 따라 6월에 교리에 임명되었다. 숙종 23(1697)년 1월에 보덕에 임명되고 같은 달에 부교리에 임명되었으며 3월에 세자 책봉에 대한 주청사 최석정의 서장관에 임명되고 윤3월에 의정부 사인에 임명되었으며 청나라에서 돌아온 뒤에 품계가 올라 9월에 승지로 발탁되었다. 숙종 24(1698)

년 한산 군수에 임명되어 외직으로 나갔으나 대사간 윤세기가 문학과 명망이 있는 사람은 내직으로 임명해야 한다고 청했다. 이에 따라 9월에 대사성에 임명되고 같은 달에 승지에 임명되었으며 11월에 이조 참의에 임명되었다가 숙종 25(1699)년 10월에 다시 승지에 임명되었으나 같은 달에 충청도 관찰사에 임명되었다. 숙종 26(1700)년 8월에 대사간에 임명되고 12월에 대사성에 임명되었으며 숙종 27(1701)년 8월에 대사간으로 전임되고 9월에 승지를 거쳐 11월에 다시 대사간에 임명되었다. 숙종 30(1704)년 2월 우부승지에 임명되고 같은 달에 부제학에 임명되었으며 5월에는 대사간과 부제학에 차례로 임명되었다. 6월에 대사간을 거쳐 7월에 전라도 관찰사에 임명되었으나 부임하기도 전에 이조 참의에 임명되고 대제학에도 임명되었다. 8월에 대사헌에 임명되고 10월에 행 사직을 거쳐 11월에는 대제학으로 제악에 쓰는 악장을 지어 올리고 〈단종실록〉 부록의 편찬을 주관했다. 12월에 대사헌에 임명되고 숙종 32(1706)년 5월에 대사간에 임명되고 6월에 대사헌에 임명되었으며 숙종 33(1707)년 12월에 충청도 관찰사에 임명되었다. 숙종 37(1711)년 공조 참판을 역임하고 숙종 38(1712)년 1월에 도승지에 임명되었다. 도승지에 임명되자 대제학을 역임한 사람이 도승지로 예문관 제학을 겸하는 것이 벼슬 차례에 편치 못함을 들어 예문관 제학에서 사직하기를 청했다. 3월에 대사헌에 임명되고 4월에 승진되어 한성부 판윤에 임명되었다. 숙종 38(1712)년 9월에 이조 판서에 임명되고 숙종 39(1713)년 1월에 예조 판서로 전임되어 예문관 제학으로 숙종 즉위 40년에 즈음하는 교문을 짓고 이조 판서로 전임되어 대제학에 임명되었다. 3월에는 대전에 유천지곡을 지어 올렸고 중궁전에는 사제지곡을 지어 올렸다. 7월에 형조 판서에 임명되고 8월에 우참찬에 임명되었으며 11월에 이조 판서에 임명되고 숙종 40(1714)년 7월에 대제학에 임명되었다. 9월에 대사헌에 임명되었다가 11월에 예조 판서에 임명되었으며 숙종 41(1715)년 4월에 이조 판서로 전임되고 8월에 공조 판서로 전임되어 숙종 42(1716)년 제도민호군역 구관당상을 겸했다. 7월에 이조 판서에 임명되었으나 같은 달에 병으로 사직을 허락받고 예조 판서에 임명되었다. 숙종 43(1717)년 4월에 다시 이조 판서에 임명되고 5월에는 특지로 판의금부사를 겸했다. 같은 달에 대제학으로 있으면서 증 영의정 문원공 김장생에 관한 유고문과 증 영의정 문원공 김장생에 관한 반교문을 지었다. 6월에 함경도 별건 시관을 겸하고 7월에 판의금부사를 겸하고 10월에는 관반도 겸했다. 숙종 44(1718)년 3월에 소현세자빈의 시호 개정을 반대하다가 이조 판서에서 면직되었으나 같은 달에 예조 판서에 임명되고 4월에 판의금부사도 겸했다. 6월에 호조 판서에 임명되고 8월에 이조 판서로 전임되었으며 9월에는 대제학으로 빈궁의 혼례에 내린 교명문을 지었다. 9월에 판의금부사를 겸하면서 적상산성을 승군으로 하여금 보수하자고 건의하여 실현시켰다. 숙종 45(1719)년 1월에 이조 판서에서 물러나 판돈녕부사로 있다가 2일 뒤에 공조 판서에 임명되고 2월에 호조 판서로 전임되어 예문관 제학을 겸하고 예문관 제학에서 사임하고 숙종 46(1720)년 1월에 판의금부사를 겸했다.

경종 즉위(1720)년 7월에 동지정사로 임명되었으나 병이 깊어서 교체되고 8월에 이조 판서에 임명되었다. 경종 1(1721)년 5월에 이조 판서에서 해면되었다가 예조 판서에 임명되어 8월에 좌빈객을 겸하였고 9월에 예조 판서에서 물러나 판돈녕부사에 임명되었다가 12월에 병조 판서에 임명되었다. 그러나 신임사화로 소론정권이 들어서자 강진으로 유배되어 경종 3(1723)년 6월에 유배지에서 67세로 죽었다. 영조 1(1725)년 1월에 관작이 회복되었다.

〈경종실록〉 경종 3(1723)년 6월 1일 첫 번째 기사에 '전 이조 판서 송상기의 졸기'가 있다. 졸기에 "송상기는 성품이 자상하고 온화하며 지론이 화평하여 일찍이 남을 해친 일이 없었다. 문장이 넉넉하고 탁 틔어 지필만 잡으면 그 자리에서 완성시켰고, 평소의 생활이 소박하여서 가난한 선비 같았다. 일찍이 정승의 물망에 올랐으나 임명되지 못하였다. 다만 타고난 성품이 너무 유약한데다가 종형 이유(李濡)에게 그르쳐 진 바 되어 존호를 올리는 청에 참여하였으니, 명절(名節)에 흠이 됨을 면치 못하였다. 그러나 신축년의 소는 죄가 아니었다. 김창집과 종형제였지만, 그의 의논에 절대로 간섭하지 않았으므로 대의(臺議)가 미치지 않았다. 그러나 그의 사위 이천기(李天紀)가 위언(危言)을 지어내어 공동(恐動)시키는 바람에 경솔하게 진소(陳疏)하였다가 훗날 자못 더욱 후회하였으므로, 사람들이 모두 애석하게 여겼다."고 평했다.

◪ 저술 및 학문
송시열의 문인이다. 저서로 〈옥오재집〉이 있고 '유천지곡'과 '사제지곡'을 지었다.

◪ 참고 문헌
〈다음백과사전〉, 〈숙종실록〉, 〈숙종실록보궐정오〉, 〈경종실록〉, 〈경종수정실록〉, 〈한국민족문화대백과사전〉, 〈은진송씨족보〉, 〈은진송씨쌍곡공파보〉, 〈이조 판서 겸 양관 대제학 송공 신도비명 병서, 이의현 지음〉

김창협
(金昌協) 본관은 안동이고 자는 중화(仲和)이며 호는 농암(農巖)·삼주(三洲)이고 시호는 문간(文簡)이다. 효종 2(1651)년에 태어나서 숙종 34(1708)년에 죽었다.

▣ 임명일

━ 숙종 32(1706)년 2월 5일 : 김창협(金昌協)을 대제학으로 삼고,

▣ 가문

아버지는 영의정·대제학 수항(壽恒)이고 할아버지는 동지중추부사 광찬(光燦)이며 증조부는 좌의정·대제학 상헌(尚憲)이고 고조부는 삼가 현감 대효(大孝)이다. 외할아버지는 안정인 해주 목사 나성두(羅星斗)이고 장인은 좌의정·대제학 이정구(李廷龜)의 손자이며 대제학 이명한(李明漢)의 아들인 연안인 부제학 이단상(李端相)이다.

아들은 19세로 요절한 시인 숭겸(崇謙)이고 딸은 1녀는 영의정 서문중(徐文重)의 아들인 대구인 군수 서종유(徐宗愈)와 결혼했고 2녀는 영의정·대제학 이여(李畬)의 아들인 덕수인 도정 이태진(李台鎭)과 결혼했다. 3녀는 해주인 현령 오진주(吳晉周)와 결혼하고 4녀는 박사한(朴師漢)과 결혼했으며 5녀는 유수기(俞受基)와 결혼했다.

형은 영의정 창집(昌集)이고 아우는 진사 창흡(昌翕), 동몽교관 창업(昌業), 예빈시 주부 창즙(昌緝), 학자 창립(昌立)이다. 큰아버지는 공조 참판 수증(壽增)이고 중부는 영의정 수흥(壽興)이다. 아버지 수항에 이어 대제학을 역임함으로써 부자 대제학의 가문을 이루었다.

◘ 생애

현종 10(1669)년 사마 진사시에 합격했다.

숙종 8(1682)년 증광문과에서 전시 장원으로 급제하고 전적에 임명되었다. 숙종 9(1683)년 4월에 사헌부 지평에 임명되고 6월에 홍문록에 뽑히고 같은 달에 홍문관 부수찬을 거쳐 수찬에 임명되었다. 윤6월에 지평으로 전임되었다가 다시 수찬으로 전임되었으며 7월에는 〈옥당고사〉를 지어 올리고 교리로 전임되었다. 9월에 부교리에 임명되고 12월에 헌납으로 전임되었다가 숙종 10(1684)년 1월에 교리로 전임되었다. 2월에 다시 헌납과 교리에 차례로 임명되었다가 6월에 이조 좌랑에 임명되었다. 8월에 사직을 거쳐 10월에 교리와 헌납과 이조 좌랑으로 전임되었으며 11월에 경상도 암행어사로 파견되어 안동 부사 유지발을 파면시켰다. 숙종 11(1685)년 2월에 부교리에 임명되었다가 같은 달에 헌납으로 전임되고 9월에 교리로 전임되었으며 같은 달에 다시 헌납으로 전임되었다. 숙종 12(1686)년 1월에 이조 정랑에 임명되고 2월에 수찬으로 전임되었으나 3월에 다시 이조 정랑에 임명되었다. 윤4월에 부교리와 헌납에 차례로 임명되고 5월에 이조 정랑으로 전임되었으며 6월에 집의로 전임되었다가 같은 달에 승진해서 승지에 임명되었다. 7월에 대사성에 임명되고 9월에 대사헌으로 전임되었다가 숙종 13(1687)년 1월에 대사간으로 전임되고 2월에 대사성에 임명되었다. 숙종 15(1689)년 청풍 부사로 있을 때 기사환국으로 남인이 집권하고 아버지 수항이 진도에서 사사되자 사직하고 영평(지금의 경기도 포천)에 은거했다. 숙종 20(1694)년 갑술옥사로 인현왕후가 복위되고 남인이 축출되자 서용하라는 숙종의 명에 따라 호조 참의에 임명되었다가 5월에 부제학에 임명되었다. 6월에 대사간에 임명되고 9월에 승지에 임명되었다. 숙종 21(1695)년 1월에 이조 참의에 임명되었으나 시골에 있어서 부임하지 못하고 바로 체직되었으며 4월에 부제학에 임명되었다. 7월에 승진되어 개성 유수에 임명되고 11월에 대사헌에 임명되었다. 숙종 22(1696)년 홍문관 제학에 임명되고 6월에 부제학에 임명되었으며 9월에 이조 참판에 임명되었다. 숙종 23(1697)년 3월에 부제학에 임명되고 숙종 24(1698)년 4월에 최석정에게 편지를 보내 절교를 선언하고 7월에 대사헌에 임명되었다. 숙종 25(1699)년 10월에 부제학에 임명되고 12월에 이조 참판에 임명되었으며 숙종 26(1700)년 6월에 대사헌에 임명되었다. 숙종 27(1701)년 2월에 대사성에 임명되고 11월에 부제학에 임명되었으며 숙종 28(1702)년 7월에 예문관 제학에 임명되고 8월에 부제학에 임명되었다. 숙종 31(1705)년 10월에 한성부 좌윤에 임명되고 11월에 대사간에 임명되었으며 같은 달에 이조 참판에 임명되었다. 숙종 32(1706)년 2월에 대제학에 임명되고 4월에 형조 판서로 승진되었다가 같은 달에 예조 판서로 전임되었다. 8월에 대사헌에 임명되었고 뒤에 지돈녕부사에 임명되었으며 숙종 34(1708)년 4월에 죽었다. 죽은 뒤에 숙종의 묘정에 배향되었고 양주의 석실서원(石室書院), 영암의 녹동서원(鹿洞書院)에 제향되었다.

〈숙종실록〉 숙종 34(1708)년 4월 11일 두 번째 기사에 '지돈녕부사 김창협의 졸기'가 있다. 졸기에 "영의정 김수항의 둘째 아들이다. 천성이 온화하고 청결하여 한 점의 더러운 세속의 기운이 없고, 문장은 농욱(醲郁)을 모방하여 육일거사(六一居士)의 정수를 깊이 얻었다. 국조(國朝) 이래로 작자는 1,2분에 불과했는데, 김창협이 정립하였다고 이를 만하다. 시도 역시 한·위를 출입하면서 소릉으로 보익(補翼)하였다. 고고(高古)하고 아건(雅健)하여 천박한 문장을 일삼지 않았는데, 조금 후에 이것은 우리 선비가 끝까지 할 사업은 되지 못한다고 여겨 마침내 육경에만 오로지 정진하여 염락관민(濂洛關閩)의 학(學)에 미쳐서 침함(浸涵)하고 연이(演迤)하여 침식(寢食)을 잊기까지 하니, 견해가 정확하고 공부가 독실하여 요즘의 변통성이 없는 선비에 비길 수 없었다. 주자서에 공력을 씀은 더욱 깊어, 송시열이 〈주문차의(朱文箚義)〉를 저술할 때에 그의 말을 많이 인용하였다. 만년에 의리가 꽉 막히고 사문이 갈라지고 찢어지는 때를 당하매, 명의(名義)를 표정(表正)하고 사피(邪詖)함을 물리치는 것으로써 자기의 임무를 삼으니, 세도가 힘입어서 유지(維持)되어 울연(蔚然)히 유림의 으뜸이 되었다. 종학하는 자가 매우 많았는데 훈회하기를 조금도 게을리하지 않았으며, 후생 가운데서 문사를 바로 잡을 자가 있으면 문득 이끌어서 학문에 나아가게 하였다. 젊어서 괴과(魁科)에 올라, 명망이 한 시대를 굽어보았다. 법연(法筵)에 진강하니, 순부(淳夫)처럼 삼매의 경지에 있다는 성예(聲譽)가 있었다. 더욱 군덕(君德)의 궐유(闕遺)에 권권(眷眷)하고, 일을 만나면 규절(規切)하여 임금의 노여움을 피하지 않았다. 기사년의 화를 만나자, 다시는 당세(當世)에 뜻을 두지 않았고, 경화(更化)한 뒤에 여러 번 불렀으나 나오지 않았다. 궁산(窮山)에서 굶주림을 참아가면서 굳게 지조를 지키면서 한평생을 미쳤으니, 비록 지취(志趣)의 숭수함과 문장(文章)의 높음과 학술의 심오함을 논하면, 모두가 남보다 뛰어났으니, 진실로 세상에 드문 홍유(鴻儒)가 될 만하다고 하겠다.……태학생(太學生)들이 관(館)을 비우고 와서 전(奠)을 올렸고, 학자들이 그를 농암선생(農巖先生)이라고 일컬었다. 문집 34권이 있어 세상에 행하여졌으며, …"라고 평했다.

◪ 저술 및 학문

학문은 이황과 이이의 설을 절충하였으나 이이의 기발이승설(氣發理乘

設)을 지지했다. "문장은 단아하고 순수하여 구양수(歐陽修)를 정수하여 얻었으며, 시는 두보의 영향을 받았지만 고상한 시풍을 이루었다."(〈학국민족문화대백과사전〉) 저서로 〈농암집〉·〈주자대전차의문목(朱子大全箚疑問目)〉·〈논어상설(論語詳說)〉·〈오자수언(五子粹言)〉·〈이가시선(二家詩選)〉 등이 있고 편저로 〈강도충열록(江都忠烈錄)〉·〈문곡연보(文谷年譜)〉 등이 있다. 문장에 능하고 글씨도 잘 써서 〈문정공이단상비(文貞公李端相碑)〉·〈감사이만웅비(監司李萬雄碑)〉·〈김숭겸표(金崇謙表)〉·〈김명원신도비전액(金命元神道碑篆額)〉 등이 전한다.

◪ 참고 문헌

〈다음백과사전〉, 〈한국민족문화대백과사전〉, 〈현종실록〉, 〈현종개수실록〉, 〈숙종실록〉, 〈숙종실록보궐정오〉, 〈안동김씨세보〉, 〈문곡 김수항 행장, 김창협 지음〉, 〈중씨 농암선생 묘지명 병서, 김창흡 지음〉

이인엽 (李寅燁)	본관은 경주이고 자는 계장(季章)이며 호는 회와(晦窩)이다. 효종 7(1656)년에 태어나서 숙종 36(1710)년에 죽었다.

🔽 임명일

— 숙종 33(1707)년 9월 1일 : 이인엽(李寅燁)을 대제학으로 삼았다.
— 숙종 33(1707)년 10월 10일 : 이인엽의 상소에 대한 비답에서 대제학의 체임을 허락하였다.

🔽 가문

아버지는 좌의정 경억(慶億)이고 할아버지는 형조 판서 시발(時發)이며 증조부는 진사 대건(大建)이고 고조부는 경윤(憬胤)이다. 외할아버지는 해평인 영의정 윤두수(尹斗壽)의 증손인 익찬 윤원지(尹元之)이고 장인은 초배는 인천인 부사 조현기(趙顯期)이며 계배는 상주인 부사 황일(黃鎰)이다.

아들은 1남은 문인화가 하곤(夏坤)인데 은진인 이조 판서·대제학 송상기(宋相琦)의 딸과 결혼해서 석표(錫杓)를 낳았다. 2남은 한곤(漢坤)이고 3남은 충주 목사 명곤(明坤)이다. 딸은 1녀는 전주인 한림 최수범(崔守範)과 결혼했고 2녀는 청풍인 현감 김홍도(金弘道)와 결혼했으며 3녀는 해주인 오명약(吳命若)과 결혼했다. 형은 홍문관 교리 인소(寅熽), 황해도 관찰사 인병(寅炳)이고 누이들은 전주인 영의정·대제학 최석정(崔錫鼎)과 결혼했고 2녀는 풍산인 지평 홍만적(洪萬迪)과 결혼했다.

처남 최석정이 대제학을 역임함에 따라 처남남매가 대제학을 역임했다.

🔽 생애

숙종 10(1684)년 사마시에 합격하고 숙종 12(1686)년 정시문과에서 을

과로 급제했다. 숙종 14(1688)년 10월에 검열에 임명되고 숙종 15(1689)년 희빈 장 씨의 소생을 원자로 책봉하는 일로 발생한 기사환국으로 남인이 재집권하고 서인이 정계에서 물러나게 되면서 인현왕후 민 씨를 폐하려 하자 전 한림으로 오두인, 이세화, 박태보 등과 반대 상소를 올렸다. 숙종 16(1690)년 6월에 홍문록에 뽑히고 숙종 17(1691)년 12월에 전라우도 암행어사로 파견되었다. 숙종 20(1694)년 갑술옥사로 남인이 제거되고 서인이 집권하자 4월에 홍문관 수찬에 임명되었다가 같은 달에 교리로 전임되었다. 8월에 이조 좌랑에 임명되고 9월에 헌납에 임명되었으나 5일 만에 체직되었다. 숙종 22(1696)년 11월에 부응교에 임명되고 같은 달에 필선을 겸했다. 숙종 23(1697)년 7월에 평안도의 감진어사로 파견되어 진휼 내용을 복명했다. 9월에 부응교로 임금이 행해야 할 세 가지 일을 논하고 10월에 묘당의 추천을 받아 황해도 관찰사에 임명되었다. 숙종 25(1699)년 예조 참의를 역임하고 숙종 26(1700)년 6월에 호조 참판에 임명되었다가 11월에 이조 참판에 임명되었다. 숙종 27(1701)년 9월에 대사간에 임명되고 10월에 행 사직을 거쳐 12월에 한성부 좌윤에 임명되었으며 숙종 28(1702)년 1월에 공조 참판에 임명되었다가 3월에 특별히 승진되어 한성부 판윤에 임명되었다. 8월에 인현왕후가 죽은 지 얼마 되지 않아 왕비를 간택하려 하자 〈경국대전〉에 처가 죽은 자는 3년 뒤에 다시 취한다는 내용을 들어 인현왕후의 초기(初朞)가 막 지났기 때문에 불가하다고 상소했다. 이 일로 한성부 판윤에서 파직되고 행 부호군으로 있다가 10월에 대사헌에 임명되었다. 이어서 행 사직에 임명되어 숙종 29(1703)년 3월에 유민들을 진휼하는 방도에 대해 상소했다. 4월에 박세당을 옥과로 귀양 보내려 하자 박세당을 구하라는 상소를 올렸고, 5월에 공조 판서에 임명되었다가 5월에 호조 판서로 전임되었으나 같은 달에 사면했다. 9월에 대사헌에 임명되고 숙종 30(1704)년 2월에 강화 유수에 임명되었다. 7월에는 강화 유수로 방해(防海), 고어(固圉)에 대한 10조목을 찬진한 책을 바쳤다. 또 강화 유수로 치적을 남겨 사당이 세워졌다. 숙종 31(1705)년 3월에 우참찬에 임명되고 7월에 형조 판서에 임명되었으며 11월에 이조 판서로 전임되었다. 숙종 32(1706)년 8월에 동지사(冬至使)에 차출되고 10월에 이조 판서에서 면직되어 지돈녕부사에 임명되었다가 병조 판서에 임명되었으나 12월에 박탈되어 판의금부사에 임명되었다. 숙종 33(1707)년 9월에 대제학에 임명되고 숙종 34(1708)년 1월에 예조 판서에 임명되었으며 예조 판서로 있으면서 2월에는 영의정 최석정과 함께 상정법 실시를 건의했다. 윤3월에 이조 판서에 임명되어 삼남의 진휼에 대해 상소하고 10월에 예조 판서로 전임되었다. 11월에는 정명공주의 집을 사서 연령군(延齡君) 이헌(李昍)에게 주라고 청해 실현시켰다. 12월에 병조 판서에 임명되고 숙종 35(1709)년 1월에 홍문관 제학을 겸했다. 6월에 형조 판서에 임명되고 8월에 호조 판서에 임명되었으며 숙종 36(1710)년 6월에 수어사에 임명되었으나 7월에 55세로 죽었다.

〈숙종실록〉 숙종 36(1710)년 7월 23일 첫 번째 기사에 '전 판서 이인엽의 졸기'가 있다. 졸기에 "이인엽은 고 상신 이경억의 아들로서 간솔하고 항려(伉儷)하여 긍지가 있었으며, 가세를 의뢰하여 청현의 벼슬을 역임하였다. 명위(名位)가 이미 높아서 임금이 그를 의뢰함이 두터웠고, 이인엽 또한 국사(國事)를 자임하였으나, 사람됨이 우둔하고 막힌데다가 식견이 적어서 특별히 성효(成效)가 없었다. 늦게 자못 임금의 뜻에 영합하여 심지어는 왕자를 위하여 옛날에 공주가 살던 집을 사도록 청하였으니, 이로 말미암아 임금의 권우(眷遇)가 더욱 융숭하였다."고 평했다.

☑ 저술 및 학문

저술 및 학문에 대해 알려진 것이 없다.

☑ 참고 문헌

〈다음백과사전〉, 〈한국민족문화대백과사전〉, 〈숙종실록〉, 〈숙종실록보궐정오〉, 〈경주이씨세보〉, 〈경주이씨익제공파대동보〉

강현
(姜鋧)

본관은 진주이고 자는 자정(子精)이며 호는 백각(白閣)·경암(敬庵)이고 시호는 문안(文安)이다. 효종 1(1650)년에 태어나서 영조 9(1733)년에 죽었다.

▶ 임명일

━ 숙종 34(1708)년 11월 29일 : 강현(姜鋧)을 대제학으로 삼았다.

▶ 가문

친아버지는 판중추부사 백년(栢年)인데 큰아버지 계년(桂年)에 입양되었다. 할아버지는 삼사지제교 주(籒)이며 증조부는 효도로 정려된 운상(雲祥)이고 고조부는 좌승지 린(璘)이다. 외할아버지는 초배는 안동인 동지중추부사 김광수(金光燧)이고 계배는 창원인 찰방 황담(黃湛)이다. 장인은 초배는 한양인 응교 조위봉(趙威鳳)이고 계배는 광주인 통덕랑 이익만(李翊萬)이다.

아들은 1남은 세윤(世胤)인데 이인좌의 난에서 적괴 서호(瑞虎)를 표박하여 공을 세웠다. 그러나 난을 일으킨 사람을 국문하는 과정에서 그들과 내통했다는 자백을 받음으로 파직되고 하옥된 뒤에 유배되었다. 그러나 그 당시 적괴 정세윤(鄭世胤)이 그와 이름이 같아서 일어났던 억울함이 밝혀져서 신원되었다.(〈다음백과사전〉) 2남은 한성부 판윤·문인화가 세황(世晃)인데 세황은 시·서·화 3절로 불리며 김홍도(金弘道)와 신위(申緯)의 스승이다. 딸은 각각 풍산인 홍중윤(洪重潤), 청풍인 김윤증(金胤曾), 풍천인 참의 임정(任珽), 밀양인 박징(朴徵), 선조의 현손 해흥군(海興君) 이강(李橿), 백천인 조익경(趙益慶)과 결혼했다.

숙종 1(1675)년 사마 진사시에서 장원하고 숙종 6(1680)년 정시문과에
병과로 급제했다. 숙종 11(1685)년 2월에 지평에 임명되고 8월에 홍문록
에 뽑혔다. 9월에 다시 지평에 임명되고 숙종 12(1686)년 1월에 부수찬으
로 있으면서 문과중시에서 을과로 급제하고 3월에 교리에 임명되었다. 4
월에 교리로 그의 아버지인 백년이 인조 때 올렸던 '양심양생동일범잠(養
心養生同一法箴)'을 올려 권장하게 했다. 7월에 사헌부 장령과 홍문관 부수
찬에 차례로 임명되고 9월에 다시 장령으로 전임되었다가 헌납으로 전임
되었다. 10월에 헌납에 임명되고 11월에 부수찬, 헌납, 교리로 차례로 전
임되었으며 12월에는 검상과 집의로 전임되었다. 숙종 13(1687)년 2월에
부수찬에 임명되고 6월에 집의와 부응교를 거쳐 7월에 사간과 부수찬에
임명되었다. 8월에 응교에 임명되고 9월에 집의로 전임되었으며 11월에
부교리, 부수찬에 임명되었다가 12월에 응교로 전임되었다. 숙종 14(1688)
년 2월에 승지로 발탁되었다가 2월에 이조 참의에 임명되었으나 5월에
고문을 지어야 했는데, 아버지의 병을 핑계로 명령을 어겨서 파면되었다.
6월에 대사간에 임명되고 같은 달에 승지에 임명되었다. 숙종 16(1690)년
2월에 대사간에 임명되고 숙종 20(1694)년 1월에 승지에 임명되었다. 3월
에 춘당대의 장전에서 수석하고 특별히 발탁되어 예조 참판에 임명되었
다가 8월에 경기도 관찰사에 임명되었다. 숙종 21(1695)년 4월에 도승지
에 임명되고 숙종 24(1698)년 1월에 또 도승지에 임명되었다. 숙종 25
(1699)년 4월에 홍문관 제학에 임명되고 8월에 좌참찬 겸 홍문관 제학에
임명되었으며 11월에 형조 판서로 승진했다. 숙종 26(1700)년 2월에 한성
부 판윤에 임명되어 3월에 〈대전속록〉 찬수청의 당상을 겸했다. 4월에는
유동귀가 사헌부를 비난한 데 분노를 품고 맹장을 쳐서 하루 만에 죽은

일이 일어나 형조 판서에서 파직되었다. 숙종 27(1701)년 5월에 한성부 판윤에 임명되고 7월에 좌참찬을 거쳐 다시 한성부 판윤에 임명되었으며 10월에 행 사직을 거쳐 좌참찬에 임명되었다. 이때 인현왕후가 서거하자 고부사로 청나라에 다녀왔고 숙종 28(1702)년 4월에 홍문관 제학에 임명되고 9월에 한성부 판윤에 임명되었다. 숙종 31(1705)년 2월에 형조 판서에 임명되었다가 9월에 행 사직에 임명되고 11월에는 부사직을 거쳐 형조 판서에 임명되었다. 숙종 32(1706)년 3월에 판윤에 임명되고 9월에 홍문관 제학에 임명되었으며 12월에 판의금부사에 임명되었다. 숙종 33(1707)년 5월에 형조 판서에 임명되고 9월에 한성부 판윤으로 전임되었으며 12월에 우참찬에 임명되었다. 12월에 경기도 관찰사에 임명되고 숙종 34(1708)년 1월에 우참찬, 7월에 형조 판서에 임명되었으며 11월에는 대제학도 겸했다. 숙종 35(1709)년 3월에 예조 판서에 임명되고 5월에는 원접사에 임명되었으며 8월에는 판의금부사를 겸했다. 숙종 36(1710)년 과장에서 부동 역서한 죄로 삭직되었다. 숙종 42(1617)년 윤3월에 한성부 판윤으로 관직에 돌아왔으나 숙종 43(1717)년 선대의 무덤을 온양의 어로(御路) 옆으로 옮겨 정하고 출입을 금하여 수호하는 곳을 넓게 차지하려는 계책으로 언덕을 쌓고 도랑을 파고 평탄한 옛길을 끊고 산을 파고 골짜기를 막아서 따로 한 가닥 새 길을 텄다. 이 일로 파직되었다가 숙종 44(1718)년 1월에 반송사에 임명되고 3월에 지중추부사에 임명되었다.

경종 1(1721)년 12월에 판의금부사에 임명되고 우참찬에도 임명되었으며 경종 2(1722)년 예문관 제학에 임명되고 5월에 좌참찬에 임명되었다. 경종 3(1723)년 3월에 판의금부사에 임명되고 경종 4(1724)년 4월에 좌참찬에 임명되었으며 7월에 판중추부사에 임명되었다.

영조 1(1725)년 3월에는 경종 즉위년과 경종 1년 사이에 있었던 신임사화 때에 노론의 정치인을 다스렸던 일로 관작이 삭탈되고 문외로 출송되었다. 그러나 기로소에 들어갔던 일이 참작되어 6월에 풀려났고 영조 3(1727)년 7월에 판의금부사에 임명되어 관직에 돌아와서 8월에 좌참찬에 임명되고 예문관 제학을 겸했으나 벼슬을 갈아줄 것을 상소하여 허락받았다. 영조 4(1728)년 80세를 맞이하여 가자되고 영조 9(1733)년에 죽었다.

〈영조실록〉 영조 9(1733)년 8월 15일 첫 번째 기사에 '강현이 유소를 올리고 사망하니 휼전을 도우라고 명하다'는 기사가 있다. 기사에 "강현이 병이 위독하자 거의 죽어가는 신하라 일컫고 유소를 올리기를, '정신을 수양하여 천화(天和)에 부합하고 조정을 바로잡아 공도를 넓히며, 인혜(仁惠)를 널리 펴 창생을 구제하고 과조(科條)를 굳게 지켜 무너진 기강을 진작시키며 능히 건강(乾剛)의 덕에 힘쓰시어 더욱 검약의 풍화를 밝히소서.'

하고, 진계(陳戒)하고 권면하면서 세상을 떠났다. 이에 전교하기를,

'서거한 부음이 막 올라오자 또 유장을 보게 되었다. 이제 그 사람은 없으니 비답을 내릴 곳이 없다. 특별히 슬프고 통탄스러운 뜻을 보이어 원소(原疏)를 사국(史局)에 넘기니, 유의(留意)한다는 뜻은 절로 그 속에 담겨 있다.'

하고 전례를 상고하여 휼전을 도우라고 명하였다. 강현은 곧 강세윤의 아비다. 강세윤(姜世胤)이 무신년 적초에서 나왔으므로 강현이 시골에 물러나 근심하고 두려워하다가 죽은 것이다."고 평했다.

◪ 저술 및 학문

〈대전속록〉 찬수에 참여했다.

◪ 참고 문헌

〈다음백과사전〉, 〈숙종실록〉, 〈숙종실록보궐정오〉, 〈경종실록〉, 〈경종수정실록〉, 〈영조실록〉, 〈진양강씨세보〉

| 김진규
(金鎭圭) | 본관은 광산이고 자는 달보(達甫)이며 호는 죽천(竹泉)이고 시호
는 문청(文淸)이다. 효종 9(1658)년에 태어나서 숙종 42(1716)년
에 죽었다. |

임명일

— 숙종 36(1710)년 6월 19일 : 김진규(金鎭圭)를 대제학으로.

가문

아버지는 숙종의 국구인 광성부원군 영돈녕부사·대제학 만기(萬基)이고 할아버지는 병자호란 때 화약에 불을 질러 자결한 부사 익겸(益謙)이며 증조부는 이조 참판 반(槃)이고 고조부는 문원왕으로 불리는 형조 참판 장생(長生)이다. 외할아버지는 한유량(韓有良)이고 장인은 초배는 전주인 영의정 이경여(李敬輿)의 아들인 충주 목사 이민장(李敏章)이고 계배는 연일인 정소하(鄭昭河)이다.

아들은 1남이 진사 성택(星澤)이고 2남은 영의정·대제학 양택(陽澤)이다. 딸은 각각 덕수인 판관 이형진(李衡鎭), 연안인 현감 이성(李渻), 성주인 현감 이도보(李道普), 한산인 이사권(李思權)과 결혼했다. 누이는 숙종의 원비인 인경왕후(仁敬王后)이다.

아버지 만기와 아들 양택이 대제학을 역임함으로 3대 대제학의 가문을 이루었고 작은아버지 만중이 대제학을 역임함으로써 숙질 대제학의 가문을 이루었다.

생애

숙종 8(1682)년 사마 진사시에 수석으로 합격하고 숙종 12(1686)년 정시문과에서 장원하고 12월에 지평에 임명되었다. 숙종 14(1688)년 3월에 기복 출사가 정지되고 홍문록에 뽑혔다. 그 뒤에 이조 좌랑에 임명되었으나 숙종 15(1689)년 1월에 기사환국으로 남인이 재집권하자 형 진귀와 함께 거제도에 유배되었다. 숙종 20(1694)년 갑술옥사로 인현왕후가 복위되고 서인이 정권을 잡자 지평에 임명되어 관직에 돌아왔다. 5월에 수찬에 임명되어 윤5월에 아버지 만기의 무죄를 상소하고 6월에 헌납에 임명되었다가 부수찬으로 전임되었다. 8월에 이조 좌랑에 임명되었다가 같은 달에 헌납에 임명되고 9월에 부교리로 전임되어 11월에 사서를 겸했다. 숙종 21(1695)년 2월에 이조 좌랑에 임명되고 4월에 이조 정랑에 임명되었다가 사인과 사간으로 전임되었다. 5월에 부응교에 임명되었으나 노론과 소론의 대립이 깊어지자 소론인 남구만에 의해 척신으로 월권행위가 많다는 이유로 탄핵을 받고 삭직되었다가 숙종 22(1696)년 10월에 보덕에 임명되었다. 숙종 24(1698)년 8월에 부교리에 임명되고 10월에 부응교로 전임되었다. 숙종 25(1699)년 1월에 동부승지에 임명되어 스승을 배반했다는 이유로 윤증(尹拯)을 공박했다. 숙종 26(1700)년 9월에 승지에 임명되고 숙종 27(1701)년 1월에 대사간에 임명되었으며 4월에 병조 참의를 거쳐 7월에는 대사성에 임명되고 9월에 승지에 임명되었다. 숙종 28(1702)년 1월에 대사성에 임명되고 2월에 홍문관 제학에 임명되었으며 4월에 부제학에 임명되었다. 7월에 이조 참판에 임명되고 11월에 부제학에 임명되었으며 12월에 겸 예문관 제학에 임명되었다. 숙종 29(1703)년 4월에 이조 참판에 임명되었으나 고사하여 허락 받고 부호군에 임명되었다. 5월에 대사성에 임명되고 7월에는 성균관 유생들을 비난하는 상소를 올렸다. 유생을 비난한 일로 정언 이해조의 탄핵을 받고 체직되었다가 9월에 형조 참판에 임명되었다. 숙종 30(1704)년 9월에 예조 참판을 역임하고 숙종 31(1705)년 호조 참판, 병조 참판에 임명되었으나 숙종 32(1706)년 4월에 소론인 수찬 조태일의 탄핵을 받고 숙종 34(1708)년 1월에 삭탈되어 시골로 내쫓겼다가 5월에 석방되었다. 숙종 36(1710)년 대사성에 임명되고 같은 달에 대제학에 임명되었으며 12월에 동지중추부사를 거쳐 한성부 좌윤에 임명되었다. 숙종 37(1711)년 예조 참판을 역임하고 숙종 38(1712)년 7월에 형조 판서로 승차되고 9월에 홍문관 제학을 겸했다. 그러나 같은 달에 과옥을 지체시킨 일로 형조 판서에서 파직되어 행 호군으로 있다가 11월에 예조 판서에 임명되고 12월에 우참찬에 임명되었으며 같은 달에 예조 판서로 전임되었다. 숙종 39(1713)년 1월에 예조 판서에서 체직되고 좌참찬을 거쳐 지돈녕부사에 임명되었다가 4월에 공조 판서에 임명되어 도사도감 제조(圖寫都監提調)를 겸했다. 숙종 40(1714)년 강화 유수에 임명되어 강화도의 형편과 이해(利害)에 대해 진달하고 숙종 41(1715)년 3월에 예문관 제학에 임명되었다. 숙종 42(1716)년 6월에 59세로 죽었다. 죽은 뒤에 거제의 반곡서원(盤谷書院)에 제향되었다.

〈숙종실록〉 숙종 42(1716)년 6월 3일 첫 번째 기사에 '전 판서 김진규의 졸기'가 있다. 졸기에 "김진규는 사람됨이 강직하고 일에 부지런하였다. 일체 법을 지켜서 흔들리는 것이 없으므로 사람들이 감히 사사로운 일을 청하지 못하였고, 늘 청검(淸儉)으로 스스로 행실을 닦으니 귀하여지고 나서도 집은 매우 가난하여 입고 먹는 것은 빈한한 선비와 다를 것이 없었다. 또 시감(試鑑)이 있으므로 여러 번 과시를 관장하여 사람들의 칭찬을 받았으나, 성질이 자못 집요하고 남에게 이기려고 힘쓰는 병통이 있었으므로 사람들이 이것을 흠잡았다."고 평했다.

▶ 저술 및 학문

송시열의 문인이다. 문집으로 〈죽천집〉이 있고 편서로 〈여문집성(儷文集成)〉이 있다. 글씨로는 '강화충렬사비(江華忠烈祠碑)'·'대사헌심의겸비'·'증지평이령비'가 있다. 전서·예서·산수화·인물화에 능해 신사임당의 그림이나 송시열의 글씨에 대한 해설을 남겼다.

▶ 참고 문헌

〈다음백과사전〉, 〈한국민족문화대백과사전〉, 〈숙종실록〉, 〈숙종실록보궐정오〉, 〈광산김씨족보〉

김유
(金楺)

본관은 청풍이고 자는 사직(士直)이며 호는 검재(儉齋)이고 시호는 문경(文敬)이다. 효종 4(1653)년에 태어나서 숙종 45(1719)년에 죽었다.

임명일

— 숙종 44(1718)년 11월 7일 : 김유(金楺)를 이조 참판 겸 양관 대제학으로 삼고.

가문

아버지는 전라도 관찰사 징(澄)이고 할아버지는 공조 정랑 극형(克亨)이며 증조부는 인백(仁伯)이고 고조부는 계(繼)이다. 외할아버지는 함평인 참봉 이의길(李義吉)이고 장인은 초배는 전주인 호군 이명진(李鳴震)이고 계배는 여산인 군수 송박(宋搏)이다.

아들은 정랑·부사 정로(正魯), 이조 판서 취로(取魯), 판결사 성로(省魯), 좌의정 약로(若魯), 영의정 상로(尙魯)이다. 상로가 이조 참의 치양(致讓)과 교리 치현(致顯)을 낳았다.

형은 우의정 구(構)이다. 구가 영의정 재로(在魯)와 호조 참판 희로(希魯)를 낳았고 재로가 영의정 치인(致仁)을 낳았고 희로가 시직 치만(致萬)을 낳고 치만이 좌의정·대제학 종수(種秀)를 낳았다.

생애

현종 15(1674)년 자의대비(慈懿大妃)의 복상문제를 둘러싸고 제 2차 예송이 벌어져 스승인 송시열, 박세채 등이 화를 입게 되자 과거를 포기하고 경기도 이천에 은거했다. 숙종 9(1683)년 사마시에 합격하고 경학으로 추천받아 창릉 참봉에 등용되었으며(〈한국민족문화대백과사전〉), 숙종

15(1689)년 기사환국으로 남인이 재집권한 뒤인 윤3월에 이인 찰방으로 있었는데 이때 대사헌 권해의 탄핵을 받고 사판에서 삭제되었다. 숙종 20(1694)년 갑술옥사로 남인이 제거되고 서인이 정권을 잡자 관직에 돌아와서 정랑에 임명되었다. 숙종 25(1699)년 증광문과에서 병과로 급제했다. 숙종 26(1700)년 3월에 최석정이 〈대전속록〉을 찬수할 때 찬수청 낭청으로 참여했다. 숙종 35(1709)년 호조 정랑을 역임했다. 숙종 38(1712)년 11월에 사서에 임명되고 숙종 39(1713)년 1월에 사헌부 장령에 임명되고 3월에 홍문록에 뽑힌 뒤에 홍문관 교리에 임명되었다. 4월에 사간원 사간에 임명되고 5월에 교리로 전임되었으며 윤5월에 수찬으로 전임된 뒤에 바로 교리로 전임되어 민가의 사치 행위를 금할 것을 상소했다. 7월에 부교리에 임명되고 9월에 문학을 겸했다. 숙종 40(1714)년 11월에 부수찬에 임명되고 숙종 41(1715)년 8월에 황해도 관찰사에 임명되었다. 숙종 43(1717)년 4월에 대사간에 임명되었다가 5월에 평안도 관찰사로 나갔다. 숙종 44(1718)년 윤8월에 부제학에 임명되고 9월에 대사헌으로 전임되었으며 11월에 이조 참판 겸 대제학에 임명되었다. 숙종 45(1719)년 1월에 이조 참판으로 〈주자어록〉 10권을 세자에게 권했다. 3월에 67세로 죽었다.

〈숙종실록〉 숙종 45(1719)년 3월 13일 두 번째 기사에 '대제학 김유의 졸기'가 있다. 졸기에 "김유는 고 상신 김구의 아우로서, 박세채에게 수학하였는데, 문학으로 당시에 칭찬을 받았다."고 평했다. 그러나 〈숙종실록보궐정오〉 숙종 45(1719)년 3월 13일 첫 번째 기사에는 직함도 없이 '김유의 졸기'라 적고, "김유는 장리인 김징의 아들로서, 천성이 바르지 못하여 관직에 있을 때 탐람하고 방종하였으니, 양서(兩西)의 관찰사가 되었을 때에는 부고가 텅 비게 되었다. 구변이 좋고 간사한 짓을 잘 꾸며서 마침내 사문(師門)의 모적(蟊賊)이 되었으니, 그가 장수(長壽)하여 뜻을 얻게 되었다면 세도의 폐해가 어찌 이에 그쳤겠는가?"라 평했다.

☑ 저술 및 학문

박세채의 문인으로 〈동국여지승람(東國輿地勝覽)〉을 증보했다. 저서로 〈소학집주(小學集註)〉, 〈증보주자외기(增補朱子外記)〉, 〈존주록(尊周錄)〉, 〈검재집(儉齋集)〉이 있다.

☑ 참고 문헌

〈다음백과사전〉, 〈한국민족문화대백과사전〉, 〈현종실록〉, 〈현종개수실록〉, 〈숙종실록〉, 〈숙종실록보궐정오〉, 〈청풍김씨세보〉

| 이관명
(李觀命) | 본관은 전주이고 자는 자빈(子賓)이며 호는 병산(屏山)이고 시호는 문정(文靖)이다. 현종 2(1661)년에 태어나서 영조 9(1733)년에 죽었다. |

📌 임명일

— 숙종 45(1719)년 5월 14일 : 이관명(李觀命)을 양관 대제학으로,

📌 가문

세종의 9세손으로 아버지는 이조 판서·대제학 민서(敏敍)이고 친할아버지는 영의정 경여(敬與)이며 친증조부는 목사 유록(綏祿)이고[47] 고조부는 첨정 극강(克綱)이다. 외할아버지는 원주인 좌의정 원두표(元斗杓)이고 장인은 초배는 덕수인 판서 장선징(張善澂)인데 장선징은 우의정·대제학 장유(張維)의 아들인데 장유는 효종비 인선왕후(仁宣王后)의 아버지이며 안동인 우의정 김상용(金尙容)의 사위이다. 계배는 안동인 권중만(權重萬)이다.

아들은 초배에서 망지(望之)와 순창 군수 익지(翊之)를 낳고 계배에서 2남 7녀를 낳았는데 아들은 우의정·대제학 휘지(徽之)와 삼척 부사 홍지(弘之)이다. 딸은 각각 기계인 첨정 유숙기(俞肅基), 청송인 심정현(沈廷賢), 함안인 판서 조중회(趙重晦), 청풍인 생원 김치량(金致良), 영월인 신최령(辛最寧), 청풍인 영의정 김치인(金致仁), 파평인 윤광보(尹光輔), 남양인 홍경해(洪景海), 안동인 상의 별제 김익겸(金益謙)과 결혼했으며 측실 소생으로 헌지(憲之)가 있다. 김치인은 영의정 김재로(金在魯)의 아들이고 우의정 김구(金構)의 손자이다.

---

47) 아버지 민서가 당숙인 성천 부사 후여(厚興)에 입양해서 양증조부는 형조 참의 성록(成祿)이 된다.

아우는 좌의정 건명(健命), 길명(吉命)이고 누이는 첨정 홍중기(洪重箕)와 결혼했는데 홍중기는 판서 홍만용(洪萬容)의 아들이고 정명공주의 남편인 영안위 홍주원(洪柱元)의 손자이다. 휘지의 사위는 광산인 영의정 김양택(金陽澤)의 아들인 김하재(金夏材)인데 김하재의 언행이 바르지 못해 역적이 되고 집을 허물어 연못을 파는 처벌을 받았다.

아버지 민서, 아들 휘지와 함께 3대 대제학의 가문을 이루었다.

◪ 생애

숙종 13(1687)년 사마 진사시에 합격하고 숙종 14(1688)년 세자익위사 세마에 임명되었다. 이어서 공조 정랑을 역임하고 함열 현감에 임명되었으며 숙종 24(1698)년 알성문과에 급제했다. 숙종 25(1699)년 4월에 사헌부 지평에 임명되고 5월에 홍문록에 뽑혔으며 숙종 26(1700)년 2월에 사서에 임명되고 3월에 또 홍문록에 뽑혔다. 6월에 홍문관 부수찬에 임명되고 7월에 수찬으로 전임되었으며 8월에 부교리에 임명되었다. 10월에는 교리로 있으면서 선비의 풍속·군포의 폐단·무역 등에 대해 상소했다. 숙종 27(1701)년 2월에 연산의 선비들이 세운 성삼문의 사당에 토지와 노비를 하사하기를 청하고 5월에 부수찬에 임명되었다. 10월에는 부수찬으로 있으면서 최석정을 용서하라고 상소하고 12월에 겸 문학에 임명된 뒤에 수찬에 임명되었다. 숙종 28(1702)년 1월에 부교리에 임명되고 6월에 교리로 전임되었으며 9월에 수찬에 임명되고 10월에 부교리에 임명되었다가 이조 좌랑에 임명되었다. 숙종 29(1703)년 3월에 교리에 임명되어 임금이 대신을 대우하는 일 등에 대해 상소했다. 7월에 이조 좌랑에 임명되고 사서를 겸하다가 교리로 전임되었다. 9월에 이조 좌랑에 임명되고 10월에 이조 좌랑으로 문학을 겸했고 11월에 수찬에 임명되었다가 다시 이조 좌랑으로 전임되었다. 12월에 수찬으로 전임되었다가 이조 좌랑으로 전임되고 다시 수찬으로 전임되었다. 숙종 30(1704)년 2월에 교리에 임명되고 3월에 헌납에 임명되었다가 다시 교리에 임명되었다. 교리로 있으면서 지나친 공역과 당의 등을 근신하기를 청하는 차자를 올렸다. 6월에 이조 좌랑에 임명되고 7월에 부응교에 임명되었으며 8월에는 부교리로 필선을 겸했다. 9월에 교리로 전임되었으며 10월에 집의에 임명되었으며 11월에 부사과로 찬집청 낭청이 되어 〈단종실록〉 부록을 찬진했다. 숙종 31(1705)년 10월에 교리에 임명되고 11월에 교리로 보덕을 겸하다가 12월에 영유 현령으로 좌천되었다. 그러나 12월에 대사간 조태동이 내쳐서 보임하는 것이 부당하다고 아뢰고, 지평 이명준이 외직에 보임시키는 명을 거두라고 청하였으며 영의정 최석정이 이관명과 이광좌를 조정으로 불러들이라고 청했다. 이 청이 받아들여져 숙종 32(1706)년 5월에 응교에 임명되고 8월에 겸 보덕이 되고 10월에 부응교를 거쳐 사간에 임명되었다. 숙종 33(1707)년 3월에 사간으로 필선을 겸하다가 4월에 응교에 임명되었으며 5월에 겸 보덕에 임명되었다. 숙종 34(1708)년 1월에 의정부 사인에 임명되고 2월에 사인으로 필선을 겸했으며 3월에 부응교로 전임되었다. 윤3월에 응교에 임명되어 보덕을 겸하다가 12월에 사인에 임명되어 보덕을 겸했으며 12월에 부교리에 임명되었다. 숙종 35(1709)년 1월에 응교에 임명되고 사간으로 전임되었다가 동부승지에 임명되었다. 동부승지에 임명된 뒤에 사간으로 있을 때 계문한 상소를 계달했다. 이 상소로 인해 여러 논란이 일다가 장령 윤회가 이만성과 이관명의 관직을 삭탈하도록 논계했다. 숙종 39(1713)년 2월에 대사간에 임명되고 윤5월에 이조 참의에 임명되었다. 숙종 40(1714)년 2월에 승지에 임명되고 4월에 이조 참의에 임명되었으며 10월에 부제학에 임명되었다. 11월에 승진되어 한성부 우윤에 임명되었다가 부제학에 임명되었다. 숙종 41(1715)년 3월에 대사간에 임명되고 12월에 이조 참판에 임명되었으며 숙종 42(1716)년 7월에 도승지에 임명되었다. 11월에 대사간에 임명되고 12월에 대사헌에 임명되었다. 숙종 43(1717)년 2월에 도승지에 임명되어 7월에 우승지 이덕영, 좌부승지 이기익과 함께 왕세자에게 정청하라는 상소를 올려 실현시켰다. 8월에 대사성에 임명되고 12월에 병조 참판에 임명되었으며 12월에 사은정사 박필성의 부사로 청나라에 다녀왔다. 숙종 44(1718)년 6월에 대사헌에 임명되고 7월에 부제학으로 전임되었으며 11월에 이조 참판 겸 홍문관제학에 임명되었다가 특지로 형조 판서로 승진했다. 숙종 45(1719)년 1월에 원접사에 임명되고 4월에 예조 판서에 임명되었으며 5월에 양관 대제학을 겸하면서 기로소의 영수각이 완성되자 상량문을 지었다. 6월에 이조판서에 임명되었으나 숙종 46(1720)년 3월에 아우 이건명이 재상의 지위에 있는 것을 이유로 강력히 요청하여 이조 판서에서 면직되었다가 4월에 예조 판서에 임명되었다. 이때 숙종이 서거하자 빈전도감 제조가 되고 대제학으로 숙종대왕 시책문을 지었다.

경종 즉위(1720)년 6월에 대제학으로 경종의 즉위 반포교서를 짓고 경종 1(1721)년 4월에 한성부 판윤에 임명되었다. 5월에 형조 판서에 임명되고 6월에 공조 판서로 전임되었으며 8월 밤 2경에 김창집, 이건명이 판중추부사 조태채, 호조 판서 민진원, 판윤 이홍술, 공조 판서 이건명, 병조 판서 이만성, 우찬성 임방, 형조 판서 이의현, 대사헌 홍계적, 대사간 홍석보, 좌부승지 조영복, 부교리 신방과 더불어 연잉군을 세제로 삼았고 3일 뒤에 좌부빈객에 임명되었다. 9월에는 대제학으로 왕세제 책봉을 경하하는 교서를 지었다. 경종 2(1722)년 연잉군의 대리청정으로 발생한 신임사화가 일어나자 양사의 합계로 관직에서 삭탈되고 덕천으로 유배되었다. 이때 아우 이건명은 김창집, 조태채, 이이명과 함께 노론 4대신으로 극형을 받았다.

영조 즉위(1724)년 풀려나서 영조 1(1725)년 3월에 서용하라는 명에 따라 장원서 제조에 임명되고 지돈녕부사 겸 지경연에 임명되었으며 4월에 공조 판서에 임명되었다가 우의정으로 승진했다. 5월에 추국하는 자리에 참석하지 않은 일로 파면되었다가 바로 우의정으로 복직해서 실록청 총재관을 겸했다. 7월에 소론인 유봉휘, 이광좌, 조태억 등의 관작을 삭탈할 것을 청하여 실현시켰다. 영조 2(1726)년 5월에 우의정에서 물러나 판중추부사에 임명되었다. 영조 3(1727)년 정미환국으로 소론이 재집권하자 판중추부사의 직에서 박탈당했고 벼슬을 그만 두고 고향으로 돌아가면서 상소했는데 이 일로 상소에 참여한 1백 1인이 파면되었다. 영조 4(1728)년 이인좌의 난이 발생하자 3월에 영중추부사에 임명되어 향리에서 돌아와 성중의 한산무사들을 군대로 편성하여 궁성을 호위하자고 제안했다. 영조 5(1729)년 5월에 영조의 탕평책에 반대하여 영중추부사에서 파직되었다가 6월에 영중추부사로 복직되었다. 영조 6(1730)년 영중추부사에서 파직되었다가 영조 9(1733)년 11월에 판중추부사에 임명되었으나 얼마 되지 않아 죽었다. 죽은 뒤에 흥덕의 동산사원(東山書院)에 제향되었다.

〈영조실록〉 영조 9(1733)년 11월 10일 세 번째 기사에 '행 판중추부사 이관명의 졸기'가 있다. 졸기에 "성품이 염정(恬靜)하고 청간(淸簡)하였으며, 젊어서는 경직(鯁直)하다는 이름이 있었다. 신축년·임인년의 화를 겪고 나서는 세상사에 대한 생각이 도무지 없었는데, 을사년 개기(改紀) 때에는 맨 먼저 등용되자 분의(分義)를 끌어대어 힘써 사양하였고, 강교(江郊)로 물러나 마침내 구용(究用)되지 못하였으며, 간혹 식량이 자주 떨어지는 데에까지 이르렀으나 기미를 거의 얼굴에 드러내지 않았다. 문형을 맡았고, 기사(耆社)에 들었으며 한가롭게 살다가 생을 마쳤다."고 평했다.

⬐ 저술 및 학문

문장이 뛰어나 응제문(應製文)·반교문(頒敎文)·시책문(諡册文)을 많이 남겼고 저서로 〈병산집〉 15권 8책이 있다.

⬐ 참고 문헌

〈다음백과사전〉, 〈한국민족문화대백과사전〉, 〈숙종실록〉, 〈숙종실록보 궐정오〉, 〈경종실록〉, 〈경종수정실록〉, 〈영조실록〉, 〈전주이씨밀성군파 보〉, 〈이관명묘표〉

이광좌 (李光佐)	본관은 경주이고 자는 상보(尙輔)이며 호는 운곡(雲谷)이다. 현 종 15(1674)년에 태어나서 영조 16(1740)년에 죽었다.

◩ 임명일

― 경종 2(1722)년 4월 11일 : 이광좌(李光佐)를 대제학으로,

◩ 가문

아버지는 사헌부 장령 세구(世龜)이고 할아버지는 공주 목사 시현(時顯)
이며 증조부는 부사 성남(星男)이고 고조부는 영의정·대제학 항복이다.
외할아버지는 고령인 박장원(朴長遠)이고 장인은 초배가 풍산인 판결사
홍만회(洪萬恢)인데 홍만회는 정명공주의 남편인 영안위 홍주원(洪柱元)의
아버지이다. 계배는 나주인 임기(林耆)이다.

아들이 없어서 형좌(衡佐)의 아들 종익(宗翼)을 입양했는데 종익이 아들
이 없어서 종인(宗仁)의 아들 경선(敬璿)을 입양했다.[48]

◩ 생애

숙종 20(1694)년 10월 인현왕후가 중궁으로 복위한 것을 경사하기 위
해 별시문과를 치를 때 장원으로 급제했다. 숙종 21(1695)년 6월에 사헌
부 지평에 임명되고 숙종 22(1696)년 1월에 사간원 정언에 임명되었다가
3월에 지평으로 전임되고 8월에 다시 정언에 임명되었다. 12월에 홍문관
수찬에 임명되고 숙종 23(1697)년 1월에 부수찬으로 전임되었다가 4월에
정언으로 전임되었다. 7월에 사서에 임명되고 8월에 지평으로 전임되었

---

48) 〈경주이씨상서공파세보〉에는 1남은 계자 종익(宗翼)이고 2남은 부호군 종인(宗仁)으로 나와 있다.

으며 10월에 부수찬으로 전임되었다. 숙종 24(1698)년 12월에 헌납에 임명되고 숙종 25(1699)년 1월에 부교리로 전임되었으며 6월에 헌납에 임명되었다가 수찬으로 전임되었다. 윤7월에 헌납에 임명되고 10월에 부수찬에 임명되었다가 부교리로 전임되었다. 숙종 26(1700)년 2월에 헌납에 임명되고 3월에 이조 정랑에 임명되어 최석정이 〈대전속록〉을 편찬할 때 낭청으로 참여했다. 숙종 28(1702)년 9월에 헌납에 제수되고 12월에 이조 좌랑에 임명되었다가 부교리 겸 문학으로 전임되었다. 숙종 29(1703)년 2월에 수찬에 임명되고 6월에 겸 문학에 임명되었으며 6월에 부교리에 임명되었다. 7월에 헌납·부교리에 임명되고 8월에 교리에 임명되었으며 9월에는 겸 사서에 임명되고 11월에 헌납에 임명되었다. 숙종 30(1704)년 1월에 헌납에 임명되어 문학을 겸하고 3월에 헌납에 임명되었다. 6월에 이조 좌랑에 임명되고 7월에 헌납에 임명되었다가 응교로 전임되어 8월에는 보덕을 겸했다. 10월에는 교리에 임명되었다가 검상으로 전임되었다. 숙종 31(1705)년 보덕에 임명되고 숙종 32(1706)년 상주 목사로 있으면서 선정을 베풀었다 하여 가자되었다. 5월에 최석정의 요청으로 대궐로 돌아와서 겸 보덕에 임명되었다가 형조 참의로 전임되었다. 숙종 33(1707)년 2월에 전라도 관찰사에 임명되고 숙종 34(1708)년 6월에 이조 참의에 임명되었으며 숙종 36(1710)년 8월에 성균관 대사성에 임명되었다. 숙종 37(1711)년 이조 참의를 역임하고 6월에 대사간에 임명되었으며 7월에 승지로 발탁되었으나 바로 이조 참의로 전임되었다. 숙종 38(1712)년 1월에 부제학에 임명되고 2월에 이조 참의에 임명되었으며 5월에 평안도 관찰사에 임명되었다가 11월에 이조 참의에 임명되었다. 숙종 39(1713)년 2월에 함경도 관찰사에 승진 임용되었으며 10월에 병조 참판에 임명되었고 숙종 41(1715)년 동지사로 청나라에 다녀왔다. 숙종 42(1716)

년 4월에 이조 참판에 임명되고 5월에 홍문관 제학에 임명되었으나 7월에 윤선거의 문집을 훼판하는 병신처분이 내리자 이조 판서 최석항과 함께 파직되었다가 9월에 한성부 좌윤에 임명되었다. 숙종 43(1717)년 김창집을 논척한 일로 체차되었으나 숙종 44(1718)년에 예조 참판에 임명되었으며 숙종 45(1719)년 11월에 경기도 관찰사에 임명되었다.

경종 즉위(1720)년 7월에 이조 참판에 임명되었으나 6일 만에 파직되고 12월에 다시 이조 참판에 임명되었다. 경종 1(1721)년 2월에 예조 참판에 임명되고 3월에 도승지에 임명되었으며 윤6월에 호조 참판을 거쳐 10월에 사직에 임명되었다. 이때 노론에서 연잉군(영조)의 대리청정을 제기하자 경종을 보호한다는 명분으로 이에 적극 반대하여 경종이 이를 취소하게 하였다. 김일경의 소와 목호룡의 고변사건으로 신임사화가 일어나고 노론이 제거되자 2월에 예조 판서로 승진하고 수어사를 겸하다가 평안도 관찰사에 임명되었으나 3일 만에 형조 판서에 임명되어 평안도 관찰사는 부임하지도 못했다. 그리고 같은 달에 병조 판서에 임명되었다. 경종 2(1722)년 2월에 예문관 제학에 임명되고 3월에는 세자우빈객에 임명되었으며 4월에 대제학에 임명되고 8월에는 병조 판서로 판의금부사까지 겸했다. 8월에 대제학에서 물러나 예문관 제학에 임명되고 9월에 이조 판서에 임명되어 약방 제조와 관반, 원접사를 겸하다가 12월에 호조 판서에 임명되었다. 경종 3(1723)년 2월에 이조 판서에 제수되었으나 극력 사양하여 병조 판서로 전임되었다. 8월에 우의정으로 승진하고 9월에 호위대장을 겸했다. 경종 4(1724)년 8월에 약방 도제조를 겸하고 원상에 임명되어 대궐에서 숙직했다.

영조 즉위(1724)년 9월에 지춘추관사로 〈경종실록〉·〈숙종실록〉 보유편을 편찬했다. 9월에 좌의정으로 승진했다가 10월에 영의정에 임명되어 재정 절감에 대해 아뢰었다. 영조 1(1725)년 노론의 등장으로 2월에 이휘진, 김담, 이의천, 김상석의 합계로 유봉휘와 함께 탄핵을 받고 영의정에서 물러났으며 3월에는 양사가 합계하여 위리안치를 청했다. 그러나 영조 3(1727)년 7월에 다시 영의정에 임명되고 이태좌는 호조 판서에 임명되었으며 또 실록청 총재관에 임명되었다. 그러나 정승은 맡을 수 없다고 하여 영의정에서 물러나 8월에 영중추부사에 임명되었다. 9월에 왕세자의 관례 때에 교서를 짓고 10월에 왕세자 가례도감 도제조에 임명되었다가 10월에 다시 영의정에 임명되었다. 11월에 약방 도제조를 겸하고 영조 4(1728)년 이인좌의 난이 발생하자 노론 측에서 김일경의 잔당이 난을 일으켰다고 규탄했지만 영조는 소론에게 맡겨 난을 평정하게 하여 3월에 영병조사를 겸했다. 이인좌의 난이 평정되자 이인좌의 난을 평정한 공으로 분무원종공신 1등에 녹훈되었다. 영조 5(1729)년 5월에 소를 올려 영의정에서 사직하고 영중추부사에 임명되었다. 영조 6(1730)년 소론의 거두로서 영조에게 탕평책을 건의하여 당쟁의 폐습을 막도록 건의하고 노론의 민진원과 제휴하여 노론과 소론의 연립정권을 세웠다. 영조 9(1733)년 1월에 민진원과 함께 봉조하가 되고 12월에 치도에 대해 상소했고 영조 10(1734)년 1월에는 나라의 기강이 해이함에 대해 상소했다. 영조 13(1737)년 8월에 영의정에 임명되었으나 영조 16(1740)년 박동준(朴東俊) 등이 중심이 되어 삼사의 합계로 호역한 죄를 들어 탄핵해오자 울분 끝에 단식하다가(〈한국민족문화대백과사전〉) 5월에 죽었다. 죽은 뒤인 영조 31(1755)년 나주벽서사건으로 소론의 군소계열이 무너질 때 관작이 추탈되었다.

〈영조실록〉 영조 16(1740)년 5월 26일 첫 번째 기사에 '친정을 행하다. 예조에서 영의정 이광좌의 상 때문에 조시를 멈추도록 청하다'는 기사가 있다. 기사에 "이광좌는 숙묘 병신년의 처분 이후로 분노하고 원망하여 벼슬하지 않았다. 경묘 신축년에 비로소 나와 벼슬하게 되어서는 김일경 (金一鏡)·목호룡(睦虎龍)을 워낙 나라 사람들이 함께 분하게 여기는 바인데도 징토(懲討)하지 않고 도리어 장려하여 임용하였다. 경묘가 편찮게 대점(大漸)하게 되어서는 의양청을 설치하지 않아서 무신년의 흉언을 만들었다. 정미년에 다시 들어와 정승이 되어서는 연차(聯箚)를 반역이라 하여 사신(四臣)을 역안에 두었고, 이명언(李明彦)을 무죄라 하여 용서하여 임용하기를 힘껏 청하였으며, 이사성(李思晟)을 병사로 삼고 권익관(權益寬)을 북백(北伯)으로 삼고 정사효(鄭思孝)를 호남백(湖南伯)으로 삼았다. 심유현(沈維賢)·이유익(李有翼)·홍계일(洪啓一) 등과 같은 역적들도 다 그 문인이었다. 그러므로 사람들이 다 이광좌를 역적의 우두머리로 여긴다. 이때에 이르러 삼사에서 합사하여 토죄(討罪)하였는데, 이광좌가 갑자기 죽었다. 을해년에 이르러 마침내 그 관작을 추탈하였다."고 평했다.

⬕ 저술 및 학문

그림과 글씨에 조예가 깊었다. 〈근묵〉에 '이광좌 편지'가 성균관대학교 박물관에 소장되어 있다.

⬕ 참고 문헌

〈다음백과사전〉, 〈조선의 영의정〉, 〈숙종실록〉, 〈숙종실록보궐정오〉, 〈경종실록〉, 〈경종수정실록〉, 〈영조실록〉, 〈경주이씨세보〉, 〈경주이씨상서공파세보〉

| 조태억
(趙泰億) | 본관은 양주이고 자는 대년(大年)이며 호는 겸재(謙齋)·태록당
(胎祿堂)이고 시호는 문충(文忠)이다. 숙종 1(1675)년에 태어나서
영조 4(1728)년에 죽었다. |

임명일

— 경종 2(1722)년 8월 29일 : 형조 판서 조태억(趙泰億)을 대제학으로,

가문

아버지는 이조 참의 가석(嘉錫)이고 할아버지는 형조 판서 계원(啓遠)이며 증조부는 지돈녕부사 겸 지의금부사·호조 판서 존성(存性)[49]이고 고조부는 좌찬성 람(擎)이다. 6대조는 성종의 7녀 숙혜옹주(淑惠翁主)와 결혼한 한천위(漢川尉) 무강(無彊)이고 10대조는 병조 판서·대제학 말생(末生)이다. 외할아버지는 남원인 군위 현감 윤이명(尹以明)이고 장인은 청송인 심구서(沈龜瑞)이다.

아들은 1남은 대사성 지빈(趾彬)이고 2남은 동몽교관 갑빈(甲彬)이며 딸은 덕수인 봉사 이정진(李廷鎭)과 결혼하였다. 형은 홍문관 응교 지제교 태일(泰一)과 세자익위사 시직 태만(泰萬)이다.

중부 좌의정 사석(師錫)의 아들이 영의정 태구(泰耉)이고 중부 군수 희석(禧錫)의 아들이 좌의정 태채(泰采)인데 태구와 태억은 소론이고 태채는 노론이기 때문에 가족 사이에 당파로 참화를 일으켰다. 태채의 5세손이 영의정·대제학 두순(斗淳)이고 6세손이 좌의정 병세(秉世)이다. 동학난을 촉발시킨 고부 군수 병갑(秉甲)은 두순의 서조카이다.

---

49) 친아버지는 용인 현령 준수(俊秀)이다.

↘ 생애

숙종 19(1693)년 사마 진사시에 합격하고 숙종 28(1702)년 식년문과에서 을과로 급제하고 9월에 검열에 임명되고 사관을 거쳐 숙종 30(1704)년 지평에 임명되었다. 숙종 31(1705)년 2월에 사간원 정언에 임명되고 북평사로 나갔다. 숙종 32(1706)년 5월에 사서에 임명되고 6월에 홍문록에 뽑혔으며 7월에 문학에 임명되고 9월에 다시 홍문록에 뽑힌 뒤에 부수찬에 임명되었다가 부교리로 전임되었다. 숙종 33(1707)년 문과중시에서 병과로 급제하고 1월에 수찬에 임명되고 2월에 부수찬으로 전임되었으며 4월에 부교리에 임명되고 8월에 문학을 겸했다. 9월에 헌납에 임명되고 10월에 이조 정랑에 임명되었으며 11월에 수찬으로 전임되었다가 부교리로 전임되었다. 12월에 다시 헌납에 임명되었다가 이조 정랑으로 전임되고 또 부교리로 전임되었다. 숙종 34(1708)년 1월에 헌납에 임명되었다가 부교리로 전임되어 우의정 서종태와 한성부 판윤 민진후를 배척하고 이조 정랑으로 옮겨서 문학을 겸했다. 윤3월에 겸 사서에 임명되고 교리로 전임되었으며 4월에는 수찬에 임명되고 5월에 부교리에 임명되었으며 6월에 이조 정랑으로 전임되었다가 수찬으로 전임되었다. 7월에 부교리에 임명되어 문학을 겸했고 8월에 헌납으로 전임되었다가 10월에 이조 정랑으로 전임되었다. 숙종 35(1709)년 1월에 집의에 임명되고 부교리를 거쳐 사간에 임명되었으며 2월에 부응교로 전임되어 동학의 겸임교수에 임명되었다. 3월에 집의에 임명되고 4월에 승지로 발탁되었다가 5월에 이조 참의로 전임되고 12월에는 대사간에 임명되었다. 숙종 36(1710)년 2월에 이조 참의에 임명되고 11월에 대사성에 임명되었으며 숙종 37(1711)년 1월에 이조 참의에 임명되어 통신사로 일본에 다녀왔으나 숙종 38(1712)년 3월에 국서의 서식이 잘못됐다 하여 옥에 갇히고 이어서 관작이 삭탈되고 문외로 출송되었다. 숙종 39(1713)년 풀려나서 12월에 직첩을 돌려받고 숙종 40(1714)년 공조 참의에 임명되고 숙종 42(1716)년 4월에 이조 참의에 임명되었다. 숙종 43(1717)년 1월에 예조 참의로 있으면서 상소했는데 이 상소로 인해 태학의 유생들이 권당했다. 이 해에 여주 목사로 나갔다가 숙종 45(1719)년 장례원 판결사에 임명되었다.

경종 즉위(1720)년 7월에 판결사에 임명되고 8월에 승지에 임명되었으며 9월에 경상도 관찰사에 임명되었다. 경종 1(1721)년 윤6월에 승지에 임명되고 9월에 주청정사 김창집의 부사에 임명되고 호조 참판에 임명되었다. 호조 참판으로 있을 때 연잉군을 세제로 책봉하고 대리청정을 실시하려 하자 조태구, 최석항, 이광좌 등과 함께 연잉군(영조)을 세제로 책봉하는 것과 대리 청정을 반대하여 철회시켰다. 그 뒤에 청나라에 다녀와서 12월에 동지의금부사로 특별히 제수되었다. 경종 2(1722)년 1월에 부제학에 임명되고 2월에 홍문관 제학에 임명되었으며 3월에 경기도 관찰사에 임명되었다. 5월에 자헌대부로 가자되어 반송사에 임명되고 6월에 형조 판서에 임명되었으며 8월에 대제학에 임명되었다. 9월에 왕세제가 입학하자 태학박사로 〈소학〉을 가르치고 11월에 공조 판서에 임명되었다. 경종 3(1723)년 3월에 원접사에 임명되고 8월에 예조 판서에 임명되었으며 10월에 형조 판서에 임명되었다가 12월에 한성부 판윤에 임명되었다. 경종 4(1724)년 1월에 우참찬에 임명되고 1월에 홍문관 제학을 겸하다가 2월에 호조 판서에 임명되고 3월에 좌빈객을 겸하고 대제학을 겸했으며 8월에 경종이 승하하자 국장 제조에 임명되었다.

영조 즉위(1724)년 8월에 영조가 즉위할 때 대제학으로 즉위교서를 짓고 9월에 병조 판서에 임명되어 판의금부사를 겸했으나 8일 만에 복상에 오르고 10월에 우의정으로 승진하고 호위대장을 겸하면서 대제학을 겸했다. 12월에 우의정으로 있으면서 오명준을 처벌하기를 청하여 서산으로 유배 보냈다. 영조 1(1725)년 3월에 노론 측의 사간 이봉익과 지평 유복명 등의 탄핵을 받고 판중추부사로 물러났다가 7월에 관작이 삭탈되었다. 영조 3(1727)년 정미환국으로 소론정권이 들어서자 7월에 문외출송에서 방면되어 직첩을 돌려받고 좌의정에 임명되었으나 8월에 정승에서 체직되어 판중추부사에 임명되었다. 9월에 다시 좌의정에 임명되고 9월에 윤지술, 정성복, 임창의 관작을 추탈하고 증직을 환수하도록 청해서 실현시켰다. 영조 4(1728)년 6월에 면직을 청하여 허락받고 영중추부사로 있다가 10월에 죽었다. 죽은 뒤인 영조 31(1755)년 나주괘서사건으로 관작이 추탈되었다. '소론의 온건파로 영조가 즉위한 뒤에 소론의 과격파인 김일경(金一鏡) 등을 국문할 때 책임관이 되었으나 위관의 직책을 불안히 여겨서 왕의 친국을 청하기도 했다.'(〈한국민족문화대백과사전〉)

〈영조실록〉 영조 4(1728)년 10월 4일 첫 번째 기사에 '조태억의 졸기'가 있다. 졸기에 평가는 없고 영조의 비망기만 있는데 비망기에 "여러 해 동안 외지에 체류하여 몸에 손상을 입은 것이 이미 많았고 전에 옥사(獄事)를 안치(按治)하느라 손상을 더한 것이 훨씬 많았었다. 증세가 더하게 된 뒤에 비록 간절히 염려하기는 하였으나 약을 쓰지 않게 되기를 바랐는데, 어찌 한 가지 병이 반년 넘게 이어지다가 문득 이 지경이 될 줄 생각하였겠는가? 몹시 슬픈 것이 더욱 절실하여 스스로 억누를 수 없는데, 내 병이 아직 쾌히 낫지 않아서 거애하는 일을 예절대로 하지 못하니, 더욱이 매우 상심된다. 예장 등의 규례대로 거행하고 관판도 가려 보내며 녹봉은 3년 동안 그대로 이어서 주어 내 뜻을 보이라."고 했다.

◪ 저술 및 학문

최석정의 문인이다. 초서와 예서를 잘 썼고 영모(翎毛)를 잘 그렸다. 저서로 〈겸재집〉이 있다.

◪ 참고 문헌

〈다음백과사전〉, 〈숙종실록〉, 〈숙종실록보궐정오〉, 〈경종실록〉, 〈경종수정실록〉, 〈영조실록〉, 〈한국민족문화대백과사전〉, 〈양주조씨족보〉, 〈양주조씨주요세계도〉

본관은 우봉이고 자는 희경(熙卿)이며 호는 도암(陶菴)·한천(寒泉)이고 시호는 문정(文正)이다. 숙종 6(1680)년에 태어나서 영조 22(1746)년에 죽었다.

임명일

— 영조 1(1725)년 5월 6일 : 이재(李縡)를 대제학으로,
— 영조 2(1726)년 6월 24일 : 이재를 대제학으로 삼으니
— 영조 2(1726)년 7월 2일 : 대제학 이재의 관작을 삭탈하고 문외출송하였다.

가문

아버지는 진사 만창(晩昌)이고 할아버지는 이조 판서·우의정 숙(翻)이며 증조부는 호조 참의 유겸(有謙)이고 고조부는 임진왜란 때에 의병을 모아 싸우다가 전사한 할(劼)이다. 외할아버지는 인현왕후의 아버지인 여흥인 여양부원군 영돈녕부사 민유중(閔維重)이고 장인은 초배는 명안공주의 시아버지인 해주인 공조 판서 오두인(吳斗寅)이고 계배는 남양인 첨정 우현(禹賢)이다.

아들은 이조 참의 제원(濟遠)이고 딸은 기계인 유언흠(兪彦欽)과 결혼했다. 제원은 정명공주의 남편인 영안위 홍주원(洪柱元)의 아들인 풍산인 돈녕부사 홍만용(洪萬容)과 결혼하여 다섯 명의 아들을 낳았는데, 목(木), 양양 군수 화(禾), 뢰(耒), 래(來), 호조 참판 채(采)이다. 뢰는 명빈(命彬)에게 입양되었는데 매국노 완용이 호준에게 입양됨으로 완용의 고조부가 된다.

병조 판서 이만성(李晚成)의 조카이다.

생애

숙종 28(1702)년 알성문과에 급제했다. 가주서와 승문원 정자를 거쳐 숙종 29(1703)년 3월에 예문관 검열에 임명되고 숙종 30(1704)년 8월에 겸 설서에 임명되었다. 9월에 예문관 봉교에 임명되고 11월에 〈단종실록〉 부록을 찬진하라고 상소하여 실현시키고 찬진에는 참여했다. 숙종 31(1705)년 11월에 예문관 봉교로 겸 설서에 임명되었으며 숙종 32(1706)년 12월에 사서로 전임되었다. 숙종 33(1707)년 문과중시에서 을과로 급제하고 숙종 34(1708)년 2월에 문학에 임명되고 3월에 정언에 임명되어 평안도 암행어사로 파견되었다 돌아와서 문학에 임명되었다. 11월에 홍문록에 뽑히고 12월에 부교리에 임명되었으며 숙종 35(1709)년 헌납으로 전임되고 7월에 이조 좌랑으로 전임되었다. 9월에 북평사로 사가독서의 명을 받고 숙종 36(1710)년 4월에 홍문관 수찬에 임명되고 5월에 헌납으로 전임되었으나 곧 수찬으로 전임되었다. 7월에 교리에 임명되고 8월에 이조 정랑에 임명되었으며 숙종 37(1711)년 3월에 부교리에 임명되었다. 4월에 응교에 임명되고 8월에 사간에 임명되었다가 다시 응교로 전임되었다. 10월에 보덕에 임명되었다가 집의에 임명되었다. 숙종 38(1712)년 1월에 응교에 임명되고 2월에 집의에 임명되었으며 3월에 응교에 임명되고 5월에 교리를 거쳐 다시 응교에 임명되었다. 8월에 교리로 전임되었다가 숙종 39(1713)년 형조 참의에 임명되고 9월에 성균관 대사성으로 승진했다. 숙종 40(1714)년과 숙종 41(1715)년 계속해서 대사성을 역임하고 숙종 42(1716)년 1월에 예조 참의를 거쳐 동부승지로 발탁되었다가 10월에 부제학으로 전임되었다. 부제학이 되었을 때 〈가례원류(家禮源流)〉의 편찬자를 둘러싸고 시비가 일자 노론의 입장에서 소론을 공격함으로써 노론의 중심인물이 되었다. 숙종 45(1719)년 7월에 부제학에 임명되고 예조 참판으로 전임되었다가 다시 부제학에 임명되었으며 같은 달에 경상도 균전사로 파견되어 당면한 토지정책을 논하다가 파직되었다. 9월에 한성부 우윤에 임명되었다.

경종 즉위(1720)년 6월에 예조 참판에 임명되고 7월에 강화 유수에 임명되었으며 8월에 함경도 관찰사에 임명되었다가 11월에 도승지에 임명되었다. 경종 1(1721)년 3월에 대사헌에 임명되고 4월에 도승지에 임명되었으며 5월에 대사헌으로 있으면서 군덕(君德)에 대해 논하고 이조 참판으로 전임되었다. 윤6월에 이조 참판에서 해직되고 고향으로 돌아갔으나 얼마 뒤에 다시 도승지에 임명되었다. 그러나 임인옥사로 중부인 전 병조 판서 만성이 옥사하자 은퇴하고 인제에 들어가 성리학 연구에 전념했다.

영조 1(1725)년 1월에 부제학·동경연에 임명되어 그의 중부인 고 판서 만성의 억울함을 아뢰고 같은 달에 이조 참판에 임명되었다. 영조 1(1725)년 5월에 대제학에 임명되었으나 6월에 체직되고 7월에 예문관 제학에 임명되었다. 11월에 호조 참판에 임명되고 12월에 이조 참판에 임명되었다. 영조 2(1726)년 2월에 예조 참판에 임명되어 세자좌부빈객을 겸하다가 4월에 한성부 우윤에 임명되었다. 6월에 전전 대제학 이의현의 천거로 다시 대제학에 임명되었으나 사양하는 상소를 올려 7월에 삭탈관직되고 문외로 출송되었으나 얼마 뒤에 벌은 해제되고 9월에 좌부빈객에 임명되었다가 11월에 이조 참판에 임명되었다. 영조 3(1727)년 1월에 형조 참판에 임명되고 6월에 이조 참판에 임명되어 동지춘추관사를 겸하다가 정미환국으로 소론이 집권하자 7월에 체직되고 문외 출송되었다. 영조 4(1728)년 4월에 사직에 임명되었으나 돌아가기를 청했고 5월에 동지돈녕부사에 임명되었으나 용인의 한천에 거주하면서 많은 학자를 길러냈다. 영조 7(1731)년 4월에 대사헌에 임명되고 영조 8(1732)년 5월에 한성부 우윤에 임명되었으며 12월에 대사헌에 임명되었다. 영조 9(1733)년 1월에 대사헌에서 체차되고 4월에 다시 대사헌에 임명되었다가 12월에 이조 참판에 임명되었다. 그러나 임하에 물러나 살면서 소명이 있을 때마다 사양하고 부임하지 않아서 영조 10(1734)년 1월에 이조 참판에서 체직되었다. 7월에 대사헌에 임명되고 영조 11(1735)년 윤4월에 대사헌에 임명되고 7월에 원자보양관에 임명되었으나 8월에 부사직으로 사직 상소를 올려 사직했다. 영조 12(1736)년 3월에 이조 참판에 임명되고 4월에 대사헌에 임명되었으며 11월에 이조 참판으로 전임되었다. 영조 13(1737)년 4월에 예문관 제학에 임명되고 영조 14(1738)년 4월에 대사헌에 임명되었으나 벼슬에서 물러나 초야에서 지냈다. 영조 15(1739)년 1월에 자헌대부로 가자되고 한성부 판윤으로 승진했으나 공로가 없이 승진되었다면서 면직을 청하여 판윤에서 체직되었다. 영조 16(1740)년 3월에 다시 한성부 판윤에 임명되고 3월에 공조 판서에 임명되었으며 4월에 대사헌에 임명되고 10월에 지경연을 겸했다. 영조 17(1741)년 8월에 의정부 좌참찬에 임명되어 예문관 제학을 겸하다가 9월에 대사헌에 임명되었다. 영조 18 (1742)년 9월에 우참찬에 임명되고 10월에 좌참찬으로 전임되었으며 영조 19(1743)년 윤4월에 좌부빈객에 임명되었다. 그러나 부임하지 않자 8월에 영남의 유생 수백 명이 학덕이 높은 이재를 소환해야 한다고 상소했다. 9월에 부호군으로 부름을 받았으나 부름에 응하지 않았으나 빈객에 임명되고 10월에 대사헌에 임명되었다. 영조 21(1745)년 7월에 대사헌에 임명되고 영조 22(1746)년 1월에 판서에 임명되었으며 윤3월에 대사헌에 임명되었으나 모두 사양하고 출사하지 않다가 10월에 지중추부사로 죽었다.

〈영조실록〉 영조 22(1746)년 10월 28일 첫 번째 기사에 '지중추부사 이재의 졸기'가 있다. 졸기에 "고 상신 이숙(李䎘)의 손자였다. 품성이 맑고 순수하며 어려서부터 문장으로 이름이 났고, 벼슬길에 나아가서는 인망이 당대에 뛰어났었다. 신축년·임인년의 화가 일어났을 적에 그의 숙부인 판서 이만성(李晩成)이 무옥(誣獄)에 연루되어 죽자, 드디어 어머니를 모시고 인제의 설악산으로 은퇴하여 벼슬길에 생각을 끊고 성리학을 깊이 연구하였다. 을사년 경화(更化) 이후에는 누차 부름을 받았으나, 단 한 번 서울에 들어와서 임금을 뵙고 만언의 봉사를 올려 입을 다물고 어물어물하기만 하는 시론(時論)의 폐단을 진술하였다. 하지만 이때에 임금이 바야흐로 탕평책에 뜻을 기울이고 있는 참이어서, 그의 말을 등한히 여겨 받아들이지 않자, 드디어 용인으로 물러가 살았다. 한원진(韓元震)은 선정 권상하(權尙夏)의 문인인데, 그가 심성을 논한 말이 이재의 말과 합치되지 않아서 이재가 시를 지어 변론하기도 하였다. 이때에 와서 죽으니, 나이 67세였다. 학자들이 도암선생(陶菴先生)이라고 일컬었다."고 평했다.

◪ 저술 및 학문

"김창협의 문인이다. 영조의 탕평책을 부정한 노론 가운데 준론(峻論)의 대표적 인물이다. 호락논쟁(湖洛論爭)에서 이간(李柬)의 학설을 계승해 한원진(韓元震) 등의 심성설(心性說)을 반박하는 낙론의 입장에 섰다."(〈한국민족문화대백과사전〉) 예학에도 밝아 많은 저술을 편찬했는데 저서로 〈도암집(陶菴集)〉·〈도암과시(陶菴科詩)〉·〈사례편람(四禮便覽)〉·〈어류초절(語類抄節)〉 등이 있다.

◪ 참고 문헌

〈다음백과사전〉, 〈숙종실록〉, 〈숙종실록보궐정오〉, 〈경종실록〉, 〈경종수정실록〉, 〈영조실록〉, 〈우봉이씨세보〉

| 이병상
(李秉常) | 본관은 한산이고 자는 여오(汝五)이며 호는 삼산(三山)이고 시호는 문정(文靖)이다. 숙종 2(1676)년에 태어나서 영조 24(1748)년에 죽었다. |

임명일

- 영조 1(1725)년 6월 9일 : 이병상(李秉常)을 대제학으로,
- 영조 1(1725)년 6월 20일 : 대제학 이병상이 특명으로 불러도 사양하여 파직시키다.
- 영조 2(1726)년 4월 13일 : 이병상을 대제학으로 삼았다.
- 영조 2(1726)년 4월 25일 : 대제학 이병상이 사면되었다.
- 영조 18(1742)년 3월 13일 : 전 대제학 이덕수를 명초하여 문형이 권점하게 하여 이병상을 대제학으로 삼았다.
- 영조 18(1742)년 4월 2일 : 대제학 이병상이 세 번째 상소하여 대제학의 체직을 바라니, 특별히 사임을 들어주어,

가문

아버지는 항(沆)이고 할아버지는 이조 참판 정기(廷夔)이며 증조부는 부사 제(穧)이고 고조부는 예조 좌랑 경류(慶流)이다. 8대조는 봉화 현감 장윤(長潤)이고 10대조는 대제학 계전(季甸)이며 12대조는 문하시중·우문관 대제학 색(穡)이다. 외할아버지는 최계웅(崔繼雄)이고 장인은 대구인 영의정·대제학 서종태이다.

장인 서종태에 이어 대제학을 역임함으로 장인과 사위가 대제학을 역임했다.

생애

숙종 31(1705)년 사마 생원시에 합격하고 숙종 36(1710)년 춘당대문과에서 병과로 급제했다. 좌의정 이관명(李觀命)의 천거로 9월에 검열에 임

명되었다. 숙종 38(1712)년 7월에 겸 설서에 임명되고 12월에 정언에 임명되었다. 숙종 39(1713)년 2월에 홍문록에 뽑히고 3월에 또 홍문록에 뽑혀 홍문관 부교리에 임명되고 4월에 수찬으로 전임되었다. 6월에 헌납으로 전임되었다가 다시 부교리로 전임되었으며 8월에 부수찬에 임명되었다. 10월에 교리 겸 사서로에 임명되어 경상좌도 암행어사로 파견되었다가 11월에 헌납에 임명되었다. 숙종 40(1714)년 5월에 이조 좌랑에 임명되고 6월에 겸 문학에 임명되었으며 수찬으로 전임되어 문학을 겸했다. 8월에 교리에 임명되고 같은 날 암행어사로 서계하여 초량의 서쪽과 남쪽 두 곳에 성을 쌓아 채 안에 이르게 했으며 같은 달에 부교리에 임명되었다. 9월에 겸 사서에 임명되었으나 바로 뒤에 교리로 전임되었으며 10월에 이조 좌랑에 임명되고 11월에는 문학을 겸했다. 숙종 41(1715)년 1월에 이조 좌랑에 임명되고 사서를 겸했으며 문학도 겸했다. 6월에는 부수찬 겸 문학에 임명되고 숙종 42(1716)년 2월에 교리로 전임되었다가 8월에 부교리로 전임되었으며 12월에 사간에 임명되었다. 숙종 43(1717)년 1월에 부응교에 임명되고 2월에 사간에 임명되었다가 승지로 발탁되고 6월에 대사간에 임명되었다. 숙종 44(1718)년 3월에 이조 참의에 임명되었으나 소패를 어겨서 체직되었다가 다음날 승지에 임명되고 6월에는 이조 참의에 임명되었으나 소명을 어겨서 임명된 날 파직되었다. 8월에 다시 이조 참의에 임명되고 11월에 대사성에 임명되었다. 숙종 45(1719)년 2월에 이조 참의에 임명되었다가 승지로 전임되고 6월에 패초를 어겨서 파직되고 추고를 당했다. 7월에 이조 참의에 임명되었으나 숙종 46(1720)년 2월에 이조 판서 이관명과 함께 연일 패초를 어겨서 체직되었다가 승지에 임명되고 3월에 다시 이조 참의에 임명되었다.

경종 1(1721)년 4월에 부제학에 임명되고 7월에 또 부제학에 임명되었으며 8월에 이조 참판에 임명되었으나 노론으로 소론과 맞서다가 신임사화로 소론정권이 들어서자 12월에 이조 판서 권상유와 함께 파직되고 부안으로 유배되었다가 경종 3(1723)년 11월에 함양으로 이배되었다.

영조 1(1725)년 영조의 등극에 공을 세운 노론정권이 들어서자 1월에 유배지에서 석방되어 가까운 곳으로 옮겨졌다가 2월에 호조 참판으로 복귀하고 이어서 도승지로 전임되었으며 빈객을 겸했다. 4월에 부제학에 임명되고 5월에 공조 판서로 승진했으며 우참찬을 거쳐 6월에 대제학에 임명되었으나 특명으로 불러도 사양하여 대제학에서 파직되었다. 7월에 다시 공조 판서에 임명되고 우참찬으로 전임되어 홍문관 제학을 겸했으나 질질 끌고 명에 응하지 않아서 홍문관 제학에서 체차되었다. 9월에 세자우빈객에 임명되고 10월에 원접사에 임명되었으며 11월에 동경연에 임명되었다가 12월에 한성부 판윤에 임명되었다. 영조 2(1726)년 1월에 이조 판서에 임명되고 4월에 대제학에 임명되었으나 5월에 47번이나 불러도 나오지 않아서 대제학에서 사면되었다. 6월에 세자우빈객에 임명되고 12월에 예조 판서에 임명되어 지경연사를 겸했다. 영조 3(1727)년 공조 판서에 임명되고 4월에 형조 판서에 임명되었으며 5월에 한성부 판윤에 임명되어 지의금부사를 겸했다. 6월에 다시 공조 판서에 임명되었으나 7월에 정미환국으로 소론이 집권하자 파직되었다. 영조 4(1728)년 한성부 판윤으로 관직에 복귀해서 9월에 대사헌으로 전임되고 황해도 관찰사에 임명되었으나 탕평책에 반대하는 소를 올려 파직되었다. 영조 5(1729)년 10월에 동지경연사에 임명되고 11월에 대사헌으로 지경연사를 겸하다가 12월에 다시 대사헌에 임명되었다. 영조 7(1731)년 행 사직을 역임하고 영조 8(1732)년 5월에 중도에 부처되었으며 영조 9(1733)년 1월에 형조 판서에 임명되었으나 3월에 광주(光州) 목사로 좌천되었다가 영조 10(1734)

년 6월에 예조 판서에 임명되었다. 영조 13(1737)년 2월에 지춘추에 임명되고 대사헌에 임명되었으며 3월에 한성부 판윤에 임명되고 5월에 홍문관 제학에 임명되었다. 6월에 대사헌에 임명되었으나 8월에 어떤 일로 파직되었다가 공조 판서에 임명되었으나 실언하여 극변으로 찬축되었다. 영조 14(1738)년 3월에 풀려나서 영조 16(1740)년 1월에 한성부 판윤에 임명되고 2월에 판의금부사를 겸하다가 3월에 공조 판서를 거쳐 호조 판서에 임명되었다. 5월에 가상시호도감 부제조에 임명되고 윤6월에 존숭도감 부제조에 임명되었으며 9월에 판의금부사를 겸하다가 11월에 예조 판서에 임명되어 좌빈객을 겸했다. 영조 17(1741)년 2월에 공조 판서에 임명되고 6월에 예조 판서에 임명되어 지경연을 겸하다가 9월에 판돈녕부사에 임명되었다. 영조 18(1742)년 2월에 판의금부사에 임명되고 3월에 대제학에 임명되었으나 4월에 세 번의 상소로 체직을 허락 받았다. 영조 19(1743)년 5월에 판돈녕부사에 임명되고 10월에 가례도감 제조에 임명되었으며 11월에 공조 판서에 임명되었다가 판돈녕부사에 임명되었다. 영조 20(1744)년 7월에 강화부 유수에 임명되고 8월에 보국으로 가자되었다. 영조 21(1745)년 5월에 거듭 상소하여 강화 유수에서 사직하는 것을 허락받고 5월에 봉조하에 임명되었다.

〈영조실록〉 영조 24(1748)년 5월 15일 첫 번째 기사에 '봉조하 이병상의 졸기'가 있다. 졸기에 "이병상은 염아(恬雅)하여 지조가 있었고 몸가짐이 간약(簡約)하였으며, 지위가 숭질에 올랐어도 항상 한서(寒士)처럼 지냈다. 치사할 나이에 이르러서도 임금을 사랑하고 나라를 걱정하는 뜻이 늙을수록 더욱 돈독하였다. 그가 졸하자 조야가 모두 애석하게 여겼다."고 평했다.

◪ 저술 및 학문

저술 및 학문에 대해 알려진 것이 없다.

◪ 참고 문헌

〈다음백과사전〉, 〈숙종실록〉, 〈숙종실록보궐정오〉, 〈경종실록〉, 〈경종수정실록〉, 〈영조실록〉, 〈한산이씨세보〉

이의현
(李宜顯)

본관은 용인이고 자는 덕재(德哉)이며 호는 도곡(陶谷)이고 시호는 문간(文簡)이다. 현종 10(1669)년에 태어나서 영조 21(1745)년에 죽었다.

▣ 임명일

— 영조 1(1725)년 6월 21일 : 이의현(李宜顯)을 대제학으로 삼았다.
— 영조 2(1726)년 9월 6일 : 이의현을 대제학으로.

▣ 가문

아버지는 좌의정 세백(世白)이고 할아버지는 파주 목사 정악(挺岳)이며 증조부는 후연(後淵)이고 고조부는 사간원 대사간 지제교 사경(士慶)이다. 외할아버지는 연일인 군수 정창징(鄭昌徵)인데 정창징은 정몽주의 후손으로 우의정 정유성의 아들이고 홍익한의 사위이다. 따라서 우의정 정유성은 외증조부가 된다. 장인은 세 명인데 초배는 함종인 강원도 관찰사 어진익(魚震翼)이고 계배는 은진인 주부 송하석(宋夏錫)이며 3배는 전주인 유인(劉寅)이다. 어진익의 손자는 경종의 비인 선의왕후의 아버지로 경종의 국구인 함원부원군이고 어진익은 영의정 이유(李濡)와 동서간이다.

은진인 송 씨와의 사이에서 1남을 두었는데 보문(普文)이고 딸은 각각 창원인 황직(黃㮨), 경주인 김성주(金聖柱), 평산인 세마 신광복(申光復), 남양인 홍일(洪○), 청풍인 참판 김희로(金希魯)와 결혼했다.

방계로는 큰아버지 현릉 참봉 세응(世膺)의 손자가 공조 판서와 판돈령부사를 역임한 보혁(普赫)인데 보혁의 아들이 예조 판서 경호(景祜)이고 경호의 아들이 영의정·대제학 재협(在協)이다.

숙종 20(1694)년 별시문과에 급제했다. 숙종 22(1696)년 3월에 검열에 임명되고 숙종 23(1697)년 2월에 설서에 임명되었으며 숙종 25(1699)년 2월에 정언에 임명되고 5월에 홍문록에 뽑히고 계속해서 정언으로 있다가 숙종 27(1701)년 5월에 사서에 임명되었다. 8월에 정언에 임명되었다가 사서로 전임되고 9월에 지평으로 전임되었다가 10월에 사서와 문학에 임명되었다. 숙종 28(1702)년 1월에 정언에 임명되고 7월에 지평에 임명되었으며 11월에 다시 홍문록에 뽑혔다. 숙종 31(1705)년 5월에 지평에 임명되고 6월에 부수찬에 임명되었다가 교리로 전임되고 7월에는 이조 좌랑에 임명되었다. 8월에 부교리에 임명되고 9월에 헌납에 임명되어 사서를 겸하다가 10월에 부교리를 거쳐 헌납에 임명되었으며 11월에 부교리로 전임되었다. 숙종 32(1706)년 1월에 부교리에 임명되고 2월에 부수찬으로 전임되었으며 3월에 부교리에 임명되고 5월에 부수찬으로 전임되었다. 이 뒤에 금성 현령으로 나갔다가 10월에 겸 문학에 임명되고 교리에 임명되었으며 11월에 헌납에 임명되었다가 이조 정랑에 임명되고 12월에 수찬으로 전임되었다. 숙종 33(1707)년 1월에 이조 정랑 겸 문학에 임명되고 2월에 부교리로 전임되었다가 헌납으로 전임되었으며 5월에 부교리에 임명되어 문학을 겸했다. 7월에는 부응교에 임명되었으나 그날로 집의로 전임되고 9월에는 응교로 전임되었으며 10월에 부교리에 임명되었다. 숙종 34(1708)년 2월에 부응교에 임명되었으나 당일로 동부승지로 승진했으나 곧 물러났다가 숙종 36(1710)년 3월에 이조 참의에 임명되었다. 그러나 패초를 어긴 일로 윤7월에 파직되었다가 숙종 37(1711)년 4월에 승지에 임명되고 6월에 경상도 관찰사에 임명되었다. 숙종 38(1712)년 3월에 대사간에 임명되고 8월에 승지로 전임되었으며 9월에 이조 참의로 전임되었으나 사직소를 올려 체직된 뒤에 승지에 임명되었다. 10월에 대사간에 임명되고 11월에 이조 참의에 임명되었으나 숙종 39(1713)년 2월에 정고하여 체직되었다. 4월에 부제학에 임명되었다가 대사성으로 전임되고 12월에 다시 부제학으로 전임되었다. 숙종 40(1714)년 대사성에 임명되고 6월에 황해도 관찰사에 임명되었으며 8월에 이조 참의에 임명되었다. 그 뒤에 개성 유수에 임명되었으나 숙종 42(1716)년 5월에 이조 참의에 임명되고 7월에 예조 참판으로 승진하고 이어서 도승지에 임명되었으며 8월에 대사성으로 전임되었다가 11월에 예조 참판에 임명되었다. 12월에 대사헌에 임명되었다가 부제학으로 전임되었다. 숙종 43(1717)년 1월에 대사헌에 임명되고 5월에 부제학에 임명되어 비변사 제조를 겸하다가 11월에 경기도 관찰사에 임명되었다. 숙종 46(1720)년 2월에 대사간에 임명되어 6월에 대사헌 조도빈과 함께 양사의 관원들을 거느리고 합사하여 왕위 계승을 청했다.

경종 즉위(1720)년 7월에 예조 참판에 임명되고 동지정사로 발탁되어 청나라에 다녀온 뒤에 한성부 판윤에 임명되었다가 형조 판서로 전임되었다. 9월에는 우참찬에 임명되고 경종 1(1721)년 3월에 예조 판서에 임명되었다가 5월에 이조 판서로 전임되었으나 7월에 성균관 유생들이 권당하자 여러 차례의 사직 상소를 올려 사직했다가 형조 판서에 임명되었다. 9월에 예조 판서로 전임되어 예문관 제학을 겸하다가 12월에 왕세제의 대리청정 문제로 소론의 김일경의 공격을 받고 체직되었으며 경종 2(1722)년 목호룡의 고변으로 신임사화가 일어나 소론정권이 들어서고 노론의 관료가 벌을 받을 때 정언 정수기의 논척을 받고 평안도 운산으로 유배되었다.

영조가 즉위하자 노론이 득세하게 되고 영조 1(1725)년 1월에 신임사화로 유배된 사람들을 풀어줄 때 풀려나서 지춘추, 선공감 제조, 동경연 사액 제조를 거쳐 형조 판서에 임명되고 2월에 예문관 제학을 겸하다가 이조 판서에 임명되어 삼 대신에 연루된 사람을 모두 서용하기를 청하여 윤허 받았으며 수어사를 겸하고 왕세자 책봉례의 죽책문을 지었다. 5월에 대제학에 임명되고 세자빈 책봉 때에 죽책문을 지은 공으로 정헌대부로 가자되고 승문원 제조와 비변사 유사당상을 겸했다. 6월에는 판의금부사에 임명되어 유봉휘 등 소론의 죄를 다스리는 임무를 맡았고 우빈객에 임명되었으며 대제학에 임명되었다. 영조 2(1726)년 3월에는 반좌에 관한 하교에 연명소를 올린 일로 파직되었다가 예조 판서에 임명되었다. 이어서 수어사에 임명되고 4월에는 홍문관 제학을 겸하다가 6월에는 다시 예조 판서에 임명되었고 대제학에 임명되었다. 영조 3(1727)년 1월에 세자빈객에 임명되어 3월에 세자가 입학할 때 대제학으로 박사에 임명되었다. 5월에 우의정으로 승진하였으나 좌의정 홍치중과 함께 소론의 이진유 등 5인의 죄를 성토하고 처형을 주장하다가 노론의 지나친 강경책에 염증을 느낀 영조에 의해 정미환국이 일어나 정권이 소론으로 넘어가자 1백 1명과 함께 파직되어 양주로 갔다. 영조 4(1728)년 이인좌의 난이 발생하자 3월에 판중추부사에 임명되어 〈경종실록〉 편찬에 참여했다. 영조 8(1732)년 4월에 사은정사로 청나라에 다녀왔다. 영조 11(1735)년 2월에 판중추부사로 김창집, 이이명 등 노론4대신의 신원을 청하여 신원되게 하고 영의정으로 승진했다. 그러나 김창집, 이이명 등의 신원을 요구하는 노론의 주장을 누그려 달라는 영조의 부탁을 거절하고 사직 상소를 올릴 때 상소의 내용이 문제가 되어 관작이 삭탈되었다. 그러나 4월에 우의정 김흥경이 이의현과 똑같은 벌을 달라고 요구하면서 구원하여 판중추부사에 임명되었고 양주에 머물면서 국가의 자문에 응했다. 영조 12(1736)년 10월에 좌의정 김재로가 양주에서 굶고 있는 이의현의 처지를 알림에 따라 음식을 지급받았고 영조 13(1737)년 영중추부사에 임명되고 영조 18(1742)년 봉조하에 임명되었다. 영조 19(1743)년 굶고 있다가 식물을 하사 받았고 영조 20(1744)년 제릉의 신도비를 중건할 때 음기를 지었으며 영조 21(1745)년에 죽었다.

〈영조실록〉 영조 21(1745)년 4월 8일 첫 번째 기사에 '봉조하 이의현의 졸기'가 있다. 졸기에 "의현은 이세백의 아들로서 문학을 좋아하고 청검을 스스로 지녀 삼조를 두루 섬겨 지위가 영의정에 이르렀는데 비록 경세제민의 재능은 없었으나 어려운 때에 홀로 청의를 지켜 선비들의 깊은 존경을 받았으니, 임금이 이 때문에 중시하였다. 졸하기에 이르러 임금이 애도하고 아깝게 여겼다."고 평했다.

◪ 저술 및 학문

김창협(金昌協)의 문인이다. 저서로 〈도곡집(陶谷集)〉 32권이 있고 '금양위박미비(金陽尉朴瀰碑)'·'충정공홍익한갈(忠正公洪翼漢碣)'이 있다.

◪ 참고 문헌

〈다음백과사전〉, 〈한국민족문화대백과사전〉, 〈조선의 영의정〉, 〈숙종실록〉, 〈숙종실록보궐정오〉, 〈경종실록〉, 〈경종수정실록〉, 〈용인이씨족보〉

<table>
<tr><td>윤순
(尹淳)</td><td>본관은 해평이고 자는 중화(仲和)이며 호는 백하(白下)·학음(鶴陰)·나계(蘿溪)·만옹(漫翁)이다. 숙종 6(1680)년에 태어나서 영조 17(1741)년에 죽었다.</td></tr>
</table>

☑ 임명일

- 영조 3(1727)년 9월 13일 : 윤순(尹淳)을 대제학으로 삼았으니, 조태억(趙泰億)이 추천한 것이다.
- 영조 10(1734)년 9월 2일 : 윤순을 양관 대제학으로 삼았다.
- 영조 11(1735)년 3월 25일 : 대제학 윤순이 세 번이나 소명을 어겼으므로 특별히 그를 파직시키고,
- 영조 12(1736)년 1월 1일 : 윤순을 대제학으로,

☑ 가문

아버지는 사헌부 지평 세희(世喜)이고 할아버지는 연(堧)이며 증조부는 청도 군수 의지(誼之)이고 고조부는 관찰사 훤(暄)이며 5대조는 영의정 두수(斗壽)이다. 외할아버지는 전주인 승지 이동규(李同揆)인데 동규는 영의정 이성구(李聖求)의 아들이며 〈지봉유설〉의 저자인 판서 이수광(李睟光)의 손자이다. 장인은 스승인 정제두(鄭齊斗)의 아우인 연일인 부윤 정제태(鄭齊泰)이다.

아들이 없어서 형 병조 판서 유(游)의 아들 임천 군수 득여(得輿)를 후사로 삼았다.

☑ 생애

숙종 38(1712)년 사마 진사시에 합격하고 참봉에 있다가 전시에 직부하라는 명에 따라 숙종 39(1713)년 증광문과에 급제했다. 부수찬에 임명되고 숙종 42(1716)년 5월에 정언에 임명되었으며 6월에 부수찬으로 전임되

고 숙종 43(1717)년 8월에 홍문록에 뽑히고 숙종 44(1718)년 2월에 또 홍문록에 뽑혔다.

경종 1(1721)년 8월에 사서에 임명되고 10월에 왕세제가 정사를 대신하게 하라는 명을 거두라고 청했으며 12월에 교리에 임명되었다. 경종 2(1722)년 2월에 헌납에 임명되었다가 교리로 전임되고 3월에 부교리에 임명되었다. 4월에 수찬에 임명되고 5월에 교리로 전임되었으며 8월에 이조 좌랑에 임명되었다. 경종 3(1723)년 1월에 교리에 임명되어 문학을 겸했으며 10월에 응교에 임명되었다. 11월에 밀풍군 이탄이 사은정사로 청나라에 갈 때 서장관으로 다녀와서 12월에 보덕을 겸했다. 경종 4(1724)년 1월에 집의에 임명되고 2월에 부응교로 전임되었으며 4월에 사간으로 전임되었다가 6월에 수원 부사에 임명되었으나 8월에 수원 부사에서 체직하고 사국 당상(史局堂上)으로 삼으라는 요청에 따라 사국 당상에 임명되었다.

영조 즉위(1724)년 10월 병조 참지를 역임하고 11월에 실록청 겸 춘추에 임명되어 〈경종실록〉 편찬에 참여하고 승지로 전임되었다가 대사성으로 전임되었다. 12월에 부제학에 임명되고 가선대부로 가자되었다. 영조 3(1727)년 1월에 부제학에 임명되었다가 대사헌으로 전임되고 9월에 예문관 제학에 임명되었으며 사서관으로 참판이 되었고 대제학에 임명되었다. 10월에 왕세자 가례가 있었는데 이때 죽책문을 짓고 이조 참판에 임명되었다. 영조 4(1728)년 3월에 도승지에 임명되고 이인좌의 난이 발생하자 감호제군사(監護諸軍使)로 활약했으며 4월에 정희량을 사로잡았다. 같은 달 난이 평정된 뒤에 난역을 평정한 비망기를 내릴 때 대제학으로 비망기를 언문으로 번역하여 널리 선포하게 했다. 5월에 이조 판서로 승진하고 6월에 동지정사에 임명되어 청나라에 다녀왔으며 8월에 한성부 판윤에 임명되었다. 영조 5(1729)년 4월에 공조 판서에 임명되고 5월에 수어사에 임명되고 6월에 지경연을 겸하다가 판의금부사에 임명되었다. 8월에 형조 판서에 임명되고 10월에 지경연을 겸했으며 찬수청 당상도 겸하다가 우참찬에 임명되었다. 영조 6(1730)년 4월에 예조 판서에 임명되고 5월에 평안도 관찰사에 임명되었으며 6월에 약방 제조에도 임명되었다. 8월에 공조 판서에 임명되었다가 판의금부사로 바꾸어 임명되고 비국 당상에도 임명되었다. 11월에 함경도 별건중시 시관에 임명되어 과거를 주관하고 12월에 좌참찬에 임명되었다. 영조 7(1731)년 5월에 경기청 당상에 임명되고 판의금부사에도 임명되었으며 6월에 도감 당상에 임명되고 7월에는 산릉 당상에 임명되었다. 8월에 우참찬에 임명되었다가 10월에 한성부 판윤에 임명되었다. 영조 8(1732)년 3월에는 관상감 제조로 있으면서 현종 조에서 처음으로 만든 혼천의를 수리했다. 3월에 좌참찬에 임명되고 4월에 판의금부사에 임명되었으며 9월에는 국상 때에 외방에 있으면서 장례에 불참한 일로 파직되었다가 12월에 강경도 관찰사에 임명되었다. 영조 9(1733)년 5월에 형조 판서에 임명되고 7월에 예문관 제학에 임명되었으며 약방 제조로 있으면서 가자되었다. 9월에 형조 판서에 임명되고 11월에 우참찬 임명되었다. 12월에는 김재로와 함께 양역구관 당상에 임명되어 양역을 변통할 방법을 강구하고 12월에 좌참찬으로 전임되었다. 영조 10(1734)년 3월에 예조 판서에 임명되어 예문관 제학을 겸했고 4월에는 판의금부사에 임명되고 9월에 양관 대제학에 임명되었다. 영조 11(1735)년 1월에 공조 판서에 임명되었으나 삼일제를 실행할 때 소명을 어겨서 대제학에서 파면되었다. 4월에 한성부 판윤에 임명되고 8월에 평안도 관찰사에 임명되었으며 12월에 원자보양관에 임명되었다. 12월에는 공조 판서에 임명되어 원접사를 겸했다. 영조 12(1736)년 1월 다시 대제학에 임명되고 2월에 판의금부사에 임명되었으며 좌참찬에 임명되었다. 3월에 왕세자를 책봉할 때 대제학으로 책문을 짓고 4월에는 지중추부사에 임명되었으나 소를 남겨두고 고향으로 돌아갔는데 이 일로 견책을 받고 파직되었다. 8월에 형조 판서에 임명되었으나 대가를 수행하라는 명을 받고도 서장을 올리고 고향으로 돌아갔다가 이 일로 파직되었다. 10월에 한성부 판윤에 임명되고 12월에 판의금부사에 임명되었다. 영조 13(1737)년 1월에 형조 판서에 임명되고 2월에 공조 판서로 전임되어 홍문관 제학을 겸하다가 평안도 관찰사로 나갔다. 5월에 형인 병조 판서 유(游)가 죽었다. 6월에 형조 판서에 임명되고 판의금부사에 임명되었다가 다시 형조 판서에 임명되었으나 곧 우참찬에 임명되었다. 7월에 예조 판서에 임명되었으나 8월에 파직되고 9월에 수어사에 임명되어 좌빈객을 겸하다가 공조 판서에 임명되었다. 영조 13(1737)년 12월에 지경연사에 임명되고 영조 14(1738)년 1월에 좌참찬에 임명되어 2월에 좌빈객을 겸하고 5월에 예문관 제학도 겸했다. 6월에 판의금부사에 임명되고 6월에 예조 판서에 임명되어 8월에 예문관 제학을 겸했다. 영조 15(1739)년 3월에 공조 판서에 임명되고 5월에 경기도 관찰사에 임명되었으나 8월에 경기도 관찰사에서 체직되었다. 같은 달에 예조 판서에 임명되었다가 체직되고 9월에 한성부 판윤에 임명되었다. 영조 16(1740)년 10월에 지경연사에 임명되고 예조 판서에 임명되었다가 11월에 평안도 관찰사에 임명되었으나 영조 17(1741)년 3월 평안도 관찰사로 순시하다가 벽동에서 죽었다.

〈영조실록〉 영조 17(1741)년 3월 27일 다섯 번째 기사에 '평안 감사 윤순의 졸기'가 있다. 졸기에 "윤순은 마음이 깨끗하고 단아하여 문사에 능하였으며, 필법으로 세상에 이름이 나서 사람들이 그의 필법을 본받는 이가 많았다. 이때에 이르러 순시하던 도중 벽동에 도착하여 졸하였다."고 평했다.

저술 및 학문

　"양명학의 태두 정제두(鄭齊斗)의 문인으로 양명학에 심취했으며 정제두의 비문을 써서 양명학이 치양지의 심학임을 지적했다. 〈잡식(雜識)〉을 써서 산림 선비들의 타락상을 개탄하고 이를 당쟁 때문이라고 규정했으며 북벌을 주장하던 송시열 등 노론의 허위성을 폭로했다. 양명학을 기반으로 실학파와 제휴하여 실심(實心)·실견(實見)·실득(實得)·실정(實政)을 강조하고, 시정을 개혁할 것을 주장하는 등 노론에 대항할 이론을 제공했다."(〈다음백과사전〉) 윤순의 학풍은 이광사(李匡師)로 이어졌다.

　저서로 〈백하집〉이 있고 글씨를 잘 써서 김정희는 〈완당집〉에서 "백하의 글씨는 문징명(文徵明)에서 나왔다"고 주장했다. 글씨로는 '고려산적석사비'·'기백윤훤표'·'영상홍서봉비'·'응교심유갈'·'이창발묘갈'·'이판서현석비'·'좌상이태좌표'·'호참송징은비'·'풍릉조문명표'·'예참서문유비'·'참찬윤순지표' 등이 있다.

참고 문헌

　〈다음백과사전〉, 〈한국민족문화대백과사전〉, 〈숙종실록〉, 〈숙종실록보궐정오〉, 〈경종실록〉, 〈경종수정실록〉, 〈영조실록〉, 〈해평윤씨세보〉

조문명
조문명 (趙文命)

본관은 풍양이고 자는 숙장(叔章)이며 호는 학암(鶴巖)이고 시호는 문충(文忠)이다. 숙종 6(1680)년에 태어나서 영조 8(1732)년에 죽었다.

☑ 임명일

━ 영조 5(1729)년 6월 1일 : 조문명(趙文命)을 대제학으로.

☑ 가문

아버지는 의금부 도사 인수(仁壽)이고 할아버지는 진사 상정(相鼎)이며 증조부는 형조 판서 형(珩)[50]이고 고조부는 승지 회보(希輔)이다. 외할아버지는 이조 판서·대제학 김익희(金益熙)의 손자인 광산인 승지 김만균(金萬均)이고 장인은 영의정 김창집(金昌集)의 아우인 안동인 교관 김창업(金昌業)이다.

아들은 1남은 우의정 재호(載浩)이고 2남은 재연(載淵)이며 3남은 재홍(載洪)이고 4남은 재부(載溥)이다. 딸은 진종(영조의 효장세자)의 비인 효순왕후(孝純王后)이다. 재호의 아들이 완진(完鎭)다. 형은 대사간 경명(景命)과 교하 현감 영명(永命)이다.

☑ 생애

숙종 31(1705)년 사마 생원시에 합격하고 숙종 37(1711)년 12월에 감시에서 수석하여 급제를 받았으며 숙종 39(1713)년 증광문과에 급제하였다. 숙종 42(1716)년 4월에 검열에 임명되었다.

경종 즉위(1720)년 9월에 홍문록에 뽑히고 10월에 도당록에 뽑혔으며

---

50) 상정이 선공감역 민(珉)에 입양되었다.

홍문관 수찬에 임명되었다. 경종 1(1721)년 3월에 부수찬에 임명되고 5월에 부교리에 임명되어 붕당의 폐단에 대해 소를 올리고 삼남의 암행어사로 파견되었다. 8월에는 교리에 임명되어 박지원을 논척하고 문학에 임명되었다. 세자시강원 문학으로 있으면서 왕세제 연잉군(영조)의 보호에 힘쓰면서 김일경 중심의 소론 과격파와 대립했다. 경종 2(1722)년 2월에 천안 군수로 좌천되었다.

영조 1(1725)년 1월에 지평에 임명되고 2월에 동학교수를 겸하고 사서도 겸했으며 3월에는 세자시강원 보덕도 겸했다. 10월에 교리에 임명되고 서장관으로 연경에 다녀와서 특별히 동부승지에 임명되었으나 2일 만에 사직 상소를 올려 사직하고 11월에 예조 참의에 임명되었다. 예조 참의로 있으면서 붕당의 정치를 파할 것을 제창하다가 민진원의 배척을 받았다. 영조 3(1727)년 정미환국으로 소론이 재집권하자 7월에 특별히 이조 참의로 재기용되어 실록도청 당상을 겸했다. 8월에 영조의 제 1자인 효장세자의 빈을 간택할 때 딸이 왕세자빈으로 간택되었다. 9월에 호조 참판으로 승진하고 수어사에 임명되고 옥인전문 서사관을 겸했다. 10월에 도승지에 임명되고 11월에 병조 참판에 임명되어 동지경연사, 진연 당상, 어영대장에 임명되었다. 영조 4(1728)년 1월에 대사성에 임명되고 2월에 도승지에 임명되었다가 이조 참판으로 전임되었으며 이인좌의 난을 진압하는 데 공을 세우고 4월에 병조 판서에 임명되고 자헌대부로 가자되어 풍릉군에 봉해졌다. 9월에는 약방 제조도 겸했다. 영조 5(1729)년 2월에 표적대자전문 서사관에 임명되고 3월에 사복시 제조에 임명되었으며 6월에 대제학에 임명되고 훈련대장에도 임명되었다. 〈영조실록〉에서는 이를 두고 "총재로 문형을 겸하고 원윤까지 겸한 일로 예전에 없던 일"이라고 기록했다. 7월에는 녹훈도감 당상에 임명되었으나 대제학에서 해면해주기를 청하여 윤허 받고 이조 판서에 임명되고 판의금부사에 임명되었다. 영조 6(1730)년 4월에 판의금부사·총융사에 임명되고 홍문관 제학도 겸했다. 8월에 우의정에 임명되고 10월에 호위대장에 임명되었으며 영조 7(1731)년 4월에 사은 상사로 중국에 다녀왔다. 영조 8(1732)년 5월에 좌의정으로 승진됐고 8월에 도감 도제조를 겸했으나 10월에 풍릉부원군으로 죽었다.

〈영조실록〉 영조 8(1732)년 10월 9일 첫 번째 기사에 '풍릉부원군 조문명의 졸기'가 있다. 졸기에 "조문명은 인품이 총명 영오하고 간결 민첩하였으며, 용모가 매우 아름다웠다. 신축년·임인년에 김일경의 무리가 충량(忠良)한 신하들을 도륙(屠戮)하던 때를 당하여 능히 그들을 배척하는 말을 창도하였고, 신임을 받아 등용되기에 이르러서는 힘써 보합론을 견지하여 탕평의 정치를 하려고 하였다. 그러나 끝내 자신의 본색을 탈피하지 못했기 때문에 그가 취여(取與)한 것이 실제로 공의에 합치되지 않았고 세도에 해를 끼친 것이 있었다. 번갈아 5영의 대장을 지내고 교대로 양전(兩銓)을 장악하였으며, 끝내는 상부에까지 들어갔으니, 국은(國恩)이 매우 두터웠다. 하지만 보답한 공효는 별로 없다."고 평했다.

↘ 저술 및 학문

저서로 〈학암집〉이 있고 글씨에 능해서 '삼충사사적비'·'북백곽재우묘표' 등이 전한다.

↘ 참고 문헌

〈다음백과사전〉, 〈숙종실록〉, 〈숙종실록보궐정오〉, 〈경종실록〉, 〈경종수정실록〉, 〈영조실록〉, 〈풍양조씨세보〉

본관은 전주이고 자는 구숙(久叔)이며 호는 도운(陶雲)·퇴운(退雲)이다. 현종 13(1672)년에 태어나서 영조 13(1737)년에 죽었다.

◨ 임명일

— 영조 6(1730)년 11월 19일 : 이진망(李眞望)을 대제학으로 삼았는데, 전 대제학 조문명이 천거한 것이다.

◨ 가문

아버지는 정랑 우성(羽成)이고 할아버지는 평시령 철영(哲英)이며 증조부는 영의정·대제학 경석(景奭)이고 고조부는 동지중추부사 유간(惟侃)이다. 정종의 아들인 덕천군 후생(厚生)의 10대손이다. 외할아버지는 동래인 정이화(鄭以和)이고 장인은 번남인 판관 박태여(朴泰輿)이다.

아들은 1남은 예조 참판·대제학 광덕(匡德)이고 2남은 지평 광의(匡宜)이며 3남은 광문(匡文)이고 4남은 광여(匡餘)이며 5남은 광윤(匡潤)이다. 아우는 직장 진좌(眞佐)이고 누이들은 각각 파평인 윤광진(尹光進), 여산인 송익문(宋翼文)과 결혼했다.

아들 광덕이 대제학을 역임함으로 부자 대제학의 가문을 이루었다.

◨ 생애

숙종 22(1696)년 사마 생원시에 합격하고 숙종 37(1711)년 3월에 실시한 삼일제에서 으뜸을 차지하고 4월에 식년문과에서 장원으로 급제했다. 7월에 문학에 임명되었다. 숙종 39(1713)년 7월에 지평에 임명되고 숙종 40(1714)년 7월에 충청도 암행어사로 파견되었다가 11월에 어사로 복명하였으나 12월에 사헌부에서 탄핵을 받았다. 숙종 41(1715)년 10월에 문학에 임명되고 숙종 42(1716)년 4월에 홍문록에 뽑히고 6월에 도당록에 뽑혔으며 부교리에 임명되었다. 그 뒤에 경기도 도사로 나갔으나 숙종 44(1718)년 5월에 파직되고 의성 현령으로 나가서 11월에 전정과 환정의 폐해에 대해 상소했다.

경종 1(1721)년 4월에 승지에 임명되었다가 청주 목사에 임명되었으나 윤6월에 영의정 김창집의 청에 따라 나문을 당하고 정죄되었으나 12월에 조태구가 출사하여 영의정 김창집과 우의정 이건명을 면직시켰다. 그 뒤에 경종 2(1722)년 2월에 부제학에 임명되었다가 4월에 황해도 관찰사에 임명되었다. 경종 3(1723)년 4월에 대사간에 임명되고 5월에 이조 참의에 임명되었으며 10월에 승지에 임명되었다. 11월에 이조 참의에 임명되었으나 파직 당했다. 숙종 4(1724)년 4월에 승지에 임명되고 윤4월에 이조 참의에 임명되었으며 5월에 부제학에 임명되었다.

영조 즉위(1724)년 9월에 영조가 "내가 왕자로 있을 적에 지금 강화 유수로 있는 이진망이 사부였다"고 말했다. 11월에 부제학에 임명되고 홍문관 제학에 임명되고 실록청 당상에 임명되었으며 12월에 비변사 제조에 임명되었고 대사성에 임명되어 소론인 이광좌·유봉휘의 신원을 상소했다. 영조 3(1727)년 7월에 병조 참판에 임명되고 영조 5(1729)년 2월에 부제학에 임명되었으며 3월에 승지로 전임되었다가 4월에 다시 부제학에 임명되었다. 5월에 다시 승지에 임명되고 6월에 부제학에 임명되었으며 7월에 대사헌에 임명되었다. 9월에 이조 참판에 임명되고 11월에 예조 참판에 임명되었다가 대사헌으로 전임되었다. 영조 6(1730)년 7월에 예조 참판에 임명되고 9월에 형조 판서로 승차했으며 산릉도감 제조와 지경연을 겸하다가 11월에 좌참찬에 임명되어 전 대제학 조문명의 추천에 의해 대제학에 임명되었다. 영조 8(1732)년 4월에 지돈녕부사에 임명되고 5월에 한성부 판윤에 임명되었으며 윤5월에 예조 판서에 임명되었다. 6월에 대사헌에 임명되고 7월에 동지정사에 임명되었으며 8월에 우참찬에 임명되었다. 영조 9(1733)년 5월에 동경연에 임명되고 7월에 좌참찬에 임명되었다. 영조 11(1733)년 7월에 원자보양관에 임명되고 영조 12(1734)년 1월에 세자빈객에 임명되어 반송사를 겸했다. 6월에 다시 세자빈객에 임명되었으나 영조 13(1735)년 1월에 지중추부사로 죽었다.

〈영조실록〉 영조 13(1737)년 1월 8일 두 번째 기사에 '지중추부사 이진망의 졸기'가 있다. 졸기에 "이진망은 신축년·임인년에 당인들이 용사(用事)할 때 자못 평완(平緩)한 의논을 주장하였는데, 정미년(영조 3)에 개기(改紀)하기에 미쳐서는 제일 먼저 이건명(李健命)과 조태채(趙泰采)의 등급을 나눌 것을 청하였다. 임금은 그가 잠저 때 사부였다 하여 정중하게 예우하고 감반(甘盤)의 구계(舊契)라고 일컬으면서 발탁하여 정경에 제배하였으나, 이진망이 극력 한가로이 지내게 해 줄 것을 청하였으므로, 다시는 직사(職事)를 책임지우지 않았다. 이진망은 성품이 청렴하고 검소하고 소중하고 온후하였으므로, 명조(名祖)의 풍도를 실추시키지 않았다. 벼슬이 현달해지고 나서도 출타할 때 타는 말이 없었고, 간혹 나막신을 신고 걸어 다니기도 하였다. 모부인은 성품이 엄하고도 법도가 있어 자제들이 과오를 범하면 가동(家僮)을 시켜 뜰에서 매를 때리게 했는데, 이는 때려서 가르치는 유래가 있기 때문이라고 한다."고 평했다.

🔲 저술 및 학문

저서로 〈도운유집〉이 있다.

◪ 참고 문헌

〈다음백과사전〉, 〈숙종실록〉, 〈숙종실록보궐정오〉, 〈경종실록〉, 〈경종수정실록〉, 〈전주이씨덕천군파보〉

이덕수 (李德壽)	본관은 전의이고 자는 인로(仁老)이며 호는 벽계(蘗溪)·서당(西堂)이고 시호는 문정(文貞)이다. 현종 14(1673)년에 태어나서 영조 20(1744)년에 죽었다.

임명일

- 영조 7(1731)년 10월 2일 : 이덕수(李德壽)를 대제학으로,
- 영조 12(1736)년 12월 1일 : 전 대제학 이덕수를 대제학으로 삼았다.
- 영조 13(1737)년 3월 6일 : 이덕수를 대제학으로,
- 영조 15(1739)년 5월 6일 : 전 대제학 이덕수가 지었다.
- 영조 16(1740)년 1월 15일 : 이덕수를 다시 대제학으로,
- 영조 17(1741)년 11월 20일 : 대제학 이덕수의 지난번에 논박 받은 것은 이미 근거가 없다는 것을 알았으니, 마땅히 재촉해서 올라오게 해야 합니다. 하니 임금이 이를 옳게 여겼다.
- 영조 18(1742)년 3월 13일 : 전 대제학 이덕수를 명초하여 문형이 권점하게 하여 이병상을 대제학으로 삼았다.

가문

아버지는 예조 참판 징명(徵明)이고 할아버지는 황해도 관찰사 만웅(萬雄)이며 증조부는 동지중추부사 행건(行健)이고 고조부는 신계 현령 중기(重基)이며 6대조는 함경도 병마사 제신(濟臣)이다. 외할아버지는 청송인 첨지중추부사 심약한(沈若漢)이고 장인은 초배는 해주인 참봉 최익서(崔翼瑞)이고 계배는 진주인 강진상(姜晉相)이다.

아들은 문과에 급제했으나 취임하지 않은 산배(山培)이고 딸은 각각 해주인 최지흥(崔祉興), 청송인 도사 심용(沈鎔), 해평인 군수 윤득여(尹得興)와 결혼했다. 아우는 진사 덕해(德海)이고 누이는 청송인 진사 심봉의(沈鳳儀)와 결혼했다.

⬛ 생애

조상의 덕으로 음직으로 직장으로 있다가 숙종 37(1711)년 구일제에서 수석하고 전시에 직부되어 숙종 39(1713)년 증광문과에 급제했다. 숙종 42(1716)년 6월에 도당록에 뽑히고 11월에 홍문록에 뽑혔다. 그 뒤에 문의 현령으로 나갔으나 숙종 43(1717)년 6월에 충청좌도 암행어사 조상경에 의해 파직되었으나 8월에 다시 홍문록에 뽑혔다.

경종 즉위(1720)년 9월에 지평에 임명되고 10월에 도당록에 선발되었으며 11월에 부수찬에 임명되었다. 경종 1(1721)년 1월에 수찬에 임명되고 2월에 부수찬으로 전임되었으며 3월에 다시 지평에 임명되었다. 4월에 부교리에 임명되고 윤6월에 부수찬에 임명되었으며 8월에 수찬에 임명되었다. 경종 2(1722)년 6월에 이조 좌랑에 임명되고 8월에 부응교에 임명되었으며 9월에 집의에 임명되었다. 경종 3(1723)년 6월에 시강원 보덕에 임명되고 보덕으로 있으면서 임인옥사로 몰리게 된 호조 판서 김연(金演)을 구하려다가 사간원으로부터 김창집과 같은 역당으로 몰려 탄핵을 받았으나 무마되었다.(〈한국민족문화대백과사전〉) 그 뒤에 간성 군수로 나갔다.

영조 즉위(1724)년 11월에 문학이 있어서 실록의 임무에 합당하다는 이광좌의 추천으로 첨지중추부사에 임명되어 실록청 당상에 임명되어 〈경종실록〉 편찬에 참여했다. 영조 5(1729)년 8월에 대사성에 임명되고 10월에 승지로 발탁되었으며 11월에 다시 대사성에 임명되었다. 영조 6(1730)년 4월에 부제학에 임명되고 이조 참의로 전임되었다가 체차했으나 5월에 실록청에서 노고한 공으로 가자되고 다시 부제학에 임명되었으며 8월에는 동지의금부사에 임명되었다. 영조 7(1731)년 4월에 홍문관 제학에 임명되고 5월에 예문관 제학에 임명되었으며 10월에 대제학에 임명되고

11월에 이조 참판에 임명되었다. 영조 8(1732)년 1월에 대제학으로 경종의 행장을 지어 올렸고 2월에 이조 참판에서 파직되었다. 4월에 대사헌에 임명되고 바로 파직의 명을 받았으나 곧 파직을 중지하라는 명을 받았다. 영조 9(1733)년 5월에 공조 참판에 임명되고 7월에 개성 유수에 임명되었으며 영조 10(1734)년 2월에 이조 참판에 임명되었다가 대사헌으로 전임되었다. 4월에 이조 참판에 임명되었으나 여러 번 소명을 어겨서 5월에 파직되었다. 6월에 동지의금부사에 임명되고 7월에 도승지에 임명되었으며 12월에 교서관 제조로 영조의 명에 의해 당나라의 〈여사서〉를 언문으로 해석하여 간행했다. 영조 11(1735)년 2월에 예조 참판에 임명되고 윤4월에 이조 참판에 임명되었으나 5월에 체차되었다가 6월에 병조 참판에 임명되고 11월에 동지정사로 중국에 다녀왔다. 영조 12(1736)년 4월에 홍문관 제학에 임명되고 5월에 이조 참판에 임명되었다. 8월에는 홍문관 제학으로 있었는데 이때 영조가 〈여사서〉의 서문을 친히 지어 내리고 언문으로 번역하여 간행하라는 명을 받았다. 9월에 동지경연에 임명되고 10월에 이조 참판에 임명되었으며 12월에 대제학에 임명되었다. 영조 13(1737)년 1월에 예조 참판에 임명되고 3월에 예문관 대제학에 임명되어 겸하다가 병조 참판으로 전임되었다. 6월에 동지경연사에 임명되고 8월에 예문관 제학에 임명되었으며 이조 판서로 승진했다. 9월에 이조 판서에서 체직되고 좌부빈객에 임명되었으며 윤9월에 좌참찬에 임명되었다. 영조 15(1739)년 10월에 형조 판서에 임명되고 영조 16(1740)년 1월에 다시 대제학에 임명되었으며 2월에 대사헌에 임명되었다가 5월에 좌참찬에 임명되었다. 윤6월에 대사헌에 임명되고 7월에 우참찬에 임명되었으며 11월에 지경연사에 임명되었다. 영조 17(1741)년 5월에 대제학으로 영조의 명에 의해 〈국조오례의〉의 궁전 이름과 교량 이름을 수정하고 우참찬에 임명되었다. 11월에 대사헌에 임명되고 영조 19(1743)년 윤4월에 우빈객에 임명되었다. 5월에 좌참찬에 임명되고 9월에 공조 판서에 임명되었으며 영조 20(1744)년 2월에 우참찬에 임명되었으나 5월에 죽었다.

〈영조실록〉 영조 20(1744)년 5월 28일 세 번째 기사에 '우참찬 이덕수의 졸기. 이덕수를 애도하면서 상례대로 돕게 하다'가 있다. 졸기에 " 이덕수는 문장이 박아(博雅)하여 일대의 종장(宗匠)으로 일컬었으며, 이조·예조 판서를 역임했고 문형을 맡았었다. 조정에 벼슬한 지 수십 년 동안 크게 보익한 것이 없었으나, 인품이 순근(醇謹)하고 관박(款朴)하였다. 노쇠함에 이르러서는 조금 염정(廉精)에 흠이 있다고 일컬었다. 부음을 듣자 임금이 철조하고 애도하면서 말하기를, '그는 충근(忠勤)한 뜻을 지니고 있었으므로 마음으로 항상 의지해 왔었는데 슬픈 마음이 간절하다.' 하고, 관에서 돕는 일을 상례대로 하라고 명하였다."고 평했다.

◪ 저술 및 학문

박세당(朴世堂)·김창흡(金昌翕)의 문인이다. 경종의 행장을 찬진하고 〈경종실록〉에 참여했다. 영조의 명에 따라 당나라의 〈여사서(女四書)〉를 한글로 번역해 반포했고, 〈국조오례의〉 수정 작업에 착수했다. 저서로 〈서당집〉·〈서당사재(西堂私載)〉 등이 있다.

◪ 참고 문헌

〈다음백과사전〉, 〈한국민족문화대백과사전〉, 〈숙종실록〉, 〈숙종실록보궐정오〉, 〈경종실록〉, 〈경종수정실록〉, 〈영조실록〉, 〈전의이씨성보〉

본관은 해주이고 자는 백옥(伯玉)이며 호는 월곡(月谷)이고 시호는 문목(文穆)이다. 숙종 26(1700)년에 태어나서 영조 16(1740)년에 죽었다.

임명일

- 영조 16(1740)년 5월 25일 : 대제학 오원(吳瑗)이 말하기를,
- 영조 27(1751)년 11월 7일 : 오찬은 대제학 오원의 아우이다.

가문

친아버지는 진주(晉周)인데 명안공주의 남편인 오위도총부 도총관 해창위(海昌尉) 태주(泰周)에게 입양되었다. 양어머니는 현종의 딸인 명안공주(明安公主)이다. 할아버지는 공조 판서 겸 오위도총부 도총관 두인(斗寅)이고 증조부는 경상도 관찰사 숙(䎘)이며 고조부는 종친부 전적 사겸(士謙)이다. 친외할아버지는 안동인 예조 판서·대제학 김창협(金昌協)이고 양외할아버지는 명안공주의 아버지인 현종이다. 장인은 초배는 안동인 권정성(權定性)이고 계배는 강릉인 최식(崔寔)이다.

아들은 1남은 이조 판서 겸 판의금부사·대제학 재순(載純)이고 2남은 재유(載維)인데 재유는 아우 완(琬)에게 입양되었다. 3남은 예조 판서 겸 오위도총부 도총관 재소(載紹)이다. 대제학 이재(李縡)의 처조카다.

아들 재순이 대제학이 됨에 따라 부자 대재학의 가문을 이루고, 외할아버지 김창협에 이어 외조와 외손이 대제학을 역임했다.

생애

경종 3(1723)년 사마 생원시에 합격하고 영조 4(1728)년 정시문과에서 장원으로 급제했다. 9월에 정언에 임명되었고 영조 5(1729)년 3월에 국세

의 위태로움과 왕강(王綱)이 무너진 것에 대해 상소했는데 이 상소는 영조의 탕평책에 반대한 것이 되어 관직이 삭탈되었다. 영조 6(1730)년 10월에 지평에 임명되어 관직에 복귀했고 11월에 병조 좌랑에 임명되었으며 영조 7(1731)년 3월에 홍문록에 뽑히고 정언에 임명되었으나 체직되었다. 영조 8(1732)년 1월에 정구를 숨겨주었다가 자수한 일로 의금부에 갇혔다가 풀려났고 7월에 동지정사의 서장관으로 청나라에 다녀왔다. 영조 9(1733)년 3월에 수찬에 임명되었다가 교리로 전임되고 6월에 부교리로 전임되었으나 7월에 연명으로 차자를 올린 일로 이성 현감으로 좌천되었다. 8월에 부교리로 돌아와서 10월에 수찬에 임명되고 11월에 교리에 임명되어 궁궐의 위계질서에 대해 논하고 언로가 막힌 고질적인 병폐에 대해 건의했다. 12월에 부교리에 임명되었다가 교리로 전임되었으며 영조 10(1734)년 1월에 수찬에 임명되었다가 부수찬으로 전임되었으나 홍경보와 싸운 일로 파직되었다. 5월에 다시 부수찬에 임명되고 부교리로 전임되었으며 6월에 수찬에 임명되었다가 7월에 교리에 임명되었다. 참찬관으로 9월에 김집의 후손을 녹용하라고 청하여 실현시켰고 이조 좌랑에 임명되었다. 11월에 수찬에 임명되고 12월에 부응교를 거쳐 응교에 임명되었다. 영조 11(1735)년 윤4월에 교리에 임명되고 5월에 응교에 임명되었다가 승지로 발탁되었다. 8월에 대사간에 임명되고 12월에 승지에 임명되었으며 영조 12(1736)년 5월에 승문원 부제조에 임명되었다가 9월에 대사성에 임명되었으나 민형수(閔亨洙)를 구원하려다가 파직되었다. 영조 13(1737)년 2월에 승지에 임명되었다가 경상도 관찰사에 임명되었으며 5월에 승지에 임명되었다가 대사성에 임명되었다. 6월에 이조 참의에 임명되고 7월에 승문원 부제조에 임명되었으며 9월에 대사성에 임명되었다. 영조 14(1738)년 1월에 부제학에 임명되고 3월에 승지로 전임되었다가 6월에 대사성을 거쳐 부제학에 임명되었다. 8월에 대사성과 이조 참의에 임명되었고 11월에 승지에 임명되었다. 영조 15(1739)년 1월에 다시 부제학에 임명되고 2월에 승지에 임명되었으며 5월에 다시 부제학에 임명되었으나 어떤 일로 의금부에 갇혔다가 석방되어 11월에 이조 참의에 임명되었다. 영조 16(1740)년 2월에 강화 유수에 임명되고 4월에 부제학에 임명되었으며 5월에 대제학에 임명되어 7월에는 지제교 38인을 선발하고 8월에 독서당에 들어갈 관리를 선발했으며 공조 참판에 임명되었으나 10월에 41세로 죽었다.

〈영조실록〉 영조 16(1740)년 10월 10일 첫 번째 기사에 '공조 참판 오원의 졸기'가 있다. 졸기에 "오원은 충정공 오두인의 손자인데, 일찍이 갑과에 급제하여 문학으로 이름이 났고 벼슬은 대제학에 이르렀다. 사람됨이 깨끗하여 욕심이 없고 소탈하였으므로 꾸미는 것을 일삼지 않았는데, 졸할 때 나이 41세였다. 임금이 나라를 위한 일편단심이 있는데도 일찍 죽은 것을 애석히 여겨 차탄하고 애도하였으며, 시호를 내리라고 명하였다."고 평했다.

저술 및 학문

이재(李縡)의 문인이다. 문집으로 〈월곡집(月谷集)〉이 있다.

참고 문헌

〈다음백과사전〉, 〈경종실록〉, 〈경종수정실록〉, 〈영조실록〉, 〈디지털안산문화대전〉, 〈해주오씨대동보〉

이광덕
(李匡德)

본관은 전주이고 자는 성뢰(聖賴)이며 호는 관양(冠陽)이다. 숙종 16(1690)년에 태어나서 영조 24(1748)년에 죽었다.

임명일

- 영조 17(1741)년 3월 27일 : 이광덕을 대제학으로,
- 영조 17(1741)년 8월 5일 : 이광덕(李匡德)은 참판·대제학으로서 체모가 자별한데,
- 영조 20(1744)년 10월 19일 : 전 대제학 이광덕에게 직첩을 주어 서용하라고 명하였다.

가문

정종의 후손으로 아버지는 형조 판서·대제학 진망(眞望)이고 할아버지는 정랑 우성(羽成)이며 증조부는 평시령 철영(哲英)이고 고조부는 영의정·대제학 경석(景奭)이다. 외할아버지는 번남인 판관 박태여(朴泰興)이고 장인은 초배는 풍양인 대사간 조경명(趙景命)이고 계배는 광주인 장오규(鄭五奎)이다.

아들은 군수 국형(國亨)과 주부 만형(晩亨)이고 딸은 각각 강릉인 김성진(金聖鎭), 보성인 오백우(吳百祐), 동래인 정여우(鄭如愚)와 결혼했다. 아우는 지평 광의(匡誼), 광문(匡文), 만호 광여(匡餘), 광윤(匡潤)이고 누이들은 각각 파평인 윤광진(尹光進), 여산인 송익문(宋翼文)과 결혼했다.

아버지 진망에 이어 대제학을 역임함으로 부자 대제학의 가문을 이루었다.

생애

경종 2(1722)년 정시문과에 진사로 응시하여 을과로 급제했다. 경종

3(1723)년 8월에 홍문록에 뽑히고 11월에 세자시강원 설서에 임명되어 세제(영조)를 보도했다. 경종 4(1724)년 2월에 정언에 임명되고 윤4월에 부교리에 임명되었으며 5월에 지평에 임명되었으나 민진원(閔鎭遠)을 구원하려다가 사간원의 탄핵을 받고 체차되었다.

영조 즉위(1724)년 11월에 수찬에 임명되고 12월에 교리에 임명되었으며 영조 1(1725)년 1월에 부수찬에 임명되었다. 영조 3(1727)년 7월에 부교리에 임명되었다가 교리로 전임되었고 8월에 호남에 기근이 들자 호남 별견어사로 파견되었고 사서를 거쳐 9월에 수찬에 임명되고 10월에 이조 좌랑, 교리, 교서 교리, 겸 사서에 차례로 임명되었다. 12월에 이조 좌랑에 임명되었으나 "전에 조태억(趙泰億)의 아들 조지빈(趙趾彬)이 이조 참의에 오르는 것을 제어해 조태억으로부터 미움을 받던 중, 홍문관 관원의 천거 시비를 계기로 다시 조태억·조지빈과 심하게 다투다가 대사간 조지빈과 함께 파직되었다."(〈한국민족문화대백과사전〉) 영조 4(1728)년 1월에 서용하라는 명을 받고 1월에 호남의 감진어사로 파견되었다. 3월에 이인좌의 난이 일어나자 이인좌의 일당인 박필현이 전라도 태인에서 반란을 일으켰기 때문에 전라도 관찰사 정사효(鄭思孝)가 파직되고 그 뒤를 이어 전라도 관찰사에 임명되어 반란군을 토벌했다. 전라도 관찰사로 있는 동안 지방의 재정과 부세 제도 등에 일대 개혁을 일으켜 크게 원성을 들었다. 영조 5(1729)년 "부수찬 이양신(李亮臣)이 이인좌의 난을 계기로 소론을 몰아내기 위해 이광좌를 탄핵할 때에 그도 연루시켜 호남어사로 역모를 미리 알았으면서도 묵인했다는 혐의를 씌워 무고(〈한국민족문화대백과사전〉)해서 4월에 추고 당했으나 무사했다 이 해에 내수사에서 전주부 건지산 밑의 전답을 옹주방전(翁主房田)으로 인수하려는 것을 거부하고 소를 올렸는데 상소문에 불경스러운 말이 있다 하여 추고 받고 영조의 미움을 받았다.(〈한국민족문화대백과사전〉) 영조 6(1730)년 6월에 승지에 임명되고 8월에 이조 참의에 임명되었으며 9월에는 지교제로 개성부의 진향문을 지어 바치고 칭찬을 들었다. 그러나 10월에 전라도 관찰사로 있을 때에 명령을 어긴 죄로 파직되었다가 영조 7(1731)년 4월에 승지에 임명되고 6월에 호남에 파견되어 진휼하고 돌아와서 7월에 이조 참의에 임명되었다. 11월에는 부사직으로 영성군 박문수와 함께 양남에 파견되어 백성을 위유하고 진사(賑事)를 살피고 돌아왔다. 영조 8(1732)년 호남어사에 임명되었으나 병을 이유로 부임을 사양하여 호남어사에서 파직되었다. 6월에 이조 참의에 임명되고 12월에 호남 위유 감진어사로 파견되었다가 돌아와서 영조 9(1733)년 9월에 이조 참의에 임명되고 10월에 강화 유수에 임명되었다. 그러나 끝내 부임하지 않아서 12월에 갑산 부사로 좌천되었으나 대신들이 너무 심하다고 아룀에 따라 영조 10(1734)년 6월에 형조 참의에 임명되었다. 7월에 이조 참의로 전임되고 8월에 이조 참의에서 체직되었으며 9월에 부제학에 임명되었다. 영조 11(1735)년 윤4월에 이조 참의에 임명되었으나 외방에 있어서 바로 바꾸고 12월에 강화 유수에 임명되었다. 영조 12(1736)년 11월에 예문관 제학에 임명되고 영조 15(1739)년 5월에 대사헌에 임명되었으며 7월에 동지 겸 사은정사 능창군(綾昌君) 이숙(李橚)의 부사에 임명되고 8월에 부제학에 임명되었다. 영조 16(1740)년 9월에 대사헌에 임명되고 영조 17(1741)년 3월에 대제학에 임명되었으며 4월에 예조 참판에 임명되었다. 이때 위시사건(僞詩事件)이 일어나자 아우 광의(匡誼)가 김복택(金福澤)을 논죄하려다가 국문을 받았다. 이에 아우를 구원하기 위해 변론하다가 의금부에 회부되고 정주로 유배되었으며 6월에 섬으로 유배하라는 명을 받았으며 7월에 친국을 받고 8월에 해남으로 유배되었다. 영조 18(1742)년 1월에 김재로의 청에 의해 풀려나서 과천에 은거하다가 영조 20(1744)년 직첩을 돌려받았으며 영조 22(1746)년 11월에 한성부 우윤에 임명되었다가 영조 24(1748)년 1월에 한성부 좌윤으로 전임되었으며 7월에 죽었다.

〈영조실록〉 영조 24(1748)년 7월 16일 첫 번째 기사에 '전 참판 이광덕의 졸기'가 있다. 졸기에 "이광덕은 이진망(李眞望)의 아들로서, 문예(文藝)가 공교롭고 치밀하여 사무를 잘 해결하였다. 임인년에 급제하여 조현명(趙顯命)·송인명(宋寅明) 등과 완론(緩論)을 창도하여서 동료들이 기꺼이 추복(推服)하였던 탓으로, 준론(峻論)을 주장하는 당여들의 극심한 미움을 받았다. 무신년(영조 4년) 이후 조현명·송인명 두 사람은 현직(顯職)에 등용되어 권위(權位)가 융숭하고 혁혁하게 된 데 반하여, 자신은 도리어 그들의 아래가 되었으므로 드디어 뜻을 얻지 못한 것을 불만스럽게 여겨 물러가 과천(果川)에서 살았다. 그리하여 농사에 힘써 부자가 되었으며 사환(仕宦)을 즐기지 않다가 다시 준론을 주장하는 당여로 귀의하였으나, 끝내 불행하게도 뜻이 합치되지 못한 채 졸하였다."고 평했다.

☑ 저술 및 학문

저서로 〈관양집(冠陽集)〉이 있다.

☑ 참고 문헌

〈다음백과사전〉, 〈한국민족문화대백과사전〉, 〈경종실록〉, 〈경종수정실록〉, 〈영조실록〉, 〈전주이씨덕천군파보〉

조관빈 (趙觀彬)	본관은 양주이고 자는 국보(國甫)이며 호는 회헌(悔軒)이고 시호는 문간(文簡)이다. 숙종 17(1691)년에 태어나서 영조 33(1757)년에 죽었다.

임명일

- 영조 25(1749)년 5월 23일 : 조관빈(趙觀彬)을 대제학으로 삼았다.
- 영조 29(1753)년 7월 27일 : 조관빈을 대제학으로 삼았다.
- 영조 29(1753)년 7월 29일 : 대제학 조관빈을 정배시키고.

가문

아버지는 노론 4대신의 한 사람인 좌의정 태채(泰采)이고 할아버지는 괴산 군수 희석(禧錫)이며 증조부는 형조 판서 계원(啓遠)이고 고조부는 지돈녕부사 겸 지의금부사·지중추부사 존성(存性)이다. 7대조는 성종의 7녀 숙혜옹주(淑惠翁主)와 결혼한 한천위(漢川尉) 무강(無彊)이고 11대조는 병조 판서·대제학 말생(末生)이다. 외할아버지는 청송인 부사 심익선(沈益善)이고 장인은 초배는 창원인 판서 유득일(俞得一)이고 계배는 경주인 이위(李煒)이며 3배는 함양인 박성익(朴聖益)이다.

아들은 1남은 군수 영석(榮晳)이고 2남은 영현(榮賢)이며 3남은 영경(榮慶)이다. 딸은 경주인 김노직(金魯直)과 결혼했다. 영석이 참의 명철(命喆)을 낳았고 명철의 5대손이 좌의정 병세(秉世)이다.

형은 돈녕부 도정 정빈(鼎彬)이고 아우는 동몽교관 겸빈(謙彬)인데 정빈의 5대손이 영의정·대제학 두순(斗淳)이고 두순의 서조카가 갑오민란의 원인을 제공한 고부 군수 병갑(秉甲)이다.

◩ 생애

숙종 40(1714)년 증광문과에서 병과로 급제했다. 숙종 41(1715)년 3월에 검열에 임명되고 숙종 42(1716)년 6월에 도당록에 뽑혔으며 7월에 부수찬에 임명되었다가 9월에 수찬으로 전임되었다. 10월에 정언에 임명되고 11월에 홍문록에 뽑혔으며 수찬에 임명되었다. 숙종 43(1717)년 3월에 부교리에 임명되고 4월에 부수찬에 임명되었으며 6월에 교리에 임명되고 8월에 부수찬에 임명되었으며 9월에 수찬에 임명되고 12월에 부교리에 임명되었다. 숙종 44(1718)년 2월에 부교리에 임명되고 헌납으로 전임되었으며 6월에 다시 부수찬으로 전임되었다가 수찬에 임명되었다. 9월에 부교리에 임명되고 11월에 부수찬에 임명되었으며 12월에 다시 부교리에 임명되었다. 숙종 45(1719)년 1월에 교리에 임명되고 지평으로 전임되었다가 2월에 헌납에 임명되었다. 7월에 이조 좌랑에 임명되고 8월에 부교리와 교리에 임명되고 10월에 동부승지로 발탁되었다.

경종 즉위(1720)년 7월에 대사간에 임명되고 11월에 대사성에 임명되었다가 승지로 전임되고 대사간으로 전임되었으며 12월에 대사성에 임명되었다. 경종 1(1721)년 1월에 승지에 임명되고 6월에 대사간에 임명되었으며 10월에 이조 참의에 임명되었다. 경종 3(1723)년 신임사화로 아버지 태채가 화를 당하고 이에 연좌되어 12월에 흥양현에 유배되었다. 이때 형 정빈은 정의현에 유배되고 아우 겸빈은 거제부에 유배되었으며 누이인 이정영(李廷煐)의 처는 흑산도에 유배되었다.

영조 1(1725)년 노론이 집권하자 풀려나서 3월에 호조 참의에 임명되고 이조 참의로 전임되었다가 4월에 강화 유수에 임명되었으며 귀양 가 있던 도빈과 관빈도 풀려났다. 같은 달에 대사성에 임명되고 5월에 동지의금부사에 임명되었다가 호조 참판에 임명되고 홍문관 제학도 겸했다. 6월에 홍문관 제학에서 체직되고 6월에 동지의금부사에 임명되었으며 7월에 대사헌에 임명되었다. 대사헌으로 있으면서 신임사화를 논핵하고 9월에 형조 참판에 임명되고 11월에 공조 참판에 임명되었으며 12월에 부제학에 임명되었다. 영조 2(1726)년 2월에 이조 참판에 임명되고 6월에 홍문관 제학에 임명되었으며 뒤에 공조 참판으로 전임되었다. 그러나 영조 3 (1727)년 공조 참판으로 노론 4대신인 김창집, 이이명, 이건명, 조태채를 죄적에서 삭제하라고 상소했는데 이 해에 정미환국으로 소론이 집권하자 파직되었다. 영조 5(1729)년 동지돈녕부사에 임명되고 영조 7(1731)년 대 사헌에 임명되었는데 대사헌에 임명되자 다시 신임사화의 전말을 상소하 여 소론의 영수인 이광좌를 탄핵했다. 이 일로 당론을 일삼고 대신을 논 척했다는 죄로 제주도 대정현으로 유배되었다가 영조 8(1732)년 9월에 귀 양에서 풀려났다. 영조 12(1736)년 9월에 도승지에 임명되어 관직에 복귀 했으며 이어서 호조 참판에 임명되었다. 영조 16(1740)년 3월에 한성부 판윤에 임명되고 4월에 홍문관 제학에 임명되었으며 5월에 예조 판서에 임명되었다가 9월에 평안도 관찰사에 임명되었다. 영조 17(1741)년 8월에 다시 예조 판서에 임명되고 좌부빈객을 겸했다. 영조 18(1742)년 7월에 다시 평안도 관찰사에 임명되었다가 11월에 한성부 판윤에 임명되고 12월 에 대사헌에 임명되었다. 영조 19(1743)년 1월에 한성부 판윤에 임명되고 3월에 지돈녕부사에 임명되었으며 5월에 홍문관 제학에 임명되고 7월에 우참찬을 거쳐 예조 판서에 임명되었다. 10월에 호조 판서에 임명되고 10 월에 가례도감 제조를 겸했고 11월에 지경연사도 겸했다. 영조 20(1744) 년 1월에 호조 판서에 임명되고 2월에 약방 제조를 겸하고 3월에는 판의 금부사도 겸했으나 영의정 김재로와의 불화로 면직되었다. 4월에 예문관 제학에 임명되고 6월에 우참찬에 임명되었으며 세자빈객을 거쳐 8월에 홍문관 제학에 임명되었다. 11월에 선혜청 당상에 임명되고 남한산성 수어사에 임명되었다. 영조 21(1745)년 6월에 동지정사에 임명되어 청나라에 다녀왔다. 8월에 예조 판서에 임명되었다가 10월에 좌참찬에 임명되었다. 영조 22(1746)년 청나라에서 돌아와 복명하고 윤3월에 좌참찬에 임명되고 5월에 판돈녕부사에 임명되었으며 9월에 예조 판서에 임명되어 예문관 제학과 세자빈객도 겸했다. 영조 23(1747)년 1월에 홍문관 제학에 임명되어 존호를 의정할 때 명소를 어긴 일로 성주 목사로 좌천되었다가 2월에 예조 판서에 임명되고 3월에 판돈녕부사에 임명되었다. 6월에 예조 판서에 임명되고 12월에 공조 판서에 임명되었으며 영조 24(1748)년 사직을 거쳐 5월에 공조 판서에 임명되었다. 영조 25(1749)년 보국숭록대부로 가자되고 5월에 대제학에 임명되고 12월에 판의금부사에 임명되었다. 영조 26(1750)년 2월에 지경연에 임명되고 4월에 판의금부사에 임명되었으며 5월에 형조 판서에 임명되어 좌빈객을 겸했고 11월에 판의금부사에 임명되었다. 영조 27(1751)년 8월에 공조 판서에 임명되었다가 9월에 강화 유수에 임명되었다. 영조 28(1752)년 1월에 시책문 제술관을 역임하고 9월에 공조 판서에 임명되었으며 10월에 지춘추관사에 임명되었다. 영조 29(1753)년 7월에 대제학에 임명되었으나 죽책문 제진을 거부하여 성주 목사로 좌천되었다가 삼수부에 유배되고 단천으로 이배되었다가 11월에 석방되었다. 영조 31(1755)년 4월에 좌빈객에 임명되고 지중추부사에 임명되었다. 9월에 반교 전에 진장하지 않은 것이 문제되어 파직되었고 영조 32(1756)년 윤9월에 당괴로 지목되어 방리전귀 당했다가 정침되었으나 영조 33(1757)년 4월에 지중추부사로 죽었다.

〈영조실록〉 영조 33(1757)년 4월 13일 두 번째 기사에 '지중추부사 조관빈이 죽다'는 기사가 있다. 기사에 "조관빈은 충익공 조태채의 아들이다.

소년으로 과거에 합격하여 신임사화를 만났는데, 신원되고 복관되어 처음으로 임명되었고, 보국숭록대부로 정경에 이르렀으며, 문형을 맡았었다. 궁원(宮園)의 의식을 당하여서는 상소하여 죽책문의 제술을 사양하였는데, 당시에 다른 사람들이 하기 어려운 말을 하였다고 여겼다."고 평했다.

◪ 저술 및 학문

저서로 〈회헌집〉 20권이 있다.

◪ 참고 문헌

〈다음백과사전〉, 〈숙종실록〉, 〈숙종실록보궐정오〉, 〈경종실록〉, 〈경종수정실록〉, 〈영조실록〉, 〈양주조씨족보〉

남유용
(南有容) 본관은 의령이고 자는 덕재(德哉)이며 호는 뇌연(雷淵)·소화(小華)이고 시호는 문청(文淸)이다. 숙종 24(1698)년에 태어나서 영조 49(1773)년에 죽었다.

임명일

— 영조 26(1750)년 3월 16일 : 그 뒤에 비를 세우라 명하고 대제학 남유용(南有容)으로 하여금 그 일을 기술하게 하였다.
— 영조 34(1758)년 5월 25일 : 빈청에 모여서 회권하여 남유용을 대제학으로 삼았다.

가문

아버지는 동지돈녕부사 한기(漢紀)이고 할아버지는 대사헌·경상도 관찰사 정중(正重)이며 증조부는 이조 판서·대제학 용익(龍翼)이고 고조부는 인천 부사 득명(得明)이다. 외할아버지는 초배는 청송인 통덕랑 심한장(沈漢章)이고 계배는 청송인 심약채(沈若采)이다. 장인은 초배는 기계인 예조 판서 유명홍(兪命弘)이고 계배는 전주인 최당(崔禟)이며 3배는 안동인 김석태(金錫泰)이다.

아들은 1남은 진사 공보(公輔)이고 2남은 영의정·대제학 공철(公轍)이다. 형은 부사정 유상(有常)이고 아우는 현감 유정(有定)이다.

증조부 용익에 이어 대제학을 역임함으로 증조손 대제학의 가문이 되고 아들 공철이 대제학이 됨에 따라 부자 대제학의 가문을 이루었다.

생애

경종 1(1721)년 사마 진사시에 합격하고 강릉 참봉·종묘서 부봉사·세자익위사 시직·군자감 주부·형조 좌랑·영춘 현감을 지냈다.

영조 16(1740)년 알성문과에서 병과로 급제하고 영조 16(1740)년 12월에 정언에 임명되었다. 영조 17(1741)년 3월에 지평에 임명되고 4월에 정언으로 전임되었다. 10월에 "간관은 의리를 궁극적으로 밝히는 것이 임무이므로 필요하다면 시비를 끝없이 따져야 한다."고 상소했다. 이 상소는 탕평책을 제일로 여기던 영조의 뜻에 거슬리는 것이었으므로 해남현으로 유배되었다. 영조 18(1742)년 조현명의 청으로 유배에서 풀려나 직첩을 돌려받고 영조 19(1743)년 홍문록에 뽑혔다. 영조 21(1745)년 3월에 수찬에 임명되고 9월에 헌납으로 전임되었다가 장령으로 전임되었으며 10월에 부교리를 거쳐 11월에 사간에 임명되었다. 영조 22(1746)년 1월에 겸 필선에 임명되고 2월에 보덕에 임명되었으며 윤3월에 응교에 임명되었으나 5월에 당습 때문에 파직되었다. 9월에 겸 필선으로 복귀하여 응교로 전임되었다가 부응교로 전임되었다. 10월에 사인에 임명되고 부응교로 전임되었으며 11월에 보덕에 임명되고 12월에 응교에 임명되었다. 영조 23(1747)년 1월에 응교로 윤봉조(尹鳳朝)를 구원하는 상소를 올린 일로 체임되었다가 2월에 다시 응교에 임명되어 군덕10조(君德十條)를 진언하여 군주의 성실을 강조했다. 4월에 보덕에 임명되고 9월에 필선에 임명되었으며 10월에 부응교에 임명되었다가 11월에 보덕에 임명되었다. 영조 24(1748)년 1월에 모사도감 낭청에 임명되었다가 3월에 통정대부로 가자되어 동부승지로 발탁되었고 판결사와 형조 참의에 임명되었다. 영조 26(1750)년 대제학에 임명되고 영조 28(1752)년 가선대부로 가자되어 승문원 제조에 임명되었다가 5월에 애책문 서사관으로 대사성에 임명되었으며 12월에 동지춘추에 제수되었다. 영조 29(1753)년 3월에 예조 참판에 임명되고 6월에 예문관 제학에 임명되었으며 9월에 홍문관 제학에 임명되었다. 영조 30(1754)년 1월에 분쟁을 일으킨 일로 홍문관 제학에서 파직되었으나 7월에 다시 홍문관 제학에 임명되고 9월에는 원손보양관에 임명되어 정조가 세 살 때부터 글을 가르쳤다. 그 뒤에 병조 참판에 임명되어 11월에는 영유에 있는 와룡사의 악무목(岳武穆)을 배향할 때 비문을 지었다. 영조 31(1755)년 6월에 〈천의리편(闡義理編)〉의 편집 당상에 임명되고 영조 32(1756)년 1월에 사직에 임명되었으며 2월에 예문관 제학에 임명되고 윤9월에 대사헌에 임명되었으며 11월에 대사성에 임명되었다. 영조 33(1757)년 1월에 원손 사부에 임명되고 9월에 우부빈객에 임명되었으며 10월에 다시 원손 사부에 임명되었다. 영조 34(1758)년 1월 호조 참판에 임명되고 전 대제학 윤봉조의 추천을 받아 5월에 대제학에 임명되고 7월에 원손 사부에 임명되었다. 부사직을 거쳐 11월에 울산 부사에 임명되었다. 영조 35(1759)년 2월에 예문관 제학에 임명되었으나 3월에 시관을 잘못한 일로 유배되었다. 영조 39(1763)년 1월에 예조 참판에 임명되고 영조 41(1765)년 2월에 우빈객에 임명되었으며 5월에 예문관 제학에 임명되고 7월에 지중추부사에 임명되었으며 12월에 형조 판서에 임명되었다. 영조 42(1766)년 대사헌에 임명되고 영조 43(1767)년 1월에 사직상소를 올리고 물러가 쉴 것을 요청하여 대사헌에서 물러나 봉조하가 되었으며 12월에 특별히 가자되었다. 영조 48(1772)년 1월에 〈명사정강(明史正綱)〉을 편찬했다. 그러나 서법이 존주지의(尊周之義)에 어긋난다고 하여 영조로부터 치죄하라는 명을 받았다. 이 책은 그의 역사관이 성리학적 역사 인식 방법을 극복하고자 했다는 평가를 받는다. 10월에 명성왕후(明聖王后)의 옥책문을 짓고 영조 49(1773)년에 죽었다.

〈영조실록〉 영조 49(1773)년 7월 13일 두 번째 기사에 '봉조하 남유용의 졸기'가 있다. 졸기에 "남유용은 고 대제학 남용익의 손자인데, …… 형 남유상(南有常)과 더불어 문장으로 세상에 이름을 떨쳤다. 과거에 올라 승문원 부제학을 경유하여 세손 보양관·유선을 거쳐 벼슬이 정경에 이르고 대제학을 지냈으며, 70세에 상소하여 물러가 쉬기를 청하니 봉조하를 제수하였는데, 이에 이르러 졸하였다. 사람됨이 탄이(坦夷)하고 순실(純實)하여 세상 일에 담연(淡然)하였다."고 평했다.

◥ 저술 및 학문

이재(李縡)의 문인이다. 명성왕후의 죽책문을 제진했고 문장과 글씨에 뛰어나 저서로 〈명사정강〉·〈천의리편〉·〈뇌연집〉이 있다. 글씨로는 '우화교비(羽化橋碑)와 해백윤세수비(海伯尹世綏碑)가 있다.

◥ 참고 문헌

〈다음백과사전〉, 〈경종실록〉, 〈경종수정실록〉, 〈영조실록〉, 〈한국민족문화대백과사전〉, 〈의령남씨족보〉, 〈국조인물고 : 남용익의 비명. 이재 지음〉

본관은 파평이고 자는 명숙(鳴叔)이며 호는 포암(圃巖)이다. 숙종 6(1680)년에 태어나서 영조 37(1761)년에 죽었다.

임명일

— 영조 33(1757)년 10월 3일 : 윤봉조(尹鳳朝)를 대제학으로 삼았다.

가문

아버지는 직장 명원(明遠)이고 할아버지는 호조 참판 비경(飛卿)이며 증조부는 진사 유건(惟健)이고 고조부는 전적 홍립(弘立)이다. 외할아버지는 경주인 찰방 김세진(金世珍)이고 장인은 안동인 군수 김당(金鏜)이다.

1남은 진사로 부정을 지낸 심재(心宰)이고 2남은 심최(心最)이다. 딸은 각각 안동인 권강(權杠), 진주인 유석기(柳錫基)와 결혼했다. 형은 선산 부사 봉소(鳳韶)이고 누이는 한산인 군수 이하귀(李夏龜)와 결혼했다.

생애

숙종 25(1699)년 사마 생원시에 합격하고 숙종 28(1702)년 10월에 관학유생으로 문원공 김장생을 종묘에 종사하기를 상소했으며 숙종 31(1705)년 증광문과에서 병과로 급제했다. 이 뒤에 지평에 임명되고 숙종 36(1710)년 4월에 사서에 임명되었으며 5월에 지평에 임명되었으나 윤7월에 정호, 정동필 등과 연좌되어 파직되었다. 숙종 38(1712)년 11월에 정언에 임명되고 숙종 39(1713)년 2월에 사서에 임명되었으며 2월과 3월에 연속적으로 홍문록에 뽑히고 홍문관 부수찬에 임명되었다. 5월에 부교리에 임명되고 7월에 교리에 임명되었으며 9월에 지평에 임명되었다. 9월에 교리에 임명되고 10월에 황해도 암행어사로 파견되었다. 숙종 40(1714)년

2월에 부수찬에 임명되고 3월에 암행어사의 임무를 마치고 돌아왔다. 숙종 42(1716)년 7월에 헌납에 임명되고 8월에 이조 좌랑에 임명되었으며 11월에 교리에 임명되었다가 다시 이조 좌랑에 임명되었으며 12월에 부교리에 임명되었다. 숙종 43(1717)년 1월에 사간에 임명되고 2월에 부응교로 전임되어 문학을 겸하다가 8월에 응교에 임명되었다. 숙종 44(1718)년 7월에 부응교에 임명되고 윤8월에 집의로 전임되었다가 12월에 동부승지에 임명되었다. 숙종 45(1719)년 5월에 대사간에 임명되었다가 8월에 다시 승지로 전임되었다.

영조 1(1725)년 1월에 승지에 임명되고 이조 참의에 임명되었으나 정사하였으며 방만규(方萬規)의 상소 사건의 배후로 지목되어 하옥되고 같은 달에 삭주로 귀양 갔으나 곧 석방되었다. 5월에 부제학에 임명되고 9월에 실록도청의 당상관에 임명되어 〈숙종실록〉 편찬에 참여했다. 영조 2(1726)년 2월에 예조 참판에 임명되고 동지의금부사에 임명되었으나 3월에 파직되었다. 영조 3(1727)년 동지중추부사에 임명되었으나 이광좌가 정권을 획득하자 정의현에 유배되어 안치되었다. 영조 6(1730)년 9월에 방송되고 영조 7(1731)년 5월에 석방되었다. 영조 11(1735)년에 방귀전리의 처분을 받았다. 영조 17(1741)년 7월에 공조 참판으로 관직에 복귀하고 영조 19(1743)년 11월에 부제학에 임명되었으며 영조 27(1751)년 6월에 홍문관 제학에 임명되었다. 영조 29(1753)년 12월에 한 자급 가자되고 영조 30(1754)년 1월에 지중추부사에 임명되었으나 영조 32(1756)년 윤9월에 당괴로 지목되어 조관빈, 홍계희, 윤급 등과 함께 방귀전리의 처분을 받았다가 곧 정침되었다. 영조 33(1757)년 9월에 우빈객에 임명되고 판의금부사를 거쳐 10월에 대제학에 임명되었다. 영조 34(1758)년 호조 참판 남유용을 대제학으로 천거하고 대제학에서 물러났으며 영조 37 (1761)년에 죽었다.

〈영조실록〉 영조 37(1761)년 4월 1일 두 번째 기사에 '전 행 대제학 윤봉조의 졸기'가 있다. 졸기에 "젊어서 학문을 좋아하였는데, 총명하고 민첩하고 기억력이 뛰어났다. 태학사 김진규(金鎭圭)가 '어지러움이 극도에 달하면 곧 다스려진다.'는 제목으로 제생에게 책문으로 시험을 보였는데, 윤봉조가 수석을 차지하였으므로, 마침내 사제(賜第)하여 홍문관에 들어가 응교가 되었다. 영조 원년에 승지가 되었는데, 임금이 숙종조의 구신을 등용하려고 하자 윤봉조가 상언하여 아무개는 아무 벼슬을 할 만하다고 하였으므로, 영조가 이것 때문에 윤봉조를 부족하게 여기고 점차로 그를 소원하게 여겼다. 윤봉조가 이조 참의가 되어서는 방만규의 상소에 참여하고 연좌되어 감옥에 갇혔다가 삭주로 귀양을 갔으며 얼마 되지 않아 석방되었다. 좌의정 민진원(閔鎭遠)이 홍문관 제학으로 추천하였으나, 임금이 기용하지 않았다. 그 뒤에 대제학으로 추천하였지만 임금이 또 기용하지 않았다. 그러다가 이광좌(李光佐)가 국가의 정치를 마음대로 할 때는 윤봉조가 정의현으로 귀양을 갔고 오래 있다가 석방되었으며, 여러 차례 홍문관 제학에 제배되었으나 취임하지 않았다. 조관빈(趙觀彬)이 졸하자 영의정 이천보(李天輔)가 그 전에 추천했던 조관빈과 윤봉조는 대제학으로 삼을 만하다고 말하니, 그제야 전망(前望)으로 대제학을 삼았지만 윤봉조가 상소하여 굳이 사양하였으며, 또 남유용을 추천하여 대제학으로 삼도록 상소하였다. 윤봉조가 판돈녕부사로 기사에 들어가 졸하였는데, 나이가 82세였다. 윤봉조는 글을 지음에 막히지 않고 써 내려갔으며 상소문과 차자에 뛰어났다."고 평했다.

⬛ 저술 및 학문

문장에 능하였으며 특히 소차(疏箚)에 능했다. 저서로 〈포암집〉이 있고 〈숙종실록〉 편찬에 참여했다.

⬛ 참고 문헌

〈다음백과사전〉, 〈한국민족문화대백과사전〉, 〈숙종실록〉, 〈숙종실록보 궐정오〉, 〈경종실록〉, 〈경종수정실록〉, 〈영조실록〉, 〈파평윤씨대동보〉, 〈파평윤씨세보〉

본관은 광산이고 자는 사서(士舒)이며 호는 건암(健庵)이고 시호는 문간(文簡)이다. 숙종 38(1712)년에 태어나서 정조 1(1777)년에 죽었다.

임명일

- 영조 34(1758)년 11월 13일 : 김양택(金陽澤)을 대제학으로 삼도록 하라.
- 영조 35(1759)년 11월 24일 : 김양택을 대제학으로,
- 영조 36(1760)년 4월 6일 : 임금이 회정당에 나아가 대신과 비국당상을 인견하고 대제학 김양택의 체직을 허락하니, 대제학 제수를 받고도 행공함이 없기 때문이었다.
- 영조 36(1760)년 4월 14일 : 대제학을 권점한 바 김양택이 뽑혔다.
- 영조 37(1761)년 2월 21일 : 세손의 입학이 가까워져 일시에 거듭 경계하는 이때에 대제학 김양택이 지방에 있음을 칭하였으니 매우 한심스럽다. 전 대제학 김양택을 금추(禁推)하도록 하라.
- 영조 37(1761)년 2월 23일 : 대신이 회권하여 김양택이 5점으로 대제학에 임명되었는데, 김양택은 다섯 차례 문형을 맡은 셈이다.
- 영조 37(1761)년 4월 17일 : 홍봉한이 대제학 김양택이 문원의 고사를 인용하여 혐의스럽게 여긴다는 뜻으로 앙달(仰達)하니 체임하도록 허락하였다.
- 영조 38(1762)년 10월 18일 : 대제학 김양택에게 과차(科次)를 명하고,

가문

아버지는 이조 판서·대제학 진규(鎭圭)이고 할아버지는 병조 판서·대제학 만기(萬基)이다. 만기는 숙종의 국구로 인경왕후(仁敬王后)의 아버지인 광성부원군(光城府院君)이다. 증조부는 부사 익겸(益兼)인데 익겸은 병자호란 때 화약고에 불을 질러 자결했다. 고조부는 이조 참판 반(槃)이고 5대조는 호조 참판 사계 장생(長生)이다. 외할아버지는 초배는 완산인 목사 이민장(李敏章)인데 이민장은 영의정 이경여(李敬輿)의 아들이다. 계배는 연일인 정소하(鄭昭河)인데 친외할아버지이다. 장인은 남양인 판관 홍

우집(洪禹集)이다.

아들은 셋인데 1남은 노재(魯材)인데 형 성택(星澤)에게 입양되었으나 아들이 없어서 두항(斗恒)을 양자로 삼았다. 2남은 통덕랑 초재(楚材)인데 초재도 아들이 없어서 두공(斗恭)을 양자로 삼았다. 3남은 문과에 장원하고 이조 참판을 역임한 하재(夏材)인데 우의정·대제학 이휘지(李徽之)의 사위이다. 휘재의 처신이 신중하지 못해 대역부도의 죄를 짓고 집은 헐물어 연못을 파고 자녀와 처와 숙질이 모두 노비로 전락하는 화를 입었다가 고종 때에 신원되었다. 딸은 각각 해평인 판관 윤문동(尹文東), 여흥인 민장혁(閔章赫)과 결혼했다.

할아버지 만기, 아버지 진규에 이어 3대 대제학의 가문을 이루었다.

생애

영조 17(1741)년 사마 생원시에 합격하고 영조 19(1743)년 알성문과에서 병과로 급제했다. 10월에 한림권점에서 4점을 받고 선발되었다. 영조 20(1744)년 윤4월에 사람들이 응시하지 못하게 창도한 일로 문외 출송되었다가 영조 21(1745)년 6월에 시강원 설서에 임명되고 11월에 정언에 임명되었으며 영조 22(1746)년 윤3월에 문학에 임명되었다. 그 뒤에 부수찬에 임명되었으나 영조 23(1747)년 3월에 좌의정 정석오(鄭錫五)를 논박하다가 당습이라 하여 산음 현감으로 좌천되었다가 11월에 수찬에 임명되었다. 영조 24(1748)년 3월 친제 때에 진참하지 않은 일로 숙천부에 투비되었으나 10월에 겸 사서에 임명되었다. 영조 25(1749)년 2월에 부교리에 임명되고 3월에 사서로 전임되었다가 다시 부교리로 전임되었으며 8월에는 수찬과 교리에 임명되었으며 9월에 겸 사서에 임명되었다. 영조 26(1750)년 1월에 부수찬에 임명되었다가 수찬으로 전임되고 2월에 사서에 임명되었으며 3월에 수찬에 임명되어 문학을 겸했다. 5월에는 부수찬에 임명되어 문학을 겸했고 6월에 헌납에 임명되고 7월에 부교리로 전임되어 8월에 사서를 겸하다가 11월에 필선으로 전임되었다. 영조 27(1751)년 1월에 존숭도감 낭청에 임명되고 2월에 교리와 보덕에 임명되었으며 존숭도감의 낭청으로 활동한 공으로 통정대부로 가자되었다. 영조 28(1752)년 11월에 영변 부사에 임명되고 영조 29(1753)년 2월에 대사간에 임명되었으며 8월에 동부승지에 임명되었다. 10월에 승문원 부제조에 임명되고 12월에는 승지에 임명되었다. 영조 30(1754)년 윤4월에 대사성에 임명되고 10월에 승지에 임명되었으며 12월에 황해도 관찰사에 임명되었다. 영조 31(1755)년 8월에 청나라 사신이 왔을 때 접대에 소홀했다 해서 황해도 관찰사에서 파직되었다가 12월에 부제학에 임명되었다. 영조 32(1756)년 10월에 충청도 관찰사로 나갔다가 영조 33(1757)년 3월에 부제학에 임명되었으며 5월에 부제학으로 가선대부로 가자되어 원손의 사부에 임명되어 정조를 가르쳤다. 7월에 대사헌에 임명되고 영조 34(1758)년 7월에 다시 원손 사부에 임명되었으며 8월에 대사성에 임명되었고 뒤이어 대제학에 임명되었다. 영조 35(1759)년 11월에 다시 대제학에 임명되었다. 그러나 영조 36(1760)년 4월에 행공한 일이 없어서 대제학에서 체직되었으나 4월에 권점을 통해 다시 대제학에 뽑혔다. 영조 37(1761)년 2월에 우유선에 임명되고 대제학을 회권하여 5점을 받아 다시 대제학에 임명되었는데 다섯 차례에 해당한다. 8월에 우유선을 겸하고 대제학에서 물러났으며 9월에 이조 참판에 임명되었다. 10월에 대사성을 겸하다가 공조 판서로 승진했다. 이어서 한성부 판윤을 거쳐 12월에 병조 판서에 임명되었다. 영조 38(1762)년 6월에 이조 판서에 임명되고 8월에 우빈객에 임명되었으며 10월에 대제학을 역임하고 12월에 이조 판서에 임명되었다. 영조

39(1763)년 6월에 예문관 제학에 임명되고 형조 판서에 임명되었으며 7월에 판의금부사에 임명되었다가 이조 판서 겸 수어사에 임명되었으며 10월에 한성부 판윤에 임명되었다. 영조 40(1764)년 7월에 이조 판서에 임명되었으나 병조 판서 이익보와 사돈 관계이기 때문에 사직 상소를 내어 허락을 받고 수어사에 임명되었다. 영조 41(1765)년 4월에 판의금부사에 임명되고 10월에 좌빈객에 임명되었다. 영조 42(1766)년 4월에 내국 제조에 임명되고 6월에 한성부 판윤에 임명되었으며 8월에 좌빈객을 거쳐 사직에 임명되었다가 10월에 우의정으로 승진했으나 12월에 체직되었다. 영조 43(1767)년 1월에 서용하라는 명에 따라 판중추부사에 임명되고 3월에 내국 도제조에 임명되었으나 6월에 사직상소를 올려 내국 도제조에서 체직되는 것을 허락 받았으나 윤7월에 다시 내국 도제조에 임명되었다가 9월에 다시 사임을 허락 받았다. 영조 44(1768)년 3월에 군기시 제조에서 파직되고 7월에 다시 내국 도제조에 임명되었으나 10월에 사직을 허락 받았다. 11월에 좌의정으로 승진되었으나 영조 45(1769)년 8월에 특별히 좌의정에서 체직되고 판중추부사에 임명되었다. 그러나 치제에 참여하지 않아서 좌의정에서 체직되고 다시 판중추부사에 임명되었다. (〈한국민족문화대백과사전〉) 영조 46(1770)년 3월에 홍봉한의 치사를 보류하라고 연명으로 올린 일로 판중추부사에서 파직되었으나 4월에 다시 판중추부사에 임명되었다. 영조 48(1772)년 판중추부사를 거쳐 영중추부사에 임명되어 현종의 옥책문을 짓고 영조 49(1773)년 판중추부사로 도제조에 임명되었는데, 이는 아버지 진규가 계사년에 도감 당상이 되었기 때문이다.(〈한국민족문화대백과사전〉) 윤3월에 아들을 가르치지 못하였다 하여 파직되었다가 같은 달에 영돈녕부사에 임명되었다. 영조 50(1774)년 9월에 내의원 도제조에 임명되고 영조 51(1775)년 판중추부사에 임명되었다.

정조 즉위(1776)년 3월에 영의정으로 승진했고 3월에는 총호사 겸 추숭상시봉릉봉원도감 제조에 임명되었으나 4월에 차자를 올려 총호사에서 사임하는 것을 허락 받았다. 6월에 패리하고 부도덕한 말을 듣고도 게으름을 부려 시간만 보냈다는 이유로 영의정에서 삭직되었으나 7월에 다시 영의정에 임명되었다. 그러나 8월에 삼사의 합계로 영의정에서 삭직된 뒤에 문외출송 되었다가 4일 뒤인 8월 8일에 영돈녕부사에 임명되고 얼마 뒤에 찬집청 도제조에 임명되었다. 정조 1(1777)년 3월에 사역원 도제조에서 파직되고 3월에 특별히 서용되어 영돈녕부사에 임명되었으나 8월에 죽었다. 죽은 뒤에 문간이란 시호가 내려졌다. 그러나 아들 하재가 정조 5(1781)년 이조 참판으로 있으면서 제주 목사를 천거한 것이 잘못되어 파직되었다가 복직되었으나 정조 8(1784)년 윤득부의 유배와 관련되어 다시 파직되었다. 이에 불만을 품고 같은 해에 영희전 고유제의 헌관으로 분향한 뒤에 정조의 실덕과 사림을 장살할 것 등을 내용으로 하는 쪽지를 예방승지 이재학에게 주었는데, 이 사실이 탄로나서 추국된 뒤에 대역부도의 죄인으로 주살을 당했다. 그가 죽은 뒤에 가산이 적몰되고 살던 집은 헐어 연못을 만드는 형벌을 받았으며, 자녀·처·숙질은 먼 도의 노비가 되었다. 이로 인해 양택도 관작이 삭탈되었으나 고종 1(1864)년 관작이 회복되었다.(〈한국민족문화대백과사전〉)

〈정조실록〉 정조 1(1777)년 8월 22일 첫 번째 기사에 '영돈녕부사 김양택의 졸기'가 있다. 졸기에 "김양택은 광성부원군(光城府院君) 김만기(金萬基)의 손자이다. 평소에 명성과 인망도 없었는데, 그 선대의 음덕을 힘입어 두루 화요(華要)한 직을 지내다가 어느새는 숭현(崇顯)한 자리에 오르므로, 세상 사람들이 '글을 못하면서 문병을 잡게 되기는 김양택부터 시작되었다.'고 했었다. 정승의 직에 있게 되어서도 건명(建明)하는 일이 하나도 없었다. 뒤에 그의 아들 하재가 복주하게 되고, 관작을 추탈하게 하였다."고 평했다.

◩ 저술 및 학문

저서로 〈건암집〉이 있다.

◩ 참고 문헌

〈다음백과사전〉, 〈한국민족문화대백과사전〉, 〈조선의 영의정〉, 〈영조실록〉, 〈정조실록〉, 〈광산김씨족보〉, 〈광산김씨판군기감사공파보〉

정휘량
(鄭翬良)

본관은 연일이고 자는 자우(子羽)·사서(士瑞)이며 호는 남애(南崖)이고 시호는 문헌(文憲)이다. 숙종 32(1706)년에 태어나서 영조 38(1762)년에 죽었다.

임명일

— 영조 37(1761)년 8월 4일 : 정휘량(鄭翬良)을 대제학으로 삼았다.

가문

아버지는 예조 판서·판돈녕부사 수기(壽期)이고 할아버지는 평시서령·첨지중추부사 인빈(寅賓)이며 증조부는 승지·강원도 관찰사 시성(始成)이고 고조부는 용(涌)이다. 13대조는 대제학 홍(洪)이다. 외할아버지는 초배는 안정인 장령 나일(羅逸)이고 계배는 파평인 통덕랑 윤희수(尹希壽)인데 윤희수가 친외할아버지이다. 장인은 양주인 시직 조태만(趙泰萬)인데 조태만은 형조 판서 조계원(趙啓遠)의 증손자이다.

아들이 없어서 치량(致良)의 아들 의달(義達)을 입양했는데 의달은 홍문관 교리를 역임했다. 형은 우의정 우량(羽良)인데 우량의 1남은 이조 참판 원달(遠達)이고 2남은 영조의 딸 화완옹주(和緩翁主)의 남편인 일성위(日城尉) 치달(致達)이다. 또 우량의 딸은 강릉인 영의정 김상철(金尙喆)과 결혼했다. 아우는 찰방 습량(習良), 통덕랑 충량(翀良)이고 누이들은 각각 여주인 이장호(李長浩), 전주인 우의정 이창의(李昌誼)와 결혼했다.

생애

영조 9(1733)년 사마 생원시에 합격하고 영조 13(1737)년 별시문과에서 급제했다. 영조 14(1738)년 한림에 뽑히고 검열에 임명되었다. 영조 16

(1740)년 윤6월에 홍문관 수찬에 임명되고 10월에 부교리에 임명되었다. 영조 17(1741)년 1월에 교리에 임명되고 8월에 수찬에 임명되었으며 10월에 겸 사서에 임명되고 11월에 겸 문학에 임명되었다가 12월에 수찬으로 전임되었다. 영조 18(1742)년 2월에 부수찬으로 임금의 안일함에 대해 상소하고 7월에 교리를 거쳐 9월에 응교로 전임되었다가 11월에 동부승지로 발탁되었다. 영조 21(1745)년 부제학에 임명되고 영조 22(1746)년 2월에 승지로 전임되었으며 영조 23(1747)년 6월에 다시 부제학에 임명되고 8월에 다시 승지로 전임되었다가 이조 참의에 임명되었다. 12월에 승지로 전임되고 영조 24(1748)년 5월에 부제학으로 전임되었으며 7월에 승지에 임명되고 11월에 부제학에 임명되었다. 영조 25(1749)년 1월에 대사간에 임명되고 3월에 우승지에 임명되었으며 4월에 황단(皇壇)을 개축한 공으로 가선대부에 가자되고 11월에 형조 참판에 임명되었다. 영조 26(1750)년 6월에 대사성에 임명되고 7월에 동지의금부사에 임명되었으며 영조 27(1751)년 윤5월에 형조 참판에 임명되었다가 7월에 부제학에 임명되었다. 영조 28(1752)년 1월에 대사헌에 임명되고 2월에 경기도 관찰사에 임명되었으며 영조 30(1754)년 1월에 형인 우의정·판중추부사 우량이 죽었다. 우량은 화완옹주(和緩翁主)의 남편인 치달(致達)의 아버지이다. 5월에 부제학에 임명되고 7월에 홍문관 제학에 임명되었다. 영조 31(1755)년 부사직을 역임하고 6월에 찬집 당상에 임명되고 7월에 지중추부사에 임명되었다가 12월에 호조 판서로 승진했다. 영조 32(1756)년 좌부빈객을 겸하다가 9월에 이조 판서에 임명되었다. 영조 33(1757)년 8월에 병조 판서로 전임되어 영조 34(1758)년 5월에 예문관 제학에 임명되었다. 영조 35(1759)년 12월에 복상되었으나 낙점 받지 못하고 영조 36(1760)년 4월에 예조 판서에 임명되었다가 5월에 평안도 관찰사에 임명되었다. 영조 37

(1761)년 8월에 대제학에 임명되고 같은 달에 우의정으로 승진됐으나 10월에 우의정에서 해면되는 것을 허락받고 판중추부사에 임명되었다. 영조 38(1762)년 10월에 영중추부사로 죽었다.

〈영조실록〉 영조 38(1762)년 10월 22일 첫 번째 기사에 '영부사 정휘량의 졸기'가 있다. 졸기에 "정휘량은 정수기(鄭壽麒)의 아들이며 정우량(鄭羽良)의 동생이었다. 정수기는 역적 김일경(金一鏡)의 혈당(血黨)으로서 세상에서 버림을 받았지만 정우량 형제는 조현명(趙顯命)에게 붙어서 탕평(蕩平)으로서 인진(引進)되었고, 다시 척신(戚臣)에 의탁하여 모두 대관(大官)의 지위에 이르렀다. 또 대제학을 거쳐 자못 문명이 있었는데, 그의 형만은 못하였다."고 평했다.

◪ 저술 및 학문

저서로 〈남애집(南崖集)〉과 〈견사록(見思錄)〉이 있다.

◪ 참고 문헌

〈다음백과사전〉, 〈한국민족문화대백과사전〉, 〈영조실록〉, 〈영일정씨세보 4권〉

이정보 (李鼎輔)	본관은 연안이고 자는 사수(士受)이며 호는 삼주(三洲)·보객정 (報客亭)이고 시호는 문간(文簡)이다. 숙종 19(1693)년에 태어나 서 영조 42(1766)년에 죽었다.

임명일

- 영조 38(1762)년 윤5월 26일 : 이정보를 대제학으로 삼았다.
- 영조 38(1762)년 6월 16일 : 대제학의 권점을 이정보(李鼎輔)로 하였다.
- 영조 38(1762)년 윤5월 26일 : 이정보를 대제학으로 삼았다.
- 영조 39(1763)년 8월 10일 : 다시 이정보를 대제학에 임명하였다.

가문

아버지는 호조 참판 우신(雨臣)이고 할아버지는 사복시 첨정 성조(成朝)이며 증조부는 예조 판서·대제학 일상(一相)이고 고조부는 이조 판서·대제학 명한(明漢)이며 5대조는 좌의정·대제학 정구(李廷龜)이다. 외할아버지는 남원인 승지 윤빈(尹彬)이고 장인은 초배는 여흥인 현감 민승수(閔承洙)이고 계배는 은진인 참봉 송상윤(宋相允)이며 3배는 의령인 남한위(南漢緯)이다.

아들이 없어서 혜보(惠輔)의 아들 건원(健源)을 후사로 삼았는데 건원은 주서를 역임했다. 딸은 해평인 윤현동(尹顯東)과 결혼했다. 형은 통덕랑 항보(恒輔)이고 아우는 이조 판서·판중추부사 익보(益輔)이다.

생애

경종 1(1721)년 사마 진사시에 합격하고 익릉 참봉에 임명되었으나 곧 사퇴했다.

영조 8(1732)년 정시문과에서 병과로 급제했다. 영조 9(1733)년 8월에 기사관을 역임하고 12월에 한림에 천거되었으며 영조 10(1734)년 2월에 봉교에 임명되었으나 9월에 삭탈관작 되었다. 영조 12(1736)년 병조 좌랑을 거쳐 정언에 임명되고 그 뒤에 경기도 도사를 역임하고 10월에 지평에 임명되었다. 지평으로 있으면서 탕평책에 반대하는 시무십일조(十務十一條)를 올려 면책을 받고 사직했다. 영조 13(1737)년 4월에 부수찬에 임명되었으나 2일 뒤에 교리로 전임되었다. 5월에 부교리와 부수찬을 차례로 역임하고 7월에 부교리에 임명되었다가 9월에 정언에 임명되었다. 10월에 수찬에 임명되고 11월에 부교리로 전임되었으며 영조 14(1738)년 4월에 교리에 임명되었다. 6월에 이조 정랑에 임명되어 문학을 겸했고 7월에 헌납에 임명되고 8월에 문학을 겸했으며 9월에 부교리에 임명되어 11월에 문학을 겸했다. 영조 15(1739)년 2월에 응교에 임명되었으나 2일 뒤에 집의로 전임되었으며 3월에 교리로 전임되었고 5월에 부묘도감의 도청랑으로 활동한 공으로 가자되어 승지에 임명되었으나 바로 체직되었다. 9월에 다시 승지에 임명되고 영조 16(1740)년 수원 부사에 임명되었다. 수원 부사로 재임하는 동안 부성(府城)을 쌓고 목장을 설치해 전마를 기르고 군비를 충실히 했다. 영조 17(1741)년 9월에 부제학에 임명되고 11월에 대사간에 임명되었다. 영조 18(1742)년 2월에 승지에 임명되고 3월에 대사간에 임명되었으며 6월에 대사성에 임명되었다. 11월에 승지에 임명되고 12월에 부제학에 임명되었으며 영조 19(1743)년 8월에 병조 참의에 임명되었다. 영조 22(1746)년 9월에 부제학에 임명되고 10월에 승지에 임명되었으며 11월에 대사성에 임명되었다. 영조 23(1747)년 9월에 승지에 임명되고 12월에 참의를 거쳐 영조 24(1748)년 1월에 함경도 관찰사에 임명되었다. 영조 25(1749)년 4월에 부제학에 임명되고 8월에 한성부 좌윤에 임명되었으며 뒤에 동지의금부사와 오위도총부 도총관과 비변사 제조에 임명되었다. 영조 26(1750)년 2월에 도승지에 임명되었으나 다시 탕평책에 반대함으로써 인천 부사로 좌천되었다. 3월에 예조 참판에 임명되었다. 영조 27(1751)년 7월에 한성부 좌윤에 임명되고 영조 28(1752)년 5월에 부제학으로 전임되고 10월에 동지경연사에 임명되었으며 성천 부사에 임명되었다. 영조 29(1753)년 8월에 대사간에 임명되어 10월에 좌빈객에 임명되었다. 영조 30(1754)년 1월에 예조 참판으로 자헌대부로 가자되어 한성부 판윤에 임명되어 오위도총부 도총관을 겸하다가 6월에 형조 판서에 임명되었다. 영조 31(1755)년 3월에 지의금부사에 임명되고 6월에 우참찬에 임명되어 김재로와 함께 〈천의소감〉의 도제조에 임명되었으며 예조 판서로 전임되어 7월에 봉원도감 제조로 활약한 공으로 가자되었으며 9월에 찬수청 당상에 임명되고 우빈객에 임명되었다. 영조 32(1756)년 1월에 판의금부사에 임명되고 2월에 한성부 판윤에 임명되었으며 5월에 공조 판서에 임명되어 우빈객을 겸했다. 영조 33(1759)년 공조 판서로 예문관 제학과 홍문관 제학을 겸하고 7월에는 빈전도감 제조로 활동한 공으로 숭록대부로 가자되었다. 영조 34(1758)년 6월에 이조 판서에 임명되었으나 영조 35(1759)년 2월에 인사를 잘못한 일로 파직되었다. 5월에 판의금부사에 임명되어 예문관 제학을 겸하다가 7월에는 홍문관 제학도 겸했다. 영조 37(1761)년 3월에 소결할 때에 참석하지 않은 일로 판의금부사에서 파직되었다가 9월에 이조 판서에 임명되어 9월에 홍문관 제학에 임명되었으나 같은 날 삭직되고 5일 뒤에 수어사에 임명되었다. 영조 38(1762)년 윤5월에 대제학에 임명되고 11월에 판중추부사를 거쳐 영조 39(1763)년 4월에 예조 판서에 임명되고 8월에 다시 대제학에 임명되었다. 그 뒤에 예조 판서에서 물러나 판중추부사로 있다가 영조 42(1766)년 5월에 판중추부사로 죽었다.

〈영조실록〉 영조 42(1766)년 5월 28일 두 번째 기사에 '판중추부사 이정보의 졸기'가 있다. 졸기에 "고 판서 이일상(李一相)의 증손이다. 4세를 연달아 문형을 맡아서 장시(掌試)가 공평하므로, 당시의 논의가 이를 매우 칭찬하였다."고 평했다.

저술 및 학문

사육문(四六文)에 뛰어나 시조 78수가 전하며 김재로와 함께 〈천의소감〉 도제조로 활동했다.

참고 문헌

〈다음백과사전〉, 〈경종실록〉, 〈경종수정실록〉, 〈영조실록〉, 〈연안이씨소부감판사공파세보〉

정실	본관은 영일이고 자는 공화(公華)이며 호는 염재(念齋)이고 시호
(鄭宲)	는 문정(文靖)이다. 숙종 27(1701)년에 태어나서 정조 즉위(1776)
	년에 죽었다.

임명일

━ 영조 41(1765)년 5월 11일 : 정실(鄭宲)을 대제학으로 삼았다.

가문

아버지는 순하(舜河)이고 할아버지는 영의정 호(澔)인데 영(泳)에게 입
양되었다. 증조부는 사헌부 감찰·청안 현감 경연(慶演)이고 고조부는 생
원 직(溭)이며 5대조는 〈관동별곡〉의 저자 좌의정 송강 철(澈)이고 10대
조가 대제학 홍(洪)이다. 외할아버지는 김익항(金益炕)이고 장인은 평산인
신사언(申思彦)이다.

아들은 대사간 지환(趾煥)이고 딸은 한산인 이한영(李漢永)과 결혼했다.

생애

영조 9(1733)년 사마 생원시에 장원으로 합격하고 호조 좌랑으로 있으
면서 영조 15(1739)년 정시문과에 응시하여 을과로 급제했다. 11월에 지
평에 임명되고 영조 16(1740)년 3월에 정언에 임명되었으며 영조 17(1741)
년 6월에 교리에 임명되었다가 8월에 장령에 임명되었으나 9월에 다시 교
리에 임명되었다. 영조 18(1742)년 6월에 교리로 이조·병조 판서의 자질
이 부족함을 상소했다가 삭직을 당하고 영조 19(1743)년 3월에 정언에 임
명되었으며 부응교로 전임되어 국가 형정의 잘못을 상소했다가 대정현으
로 유배되었다. 영조 20(1744)년 9월에 영의정 김재로가 정실이 노모가

있는 것을 이유로 용서를 청했으나 허락받지 못하고 괴산으로 유배지가 이배되었다. 영조 24(1748)년 2월에 겸 보덕으로 관직에 복귀되어 3월에 겸 문학에 임명되었다가 4월에 보덕으로 전임되고 윤7월에 응교로 전임되었다. 8월에 다시 보덕에 임명되고 10월에 필선에 임명되어 영조 25(1749)년 1월에 남한산성의 현절사에 토지를 지키는 노복을 지급하라고 청원하여 실현시켰다. 2월에 보덕에 임명되고 5월에 응교에 임명되었으며 6월에 다시 보덕에 임명되었다. 7월에 동지 겸 사은정사 낙천군 이탱(李樘)의 서장관으로 청나라에 다녀왔다. 12월에 응교에 임명되고 영조 26(1750)년 3월에 보덕에 임명되었고 7월에 수찬·교리·겸 필선에 차례로 임명되었다. 8월에 보덕에 임명되고 12월에 부응교에 이어 보덕에 임명되었다. 영조 27(1751)년 1월에 승지에 임명되었다. 영조 32(1756)년 7월에 안동 부사에 임명되고 영조 36(1760)년 9월에 부제학에 임명되었으며 영조 37(1761)년 10월에 세손강서원 좌유선에 임명되었으나 12월에 직임에서 파면되었다. 영조 38(1762)년 1월에 유선에 임명되고 6월에 예문관 제학에 임명되었으며 8월에 우부빈객에 임명되었다. 그 뒤에 강화 유수로 나가서 영조 39(1763)년 강화도의 어려운 사정을 진달했다. 영조 40(1764)년 6월에 홍문관 제학에 임명되고 6월에 대사헌에 임명되어 7월에 사은 겸 동지부사에 임명되고 8월에 도승지에 임명되었다. 영조 41(1765)년 윤2월에 부제학에 임명되고 5월에 대제학에 임명되고 대사헌에 임명되었다. 12월에 세손 좌빈객을 거쳐 영조 42(1766)년 1월에 예문관 제학에 임명되었다. 2월에 이조 참판에 임명되고 5월에 형조 참판으로 전임되었다가 영조 43(1767)년 1월에 호조 판서로 승진했다. 2월에 홍문관 제학을 겸하고 3월에 대사헌에 임명되었다가 7월에 이조 판서에 임명되어 지경연을 겸하다가 예조 판서로 전임되었다. 그러나 같은 달에 끝내 영을 따르지 않은 일로 예조 판서에서 파직되고 평양 감사에 임명되었다. 영조 44(1768)년 6월에 이조 판서에 임명되었으나 한익모가 평양 감사로 유임시킬 것을 청하여 평양 감사로 유임되었다가 10월에 이조 판서에 임명되어 좌부빈객과 홍문관 제학을 겸하다가 12월에 이조 판서에서 체차되어 좌참찬에 임명되었다. 영조 46(1770)년 1월에 늙은 것을 이유로 치사를 청하여 허락 받고 봉조하가 되었으나 7월에 평양의 종성을 잘못 쌓은 일로 봉조하에서 파직되었다. 영조 48(1772)년 1월에 하례에 불참한 일로 서용되지 못하는 벌을 받았고 영조 49(1773)년 1월에 하례에 불참한 일로 파직되었다. 정조 즉위(1776)년에 죽었다.

〈정조실록〉 정조 즉위(1776)년 4월 18일 두 번째 기사에 '전 판서 정실의 졸기'가 있다. 졸기에 "문청공(文淸公) 정철(鄭澈)의 후손이고, 고 상신 정호(鄭澔)의 손자이다. 영묘 기미년에 등제하여 차례차례 화려하고 중요한 관직 지내고, 동전(東銓)의 장관이 되었다. 문형을 맡아 보았으며, 기로사(耆老社)에 들어가 치사했는데, 물러서는 때가 많고 진출하는 때가 적으므로 세상 사람들이 염약(恬約)하다고 칭찬하였다."고 평했다.

⬆ 저술 및 학문

이재(李縡)의 문인이다. 편저로 〈송강연보(松江年譜)〉가 있다.

⬆ 참고 문헌

〈다음백과사전〉, 〈한국민족문화대백과사전〉, 〈영조실록〉, 〈정조실록〉, 〈연일정씨문제공파세보〉, 〈증 참판 정순하묘갈명병서 : 김원행 지음〉, 〈영일정씨문청공파속수세보〉

황경원 (黃景源)	본관은 장수이고 자는 대경(大卿)이고 호는 강한유로(江漢遺老)이다. 숙종 35(1709)년에 태어나서 정조 11(1787)년에 죽었다.

임명일

- 영조 42(1766)년 6월 10일 : 황경원(黃景源)을 대제학으로.
- 영조 44(1768)년 10월 7일 : 전 대제학 황경원에게는 어필로 삼상을 써서 호피 한 장을 하사하였다.
- 정조 1(1777)년 3월 23일 : 황경원을 홍문관 대제학·예문관 대제학으로 삼았다.
- 정조 1(1777)년 3월 24일 : 대제학 황경원이 홍상직에게 논박 당하였다는 것으로 상소하여 인의하니 체직을 허락하다.
- 정조 3(1779)년 10월 25일 : 문형의 권점을 명하여 곧 황경원을 대제학으로 삼았는데 전망(前望)이다.
- 정조 3(1779)년 11월 24일 : 명소를 어긴 황경원의 해직을 윤허하고 권점케 하다.
- 정조 7(1783)년 3월 8일 : 황경원을 홍문관 대제학과 예문관 대제학으로 삼았다.
- 정조 8(1784)년 3월 6일 : 대제학 황경원을 면직하였다.

가문

아버지는 통덕랑 기(機)이고 할아버지는 기의 친아버지가 호조 정랑 처신(處信)인데 처의(處義)에게 입양되었다. 증조부는 삼등 현령 휘(暉)이고 고조부는 정산 현감 이징(爾徵)이다. 이징은 광해군 때에 화를 입은 승지 혁(赫)의 증손이고 병조 판서·대제학 정욱(廷彧)의 고손이며 영의정 희(喜)의 1남인 호조 판서 치신(致身)의 후손이다. 외할아버지는 안동인 길성군 권취(權𡬶)이고 장인은 초배는 청송인 참봉 심철(沈澈)이고 계배는 영월인 통덕랑 신귀삼(辛龜三)이다.

아들은 1남은 형(馨)을 입양했고 2남은 칭(稱)이고 3남은 영의정 신회(申晦)의 사위인 능(稜)이며 4남은 치(穉)이다. 종제는 대제학 승원(昇源)

이다.

4촌 아우 승원이 대제학을 역임함으로써 종형제 대제학의 가문을 이루었다.

☑ 생애

영조 3(1727)년 19세에 사마 생원시에 합격하고 의금부 도사를 지내다가 영조 16(1740)년 증광문과에서 병과로 급제하고 승문원 부정자에 임명되었다. 영조 17(1741)년 3월에 한림에 뽑히고 기사관을 거쳐 4월에 검열에 임명되었으며 검열에 임명된 뒤에 한림을 추천하는 절목의 잘못을 상소하였다가 파직되었으나 당일로 재차 임명되었다. 그러나 9월에 의금부에 하옥되었다. 영조 18(1742)년 12월에 지평에 임명되고 영조 19(1743)년 8월에 정언으로 전임되었으며 10월에 다시 지평에 임명되었다. 영조 20(1744)년 1월에 정언으로 전임되고 3월에 지평으로 전임되었으며 영조 21(1745)년 1월에 부교리로 전임되었다가 8월에 수찬으로 전임되었다. 영조 22(1746)년 1월에 부교리에 임명되어 2월에 언로를 열 것을 상소했으며 윤3월에 접위관을 겸하다가 헌납에 임명되었다. 7월에 지평에 임명되고 바로 뒤에 수찬으로 전임되어 교서관 교리를 겸했고 9월에 사서에 임명되어 문학을 겸하다가 교리로 전임되었다. 10월에 의정부 사인에 임명되고 교리로 전임되었으며 12월에 필선에 임명되어 보덕을 겸했다. 영조 24(1748)년 5월에 교리와 응교에 임명되었다가 6월에 부교리 겸 보덕에 임명되었으며 8월에 사간을 거쳐 9월에 응교에 임명되었다. 영조 26(1760)년 9월에 승지에 임명되고 영조 28(1762)년 8월에 대사간에 임명되었다가 10월에 이조 참의에 임명되었다. 영조 29(1753)년 6월에 대사성에 임명되고 곧 우승지로 전임되었으며 12월에 가자되었다. 영조 31(1755)년 8

월에 진하 겸 사은정사 해운군(海運君) 이연(李㮒)의 부사로 청나라에 다녀왔고 10월에 호조 참판에 임명되었다. 영조 34(1758)년 9월에 도승지를 역임하고 영조 35(1759)년 2월에 대사성에 임명되고 3월에 예문관 제학에 임명되었으나 5월에 전문을 올리지 않은 일로 파직되었다가 7월에 예문관 제학에 임명되고 11월에 대사헌에 임명되었다. 영조 36(1760)년 1월에 예문관 제학에 임명되고 10월에 홍문관 제학에 임명되었으며 영조 37(1761)년 7월에 이조 참판에 임명되었으나 고서(姑婿) 이정(李涏)의 상언 사건에 연루되어 거제도로 유배되어 위리안치 되었다. 영조 38(1762)년 1월에 위리가 철수되고 5월에 방면되어 직첩을 돌려받고 서용하라는 명을 받았으나 실현되지 않고 영조 39(1763)년 합천으로 이배되었다가 고향으로 방환되고 풍천 부사에 임명되어 관직에 재 등용되었다. 그 뒤에 대사헌에 임명되었으나 영조 41(1765)년 1월에 조참에 나오지 않은 일로 파직되었다가 5월에 예문관 제학에 임명되고 6월에 홍문관 제학에 임명되었다. 영조 42(1766)년 6월에 대제학에 임명되고 7월에 이조 참판에 임명되었으나 11월에 체차를 허락 받고 형조 참판에 임명되었다. 영조 43(1767)년 3월에 병조 참판에 임명되고 5월에 대사헌에 임명되었으며 10월에 예조 참판을 거쳐 11월에 이조 참판에 임명되었다. 영조 44(1768)년 10월에 특별히 발탁되어 형조 판서로 승진했으나 같은 달에 상소를 올려 체차를 허락받았다. 영조 45(1769)년 4월에 강화 유수에 임명되고 영조 47(1771)년 2월에 예조 판서에 임명되었다. 6월에 전 대제학으로 〈황명통기〉를 교정하고 9월에 경기도 관찰사에 임명되었다. 영조 48(1772)년 9월에 홍문관 제학에 임명되고 10월에 지중추부사로 정성왕비의 옥책문을 지었다. 영조 49(1773)년 1월에 대사헌에 임명되었으나 할아버지 황처신(黃處信)의 일과 관련되어 의금부에 갇혔다. 영조 50(1774)년 8월에 홍문관 제학에 임명되고 영조 51(1775)년 10월에 교서관 제조로 〈팔순곤유록〉을 간행하여 바친 공으로 가자되었으며 예문관 제학으로 〈영조대왕 애책문〉을 지었다.

정조 즉위(1776)년 3월에 찬집청 당상에 임명되어 〈영조실록〉 편찬에 참여하고 빈전도감 제조에 임명되었다. 4월에 예문관 제학에 임명되고 좌참찬에 임명되었으며 비변사 제조에 임명되었다. 7월에 이조 판서에 임명되고 애책문 제술관으로 활동한 공으로 가자되었고 좌참찬에 임명되었다. 8월에 경모궁(사도세자) 죽책문 제술관을 거쳐 〈명의록〉을 찬술하고 찬집청 당상에 임명되었다. 9월에 규장각 제학에 임명되고 10월에 헌의(獻議)를 상세히 하지 않은 일로 판의금부사에서 체직되었다. 정조 1(1777)년 1월 우참찬에 임명되고 3월에 홍문관 대제학·예문관 대제학에 임명되었으나 다음날 홍상직에게 논박을 당했다는 이유로 상소하여 체직을 허락받았다. 5월에 좌참찬에 임명되고 정조 2(1778)년 4월에 예문관 제학에 임명되고 정조 3(1779)년 2월에 좌참찬에 임명되었으며 7월에 예문관 제학을 겸하다가 9월에 제학의 직임을 갈아주기를 청하여 허락 받았으나 9월에 다시 예문관 제학에 임명되고 10월에 대제학에 임명되었다. 11월에 인의하여 명소를 어겨서 대제학에서 해직되는 것을 허락 받았다. 정조 4(1780)년 2월에 홍문관 제학에 임명되고 5월에 우참찬에 임명되어 9월에는 활인서 제조로 특진관까지 겸했다. 10월에 지경연사에 임명되었으나 11월에 활인서의 인장을 자의로 사용한 일로 사적에서 삭제되었다. 정조 5(1781)년 7월에 〈영조실록〉을 편찬한 일로 가자되고 정조 6(1782)년 2월에 예문관 제학에 임명되었다. 정조 7(1783)년 3월에 홍문관 대제학과 예문관 대제학에 임명되고 4월에 경모궁 추상존호죽책문 제술관을 겸하다가 7월에 지중추부사와 지성균관사까지 겸했다. 정조 8(1784)년 3월에 대제학에서 면직되고 7월에 좌빈객에 임명되었다. 정조 10(1786)년 7월에 판중추부사에 임명되고 정조 11(1787)년 2월에 80세로 죽었다.

〈정조실록〉 정조 11(1787)년 2월 25일 일곱 번째 기사에 '판중추부사 황경원의 졸기'가 있다. 졸기에 "충열공(忠烈公) 황선(黃璿)의 조카이다. 어려서부터 학문에 힘을 써서 삼례(三禮)를 깊이 알았고 고문(古文)을 힘써 배워 오원(吳瑗)·이천보(李天輔)·남유용(南有容)과 서로 추인(推引)하였는데, 황경원이 유독 무리 가운데서 뛰어났다. 그의 저작은 대부분 양한(兩漢)시대의 자구를 표준으로 삼았으며 이따금 옛 것을 사모하고 옛 것으로 나아갔으므로 한 시대에서 일제히 종장(宗匠)으로 일컫게 되었다.

그러나 또한 답습하는 큰 잘못이 있었고, 시를 잘하지 못해서 식자들이 한스럽게 여겼다. 항상 춘추의 대의를 자신의 임무로 삼아서 장정옥(張廷玉)이 지은 〈명사(明史)〉에 홍광(弘光) 이하 삼제(三帝)의 제통(帝統)이 없는 것을 보고는 〈남명서(南明書)〉를 지었는데, 3권의 본기(本紀)와 40권의 열전(列傳)으로 구성되었으며 홍광 원년을 기점으로 영력(永曆) 16년에서 끝을 맺었다. 또 숭정(崇禎) 이래로 본조(本朝) 여러 신하 가운데 명나라를 위해서 절의를 세운 자와 관련해서는 배신전(陪臣傳)을 지었는데, 세상에서 그의 평생 문장이 이 책에 다 들어 있다고 하였다. 관직은 이조 판서를 거쳐 문형을 맡았고 보국대부 판중추부사가 되었다. 성품이 소활(疎闊)하여 세상일에 통하지 못했기 때문에 행한 일이 대부분 사람들의 웃음거리가 되었다. 이때에 이르러 졸하니, 나이 80세이며, 문집이 세상에 전한다."고 평했다.

저술 및 학문

이재의 문인이다. 서예에 뛰어나고 예학에도 정통했으며 고문에도 밝

앗다. 〈황명통기〉를 교정하고 〈명의록〉 찬술에 참여하고 〈팔순곤유록〉 간행에도 참여했으며 〈영조실록〉 편찬에 참여했다. 〈남명서(南明書)〉를 편찬하고 〈명조배신전(明朝陪臣傳)〉을 저술하였다. 문집으로 〈강한집〉 32권 15책이 있다.

◩ 참고 문헌

〈다음백과사전〉, 〈한국민족문화대백과사전〉, 〈영조실록〉, 〈정조실록〉, 〈장수황씨세보〉

서명응 (徐命膺)	본관은 대구[51]이고 자는 군수(君受)이며 호는 보만재(保晚齋)· 담옹(澹翁)이고 시호는 문정(文靖)이다. 숙종 42(1716)년에 태어 나서 정조 11(1787)년에 죽었다.

임명일

— 영조 47(1771)년 11월 3일 : 경기 감사 서명응(徐命膺)을 대제학으로,
— 영조 48(1772)년 1월 20일 : 대제학 서명응이 상소하여 해면되기를 원하자 체직하도록 허락하여,
— 영조 48(1772)년 3월 15일 : 대제학 서명응으로 하여금 응제시를 고시하게 하고,
— 정조 2(1778)년 1월 15일 : 서명응을 홍문관 대제학·예문관 대제학으로 삼았으니,
— 정조 2(1778)년 8월 6일 : 대제학 서명응을 체차시켰다.
— 정조 3(1779)년 11월 24일 : 전망을 들여오라고 명하여 서명응을 대제학으로 삼았다.
— 정조 4(1780)년 2월 21일 : 대제학 서명응의 체직을 허락한다.

가문

아버지는 이조 판서 종옥(宗玉)이고 할아버지는 영의정 문중(文重)의 아우인 예조 판서 문유(文裕)이며 증조부는 남원 부사 정리(貞履)이고 고조부는 선조와 인빈 김 씨 사이에서 태어난 정신옹주(貞愼翁主)와 결혼한 달성위(達城尉) 경주(景霌)이다. 외할아버지는 덕수인 좌의정 이집(李㙫)이고 장인은 전주인 이정섭(李廷燮)이다.

아들은 1남은 호수(浩修)이고 2남은 낙수(樂修)이며 3남은 책수(策修)이고 4남은 채수(采修)이며 5남은 철수(澈修)이고 6남은 유수(柔修)이다. 1남은 형조·이조·병조·예조 판서 호수(浩修)인데 형 명익(命翼)에게 입양

---

51) 〈다음백과사전〉에는 달성으로 되어 있으나 〈대구서씨세보〉에 나와있고 아버지, 할아버지가 모두 대구이기 때문에 〈대구서씨세보〉를 따른다.

되었고 호수의 아들은 이조 판서·대제학 유구(有榘)52)이다. 동생은 영의정 명선(命善)이다.

◩ 생애

영조 24(1748)년 2월에 감조관으로 6품에 승진되고 영조 27(1751)년 4월에 우장사(右長史)에 임명되었으며 영조 30(1754)년 증광문과에 급제했다. 6월에 정언에 임명되었으나 7월에 체차되고 부수찬에 임명되었으며 9월에 헌납에 임명되고 10월에 특별히 겸 사서에 임명되었다가 11월에 교리에 임명되었다. 영조 31(1755)년 2월에 함경도 암행어사로 파견되었다가 돌아와서 5월에 집의에 임명되고 6월에 찬집 당상에 임명되었으며 7월에 부응교에 임명되었다. 9월에 진하 겸 사은정사 이연의 서장관에 임명되고 집의에 임명되었으며 10월에 필선을 거쳐 부응교에 임명되었다. 영조 32(1756)년 3월에 교리에 임명되고 5월에 응교로 전임되었으며 영조 33(1757)년 3월에 대사간으로 승진했다가 승지에 임명되었다. 7월에는 영조의 명에 의해 영조가 친제한 〈연대귀감서〉를 〈홍무정운〉의 서체로 썼다. 영조 34(1758)년 6월에 대사간에 임명되고 영조 35(1759)년 3월에 승지로 전임되었으며 7월에 대사성으로 전임되고 10월에 부제학에 임명되었다. 영조 36(1760)년 4월에 대사간에 임명되고 5월에 부제학에 임명되었으나 12월에 파직되었다. 영조 37(1761)년 2월에 승지에 임명되고 같은 달에 대사성에 임명되어 왕세자(사도세자)의 비행을 부추긴 자들을 처벌하라고 상서했다. 이어 부제학으로 전임되고 7월에 이조 참의에 임명되었으나 아들 호수가 당상의 임명과 관련하여 소란을 피운 일로 이조 참의

---

52) 〈다음백과사전〉과 〈대구서씨세보〉에는 서유구가 대제학을 역임한 것으로 기록되어 있으나 〈조선왕조실록〉과 문형록에는 대제학을 역임한 기록이 없다.

에서 파직되었다가 9월에 다시 이조 참의에 임명되었다. 영조 38(1762)년 2월에 황해도 관찰사에 임명되었다가 12월에 승지에 제수되었으며 영조 39(1763)년 5월에 부제학에 임명되고 통신사로 임명되었다. 6월에 대사성에 임명되고 7월에 이조 참의에 임명되었으나 3일 뒤에 종성으로 유배되었다. 8월에 석방되고 12월에 우승지를 거쳐 예조 참판에 임명되어 영조 40(1764)년 영조의 명으로 2월에 전주로 가서 태조대왕의 영정을 배접하였다. 3월에 대사헌에 임명되고 5월에 형조 참판에 임명되었으며 9월에 대사헌에 임명되었으나 주강에 나오지 않아서 파직되었다. 이어 부제학에 임명되었다가 12월에 한성부 우윤에 임명되었고 영조 41(1765)년 1월에 이조 참판에 임명되었으나 같은 달에 파직되었다. 3월에 홍문관 제학에 임명되어 4월에는 영조의 명으로 〈어제독서록〉을 교정했다. 4월에 대사성을 지내고 6월에 아들 호수가 황최언의 면직을 청한 일로 귀양 갈 때 함께 파직되었다. 10월에 대사헌에 임명되었으나 근교에 있으면서 명에 응하지 않은 일로 체직되었다가 부제학에 임명되고 12월에 도승지로 발탁되었다. 영조 42(1766)년 1월에 이조 참판에 임명되었으나 2월에 사판에서 이름을 지워버리라는 명을 받았다. 5월에 다시 도승지에 임명되고 부제학으로 전임되었다가 어떤 일로 갑산부로 유배되었다가 6월에 방면되었다. 8월에 서용되고 11월에 이조 참판에 임명되어 예문관 제학을 겸했다. 영조 43(1767)년 2월에 예조 참판에 임명되고 5월에 대사헌에 임명되었다가 9월에 이조 참판에 임명되었으나 명에 응하지 않아서 갑산 부사로 좌천되었다. 12월에 동생 명선이 과거에 합격한 일로 갑산 부사에서 내직으로 옮기라는 명을 받고 동지춘추에 임명되었다. 영조 44(1768)년 4월에 예조 참판에 임명되고 12월에 예문관 제학에 임명되었으며 영조 45(1769)년 4월에 형조 참판에 임명되었으나 강교에 있으면서 명을 받들지 않은 일로 충청 수사로 좌천되었다. 6월에 충청 수사로 동지정사에 임명되었고 7월에 한성부 판윤으로 승진해서 8월에 홍문관 제학을 겸하다가 10월에 형조 판서에 임명되었다. 영조 46(1770)년 7월에 다시 한성부 판윤에 임명되고 10월에 가자되었으며 11월에 홍문관 제학에 임명되었다. 영조 47(1771)년 1월에 이조 판서에 임명되었으나 얼마 되지 않아 파직되고 서용하지 못하게 하는 명을 받았다. 2월에 서용하라는 명을 받고 예조 판서에 임명되어 지경연사를 겸하다가 이조 판서로 전임되었다. 이어서 4월에는 지중추부사와 좌참찬에 임명되었다가 다시 이조 판서에 임명되었으나 인사와 관련되어 이조 판서에서 삭탈되어 문외로 출송되었다. 7월에 다시 우참찬에 임명되고 8월에 이조 판서에 임명되었으며 10월에 경기도 관찰사에 임명되었고 11월에 대제학에 임명되고 지경연에 임명되어 대제학으로 '기상패인갱재록'의 발문을 지었다. 영조 48(1772)년 1월에 〈기구동회록(耆舊同會錄)〉의 발문을 짓고 대제학에서 해면되기를 청하여 허락받았다. 3월에 대제학으로 응제시를 고시하고 평안도 관찰사에 임명되었다가 바로 이조 판서에 임명되었다. 5월에 공조 판서에 임명되고 8월에 육상궁의 죽책문을 짓고 10월에는 행 사직으로 대전의 옥책을 지었다. 영조 49(1773)년 윤3월에 예문관 제학에 임명되고 9월에 약방 제조에 임명되었으며 12월에 호조 판서에 임명되었다. 영조 50(1774)년 10월에 종부시 제조로 〈성원록〉을 봉안하고 영조 51(1775)년 10월에 병조 판서에 임명되었다가 이조 판서로 전임되었으며 영조 52(1776)년 평안도 관찰사에 임명되었다.

정조 즉위(1776)년 10월에 규장각 제학에 임명되고 정조 1(1777)년 6월에 영원의 수령을 무고한 일로 평안도 관찰사에서 파직되었다. 8월에 정조의 명으로 새로운 활자인 정유자(丁酉字)를 완성하고 판중추부사에 임명되었다. 10월에 관서 암행어사 심염조가 고을의 폐단을 진달함에 따라 전 평안도 관찰사에서 삭직되었다가 12월에 규장각 제학에 임명되어 정조의 명으로 규장각 절목을 만들었다. 정조 2(1778)년 1월에 홍문관 대제학·예문관 대제학에 임명되었으나 여러 번 상소하여 해면을 청하여서 8월에 대제학에서 체차되고 판중추부사에 임명되었다. 정조 3(1779)년 1월에 수어사에 임명되어 8월에는 정조의 명으로 행차의 배종록을 지어 바치고 11월에 대제학에 임명되었다. 정조 4(1780)년 2월에 대제학에서 체직되는 것을 허락 받고 3월에 판중추부사로 봉조하가 되었다. 정조 5(1781)년 2월에 원임 제학으로 정조의 명에 의해 규장 총목을 찬수하고 윤5월에는 관례 때에 쓸 악장을 찬술하라는 명으로 관예악장(觀刈樂章)을 지었고 7월에 〈보감〉을 편찬하고 교정 당상에 임명되었다. 정조 7(1783)년 12월 규장각 제학으로 정조의 명에 따라 〈연사의주〉를 개찬하고 정조 8(1784)년 8월에 교명 전문 서사관과 죽책문 서사관을 역임하고 정조 11(1787)년 12월에 죽었다.

〈정조실록〉 정조 11(1787)년 12월 20일 세 번째 기사에 '봉조하 서명응의 졸기'가 있다. 졸기에 "판서 서성(徐渻)의 5세손이다. 영종 갑술년에 문과에 급제하여 구경(九卿)을 역임하고 보국의 계자에 이르러 치사하고 봉조하가 되었다. 뭇 서적을 널리 섭렵하고 역학에 능하였으며, 임금이 춘저(春邸)에 있을 때에 빈객으로서 늘 권대를 받았으며, 무릇 경사(經史)에 의의(疑義)가 있으면 임금이 손수 써서 질문하였으며, 규장각을 세우고는 맨 먼저 제학에 제배되어 도와 획책한 것이 많았는데, 이때에 이르러 졸서하였다. 〈보만재집(保晚齋集)〉과 〈총서(叢書)〉가 집에 감추어 있다. 보만은 임금이 내린 호라 한다."고 평했다.

저술 및 학문

"태극·음양오행 등의 역리와 사단칠정 등 이기설에 조예가 깊었을 뿐만 아니라 천문·일기 등의 자연과학, 음률·진법·언어·농업 등 다방면에 걸쳐 이용후생의 태도로 깊이 있는 연구를 하여 북학파의 비조로 일컬어진다."(〈다음백과사전〉) 박제가의 〈북학의〉의 서문을 쓰면서 자연과학을 발전시켜야 한다고 주장했다. 역서류로 〈역학계몽집전〉·〈황극일원도〉·〈계몽도설〉 등을 편찬했고 사서류로 〈열성지장통기〉·〈기자외기〉·〈대구서씨세보〉를 편찬했으며 〈고사신서〉 등의 유서를 편찬했다. 저서로 〈보만재집〉·〈보만재총서〉·〈보만재잉간(保晩齋剩簡)〉 등이 있다. 정조의 명으로 정유자(丁酉字)를 주조했고 관례에 쓰는 관예악장을 짓고 〈배종록〉을 지었으며 〈연사의주〉를 개찬했다. 규장각의 초대 제학으로 규장각 절목을 만들고 규장각 총목을 찬수했으며 '기상패인갱재록'의 발문을 짓고 〈기구동회록〉의 발문도 지었다.

참고 문헌

〈다음백과사전〉, 〈영조실록〉, 〈정조실록〉, 〈대구서씨세보〉

<table>
<tr><td>**이복원**
(李福源)</td><td>본관은 연안이고 자는 수지(綏之)이며 호는 쌍계(雙溪)이고 시호는 문정(文靖)이다. 숙종 45(1917)년에 태어나서 정조 16(1792)년에 죽었다.</td></tr>
</table>

임명일

— 영조 48(1772)년 10월 25일 : 대제학 이복원(李福源)이 현종 대왕의 상호(上號)에 따른 각실(各室)의 고유제문을 지어 올리니,

— 영조 49(1773)년 4월 18일 : 대제학 이복원을 파직하여 서용하지 말라고 하였으며,

— 영조 50(1774)년 11월 20일 : 조엄이 말하기를, 대제학 이복원은 신과 혐의가 있으므로 상시관과 대제학이 상의할 수 없으니 막중한 과거 시험을 어찌 치룰 수가 있겠습니까?

가문

아버지는 병조 판서 철보(喆輔)이고 할아버지는 경기도 관찰사·병조 참판 정신(正臣)이며 증조부는 간성 군수 봉조(鳳朝)이고 고조부는 이조 판서 만상(萬相)이다. 좌의정·대제학 정귀의 6대손이다. 외할아버지는 번남인 현감 박필순(朴弼純)이고 장인은 초배는 파평인 윤동원(尹東源)이고 계배는 순흥인 참봉 안수곤(安壽坤)이다.

아들은 1남이 영의정 시수(時秀)이고 2남은 이조 판서·대제학 만수(晚秀)이며 3남은 주부 욱수(旭秀)이고 4남은 기수(耆秀)이다. 딸들은 각각 경주인 부사 김사의(金思義), 영의정 김상철(金尙喆)의 아들인 강릉인 김완진(金完鎭)과 결혼했다. 아우는 강계 부사 학원(學源)이고 누이는 고령인 부사 박인영(朴仁榮)과 결혼했다.

할아버지 정신이 현보(玄輔), 원보(元輔), 정릉 참봉 득보(得輔), 철보(喆輔), 공조 판서 길보(吉輔)를 낳았는데 득보가 좌의정 성원(性源)을 낳는

데 성원은 길보에게 입양되었다.

정귀, 명한, 일상으로 이어지는 3대 대제학의 가문을 이룬 정귀의 6대 손으로 아들 만수와 더불어 부자 대제학의 가문을 이루었다.

◪ 생애

영조 14(1738)년에 사마시에 합격하고 문음으로 양구 현감으로 있으면서 영조 30(1754)년 증광문과에서 을과로 급제했다. 영조 31(1755)년 11월에 지평에 임명되어 신체를 보호하고 학문과 정사에 힘쓰라고 상서했다. 영조 33(1757)년 11월에 헌납에 임명되고 영조 34(1758)년 8월에 교리를 역임하고 영조 35(1759)년 11월에 승지로 발탁되었다. 영조 40(1764)년 5월에 승지에 임명되고 8월에 대사간에 임명되었으며 9월에 이조 참의에 임명되고 12월에 대사간에 임명되었다. 영조 43(1767)년 4월에 늙은 아버지가 있기 때문에 체직을 허락 받고 10월에 가자되었다. 영조 44(1768)년 6월에 대사간에 임명되고 9월에 한성부 좌윤에 임명되었다가 예조 참판에 임명되었으나 11월에 예조 판서 신회와 함께 체차되었다. 영조 45(1769)년 2월에 병조 참판에 임명되고 9월에 이조 참판으로 전임되었다. 영조 48(1772)년 8월에 대사간에 임명되고 9월에 대제학에 임명되었으며 10월에 대제학으로 현종에 대한 고유제문을 짓고 중궁전 옥책문도 지었다. 영조 49(1773)년 4월에 대제학에서 파직되고 영조 50(1774)년 8월에 이조 참판에 임명되어 증광시 시관을 역임하고 영조 51(1775)년 2월에 영의정 신회의 추천으로 형조 판서로 승진했다.

정조 즉위(1776)년 3월에 〈영조실록〉을 편찬할 때 찬집청 당상에 임명되었고 영조의 시책문을 지었다. 4월에 의정부 우참찬에 임명되었으며 6월에 병조 판서에 임명되었으나 다섯 차례에 걸쳐 소패를 어겨서 파직되었다. 9월에 한성부 판윤에 임명되었다가 형조 판서에 임명되고 비변사 제조와 규장각 제학에 임명되었다. 12월에 한성부 판윤에 임명되었으나 정조 1(1777)년 관아를 비운 일로 3월에 한성부 판윤에서 파직되었다가 6월에 강화 유수로 좌천되었다. 정조 3(1779)년 1월에 결안을 받던 사수(死囚)가 대낮에 스스로 목을 찔려 죽은 일로 강화 유수에서 파직되었다. 10월에 지경연사에 임명되고 12월에 한성부 판윤에 임명되어 예문관 제학을 겸했다. 정조 4(1780)년 6월에 공조 판서에 임명되었으나 7월에 이조 판서로 전임되고 11월에는 형조 판서로 전임되었다. 정조 5(1781)년 2월에 지경연사에 임명되고 7월에 〈국조보감〉 당상에 임명되어 정종·단종·예종·인종·경종의 〈보감〉을 교정했다. 정조 6(1782)년 1월에 의정부 우의정에 임명되고 8월에 좌의정으로 승진했다. 정조 7(1783)년 2월에 사직 단자를 올려 좌의정에서 사직하고 판중추부사에 임명되었다. 4월에 성절 및 심양 문안 정사에 임명되고 〈선원계보기략팔고조도〉 발문 제술관으로 활동하고 6월에 우의정에 임명되었으며 10월에 심양에서 돌아왔다. 11월에 원자보양관에 임명되고 정조 8(1784)년 1월에 좌의정으로 승진했다. 6월에는 〈규장각지〉가 이루어지자 발문을 썼다. 7월에 세자부에 임명되고 8월에 왕세자책봉 죽책문과 교명문을 지었다. 10월에 열 번의 사직 상소로 좌의정에서 사직하고 판중추부사에 임명되었다. 정조 10(1786)년 7월에 다시 좌의정에 임명되고 정조 11(1787)년 1월에 악장문 제술관을 겸하다가 2월에 좌의정에서 물러나 판중추부사에 임명되었다. 정조 14(1790)년 7월에 동지 겸 사은정사에 임명되었으나 차자를 올려 병이 있음을 아뢰고 체직되었다. 10월에는 아들이 관찰사로 있는 황해도 감영으로 갔으며 정조 15(1791)년 12월에 영중추부사에서 면직되었다. 정조 16(1792)년 2월에 김우진 문제로 삭탈관직 되었던 전영중추부사를 서용하라는 명을 받고 영중추부사에 임명되었으나 8월에 죽었다.

〈정조실록〉 정조 16(1792)년 8월 14일 두 번째 기사에 '영중추부사 이복원의 졸기'가 있다. 졸기에 "문충공(文忠公) 이정귀(李廷龜)의 6세손이다. 영조 무오년 사마시와 갑술년 문과에 급제하여 양전의 벼슬을 거쳤고 문형을 맡았으며 좌의정에 이르렀다. 청신염정(淸愼恬靜)하며 지조가 있었다. 문장은 이치를 주로 하였고 전중(典重)·온후(溫厚)하여 현란(眩亂)함을 일삼지 않았으며 사명(詞命)은 거의 근세에 제일이었다. 김익(金熤)과 동시에 재상에 임명되었는데 두 사람이 모두 소박한 선비 옷을 입고, 내행(內行)이 돈독하여 세상에서 양상(兩相)이라고 일컬었다. 상이 일찍이 그의 상(像)을 가져다 보고 찬(贊)하기를 '내온외앙(內蘊外盎)하니 세상에서 유상(儒相)이라 일컬었다.'라고 하니 당시 신하를 잘 안다고 하였다. 이때에 졸하였다. 문집이 집에 보관되어 있다."고 평했다.

◪ 저술 및 학문

〈선원계보기략팔고조도(璿源系譜紀略八高祖圖)〉의 발문을 썼으며 저서로 〈천령향함이지락(千齡享含飴之樂)〉이 있다. 〈국조보감〉을 교정하고 〈규장각지〉의 발문을 썼다.

◪ 참고 문헌

〈다음백과사전〉, 〈한국민족문화대백과사전〉, 〈영조실록〉, 〈정조실록〉, 〈연안이씨소감부판사공파세보〉

| 이휘지
(李徽之) | 본관은 전주이고 자는 미경(美卿)이며 호는 노포(老圃)이고 시호는 문헌(文憲)이다. 숙종 41(1715)년에 태어나서 정조 9(1785)년에 죽었다. |

▶ 임명일

━ 영조 51(1775)년 3월 1일 : 이휘지(李徽之)를 대제학으로 삼았다.
━ 영조 52(1776)년 1월 7일 : 이휘지를 대제학으로 삼았다.
━ 정조 1(1777)년 4월 10일 : 대제학 홍낙순(洪樂純)의 체직을 허락하고 이휘지를 대신하게 하다.

▶ 가문

아버지는 좌의정·대제학 관명(觀命)이고 할아버지는 이조 판서·대제학 민서(敏敍)이며 증조부는 영의정 경여(敬輿)이고 고조부는 목사 유록(綏祿)이다. 세종과 신빈 김 씨 사이에 태어난 밀성군(密城君) 침(琛)의 후손이다. 외할아버지는 초배는 덕수인 판서 장선징(張善徵)인데 장선정은 효종의 비인 인선왕후의 아버지이고 안동인 우의정 김상용의 사위인 우의정·대제학 장유(張維)의 아들이다. 계배는 안동인 권중만(權重萬)이고 장인은 초배가 풍천인 부사 임숭원(任崇元)이고 계배는 청주인 한전(韓銓)인데 한 씨는 소생이 없다.

아들은 도사 윤상(輪祥)과 측실 소생의 운상(運祥)이고 딸은 1녀는 영의정·대제학 김양택(金陽澤)의 아들인 광산인 김하재(金夏材)와 결혼했는데 김하재의 언행이 신중하지 못해 역적이 됨에 따라 서인으로 강등되고 집은 헐어서 연못으로 만드는 형을 받았다. 2녀는 번남인 박종만(朴宗蔓)과 결혼했다.

형은 망지(望之)와 순창 군수 익지(翊之)이고 아우는 삼척 부사 홍지(弘

之)와 헌지(憲之)이다. 누이들은 각각 기계인 첨정 유숙기(俞肅基), 청송인 심정현(沈廷賢), 함안인 판서 조중회(趙重晦), 청풍인 생원 김치량(金致良), 영월인 신최녕(辛最寧), 청풍인 영의정 김치인(金致仁), 파평인 윤광보(尹光輔), 남양인 홍경해(洪景海), 안동인 상의별제 김익겸(金益謙)과 결혼했다.

할아버지 민서, 아버지 관명에 이어 대제학이 됨으로써 3대 대제학의 가문을 이루었다.

⬐ 생애

영조 17(1741)년 사마 생원시와 진사시에 합격하고 음직으로 목사에 임명되었다가 영조 42(1766)년 정시문과에서 병과로 급제했다. 10월에 동부승지에 임명되고 영조 43(1767)년 3월에 대사간에 임명되었으며 8월에 특지로 이조 참의에 임명되었다. 영조 44(1768)년 2월에 대사성에 임명되고 4월에 승지로 전임되었으나 9월에 승문원 부제조로 차하되었다. 10월에 대사성으로 괴원(승문원) 부제조를 사임했으나 허락되지 않았고 12월에 이조 참의에 임명되었다. 영조 45(1769)년 1월에 대사간에 임명되었다가 대사성으로 전임되었고 2월에 이조 참의에 임명되었다가 승지에 임명되었다. 4월에 다시 이조 참의에 임명되었다가 승지에 임명되었으며 8월에 대사헌을 거쳐 대사성에 임명되었다가 12월에 이조 참의에 임명되었다. 영조 46(1770)년 1월에 미원장(薇垣長:대사간)에 임명되었으나 논핵을 받은 일로 상소하여 사직을 허락받았다. 4월에 다시 대사간에 임명되고 승지로 전임되었으며 11월에 다시 대사간에 임명되었다. 영조 47(1771)년 2월에 예조 참판에 임명되고 2월에 대사헌으로 전임되었다가 3월에 다시 예조 참판으로 전임되었으며 7월에 도승지에 임명되었다. 9월에 동경연에 임명되고 10월에 예조 참판을 거쳐 이조 참판에 임명되었으나 11월에 왕명을 받들고 전주에 가야 하기 때문에 체차를 허락 받았다. 이어 전주의 경기전에 가서 조경모의 삭제(朔祭)와 망제(望祭)를 거행하고 왔다. 영조 48(1772)년 1월에 도승지와 이조 참판에 임명되고 3월에 대사간에 임명되었으나 김치인과 인척이므로 인혐했다. 영조 49(1773)년 5월에 홍문관 제학에 임명되고 영조 50(1774)년 1월에 강화 유수에 임명되었다. 영조 51(1775)년 3월에 대제학에 임명되고 6월에 이조 참판에 임명되었으며 10월에 교서관 제조로 〈팔순곤유록〉을 올린 공으로 가자되고 병조 판서에 임명되고 11월에 약방 제조에 임명되었다. 영조 52(1776)년 1월에 대제학에 임명되어 아버지 관명이 지어 바친 〈보략〉을 수정하고 2월에 병조 판서에 임명되었다.

정조 즉위(1776)년 3월에 〈영조실록〉을 찬집할 때 찬집청 당상에 임명되었고 3월에 국장도감 제조에 임명되었으며 6월에 이조 판서에 임명되었다. 7월에 참판 권도와 함께 체직되었다가 의정부 좌참찬에 임명되어 대제학으로 시책문 제술관에 임명되었다. 그 뒤에 예조 판서에 임명되었으나 고유대제의 의절을 잘못한 일로 파직되었으며 11월에 형조 판서에 임명되었다가 이조 판서에 임명되었다. 정조 1(1777)년 2월에 이조 판서에서 체직되고 3월에 반송사에 임명되고 한성부 판윤에 임명되었다. 4월에 대제학에 임명되고 6월에 병조 판서에 임명되었으며 7월에 예문관 제학에 임명되었다. 8월에 이조 판서에 임명되었으나 여러 번 소패를 어겼기 때문에 이조 판서에서 파직되고 11월에 대사헌에 임명되었다가 12월에 공조 판서에 임명되었다. 정조 2(1778)년 2월에 병조 판서로 전임되고 3월에 부묘도감·존숭도감·책례도감·지호도감의 제조에 임명되었다. 정조 3(1779)년 1월에 홍문관 제학에 임명되고 3월에 판의금부사에 임명되었으며 5월에 원빈 홍 씨가 죽자 표문을 지었다. 6월에 형조 판서에 임명되고 판의금부사에 임명되었으며 7월에 이조 판서로 전임되었으나 신병 때문에 8월에 사퇴했다. 9월에 평안도 관찰사에 임명되고 10월에 규장각 제학에 임명되었다. 정조 4(1780)년 2월에 의정부 우의정에 제배되고 정조 5(1781)년 2월에 다시 우의정에 제수되어 실록청 총재관을 겸하여 〈영조실록〉 편찬을 주관했다. 6월에 상직에서 면직되었다. 12월에 복상하여 다시 우의정에 임명되었으나 정조 6(1782)년 1월에 우의정에서 면직되어 판중추부사에 임명되었으나 사면을 청하고 고향으로 떠났다. 정조 8(1784)년 10월에 진하 사은 겸 동지 정사로 청나라에 갔다가 정조 9(1785)년 3월에 돌아와서 10월에 죽었다.

〈정조실록〉 정조 9(1785)년 10월 6일 두 번째 기사에 '판중추부사 이휘지의 졸기'가 있다. 졸기에 "좌의정 이관명(李觀命)의 아들이다. 처음에 음사로 보직되어 목사에까지 이르렀고, 영조 병술년에 문과에 올랐으니, 나이 60에 가까웠는데 갑자기 두 전조(銓曹)를 역임하였고 대제학을 지냈으며 우의정에 이르렀다. 인품이 용렬하여 일컬을 만한 것이 없고, 사장(詞章)도 다른 사람보다 나은 것이 없었으나 다만 가문이 대대로 충후(忠厚)한 탓으로 지위가 이에 이르렀는데, 이때에 이르러 졸하였으니 3년을 한정하여 녹봉(祿俸)을 계속 지급하라고 명하였다."고 평했다.

↘ 저술 및 학문

〈팔순곤유록〉을 짓고 〈보략〉을 수정했으며 〈영조실록〉 편찬을 주관했다.

↘ 참고 문헌

〈다음백과사전〉, 〈한국민족문화대백과사전〉, 〈영조실록〉, 〈정조실록〉, 〈전주이씨밀성군파보〉

<table>
<tr>
<td>홍낙순
(洪樂純)</td>
<td>본관은 풍산이고 자는 백효(伯孝)이며 호는 대릉(大陵)이고 시호는 문헌(文憲)이다. 경종 3(1723)년에 태어났으나 죽은 해는 알 수 없다.</td>
</tr>
</table>

임명일

— 정조 1(1777)년 4월 10일 : 대제학 홍낙순(洪樂純)의 체직을 허락하고 이휘지를 대신하게 하다.

가문

아버지는 전라도 관찰사 창한(昌漢)이고 할아버지는 양보(良輔)이며 증조부는 충주 목사 중해(重楷)이고 고조부는 홍문관 교리 만형(萬衡)이다. 5대조는 선조와 인목왕후 사이에서 태어난 정명공주(貞明公主)의 남편인 영안위(永安尉) 주원(柱元)이다. 외할아버지는 기계인 서윤 유두기(俞斗基)이고 장인은 초배는 전주인 판돈녕부사 유복명(柳復明)이고 계배는 개성 김씨이다.

아들은 1남이 복영(福榮)인데 문과에 급제했고 2남은 의금부 도사 극영(克榮)이다. 아우는 판돈녕부사 낙춘(樂春)과 경상도 관찰사 낙빈(樂彬)인데 낙춘이 당대의 세도가인 대사헌 홍국영과 정조의 후궁인 원빈 홍 씨를 낳았다.

생애

영조 33(1757)년에 정시문과에서 병과로 급제했다. 영조 35(1759)년 설서에 임명되었고 영조 36(1760)년 교리를 역임하고 영조 37(1761)년 7월에 사서에 임명되어 세 번이나 패초하였으나 나오지 않아 종중추고(從重推考)를 당하였다. 10월에 부수찬에 임명되어 11월에 진위 사진어사로 파견되었다. 영조 38(1762)년에는 영남어사로 파견되었고 5월에는 진위 양전어사로 파견되었다. 윤5월에는 교리에 임명되고 영조 39(1763)년 7월에 부수찬에 임명되고 8월에는 〈효제편〉을 감인한 공으로 응교에 임명되었다. 9월에 부응교에 임명되고 10월에 보덕에 임명되었다가 다시 부응교에 임명되었다. 1월에 사간에 임명되었으며 12월에 의주 부윤에 임명되었다. 영조 41(1765)년 1월에 어버이가 늙었기 때문에 의주 부윤에서 체직되고 2월에 승지에 임명되었으며 윤2월에 대사간에 임명되었다. 5월에 승지에 임명되고 영조 43(1767)년 4월에 이조 참의에 임명되었다가 5월에 이조 참판 조엄과 함께 삭직되었다. 영조 44(1768)년 4월에 승지에 임명되고 10월에 충청도 관찰사에 임명되었다. 영조 47(1771)년 2월에 이조 참의에 임명되고 영조 48(1772)년 9월에 대사성에 임명되었다. 영조 49(1773)년 5월에 다시 이조 참의에 임명되고 12월에 가자되었으며 동지의금부사에 임명되었다. 영조 50(1774)년 율제에서 수석하여 호피를 하사받고 6월에 승지로 전임되었다가 8월에 대사헌에 임명되었다.

정조 즉위(1776)년 8월에 〈영조실록〉을 편찬하기 위해서 찬집청이 설치될 때 찬집청 당상에 임명되고 정조 1(1777)년 1월에 성균관 대사성에 임명되었다가 공조 판서로 승진되고 비변사 제조를 겸했다. 2월에 호조 판서에 임명되고 3월에 연칙도감 제조에 임명되었으며 황경원의 추천으로 대제학에도 임명되었으나 4월에 체직을 허락 받고 6월에 평안도 관찰사에 제수되었다. 정조 2(1778)년 9월에 이조 판서에 임명되었으나 12월에 특별히 체직되었으며 정조 3(1779)년 1월에 좌참찬에 임명되고 비국 당상과 선혜청 제조에 임명되었다. 3월에 강화 유수에 임명되었다가 9월에 우의정으로 승진해서 호위대장을 겸했다. 같은 달에 좌의정으로 승진했으나 11월에 벼슬에서 파면하기를 청하여 윤허 받았다. 12월에 다시 우의정에 임명되고 좌의정으로 승진했으나 세도정치를 하던 조카 홍국영이 실각되자 정조 4(1780)년 1월에 삭탈되어 문외로 출송되었다. 철종 9(1858) 년 손자 우선(祐善)의 소청으로 복관되었다. 졸기는 없다.

◪ 저술 및 학문

저서로 〈대릉집〉 8권이 있다.

◪ 참고 문헌

〈다음백과사전〉, 〈영조실록〉, 〈정조실록〉, 〈풍산홍씨대동보〉

| 김종수 | 본관은 청풍이고 자는 정부(定夫)이며 호는 진솔(眞率)·몽오(夢 |
| (金鍾秀) | 梧)이다. 영조 4(1728)년에 태어나서 정조 23(1799)년에 죽었다. |

▣ 임명일

- 정조 5(1781)년 9월 2일 : 김종수(金鍾秀)를 홍문관 대제학·예문관 대제학으로,
- 정조 6(1782)년 5월 26일 : 대제학 김종수가 파직되었다.
- 정조 6(1782)년 6월 10일 : 전 대제학 김종수를 특별히 서용하여 그 직에 유임시켰다.
- 정조 6(1782)년 6월 25일 : 대제학 김종수의 청을 따라 그를 체차시켰다.
- 정조 10(1786)년 12월 25일 : 김종수를 홍문관 대제학으로, 예문관 대제학 이병모(李秉模)를 이조 참판으로 삼았다.
- 정조 11(1787)년 8월 20일 : 대제학 김종수가 사직하여 갈렸다.
- 정조 13(1789)년 8월 8일 : 김종수를 홍문관 대제학·예문관 대제학으로,

▣ 가문

아버지는 세자익위사 시직 치만(致萬)이고 할아버지는 호조 참판 희로(希魯)이며 증조부는 우의정 구(構)이고 고조부는 전라도 관찰사 징(澄)이다. 외할아버지는 풍산인 이조 참판 홍석보(洪錫輔)이고 장인은 해평인 홍문관 교리 윤득경(尹得敬)이다.

아들은 약연(躍淵)인데 요절해서 동선(東善)을 후사로 삼았고 딸은 대구인 서유수(徐裕壽)와 결혼했다. 형은 사헌부 장령 종후(鍾厚)이고 누이들은 각각 남양인 참판 홍익필(洪益弼), 청주인 감사 한용화(韓用和)와 결혼했다.

고조부 전라도 관찰사 징이 우의정 구와 대제학 유와 무를 낳았는데 구가 호조 참판 희로와 영의정 재로를 낳았고 재로가 영의정 치인을 낳았다. 또 이조 참판·대제학 유가 호조 판서 취로를 낳고 취로가 좌의정 약

로와 영의정 상로를 낳았다.

☑ 생애

영조 42(1766)년 생원으로 11월에 과차에서 수석하여 전시에 직부 되고 영조 44(1768)년 식년문과에서 병과로 급제했다. 군수로 있다가 예조 정랑에 임명되고 4월에 정언에 임명되고 5월에 부수찬에 임명되었으며 6월에 필선에 임명되어 사서를 겸하다가 12월에 부교리에 임명되었다. 영조 45(1769)년 3월에 왕세손의 필선에 임명되어 세손(정조)에게 외척의 정치 간여를 배제해야 한다는 의리론을 내세워 정조에게 깊은 감명을 주었고 정조가 즉위한 뒤에 신임을 받았다.(〈한국민족문화대백과사전〉) 6월에 교리에 임명되고 8월에 응교에 임명되었으며 12월에 장연 현감에서 수찬으로 옮겼다. 영조 46(1770)년 1월에 교리로 있으면서 〈문헌비고〉 편집의 낭청으로 차임되었고 윤5월에 승지를 역임했다. 그러나 영조 47(1771)년 4월에 어떤 일로 영원토록 사판에서 삭출하고 관직을 박탈하여 서인이 되는 벌을 받았다. 영조 48(1772)년 3월에 대사성에 제수되었다. 이때 청명(淸名)을 존중하고 공론을 회복해 사림정치의 이상을 실현하려는 청명류의 정치 경사가 드러났다. 이때는 영조가 당파를 없애려 하던 때인데 영조로부터 청명류의 지도자로 지목되어 특별히 해임되고 4월에 기장현의 금갑도에 정배되었다가 석방되어 영조 52(1776)년 공조 참의를 역임했다.

정조 즉위(1776)년 3월에 찬집청 당상에 임명되고 7월에 우승지를 역임했으며 8월에 부제학에 임명되었다. 8월에 좌부승지로 있으면서 정조의 명을 받고 문정공 송시열의 화양서원에 치제하고 8월에 다시 찬집청 당상에 임명되었다. 9월에 대사간에 임명되고 10월에 승지에 임명되었으며 11월에 공조 참판에 임명되어 비변사 제조를 겸했다. 정조 1(1777)년 1

월에 강화 유수로 있을 때 정조의 명에 의해 그가 찬술한 〈명의록〉을 정조 앞에서 읽었다. 6월에 경기도 관찰사에 임명되고 8월에 특별히 발탁되어 병조 판서로 승진해서 예문관 제학을 겸하다가 10월에 이조 판서에 임명되어 동지경연사를 겸했다. 정조 2(1778)년 어버이가 병이 들자 여러 차례 상소하여 이조 판서에서 물러나서 우참찬에 임명되었다. 7월에 특별히 이조 판서에 임명되었으나 9월에 아버지가 늙었다고 상소하여 체직되고 평안도 관찰사에 임명되었다. 정조 3(1779)년 9월에 다시 이조 판서에 임명되었다가 11월에 병조 판서에 임명되었으나 병을 이유로 체직을 청하여 허락 받고 예조 판서에 임명되어 수어사를 겸했다. 정조 4(1780)년 1월에 동지경연사에 임명되고 2월에 한성부 판윤에 임명되었다가 다시 이조 판서에 임명되어 홍국영을 귀양 보낼 것을 청했다. 3월에 규장각 제학과 예문관 제학을 겸했고 5월에 이조 판서에서 파직되었다가 서용되어 수어사에 제수되었다. 5월에 우참찬에 임명되었다가 이조 판서로 전임되었으며 6월에 판의금부사까지 겸했다. 7월에 상소하여 이조 판서에서 체차되는 것을 허락 받고 예조 판서에 임명되었다. 8월에 수어사에서 면직되고 9월에 지중추부사에 임명되었으며 10월에 지경연사를 겸하다가 11월에 공조 판서에 임명되었다. 정조 5(1781)년 1월에 규장각 제학에 유임되고 2월에 선혜청 제조에 임명되었으며 의정부 좌참찬으로 전임되었다. 6월에 판의금부사에 임명되고 좌참찬에 임명되었으며 9월에 홍문관 제학·예문관 제학에 임명되고 12월에 이조 판서에 임명되었다. 정조 6(1782)년 2월에 이조 판서에서 체직하는 것을 허락 받았으나 곧 예조 판서에 임명되었다. 3월에는 직접 편찬한 〈역대명신주의요략〉 8권을 올리고 4월에 〈주의(奏議)〉를 계속 편찬하라는 명을 받았다. 5월에 대제학에서 파직되었으나 6월에 특별히 서용하여 대제학의 직에 유임되었고 판의금부사에 임명되었으나 요청하여 대제학에서 체차되는 것을 허락 받았다. 10월에 한성부 판윤에 임명되고 10월에 판의금부사에 임명되었으며 같은 달에 대사헌에 임명되었다가 호조 판서로 전임발령을 받았으나 명을 따르지 않아 호조 판서에서 면직되었다. 11월에 〈국조보감〉이 완성되었는데 대제학으로 발문을 붙였다. 정조 7(1783)년 1월에 이조 판서에 임명되었다가 3월에 사직하는 것을 허락 받고 좌참찬에 임명되었다. 5월에 병조 판서에 임명되었다가 상소하여 사직하는 것을 하락 받고 7월에 좌참찬에 임명되고 8월에 이조 판서에 임명되었다. 10월에 규장각 제학으로 차자를 올려 〈국조명신주의〉를 진헌했다. 정조 8(1784)년 1월에 양주 목사로 좌천되었다가 7월에 우빈객에 임명되고 9월에 옥책문 제술관에 임명되었다. 같은 달에 이조 판서에 임명되어 진폐찬착관을 겸하다가 12월에 공조 판서로 전임되었으나 12월에 삭탈되어 내쫓기는 처벌을 받았다. 정조 9(1785)년 2월에 판의금부사에 임명되고 3월에 지경연사를 겸했다. 정조 10(1786)년 1월에 규장각 제학을 역임하고 2월에 세자우빈객에 임명되었으며 6월에 판돈녕부사를 역임했다. 같은 달에 우참찬에 임명되고 12월에 판의금부사에 임명되고 대제학에 임명되었으며 공조 판서에 임명되었다. 정조 11(1787)년 1월에 죽책문 제술관으로 활동한 공으로 가자되었고 2월에 교명문 제술관을 역임하고 〈수정기원기략〉이 완성되었는데 발문을 짓고 그 공으로 가자되었다. 4월에 수어사에 임명되고 6월에 판의금부사에 임명되었으며 8월에 대제학에서 사직하는 것을 허락 받고 9월에 홍문관 제학에 임명되었다. 정조 12(1788)년 1월에 형조 판서에 임명되고 3월에 표충사지(表忠祠志)가 완수되자 정조의 명에 의해 서문을 지었다. 8월에 예문관 제학에 임명되고 12월에 판의금부사에 임명되었으며 정조 13(1789)년 윤5월에 한성부 판윤에 임명되고 7월에 이조 판서에 임명되었으며 9월에 양관 대제학에 임명되었다. 9월에 우의정으로 승진하고 11월에 겸대하여 수어사직을 사임하여 허락 받았다. 정조 14(1790)년 1월에 우의정에서 해임되고 삭출되었으나 2월에 특별히 서용되어 판중추부사에 임명되고 3월에 우의정에 임명되었다. 그러나 취임하지 않아 판중추부사로 체배되었다. 정조 16(1792)년 영남 유생 이우(李㙖)를 소두로 사도세자의 신원을 요청하는 만인소가 올라오자 옛날 정조와 대담했던 "순·주공과 같은 대공지정(大公至正)의 도리로서 부모를 섬김이 효"라는 소를 올려 이 논의를 가라앉혔다.(〈한국민족문화대백과사전〉) 정조 17(1793)년 5월에 좌의정에 임명되었으나 6월에 영의정 채제공과 서로 책하다가 함께 파직되고 함께 판중추부사에 임명되었다. 정조 18(1794)년 2월에 사도세자에 대한 토역을 다시 주장하는 남인의 채제공과 양립할 수 없다는 의지를 굽히지 않았다. 이는 의리를 조제하는 정조의 탕평에 대한 배신으로 지목되었고,(〈한국민족문화대백과사전〉 이로 인해 판중추부사의 관작이 삭탈되고 2월에 평해군에 유배되었다가 극변으로 안치되고 다시 절도에 안치하라는 명으로 남해현에 유배되고 3월에는 위리안치의 형에 처해졌다. 6월에 특별히 석방되어 고향으로 보냈다가 12월에 판중추부사에 임명되었으나 치사하여 허락 받고 봉조하에 임명되었다. 정조 20(1796)년 4월부터 관동 지방을 요람하자 정조가 말과 양식을 내리고 지방관은 안부를 물어 상문케 했다. 6월에 관동 여행을 마치고 돌아왔으며 정조 23(1799)년에 봉조하로 죽었다. 죽은 뒤인 순조 때에 "척신 김구주(金龜柱) 및 심환지(沈煥之)들과 당파를 이루어 정조를 기만하고 뒤에서 그 치적을 파괴해 자신의 이익을 추구했다 하여 관작이 추탈되었다가 곧 회복되고, 순조 2(1802)년 정조의 묘정에 배향되었다.(〈한국민족문화대백과사전〉)

〈정조실록〉 정조 23(1799)년 1월 7일 첫 번째 기사에 '봉조하 김종수의 졸기'가 있다. 졸기에 "우의정 김구(金構)의 증손이다. 젊어서부터 인품이 뛰어나고 문학이 우수하였다. 영조 무자년 문과에 급제한 이후 간혹 실의를 겪었다. 그러나 일찍이 상이 동궁에 있을 때 궁관(宮官)으로서 한마디 말로 서로 뜻이 통하였기 때문에 상이 즉위함에 미쳐 그에 대한 권우(眷遇)가 백관보다 월등히 뛰어나서, 상이 그를 명의로 허여하고 복심으로 의탁하였다. 그리하여 내각·문원·전임·융원의 직을 두루 역임하고, 기유년에 이르러서는 한 몸에 오영(五營)의 부절을 찼다가, 얼마 안 되어 재상이 되었으니, 그 조우(遭遇)의 융성함이 제신 중에 비할 자가 없었다. 매양 경연에서 아뢸 때나 상소문에서 이따금 다른 사람은 감히 말하지 못할 일을 말하였다. 그래서 행동은 매양 급하게 한 때가 많았고 언론은 혹 한쪽으로 치우치는 점도 있었으나, 대체로 또한 명예를 좋아하고 의리를 사모하는 선비였다. 갑인년에 상소를 올린 뒤로 온 조정이 그를 성토하였으나, 상은 그가 다른 마음이 없었다는 것을 잘 알고서 잠깐 유배시켰다가 이내 용서하였다. 을묘년에 치사하였는데, 그 후로도 은례(恩禮)가 변함없어 상의 친서와 좋은 약제가 늘 길에 연달았다. 어버이를 효도로 섬겼고, 관직 생활은 매우 청렴하여 그가 살았던 시골집은 비바람도 가리지 못하였다. 이때에 이르러 죽었는데, 뒤에 정조의 묘정에 배향되었다."고 평했다.

저술 및 학문

어려서부터 경술로써 일세를 풍미했다고 전해진다. 〈문신강제절목(文臣講製節目)〉을 지어 올렸으며 저서로 〈몽오집〉이 있다. 〈국조보감〉의 발문을 짓고 〈수정가원기략〉의 발문을 지었으며 〈명의록〉을 찬술했다.

⬛ 참고 문헌

〈다음백과사전〉, 〈한국민족문화대백과사전〉, 〈영조실록〉, 〈정조실록〉, 〈청풍김씨세계도〉, 〈청풍세보〉

오재순 (吳載純)	본관은 해주이고 자는 문경(文卿)이며 호는 순암(醇庵)·우불급재(遇不及齋)[53]이고 시호는 문정(文靖)이다. 영조 3(1727)년에 태어나서 정조 16(1792)년에 죽었다.

임명일

— 정조 8(1784)년 7월 2일 : 오재순(吳載純)을 홍문관 대제학 예문관 대제학으로 임명하였다.
— 정조 10(1786)년 2월 5일 : 오재순을 홍문관 대제학·예문관 대제학으로 삼았다.
— 정조 13(1789)년 3월 15일 : 오재순을 홍문관 대제학·예문관 대제학으로 삼았다.
— 정조 13(1789)년 윤 5월 11일 : 대제학 오재순이 탄핵을 받아 상소하여 체직을 청하니 허락하다.
— 정조 16(1792)년 3월 26일 : 전 대제학 오재순을 그대로 유임시켰으니 장차 도당록을 거행하기 위해서였다.
— 정조 16(1792)년 3월 28일 : 도당록 작성 지체의 책임을 물어 대제학 오재순에게 서용하지 않는 벌을 내리다.

가문

아버지는 공조 참판·대제학 원(瑗)이고 친할아버지는 진주(晉周)인데 헌종의 딸인 명안공주(明安公主)와 결혼한 오위도총부 도총관 태주(泰周)의 양자가 되었다. 증조부는 형조 판서 겸 오위도총부 도총관 두인(斗寅)이고 고조부는 경상도 관찰사 숙(䎘)이다 외할아버지는 전주인 정랑 최석(崔寔)이고 장인은 연안인 영의정 이천보(李天輔)이다.

아들은 1남이 승지·이조 참의 희상(熙常)인데 예조 판서 재소(載紹)에게 입양되었고 2남은 예조 참판·도승지 연상(淵常)이다.

아버지 원에 이어 대제학을 역임함으로써 부자 대제학의 가문을 이루었다.

---

53) 정조가 겸손하고 과묵함을 가상히 여겨 내린 호.

◪ 생애

음보로 세자익위사 세마를 지내다가 영조 31(1756)년 2월에 할머니가 현종과 명성왕후 청풍김씨 사이에서 태어난 명안공주(明安公主)라는 이유로 특명을 받고 6품직으로 승서해서 도사에 올랐으나 사직하고 학문에 전념했다. 영조 47(1771)년 전시에 직부하라는 명을 받고 영조 48(1772)년 정시문과에서 병과로 급제하고 11월에 승지에 임명되어 영조 52(1776)년까지 무려 10번에 걸쳐 승지를 역임했다.

정조 즉위(1776)년 6월에 홍문관 부제학에 임명되고 8월에 찬집청 당상에 임명되었다. 10월에 다시 부제학에 임명되고 11월에 홍문록에 뽑혔으며 12월에 사헌부 대사헌에 임명되었다. 정조 2(1778)년 1월에 다시 부제학이 되고 4월에 대사헌이 되었으며 6월에 부제학이 되고 10월에 대사성에 임명되었다가 12월에 다시 대사헌에 임명되었다. 정조 5(1781)년 11월에 부제학에 임명되고 정조 6(1782)년 1월에 대사성을 거쳐 대사헌에 임명되었다가 7월에 대사간이 되고 11월에 대사헌이 되었으며 12월에 대사간에 임명되었다. 정조 7(1783)년 3월에 대사헌에 임명되고 4월에 성절 및 심양 문안사 이복원의 부사에 임명되고 5월에 부제학에 임명되었고 심양을 다녀와서 11월에 대사헌에 임명되었다. 정조 8(1784)년 3월에 동지경연사에 임명되고 부제학으로 전임되었으며 5월에 규장각 직제학에 임명되고 6월에 부제학을 거쳐 공조 판서로 승진했다. 7월에 회권하여 홍문관 대제학·예문관 대제학에 임명되고 같은 날 규장각 제학도 겸했다. 8월에는 왕세자 책봉 죽책문을 짓고 대사헌에 임명되었다. 정조 9(1785)년 7월에 종중추고를 당하고 정조 10(1786)년 1월에 동지경연사에 임명되고 2월에 양관 대제학에 임명되었으며 대사헌에 임명되었다가 체직되었다. 정조 11(1787)년 11월에 별운검으로 있으면서 늦었기 때문에 파직되었다가 3월에 홍문관 제학에 임명되고 7월에 이조 판서에 임명되었다. 8월에는 검교직각으로 규장각에서 〈어제춘저록〉 4권 등 60권을 편찬하여 의례를 갖춰 바친 일로 가자되었다. 9월에는 충청도 관찰사를 의망하지 않은 일로 파면되었고 10월에는 형조 판서, 좌참찬을 역임하고 12월에 예조 판서에 임명되었다가 다음날 이조 판서로 전임되었다. 정조 12(1788)년 1월에 비변사 제조를 겸하고 4월에는 예문관 제학을 겸했다. 6월에 우참찬에 임명되었다가 이조 판서에 임명되었으나 인의하고 명을 따르지 않아서 의금부에서 조사받고 파직되었다가 9월에 예문관 제학에 임명되고 12월에 다시 이조 판서에 임명되었다. 정조 13(1789)년 1월에 홍문관 제학에 임명되고 2일 뒤에 우참찬에 임명되었으며 10일 뒤에 홍문관 제학에 임명되고 5일 뒤에 예조 판서에 임명되었으나 당일로 체직되었다. 3월에 예조 판서에 임명되고 양관 대제학에 임명되었으나 윤5월에 탄핵을 받고 상소하여 대제학에서 체직되는 것을 허락 받았다. 6월에 이조 판서에 임명되었으나 병조 판서 이문원(李文源)과 처남남매가 되기 때문에 면직을 요청하여 허락 받았다. 8월에 예문관 제학에 임명되고 10월에 대사헌에 임명되었으며 11월에 이조 판서에 임명되었으나 체직되고 12월에 예조 판서에 임명되었다. 정조 14(1790)년 1월에 형조 판서에 임명되고 2월에 예조 판서에 임명되어 예문관 제학과 규장각 제학을 겸하고 4월에 이조 판서에 임명되어 6월에 산실청 제조로 활동한 공으로 가자되었다. 7월에 이조 판서에서 체직되고 안태사에 임명되고 판의금부사에 임명되었으며 9월에 예조 판서에 임명되고 판의금부사를 겸했다. 10월에 한성부 판윤에 임명되고 11월에 이조 판서에 임명되고 규장각 제학에 임명되었다. 정조 15(1791)년 1월에 늙고 병들었다는 이유로 이조 판서에서 체직하는 것을 요청하여 허락받고 예조 판서에 임명되었다. 4월에 홍문관 제학에 임명되었다. 6월에 동지정사에 임명되어 청나라에 다녀왔고 7월에 예조 판서에 임명되었다가 같은 날 병조 판서로 바꾸어 임명되었다. 이어 판의 금부사와 홍문관 제학·예문관 제학을 겸하다가 11월에 이조 판서로 전임되어 수어사를 겸했으나 12월에 파직되어 문초를 받았다. 정조 16(1792)년 1월에 공조 판서에 임명되어 수어사를 겸했다. 그러나 2월에 김우진을 귀양 보내라는 명을 환수하라고 청한 일로 판의금부사에서 체직되었다가 2월에 예조 판서에 임명되었으나 수어사로 진영에 머물러 있었기 때문에 또 체직되었다. 3월에 대제학에서 연임되었으나 도당록 작성을 지체한 일로 파직되었다. 윤4월에 수어사에 임명되고 6월에 예조 판서에 임명되었으나 보사제를 설행하기를 청해서 파직되었다. 7월에 수어사에 임명되고 9월에 한 등급 가자되었으며 10월에 판중추부사에 임명되었다가 파직되었다. 12월에 이조 판서에 임명되었으나 2일 뒤에 죽었다.

〈정조실록〉 정조 16(1792)년 12월 30일 두 번째 기사에 '원임 이조 판서 오재순의 졸기'가 있다. 졸기에 "고 대제학 오원(吳瑗)의 아들이다. 풍채가 청수하고 차분하고 말수가 적었으며 벼슬길에 나가는 것을 좋이 여기지 않았다. 영종 임진년에 급제하고 상이 등극하자 내각에 들어와 이조·병조 판서를 지내고 대제학을 역임했는데, 상이 그의 겸손하고 과묵함을 가상히 여겨 우불급재(愚不及齋)라는 호을 내리기도 하였다. 어려서부터 경전에 마음을 기울였고 행실이 지극히 독실하였다. 시문을 빨리 짓지는 못하였으나 문장이 간결하고 옛 정취가 있었다. 이때 와서 앓은 일도 없이 죽자 세상에서는 신선이 되어 갔다고들 하였다."고 평했다.

↘ 저술 및 학문

제자백가에 두루 통하였고 〈주역〉에 통달했다. 저서로 〈주역회지(周易

會旨)〉·〈완역수언성학도(玩易隨言聖學圖)〉·〈순암집(醇庵集)〉 등이 있다.
검교직각으로 〈어제춘저록〉 4권을 편차했다.

◪ 참고 문헌

〈다음백과사전〉, 〈한국민족문화대백과사전〉, 〈영조실록〉, 〈정조실록〉,
〈해주오씨대동보〉

<table>
<tr><td>홍양호
(洪良浩)</td><td>본관은 풍산이고 처음 이름은 양한(良漢)이었으나 양호로 바꾸었다. 자는 한사(漢師)이고 호는 이계(耳溪)이며 시호는 문헌(文獻)이다. 경종 4(1724)년에 태어나서 순조 2(1802)년에 죽었다.</td></tr>
</table>

⬐ 임명일

- 정조 17(1793)년 12월 18일 : 홍양호(洪良浩)를 홍문관 대제학 예문관 대제학으로 삼았다.
- 정조 18(1794)년 8월 21일 : 대제학 홍양호와 전 제학 이병정을 파직하였다.
- 정조 18(1794)년 11월 26일 : 대제학 홍양호가 지금 바야흐로 국경을 나가게 되었는데,
- 정조 22(1798)년 8월 28일 : 홍양호를 홍문관 대제학으로 삼았다.
- 정조 24(1800)년 1월 1일 : 홍양호를 홍문관 대제학과 예문관 대제학으로,
- 순조 즉위(1800)년 11월 26일 : 홍양호를 홍문관 대제학과 예문관 대제학으로,
- 순조 즉위(1800)년 11월 26일 : 대제학 홍양호가 다시 상소하여 인의하면서 체직시켜 줄 것을 청하니, 허락하였다.

⬐ 가문

아버지는 진보(鎭輔)이고 할아버지는 단양 군수 중성(重聖)이며 증조부는 장악원 판결사 만회(萬恢)인데 만회는 영의정 이광좌의 장인이다. 고조부는 정명공주(貞明公主)의 남편인 영안위(永安尉) 주원(柱元)이다. 외할아버지는 초배는 청송인 영의정 심수현(沈壽賢)이고 계배는 파평인 윤두천(尹斗天)이며 장인은 동래인 군수 정석구(鄭錫耉)이다.

아들은 이조 참판 낙원(樂源)이고 낙원의 아들이 이조·병조 판서 경모(敬謨)이다. 2남은 부사과 희민(羲民)인데 경주인 판서 김효대(金孝大)의 사위이다. 아우는 예조 판서 명호(明浩)이다.

영조 28(1752)년 정시문과에 급제했다. 이어 지평과 수찬과 교리를 역임하고 영조 50(1774)년 등준시에 급제했다.

정조 1(1777)년 홍국영의 세도정치가 심할 때인 10월에 경흥 부사에 임명되었다. 홍국영이 실각되자 정조 5(1781)년 7월에 한성부 우윤에 임명되고 〈보감〉의 찬집 당상에 차임되어 중종조의 〈보감〉을 찬집하고 12월에 대사간에 임명되었다. 정조 6(1782)년 10월에 대사헌에 임명되고 동지정사 정존겸의 부사에 임명되었다. 11월에 〈보감〉이 완성되자 중종 조의 〈보감〉을 편찬한 공으로 가자되어 가선대부에 올랐다. 정조 7(1783)년 3월에 청나라에서 돌아왔고 7월에 대사헌에 임명되었다. 정조 8(1784)년 9월에 대거승지(對擧承旨)를 역임하고 공조 판서에 임명되었다가 11월에 다시 대사헌에 임명되었다. 정조 9(1785)년 3월에 관상감 제조로 정헌대부로 가자되었고 7월에 형조 판서에 임명되었으나 8월에 삭출되었다. 10월에 대사헌에 임명되고 11월에 〈갱장록〉의 편집 당상에 임명되었으며 12월에 대사헌에 임명되었다. 정조 10(1786)년 1월 부사직으로 북변 방비에 대해 아뢰고 2월에 다시 대사헌에 임명되었으며 7월에 형조 판서에 임명되었다가 8월에 대사헌에 임명되고 11월에 예조 판서에 임명되었다. 정조 11(1787)년 1월에 대사헌에 임명되고 8월에 예조 판서에 임명되어 동지경연사를 겸했다. 정조 13(1789)년 11월에 한성부 판윤에 임명되고 11월에 이조 판서에 임명되었다. 정조 14(1790)년 2월에 홍문관 제학에 임명되었으나 4월에 굳이 그 자리에 두기 곤란한 형편이라는 이유로 체직을 원하여 체직되었다가 6월에 예문관 제학과 홍문관 제학에 임명되고 형조 판서에 임명되었다. 7월에 이조 판서에 임명되었으나 피혐하여 사직소를 올려 체직을 허락 받았으나 얼마 뒤에 다시 이조 판서에 임명되었다. 8월에 예문관 제학에 임명되고 11월에 지경연사에 임명되었으며 12월에 예문관 제학에 임명되었다. 정조 15(1791)년 1월에 이조 판서에 임명되었다가 4월에 평안도 관찰사에 임명되었다. 정조 16(1792)년 1월에 무열사를 수리하면서 유생들에게 돈을 걷은 일로 추고를 당하고 11월에 봉록 10등치를 감하는 처벌을 받았다가 바로 파직되었다. 정조 17(1793)년 1월에 판의금부사에 임명되고 예문관 제학에 임명되었으나 평안도의 재물을 조사한 결과 장부에는 수만 석의 곡식이 남은 것으로 되어 있으나 현재 남아 있는 것이 수천 석이었기 때문에 평안도 관찰사 때의 책임을 물어 파직되었다. 3월에 예문관 제학에 임명되고 8월에 예조 판서에 임명되었으며 9월에 판의금부사에 임명되고 12월에 예문관 제학에 임명되었다. 12월에 문형을 회권하여 심환지와 함께 8점을 받았으나 양호가 양관 대제학에 임명되었고 동지경연사도 겸했다. 정조 18(1794)년 2월에 판의금부사에 임명되고 4월에 예조 판서에 임명되었으나 곧 체직되었다. 7월에 동지 겸 사은정사에 임명되고 8월에는 예조 판서에 임명되고 지성균관사를 겸했으나 문묘를 제대로 돌보지 않은 일로 추고를 당하고 대제학에서 파직되었다. 10월에 판의금부사에 임명되고 10월에 다시 동지정사에 임명되어 청나라에 다녀왔다. 정조 19(1795)년 윤2월에 판한성부사에 임명되었으나 판의금부사에서 삭직되고 3월에 문외로 출송되는 형벌을 받았다. 정조 21(1797)년 4월에 판의금부사에 임명되고 7월에 상호군을 역임했으나 10월에 능관 10개 자리를 문직으로 더 만든 뒤에 음관으로 차의한 일로 추고를 받았다. 정조 22(1798)년 7월에 예문관 제학에 임명되고 8월에 홍문관 대제학에 임명되었다. 정조 23(1799)년 4월에 공조 판서에 임명되고 5월에 이조 판서에 임명되었으나 6월에 파직되고 7월에 좌참찬에 임명되었다. 8월에는 대제학으로 신덕왕후의 비석 음기를 썼고 수궁대장에 임명되었다. 10월에 신덕왕후의 비명을 서사한 일로 보국으로 가자되고 12월에는 지중추부사로 상차하여 〈흥왕조승(興王肇乘)〉 4편을 올렸다. 정조 24(1800)년 1월에 양관 대제학에 임명되고 관례책저도감 제조와 좌빈객에 임명되었다.

순조 즉위(1800)년 7월에 대제학으로 순조의 등극 반교문을 짓고 수렴청정 반교문을 지었다. 8월에 판의금부사에 임명되고 11월에 대제학에서 체직하는 것을 자청하여 허락 받고 12월에 지실록사에 임명되어 〈정조실록〉 편찬에 참여했으나 순조 2(1802)년 병으로 실록청 당상에서 체직되고 판중추부사로 죽었다.

〈순조실록〉 순조 2(1802)년 1월 15일 두 번째 기사에 '판중추부사 홍양호의 졸기'가 있다. 졸기에 "양호는 영안위(永安尉) 홍주원(洪柱元)의 후손으로서 문장이 아순(雅馴)하고 전칙(典則)이 있었으니 같은 시기의 간각(館閣)의 신하들 가운데 그보다 나은 이가 드물었다. 정묘 때에 조정의 의논이 대국(大國)에 전화(錢貨)를 요청하니 홍양호가 기백(箕伯)으로서 상소하여 간쟁하였다. 뒤에 저들에게 저지를 당하게 되니 세상에서 문인이 소활(疏闊)한데도 높은 식견이 있다고 칭찬하였다."고 평했다.

저술 및 학문

학문과 문장이 뛰어나 〈영조실록〉·〈국조보감〉·〈갱장록〉·〈동문휘고〉 편찬을 주관했다. 저서로 문집인 〈이계집〉과 더불어 〈육서경위(六書經緯)〉·〈군서발배(群書發排)〉·〈격물해(格物解)〉·〈칠정변(七情辨)〉·〈해동명장전(海東名將傳)〉·〈고려대사기(高麗大事記)〉·〈흥왕조승(興王肇乘)〉·〈삭방습유(朔方拾遺)〉·〈북새기략(北塞記略)〉 등의 저술을 남겼다. 청나라에 다녀오면서 수용한 고증학을 보급했다는 평을 받았다.

◪ 참고 문헌

〈다음백과사전〉, 〈영조실록〉, 〈정조실록〉, 〈순조실록〉, 〈풍산홍씨대동보〉

| 서유신
(徐有臣) | 본관은 대구이고 자는 순오(舜五)이며 호는 알 수 없고 시호는
문정(文貞)이다. 영조 11(1735)년에 태어나서 순조 즉위(1800)년
에 죽었다. |

◪ 임명일

— 정조 18(1794)년 12월 2일 : 서유신(徐有臣)을 홍문관 대제학과 예문관 대제학으로 삼았다.

◪ 가문

아버지는 영의정 지수(志修)이고 할아버지는 좌의정 명균(命均)이며 증조부는 영의정·대제학 종태(宗泰)이고 고조부는 병조 참의·지제교 문상(文尙)이다. 6대조가 선조와 인빈 김 씨 사이에 태어난 정신옹주의 남편인 달성위 경주이다. 외할아버지는 전의인 주부 이덕빈(李德彬)이고 장인은 전주인 별제 유성제(柳聖蹄)이다.

아들은 이조 판서·대제학 영보이고 딸은 상산인 현령 김만종(金萬鍾)과 결혼했다. 영보의 아들이 이조 판서·대제학 기순(箕淳)인데 청백리에 녹선되었다.

증조부 종태, 할아버지 명균, 아버지 지수로 이어지는 3대 정승의 가문으로 아들 영보, 손자 기순과 더불어 3대 대제학 가문도 이루었다.

◪ 생애

영조 48(1772)년 정시문과에서 장원으로 급제했다. 11월에 삼대 상신의 아들이라는 이유로 특별히 초모를 하사받았다. 그러나 영조 49(1773)년 4월에 할아버지 종태와 관련되어 문초를 당하였다. 영조 50(1774)년 검상에 임명되고 영조 51(1775)년 1월에 양주 심찰어사로 파견되었고 보덕을 겸하다가 2월에 승지에 발탁되었다.

정조 즉위(1776)년 5월에 충청도 관찰사에 임명되었으나 적곡을 대봉하는 잘못을 답습한 일로 10월에 파직되었고 세도가인 홍국영의 중상(中傷)으로 정조 1(1777)년 7월에 향리로 방축되었다가 정조 8(1784)년 8월에 석방되었다. 정조 13(1789)년 3월에 죄명이 탕척되고 정조 17(1793)년 가자되었다. 정조 18(1794)년 우승지를 역임하고 12월에 김종수의 천거로 양관 대제학에 임명되었다. 정조 19(1795)년 윤2월에 대사간에 임명되고 6월에 대사헌에 임명되어 여러 차례 대사헌을 역임하고 정조 20(1796)년 호군으로 치사를 청하여 허락받고 봉조하가 되었으며 순조 즉위(1800)년 11월에 봉조하로 죽었다.

〈순조실록〉 순조 즉위(1800)년 11월 6일 세 번째 기사에 '봉조하 서유신의 졸기'가 있다. 졸기에 "서유신은 고 상신 서지수(徐志修)의 아들인데 청렴하고 근신하여 고가(故家)의 규도(規度)가 있었다. 정종 조(正宗朝)에 폐지된 가운데 다시 기용하여 문형으로 삼았는데, 그의 조부와 증조부가 대대로 이 직책을 역임했기 때문이었다. 그러나 문장은 그리 드러나지 못하였다."고 평했다.

◪ 저술 및 학문

〈역의의언(易義擬言)〉이 전한다.

◪ 참고 문헌

〈다음백과사전〉, 〈한국민족문화대백과사전〉, 〈영조실록〉, 〈정조실록〉, 〈순조실록〉, 〈대구서씨세보〉

본관은 남원이고 처음 이름은 행임(行任)이었다. 자는 성보(聖甫)이고 호는 석재(碩齋)이며 시호는 문헌(文獻)이다. 영조 38(1762)년에 태어나서 순조 1(1801)년에 죽었다.

임명일

— 순조 1(1801)년 1월 14일 : 윤행임(尹行恁)을 홍문관 대제학 예문관 대제학으로 삼았다.

가문

아버지는 세자익위사 익찬 염(琰)이고 할아버지는 용안군(龍安君) 종주(宗柱)이며 증조부는 돈녕부 도정 홍(泓)이고 고조부는 삼학사 집(集)의 아들인 한성부 판관 이선(以宣)인데 영산 현감 이명(以明)에게 입양되었다. 외할아버지는 초배는 경주인 군수 김치경(金致慶)이고 계배는 한양인 조종철(趙宗哲)인데 조종철이 친외할아버지이다. 장인은 전주인 목사 이명걸(李命杰)인데 이명걸은 흥해군(興海君)의 아들이며 함평군(咸平君) 이홍(李泓)의 손자이다.

아들은 이조·예조·형조·병조 판서와 판돈녕부사를 역임한 정현(定鉉)이고 딸은 각각 연안인 이의(李偯), 안동인 부사 김용순(金用淳), 광평대군 이여(李璵)의 후손인 전주인 이용연(李用淵)과 결혼했다. 형은 충주 목사 행엄(行儼)이고 누이들은 각각 여양부원군 민유중(閔維重)의 후손인 여흥인 시직 민백권(閔百權), 연안인 김재구(金載龜), 전주인 진사 이행구(李行九)와 결혼했다.

생애

정조 6(1782)년 별시문과에 급제했다. 주서로 등용되어 정조 7(1783)년

1월에 한림에 뽑히고 4월에 예문관 검열에 임명되었으며 같은 달에 초계문신에 뽑히고 6월에 규장각 대교에 임명되었다. 이어서 정조 8(1784)년과 정조 10(1786)년 연속하여 규장각 대교로 재임되고 정조 11(1787)년 6월에 검열에 임명되어 의망에 대한 불만을 상소했다. 정조 12(1788)년 벽파로부터 민치화(閔致和)와 함께 유언비어를 퍼뜨리고 백성의 재산을 약탈했다는 탄핵을 받고 성환으로 유배되었다가 같은 달에 방면되었다. 그 뒤에 익산 현감으로 나갔다가 정조 13(1789)년 1월에 직산 현감으로 전임되었다. 3월에 홍문록에 뽑히고 이어서 도당록에 뽑혔다. 10월에 규장각 직각에 임명되었다가 바로 과천 현감에 임명되었으며 얼마 뒤에 승지로 발탁되었으나 정조 14(1790)년 승지에서 삭직되었다. 6월에 광주 부윤에 임명되었으나 남한산성은 선조인 윤집(尹集)이 청나라로 잡혀간 곳이라 하여 사직을 청하여 승지로 교체되었다. 정조 15(1791)년 6월에 원임직각을 역임하고 정조 16(1792)년 9월에 사간원 대사간에 임명되었으나 그날로 체차되고 10월에 이조 참의에 임명되었다. 같은 달에 이조 참의에서 체직되었으나 그날로 다시 유임되었고 11월에 대사간에 임명되었다. 같은 달에 이조 참의, 형조 참의에 임명되고 이조 참의에 전임되었으나 같은 달에 파직되고 12월에 다시 이조 참의에 임명되었다. 정조 17(1793)년 2월에 비변사 부제조에 임명되었다가 6월에 이조 참의에 임명되었으나 정조 18(1794)년 4월에 합문을 밀치고 들어온 일로 벽파의 공격을 받고 제학 정민시(鄭民始)와 함께 고향으로 유배되었다가 9월에 비변사 유사당상에 임명되고 서유방, 이시수와 함께 12월에 정리사에 임명되었다. 이때 이름을 행임(行任)에서 행임(行恁)으로 고쳤다. 그 뒤에 의궤청 당상에 임명되었으나 정조 19(1795)년 3월에 각 영에서 승전의 거행을 소홀히 한 책임을 지고 의궤청 당상에서 파직되었다. 8월에 이조 참의에 임명되고 정조 20(1796)년 정례 당상을 역임하고 정조 21(1797)년 2월에 이조 참의에 임명되었으나 2일 뒤에 황단의 재향 헌관을 의빈으로 차출하였기 때문에 파직되었다. 정조 24(1800)년 6월에 정조의 병세가 급박할 때 대비로부터 도승지에 임명되었다.

순조 즉위(1800)년 7월에 수렴청정하던 대왕대비로부터 도승지에 임명되고 제술관을 겸하며 정조의 시장을 썼다. 선혜청 제조를 겸하고 관상감 제조도 겸했다. 8월에 이조 참판에 임명되고 10월에 이조 참판으로 건릉의 지문을 짓고 11월에 지문을 지은 공으로 가자되고 홍문관 부제학에 임명되고 홍문관 제학에 임명되었다. 12월에 동지실록사에 임명되고 이어서 직제학에 임명되었으며 이조 판서로 승진했다. 순조 1(1801)년 1월에 도당록을 실시하여 양관 대제학에 임명되고 4월에 예조 판서로 전임되었다가 5월에 전라도 관찰사에 임명되었다. 그러나 부임하기도 전에 정순왕후가 시파를 제거하기 위해 신해사화(신유박해, 신유사옥)를 일으켜 강진현 신지도에 유배되었다가 곧 풀려났으나 척신 김조순의 사주를 받은 옥당으로부터 서학을 신봉한다는 이유로 다시 신지도에 유배되었다가 참형을 당했다. 순조 9(1809)년 9월에 부인이 윤행임의 무죄를 상언했다.

헌종 1(1835)년 1월에 대왕대비가 관작을 회복시키고 고종 1(1864)년 5월에 영의정으로 추증되고 문헌(文獻)이란 시호를 받았다.

졸기는 없고 〈순조실록〉 순조 1(1801)년 9월 10일 두 번째 기사에 '윤행임 임시발(任時發) 윤가기(尹可基)의 죄에 관한 하교'가 있다. 이 하교에 평가가 있는데 이를 옮기면 다음과 같다.

윤행임은 남원 사람으로, 충정공(忠貞公) 윤집의 후손이다. 명가의 자손으로 젊은 나이에 벼슬길에 올랐는데, 용모가 아름답고 문장이 교묘하였으며 눈치가 빠르고 민첩한 행동에 재변(才辯)이 있었으므로, 정묘(正

廟)의 특별한 돌봄을 가장 많이 입어서 측근에 출입한 지가 거의 20년이 되었다. 선왕의 병세가 위독하여질 처음에 미쳐 정순대비(貞純大妃)가 도 승지에 발탁하였었는데, 때는 대단히 불안해하는 시기여서 여러 화살이 한데 모였으나, 태연하게 본디 있을 일이라 여기는 듯하였다. 바로 총재 (冢宰)에 오르고 문형을 맡는 등 갑자기 현요(顯要)의 자리를 점거하고는 마음대로 국권을 뒤흔들면서, 말했다 하면 반드시 선왕의 유지라고 일컬 어 숨바꼭질하는 것 같은 술책으로 온 세상을 억누르고자 하였고 제 기량 (器量)이 가볍고 얕은 것을 참량하지 못하였으니, 이것이 실패한 까닭이 다. 그리하여 '한나라 문제가 은덕이 적고 초나라 옥사가 범람함이 많다.' 는 말로써 그의 죄를 이루었는데, 임시발의 흉언 때문에 사사하기에까지 이르렀으니, 참으로 원통하게 되었다. 금상 즉위 초에 복관(復官)을 명하 였다. 고 평했다.

◪ 저술 및 학문

저서로 〈방시한집(方是閑集)〉·〈동삼고(東三攷)〉가 있고 편서로 〈이충무 공전서〉·〈임충민공실기(林忠愍公實記)〉·〈어사고풍첩(御射古風帖)〉 등이 있다.

◪ 참고 문헌

〈다음백과사전〉, 〈한국민족문화대백과사전〉, 〈정조실록〉, 〈순조실록〉, 〈헌종실록〉, 〈남원윤씨족보〉

이만수 (李晩秀)	본관은 연안이고 자는 성중(成仲)이며 호는 극옹(屐翁)·극원(屐園)이고 시호는 문헌(文獻)이다. 영조 28(1752)년에 태어나서 순조 20(1820)년에 죽었다.

임명일

- 순조 1(1801)년 5월 23일 : 이만수(李晩秀)를 홍문관 대제학·예문관 대제학으로.
- 순조 2(1802)년 5월 17일 : 이만수가 체직을 요구하여 허락하다.
- 순조 3(1803)년 12월 8일 : 이만수를 홍문관 대제학 겸 예문관 대제학으로.
- 순조 4(1804)년 4월 25일 : 대제학 이만수가 상소하여 형제가 수규(首揆)와 문형으로 있으니 갈아주도록 청하니 허락하였다.
- 순조 4(1804)년 10월 4일 : 이만수를 홍문관 대제학·예문관 대제학으로 삼았다.
- 순조 9(1809)년 2월 2일 : 호조 판서 전 대제학 이만수

가문

아버지는 좌의정·대제학 복원(福源)이고 할아버지는 호조 판서 철보(喆輔)이며 증조부는 호조 참판 정신(正臣)이고 고조부는 옥천 군수 봉조(鳳朝)다. 6대조는 이조 판서·대제학 명한(明漢)이고 7대조는 좌의정·대제학 정구(廷龜)이다. 외할아버지는 초배는 파평인 홍주 목사 윤동원(尹東源)이고 계배는 순흥인 형조 좌랑 안수곤(安壽坤)인데 안수곤이 친외할아버지이다. 장인은 대구인 영의정 서명선(徐命善)이다.

1남은 광우(光愚)인데 형 영의정 시수(時秀)에 입양되었고 2남은 원우(元愚)이며 딸은 고령인 박환규(朴桓圭)와 결혼했다. 형은 영의정 시수(時秀)이고 아우는 주부 욱수(旭秀), 주부 기수(耆秀)이고 누이들은 각각 경주인 부사 김사의(金思義), 강릉인 김완진(金完鎭)과 결혼했는데 김완진은 영의정 김상철(金尙喆)의 아들이다.

아버지 복원에 이어 대제학이 됨에 따라 부자 대제학이 되었다.

생애

정조 7(1783)년 사마 진사시에 합격하고 정조 8(1784)년 음직으로 우직 (右職)에 제수되고 이어서 부사과를 지냈다. 정조 12(1788)년 1월에 책(策) 에서 1등하여 전시에 곧바로 응시할 자격을 얻었으며 정조 13(1789)년 식 년문과에서 병과로 급제했다. 이미 6품의 직에 있었으므로 기주(記注)의 일을 익히게 하기 위해 춘추에 임명되었고 3월에 직각에 임명되고 천원 도감 도청에 임명되어 활동한 공으로 10월에 가자되었다. 정조 14(1790) 년 승지에 임명되었으나 정조 15(1791)년 12월에 영의정을 지낸 김상철의 장례 물품을 대송하게 한 명을 철회하기를 청한 일로 파직되었다가 정조 16(1792)년 1월에 대사간에 임명되었다. 정조 18(1794)년 4월에 상례를 마치고 10월 대사성에 임명되었으나 그날로 체차되었다. 정조 19(1795)년 1월에 승지에 임명되고 3월에 대사간에 임명되었다가 대사성으로 전임되 었으며 7월에 규장각 직제학에 임명되고 11월에 승문원의 공사당상(제조) 에 임명되었다. 정조 20(1796)년 4월에 대사성에 임명되었으나 2일 뒤에 체직되고 6월에 승지에 임명되었으며 10월에 대사성에 임명되었으나 11 월에 체직되었다. 12월에 다시 성균관 대사성에 임명되어 정조의 명으로 이병모와 함께 〈소학주해〉의 의례를 교정했다. 정조 21(1797)년 2월에 대 사간에 임명되었다가 10월에 대사성으로 전임되었다. 정조 23(1799)년 4 월에 대사성으로 우유선을 겸했고 10월에는 삭직되어 공초를 받았다. 정 조 24(1800)년 1월에 우부빈객에 임명되고 예조 판서에 임명되어 원행정 리사(園幸整理使)를 겸했고 2월에는 관상감 제조도 겸했다. 5월에 이조 판 서로 전임되었다가 면직되고 6월에 공조 판서에 임명되었으나 명을 여러 번 어겨서 통어사에 임명되었다가 예조 판서에 임명되었다.

순조 즉위(1800)년 7월에 예조 판서에 임명되어 빈전도감의 제조와 예문관 제학, 관반을 겸하다가 11월에 수원부 유수에 임명되었고 12월에 규장각 제학을 겸했다. 순조 1(1801)년 4월에 건릉의 정자각을 수개한 공으로 정헌대부로 가자되었으며 같은 달에 정조의 초상화를 모셔놓은 화령전(華寧殿)을 지을 때 영건 제조로 활동한 공으로 숭정대부에 가자되었다. 5월에 양관 대제학에 임명되고 판의금부사에 임명되었으며 6월에 형조 판서에 임명되었다. 10월에 판의금부사에 임명되고 병조 판서에 임명되었으나 11월에 체직시켜 달라고 상소하여 병조 판서에서 체직되고 상호군에 임명되었다. 순조 2(1802)년 3월에 예조 판서에 임명되고 4월에 판의금부사에 임명되었으나 5월에 대제학에서 체임시켜 달라고 상소하여 허락받고 6월에 부묘도감 제조를 겸하고 8월에는 가례도감 제조까지 겸했으며 10월에는 옥책문 제술관도 겸했다. 같은 달에 도감 당상으로 활동한 공으로 보국숭록대부로 가자되었다. 순조 3(1803)년 2월에 한성부 판윤에 임명되고 윤2월에 예조 판서로 전임되었으며 7월에 사은정사로 청나라에 다녀왔고 12월에 양관 대제학에 임명되고 호조 판서에 임명되었다. 순조 4(1804)년 1월에 판의금부사에 임명되고 2월에 상호도감 제조에 임명되고 2월에 김조순과 함께 검교제학에 임명되었다. 4월에 형 시수와 함께 형제가 도당의 우두머리가 된 것을 이유로 문형의 직에서 사임할 것을 청하여 허락받고 7월에 건릉의 수개도감 제조에 임명되었으며 10월에 양관 대제학에 임명되고 광주 유수에 임명되었다. 순조 5(1805)년 6월에 국장도감의 시책문 제술관을 역임하고 순조 6(1806)년 3월에 이조 판서에 임명되고 4월에 예조 판서에 임명되었으며 6월에 함경도 관찰사에 임명되었다. 순조 8(1808)년 4월에 형조 판서에 임명되고 5월에 판의금부사에 임명되었으며 9월에 호조 판서에 임명되고 10월에 판의금부사에 임명되었다. 순조 9(1809)년 2월에 호조 판서로 선공감 제조를 겸했고 3월에는 약원 제조도 겸하다가 순조 10(1810)년 5월에 평안도 관찰사에 임명되고 11월에 병조 판서 조윤대(曹允大)가 사직한 자리에 임명되었으나 곧 취소하고 평안도 관찰사에 잉임되었다. 이때 홍경래의 난이 일어났는데 치안을 잘못했다는 죄로 순조 12(1812)년 1월에 평안도 관찰사에서 삭직되고 경주부로 귀양 갔다가 5월에 풀려나서 7월에 공조 판서에 임명되고 판의금부사를 겸했다. 11월에 병조 판서에 임명되었으나 명에 응하지 않아 체직되었다. 순조 13(1813)년 공조 판서에 임명되고 2월에 판의금부사를 겸했으며 4월에 좌빈객을 겸했다. 5월에 판돈녕부사에 임명되고 순조 14(1814)년 1월에 우빈객에 임명되었다. 순조 16(1816)년 3월에 행장 제술관에 임명되고 7월에 좌빈객에 임명되었으며 12월에 병조 판서에 임명되었다. 순조 18(1818)년 4월에 심상규와 함께 규장각 제학에 임명되고 순조 19(1819)년 1월에 예조 판서에 임명되었으며 3월에 병조 판서로 전임되었다. 10월에 왕세자의 가례 때에는 판돈녕부사로 서사관을 겸했다. 순조 20(1820)년 6월에 수원 유수에 임명되었으나 7월에 수원 유수로 임지에서 죽었다.

〈순조실록〉 순조 20(1820)년 7월 28일 두 번째 기사에 '수원 유수 이만수의 졸기'가 있다. 졸기에 "이만수는 고 정승 이복원(李福源)의 아들이자, 영중추 이시수(李時秀)의 아우이다. 정조에게 인정을 받아 아홉 번이나 대제학이 되었고 장기간 규장각 직함을 겸하였다. 풍채가 좋고 음토(啻吐)에 능숙하였으며 문장이 풍부하고 아름다웠으므로 당시에 관각의 훌륭한 재목이라고 일컬었는데, 고문대책(高文大冊)이 대부분 그의 손에서 나왔다. 성품이 부드럽고 후하며 후배를 권장하여 진출시키기를 좋아하였다. 그러나 겉만 화려하고 내실이 적었으므로 사람들이 깊이 존중하지는 않았다. 언론과 경제에 있어서는 또한 그의 소장(所長)이 아니었다."고 평했다.

▣ 저술 및 학문

글씨를 잘 써서 '양성기적비(兩聖紀蹟碑)'·'서명선사제비(徐命善賜祭碑)'
를 남겼다.

▣ 참고 문헌

〈다음백과사전〉, 〈한국민족문화대백과사전〉, 〈정조실록〉, 〈순조실록〉,
〈연안이씨소부감판사공파세보〉

김조순 (金祖淳)	본관은 (신)안동이고 처음 이름은 낙순(洛淳)인데 과거에 급제하자 정조가 김상헌의 후손이 등제했다고 기뻐하며 조순(祖淳)으로 바꾸었다. 자는 사원(士源)이고 호는 풍고(楓皐)이며 자호는 초학노인(初學老人)이고 시호는 충문(忠文)이다. 영조 41(1765)년에 태어나서 순조 32(1832)년에 죽었다.

⬛ 임명일

- 순조 2(1802)년 5월 18일 : 김조순(金祖淳)을 홍문관 대제학·예문관 대제학으로,
- 순조 2(1802)년 6월 4일 : 대제학 김조순이 네 차례에 걸쳐 소를 올려 사직하니 … 체직을 허락하였다.
- 순조 2(1802)년 6월 5일 : 김조순을 다시 홍문관 대제학·예문관 대제학으로 삼았다.
- 순조 2(1802)년 6월 14일 : 대제학 김조순이 다시 사직소를 올리니, 특별히 체직을 허락하였다.
- 순조 26(1826)년 4월 10일 : 김조순을 홍문관 대제학·예문관 대제학으로,
- 순조 26(1826)년 4월 13일 : 대제학 김조순이 상소하여 사직하니, 비답을 내려 윤허하였다.
- 순조 32(1832)년 2월 26일 : 문형 회권을 시행하고 김조순을 홍문관 대제학과 예문관 대제학으로 삼다.
- 순조 32(1832)년 2월 28일 : 영돈녕 김조순이 상소하였는데, "삼가 원하건대 반치(대제학에서 해임되는 것)의 은전을 내리시고"…청한 바를 그대로 시행하겠다.

⬛ 가문

아버지는 서흥 부사 이중(履中)이고 할아버지는 달행(達行)이며 증조부는 우부승지 제겸(濟謙)이고 고조부는 영의정 창집(昌集)이며 5대조는 영의정·대제학 수항(壽恒)이다. 7대조는 척화파로 생삼학사로 불리는 좌의정 상헌이다. 외할아버지는 초배는 평산인 목사 신사적(申思迪)이고 계배는 함평인 진사 이형옥(李衡玉)인데 신사적이 친외할아버지이다. 장인은

청송인 심건지(沈健之)인데 예조 판서 심풍지(沈豊之)의 형이다.

3남 5녀를 두었는데 1남은 돈녕부 판사 유근(逌根)이고 2남은 이조 참판 원근(元根)이며 3남은 영의정·돈녕부 영사 좌근(左根)이다. 1녀는 순조의 비인 순원왕후(純元王后)이고 2녀는 의령인 판관 남구순(南久淳)과 결혼했으며 3녀는 한산인 이조 판서 이겸재(李謙在)와 결혼했고 4녀는 연안인 영의정 이천보의 증손인 영변 부사 이긍우(李肯遇)와 결혼했고 5녀는 좌의정 이헌구(李憲球)의 아들인 전주인 군수 이병익(李炳益)과 결혼했다.

생애

정조 9(1765)년 정시문과에서 병과로 급제했다. 급제하자 정조가 문정공 김상헌의 후손이 급제했다고 반가워하며 낙순(洛淳)이었던 이름을 주순(祖淳)으로 바꾸고 풍고(楓皐)라는 호를 내리었다. 정조 10(1786)년 10월에 한림에 뽑히고 11월에 강제문신(講製文臣:초계문신)54)에 뽑혔으며 12월에 예문관 검열에 임명되었다. 정조 11(1787)년 사관을 역임하고 정조 12(1788)년 검열을 거쳐 12월에 규장각 대교에 임명되어 정조의 최측근으로 활동했다. 정조 13(1789)년 3월에 어떤 일로 사판에서 이름이 삭제되는 처벌을 받았다. 정조 16(1792)년 8월에 동지 겸 사은정사 박종악의 서장관으로 청나라에 다녀왔고 11월에 예문관에서 숙직하면서 패관소설을 본 일로 공초를 받았다. 정조 17(1793)년 5월에 규장각 직각에 임명되고 9월에 원릉을 참배할 때 대축으로 활동하여 가자되었다. 정조 21(1797)년 6월에 이조 참의에 임명되었으나 소명을 여러 번 어겨서 파직되었다. 그러나 같은 달에 다시 이조 참의에 임명되어 정조 23(1799)년까지

---

54) 조선 전기의 사가독서제를 이어 받은 것으로 37세 이하의 참상, 참하의 당하문신 중 승문원의 분관인자를 뽑아 규장각에서 교육시키던 제도, 1781년 2월 〈강제문신절목〉의 의정을 통해 그 기초를 닦고 최초로 20명이 초계문신을 선발했다.

여러 차례 이조 참의를 역임했다. 정조 24(1800)년 1월에 이조 참의로 겸 보덕에 임명되고 원행정리사에 임명되었다. 2월에 예조 참의에 임명되고 1녀가 세자빈의 초간에 서기수, 신집, 윤수만의 딸과 함께 간택되고 윤4월에 재간택에 간택되었다. 6월에 승지에 발탁되었다.

순조 즉위(1800)년 7월에 총융사에 임명되고 7월에 홍문관 부제학에 임명되고 관상감 제조도 겸했고 장용대장에 임명되었다. 8월에 호군을 거쳐 대왕대비의 특지에 의해 병조 판서로 승진하고 비변사 제조를 겸했다. 9월에 정조의 시책문을 짓고 그 공으로 11월에 정헌대부로 가자되었으며 예문관 제학과 규장각 제학을 겸했다. 순조 1(1801)년 1월 형조 판서에 임명되었다가 곧 체차되고 2월에 총융사에 임명되고 4월에 지돈녕부사에 임명되었으며 5월에 예조 판서에 임명되었다가 6월에 이조 판서로 전임되었다. 9월에 병을 진달하고 체직을 요청하여 총융사의 직만 체차되었으나 11월에는 이조 판서의 직에서 체직되는 것을 허락 받고 12월에 선혜청 제조에 임명되었다. 순조 2(1802)년 5월에 양관 대제학에 임명되었으나 6월에 네 번의 사직 상소를 올려 대제학에서 체차되었으나 다음날 다시 양관 대제학에 임명되고 9일 뒤에 다시 사직 상소를 올려 사직되었다. 8월에 제술관으로 활동한 공으로 가자되고 판의금부사에 임명되고 9월에 어영대장에 임명되었다. 정조의 국상이 끝나자 딸이 삼간택되어 대혼을 상호군 조순의 집에서 하기로 결정되고 같은 날 영안부원군에 봉해지고 부인 심 씨는 청양부부인에 봉해졌다. 10월에 훈련대장과 호위대장에 임명되고 실록청 당상으로 〈정조실록〉을 교정했다. 순조 3(1803)년 3월에 선혜청 제조로 복호(復戶)와 급복(給復)의 폐단을 혁파할 것을 건의했다. 순조 4(1804)년 2월에 내각의 검교제학에 임명되고 악장문 제술관을 겸하고 3월에 지경연을 더했으나 간단히 진달한 이유로 4월에 경연관의 직임에서 갈리었다. 순조 5(1805)년 1월에 정순왕후가 죽었고 6월에 영돈녕부사로 표석음기 제술관을 겸하고 순조 8(1808)년 훈련대장을 겸하여 병권을 장악했다. 순조 9(1809)년 훈련대장의 직에서 물러나는 것을 허락 받고 물러났으나 이익, 이도, 희순 등 안동김씨가 포진하여 이조와 병조의 인사권을 장악했다. 순조 11(1811)년 윤3월 상의원 제조가 되고 7월에 금위대장에 임명되었으나 같은 달에 사직소를 올려 사직을 허락 받았다. 그 뒤에 영돈녕부사로 지문 제술관, 상의 제조, 왕세자 가례 때 교명문 제술관, 관상감 제조를 역임했다. 순조 25(1825)년 회갑을 맞아 아들 부수 좌근이 육품직으로 조용되었고 순조 26(1826)년 4월에 양관 대제학에 임명되었으나 상소하여 체직되고 순조 28(1828)년 아내 청양부부인이 죽었다. 순조 32(1832)년 2월에 양관 대제학에 임명되었으나 면직을 청하여 면직되고 4월에 죽었다. 죽은 뒤에 정조의 묘정에 배향되었다.

〈순조실록〉 순조 32(1832)년 4월 3일 첫 번째 기사에 '김조순의 졸기'가 있다. 졸기에 "김조순은 충헌공(忠獻公) 김창집(金昌集)의 현손(玄孫)이며 명경왕비(明敬王妃)의 아버지이다. 용의(容儀)가 뛰어나게 아름답고 기국(器局)과 식견이 넓고 통달하여 어릴 때부터 이미 우뚝하게 세속 밖에 뛰어났으며, 젊어서 과거에 급제하고 오랫동안 가까이 모시는 반열에 있으면서 공평하고 정직하여 숨김이 없음으로써 정묘의 깊이 알아줌을 받아 특별히 뒷날 어린 왕을 보좌하는 책임을 부탁하게 되었다. 명경왕비가 재간택을 받기에 미쳐서 정묘께서 승하하자, 정순대비께서 선왕의 유지로 인하여 융원(戎垣)에 발탁하여 제수하였는데, 세상을 살아가는 길이 어렵고 위태로웠어도 흔들리지 않았으며, 대혼(大婚)이 이루어지자 임금이 드디어 사심 없이 맡겼었다. 김조순이 이미 왕실의 가까운 친척이 되어 안으로는 국가의 기밀 업무를 돕고 밖으로는 백관을 총찰(摠察)하여 충성을 다하면서 한 몸에 국가의 안위(安危)를 책임졌던 것이 30여 년이 었는데, 오직 성궁(聖躬)을 보호하고 군덕(君德)을 성취하며, 정의(精義)를 굳게 지키고 선류(善類)를 북돋아 보호하는 일로써 한 부분의 추모하여 보답하는 방도를 삼았기에, 우리 태평성대의 다스림을 돈독히 도울 수 있었다. 이에 조야(朝野)에서 모두 화협하여 이르기를, 군자의 뛰어난 덕이라 '고 하였으니, 문장(文章)의 세상에 뛰어남은 그 나머지 일이었다. 그러나 본래 성격이 인후(仁厚)함에 지나쳐 인륜을 돈독히 닦았으므로 그 미침이 더러 범박(泛博)에 이르렀으며, 또 언행으로서 삼가고 조심함이 지극하여 일이 순상(循常)함이 많았으니, 대개 공업(功業)을 자처하지 않았었다. 뒤에 조정의 의논으로 인하여 정조의 묘정에 추배하였다."고 평했다.

저술 및 학문

문집으로 〈풍고집(楓皐集)〉이 전한다.

참고 문헌

〈다음백과사전〉, 〈정조실록〉, 〈순조실록〉, 〈한국사인물열전〉, 〈안동김씨세보〉

조진관 (趙鎭寬)	본관은 풍양이고 자는 유숙(裕叔)이며 호는 가정(柯汀)이고 시호는 효문(孝文)이다. 영조 15(1739)년에 태어나서 순조 8(1808)년에 죽었다.

◪ 임명일

━ 순조 4(1804)년 5월 4일 : 조진관(趙鎭寬)을 홍문관 대제학으로.

◪ 가문

아버지는 고구마를 들여온 이조 판서 엄(曮)이고 할아버지는 이조 판서·판돈녕부사 상경(尙絅)이며 증조부는 돈녕부 도정 도보(道輔)이고 고조부는 신천 군수 중운(仲耘)이다. 외할아버지는 풍산인 홍현보(洪鉉輔)인데 홍현보는 선조와 인목대비의 딸인 정명공주(貞明公主)의 남편인 영안위(永安尉) 홍주원(洪柱元)의 현손이다. 장인은 남양인 부사 홍익빈(洪益彬)이다.

3남 4녀를 두었는데 1남은 영돈녕부사 풍은부원군(豐恩府院君) 만영(萬永)이다. 만영의 딸은 순조의 세자인 효명세자의 빈인데 효명세자가 익종으로 추존되자 딸은 익종의 비인 신정왕후(神貞王后)가 되었고 만영은 풍은부원군이 되었다. 2남은 나주 목사 원영(原永)인데 진의(鎭宜)에 입양되었고 3남은 영의정·대제학 인영(寅永)이다. 만영의 아들은 이조 판서 병구(秉龜)이고 병구의 계자(季子)는 이조 판서 성하(成夏)이다. 또 인영의 계자는 병조 판서 병기(秉夔)이고 병기의 계자는 판돈녕원사 영하(寧夏)이다.

아들 인영과 더불어 부자 대제학의 가문을 이루었다.

◪ 생애

영조 38(1762)년 사마 생원·진사시에 합격하고 영조 47(1771)년 의금부 도사에 임명되었으나 취임하지 않았다. 영조 51(1775)년 11월에 구현과(求賢科)로서 급제를 받았으며 친히 제문을 지어 할아버지인 고 판서 상경에게 치제했다. 11월에 아버지 엄이 예조 판서에 임명된 날 홍문관 제학으로 가자되고 승지로 발탁되었다가 광주 부윤에 임명되었으나 어사에게 피마하지 않아서 파직되었다.

정조 즉위(1776)년 3월에 아버지인 엄이 당시에 권력을 좌우하던 홍국영(洪國榮)과 갈등을 보이자 이를 변명하기 위해 전 돈녕부 도정으로 신문고를 두드려 아비인 평안도 관찰사 엄이 위원군으로 귀양 간 것이 원통함을 호소하기도 하고 자신의 몸을 칼로 찔러 자살을 기도하다가 옥에 간히기도 했다. 옥에 있을 때 엄이 김해의 유배지에서 죽었다. 정조 1(1777)년 6월에 고신을 빼앗겼다. 홍국영이 권력을 잃은 뒤에 아버지의 직첩을 돌려받았고 군직에 제수되었다가 정조 12(1788)년 8월에 돈녕부 도정에 임명되어 관직에 돌아왔다. 정조 14(1790)년 상언하여 아버지 엄이 연전에 연좌된 탕감죄 세 죄안을 다시 명백하게 조사해 달라고 청했다. 정조 17(1793)년 가선대부로 가자되어 한성부 우윤과 도총부 도총관을 지냈고 아버지의 일이 억울하다고 상소했다. 이에 정조 18(1794)년 6월에 정조가 평안도 안핵어사 이상황에게 조사하여 보고하라 지시했는데 이상황이 암행 결과를 보고하여 전 우윤 조진관이 아버지의 억울함을 호소한 내용이 모두 사실과 상반된다고 했다. 8월에 한성부 좌윤으로 비변사 당상관에 차임되었다가 12월에 대사간에 임명되었다. 정조 19(1795)년 2월에 정배될 처지에 있었으나 어머니의 나이가 많아서 보석되었고 3월에 형조 참판과 동지춘추관사에 임명되었다. 이때 혜경궁홍씨가 회갑을 맞아 신하들이 전문을 올릴 때 승지로 공을 세워 가의대부로 가자되었다. 정조 20(1796)년 개성부 유수에 임명되고 정조 21(1797)년 2월에 경상도 관찰사에 임명되었으나 부임도 하기 전에 개성 유수에 유임되었으나 4월에 어머니의 병을 이유로 체임을 청하여 허락받았다. 이어 승지를 거쳐 5월에 전라도 관찰사에 임명되었으나 어머니의 병을 들어 체임을 청하여 허락받고 7월에 대사성에 임명되고 8월에 사옹원 부제조에 임명되었으며 8월에 도승지에 임명되고 12월에 대사성에 임명되었다. 정조 22(1798)년 1월에 공조 판서로 승진하고 5일 뒤에 형조 판서로 전임되었으며 3월에 다시 공조 판서에 전임되었다가 5일 뒤에 형조 판서로 전임되었으며 4월에 비변사 유사당상을 겸하다가 5월에 호조 판서로 전임되었다. 정조 23(1799)년 12월에 영접도감 당상을 역임하고 정조 24(1800)년 1월에 병조 판서에 임명되었으나 환궁할 때에 용기와 내취가 순서를 잘못 썼기 때문에 추고를 당했다. 4월에 내섬시 제조를 겸하고 5월에 장악원 제조와 선혜청 제조도 겸했다.

순조 즉위(1800)년 7월에 국장도감 제조에 임명되고 7월에 정조의 행장과 시장을 제술할 찬집청 당상에 임명되고 9월에 이조 판서에 임명되었으나 상소하여 사양하여 사직을 허락 받았다. 10월에 대사헌에 임명되었다가 공조 판서로 전임되고 11월에 형조 판서에 임명되어 지실록사로 〈정조실록〉 편찬에 참여하고 정헌대부로 가자되었다. 순조 1(1801)년 2월에 형조 판서에 임명되고 5월에 우참찬에 임명되었으나 바로 형조 판서로 유임되었다가 병조 판서에 임명되어 관반을 겸했다. 10월에 장용영 제조를 역임하고 11월에 대호군에 임명되었으나 12월에 함흥·영흥의 두 궁에 제수를 급대하지 않은 일로 장용영 제조에서 파직되었다. 순조 2(1802)년 2월에 한성부 판윤에 임명되고 호조 판서로 전임되었으며 5월에 예문관 제학에 임명되었으나 인혐하여 체직되었다. 6월에 호조 판서로 부묘존숭도감 제조를 겸하고 8월에 가례도감 제조를 겸했으며 9월에 공조 판서에 제수되었다. 이어서 판의금부사에 임명되고 10월에 우참찬에 임명되었다. 순조 3(1803)년 1월에 이조 판서에 임명되었으나 2월에 사직 상소를 올려 사직하고 호조 판서에 임명되어 영접도감 제조를 겸하고 5월에 판의금부사를 겸했다. 8월에 병조 판서에 임명되고 9월에 선혜청 제조를 겸했으며 11월에 악기조성도감 제조를 겸했다. 12월에 형조 판서로 전임되어 순조 4(1804)년 3월에 판의금부사를 겸하고 5월에 홍문관 대제학에 임명되었다. 7월에 예조 판서에 임명되고 우참찬으로 전임되었으며 8월에 호조 판서로 전임되어 정조의 능인 건릉개수도감 제조를 겸하고 인정전 영건도감 제조도 겸하고 건릉개수도감 제조로 활동한 공으로 숭록대부로 가자되었다. 9월에 홍문관 제조를 겸하고 11월에 상호도감 제조를 겸했다. 순조 5(1805)년 1월에 국장도감 제조와 관상감 제조를 겸하고 4월에 관상선공 제조를 겸했으며 5월에 영접도감 제조를 겸하다가 호조 판서에서 파직되었다. 6월에 특별히 서용하여 호조 판서에 재임되고 칙사를 맞이할 날이 머지않아서 국장 당상에 차임되었다. 8월에 판의금부사에 임명되고 12월에 호조 판서에 임명되었으나 어머니 나이가 90세가 되었다고 체직을 청하여 허락 받고 수원 유수에 임명되었다. 순조 7(1807)년 2월에 어머니의 병을 진달하고 수원 유수에서 체직하고 10월에 판돈녕부사에 임명되었고 순조 8(1808)년 기로소에 들어갔다가 윤5월 지중추부사로 죽었다.

〈순조실록〉 순조 8(1808)년 윤5월 15일 첫 번째 기사에 '지중추부사 조진관의 졸기'가 있다. 평가는 없고 "지중추부사 조진관이 졸하였다."는 기사만 있다.

↘ 저술 및 학문

〈주역〉 연구에 주력하여 침식을 잃을 정도였다고 한다. 〈역문〉을 저술

하였는데 〈주역〉의 각종 문제를 도합 18개 항목으로 분류하여 논증하고 토론한 글이다. 아들 영의정 인영(寅永)이 발문을 지었는데 발문에 의하면 역학을 말하는 학자들이 언급하지 않은 부분을 많이 밝혔다고 한다. 진관은 이 외에도 율(律)과 수(數) 그리고 음악에도 해박했다고 한다.

저서로 〈가정유고(柯汀遺稿)〉 10권 5책이 있는데 1, 2권은 시가 수록되었고 3권은 소(疏) 등 18편이 수록되었으며 4권은 상소와 계 그리고 의(議)가 수록되었다. 5권은 임진왜란 때의 삼충위에 관한 기록인 〈삼충록서〉의 서, 기, 사 등 8종의 문장이 수록되었다. 6, 7, 8권은 묘표, 묘갈문, 신도비명, 시장, 전 등을 수록했고 9, 10권은 〈역문〉이 수록되었다.

◪ 참고 문헌

〈다음백과사전〉, 〈영조실록〉, 〈정조실록〉, 〈순조실록〉, 〈풍양조씨세보〉

황승원
(黃昇源)

본관은 장수이고 자는 윤지(允之)이며 시호는 문헌(文獻)이다.
영조 8(1732)년에 태어나서 순조 7(1807)년에 죽었다.

임명일

— 순조 5(1805)년 3월 22일 : 예문관 대제학 황승원(黃昇源)이 지었다.

가문

아버지는 형조 좌랑 환(瓛)이고 할아버지는 호조 정랑 처신(處信)이며
증조부는 삼등 현령 휘(暉)이고 고조부는 정산 현감 이징(爾徵)이다. 이징
의 증조부는 광해군 때 화를 입은 승지 혁(赫)이고 이징의 고조부는 병조
판서·대제학 정욱(廷彧)이다. 영의정 희(喜)의 큰아들인 호조 판서 치신
(致身)의 후계이다. 외할아버지는 죽산인 목사 안종해(安宗海)이고 장인은
초배는 전주인 유무(柳懋)이고 계배는 안동인 김광복(金光復)이다.

아들이 없어서 종형인 대제학 경원(景源)의 아들 래(秾)를 입양했고 2
남은 사옹원 주부 제(稊)이다. 종형이 대제학 경원(景源)이다.

4촌 형인 경원과 더불어 종형제가 대제학을 역임했다.

생애

영조 41(1765)년 사마 생원시에 합격하고 영조 47(1771)년 별시문과에
서 병과로 급제했다. 영조 48(1772)년 8월에 한림소시에 합격하고 영조
49(1773)년 5월에 정언에 임명되었으나 조영순(趙榮順)의 불경에 대한 처
벌을 주장하는 대론에 반대한 일로 흑산도에 충군되고 노모와 아우도 정
배되었다. 7월에 우의정 이인손이 아뢰어서 동생은 특별히 석방되었고 11
월에 본인도 석방되었다.

정조 2(1778)년 4월에 교리에 임명되고 윤6월에 수찬에 임명되었다. 정조 3(1779)년 6월에 영남 암행어사로 파견되었다 돌아왔으며 12월에 지평에 임명되었다. 정조 5(1781)년 6월에 동지정사 황인점의 서장관으로 청나라에 다녀왔고 7월에 〈영조실록〉을 편찬한 공으로 가자되고 승지로 발탁되었으나 8월에 금호문을 유문하라는 명을 받고 표신을 청하지 않은 일로 파직되었다가 11월에 대사성에 임명되었다. 정조 6(1782)년 1월 대사간에 임명되고 2월 대사성으로 전임되었다가 승지에 임명되었다. 3월에 대사간에 임명되었다가 대사성으로 전임되고 4월에 황해도 관찰사에 임명되고 12월에 죄인 안필복과 안치복을 방면하라고 비밀히 유시를 받았으나 일 처리가 미숙하여 정조 7(1783)년 1월에 관직이 삭탈되었다. 4월에 이조 참의로 기용되고 6월에 대사성으로 전임되었다가 7월에 다시 이조 참의에 임명되었으나 정사의 주의를 잘못해서 가평 군수로 좌천되었다. 정조 8(1784)년 5월 이조 참의에 임명되어 정조 9(1785)년 5월까지 10회에 걸쳐 재임용되고 승지에 임명되었다. 6월에 다시 이조 참의에 임명되고 7월에 대사성에 임명되었으며 8월에 다시 이조 참의에 임명되었으나 판서가 명을 받들기를 기다리지 않고 먼저 인사행정을 행한 일로 운산 군수로 좌천되었다. 정조 10(1786)년 부사직을 역임하고 정조 11(1787)년 2월 대사성에 임명되고 4월에 대사헌에 임명되었다. 정조 12(1788)년 6월에 대사성에 임명되고 정조 15(1791)년 6월에 대사간에 임명되었으며 7월에 대사헌에 임명된 뒤에 홍문관 제학에 임명되었으나 12월에 다시 대사헌에 임명되었다. 정조 16(1792)년 8월에 대사간에 임명되어 지방 문인들의 등용에 힘쓰기를 청했다. 정조 17(1793)년 10월에 동지경연사에 임명되고 정조 18(1794)년 2월 대사헌에 임명되었다가 이조 참판으로 전임되고 3월에 대사헌으로 전임되었다가 다시 이조 참판으로 전임되어 여섯 번을 재임 받고 12월에 대사간을 거쳐 다시 이조 참판에 임명되었다. 정조 19(1795)년 1월에 승지로 있으면서 죽은 극역 죄인까지 사전에 포함시킨 일로 체직되었다가 다시 이조 참판에 임명되었다. 10월에 승지에 임명되었으나 11월에 다시 이조 참판에 임명되고 정조 20(1796)년 2월에 승지에 임명되었다가 다시 이조 참판에 임명되었다. 5월에 승지로 경연석에 나와 사도세자와 숙빈 임 씨 사이에서 태어난 은언군(恩彦君) 이인(李裀)에 대해 논하려 한 일로 옥에 갇혔다가 풀려나서 이조 참판에 임명되었다. 정조 21(1797)년 2월에 한성부 판윤으로 승진하고 공조 판서를 거쳐 4월에 개성 유수에 임명되었다. 정조 22(1798)년 3월에 하리들의 작폐를 처리하지 못한 일로 영원히 서용되지 않는 벌을 받았으나 6월에 예조 판서에 임명되었다. 정조 23(1799)년 4월에 예문관 제학에 임명되고 5월에 홍문관 제학에 임명되었으며 공조 판서로 전임되었다가 10월에 다시 예조 판서로 전임되었다. 11월 좌참찬에 임명되었다.

순조 1(1801)년 5월 강화 유수로 있으면서 은언군과 그 아들 철득이 달아나다 잡힌 일을 장계했으나 경비가 소홀했던 일로 김해부에 유배되었다. 11월 실록 당상으로 활동한 공으로 가자되고 12월에 정헌대부로 가자되었으며 형조 판서에 임명되었다. 순조 2(1802)년 5월에 예문관 제학에 임명되었다가 7월에 형조 판서에 임명되었으며 8월에 옥보전문 서사관으로 활동한 공으로 가자되고 판의금부사에 임명되었으며 12월에 형조 판서에 임명되었다. 순조 3(1803)년 3월에 판의금부사에 임명되고 5월에 우참찬에 임명되었으며 9월에 판의금부사에 임명되었다. 순조 4(1804)년 9월 예문관 제학에 임명되고 10월에 이조 판서에 임명되어 판의금부사를 겸했다. 순조 5(1805)년 식약청 제조로 활동한 공으로 숭록대부로 가자되고 3월에 예문관 대제학에 임명되었으며 4월에 혼전 당상(魂殿堂上)을 겸했으나 약원의 제조와 서로 방해가 된다 하여 혼전 당상에서 체직되었으며 9월에 스스로 인책하여 이조 판서에서 물러났으나 곧 형조 판서에 임명되고 우참찬으로 전임되어 판의금부사를 겸했다. 순조 6(1806)년 4월 홍문관 제학에 임명되고 8월 판의금부사에 임명되었으나 순조 7(1807)년 상호군으로 죽었다.

〈순조실록〉 순조 7(1807)년 7월 14일 두 번째 기사에 '상호군 황승원의 졸기'가 있다. 평가는 없고 "상호군 황승원이 졸하였다"는 기사만 있다.

◪ 저술 및 학문

종형 대제학 경원(景源)에게서 학문을 배웠다. 저서로 〈일통표(一統表)〉가 있다.

◪ 참고 문헌

〈다음백과사전〉, 〈영조실록〉, 〈정조실록〉, 〈순조실록〉, 〈장수황씨세보〉

<table>
<tr><td>**서영보**
(徐榮輔)</td><td>본관은 대구이고 자는 경재(景在)이며 호는 주석(竹石)이고 시호는 문헌(文獻)이다. 영조 35(1759)년에 태어나서 순조 16(1816)년에 죽었다.</td></tr>
</table>

임명일

— 순조 9(1809)년 2월 2일 : 서영보(徐榮輔)를 홍문관 대제학 예문관 대제학으로,

가문

아버지는 충청도 관찰사·대제학 유신(有臣)이고 할아버지는 영의정 지수(志修)이며 증조부는 좌의정 명균(命均)이고 고조부는 영의정·대제학 종태(宗泰)이다. 7대조가 달성위·오위도총부 도총관 경주(景霌)이다. 외할아버지는 진주인 별제 유성제(柳聖躋)이고 장인은 연일인 대사간 정상인(鄭象仁)이다.

아들은 1남은 이순(彛淳)이고 2남은 이조 판서·대제학 기순(箕淳)이며 딸은 창녕인 조회승(曺晦承)과 결혼했다.

고조부 종태, 증조부 명균, 할아버지 지수로 이어지는 3대 정승 가문에 뒤이어 아버지 유신, 아들 기순과 더불어 3대 대제학을 지낸 집안이다.

생애

정조 12(1788)년 4월에 전강에서 장원하고 전시에 직부 되어 정조 13(1789)년 3월 전시문과에서 장원급제했다. 장원으로 급제한 날 정조는 "네 용모가 네 아비를 많이 닮았고 또 고 재상의 모습도 있다. 너의 집안 일은 생각할 때마다 항상 나 때문이었다는 탄식을 하곤 했었다. 3대 정승 집안을 내가 잊을 수 없었는데 지금 네가 출신하였으니 나의 빚을 갚은

셈이다."고 했으며 전교하기를 "그의 조부 고 재상은 바로 기묘년에 내가 왕세손으로 책봉될 때 유선으로 내가 다년간 수학하였다. 그의 손자가 문과에 장원하였으니 고 영의정 문정공 서지수의 집에 승지를 보내 치제하도록 하라. 지난 일들은 모두 덧없는 세상 탓으로 돌리고 그 아들이 출신하였으니 그 아비도 서용하고자 한다. 전 감사 서유신의 죄명을 씻어주고 서용하여…"라 하고 이어서 겸춘추에 임명되었다. 같은 달에 홍문록에 뽑히고 도당록에 뽑혔으며 강제문신(초계문신)에 뽑혔으며 10월에 수찬에 임명되었다. 정조 14(1790)년 1월에 문관 비변사에 차임되고 2월에 성절 및 사은정사 황인점의 서장관으로 청나라에 다녀왔다. 4월에 함경남도 암행어사로 파견되었고 9월에 규장각 직각에 임명되었으며 정조 15(1791)년 2월 정조의 명에 의해 강화도로 가서 〈광릉실록〉을 상고하고 왔으며 9월에 영남 경시관으로 다녀왔다. 10월에 도청으로 활동하여 어진을 완성시킨 공으로 당상관으로 가자되었으며 함흥과 영흥의 도 본궁을 봉심하고 돌아왔으나 12월 전 영의정 김상철의 장례 물품을 대송하게 한 명령을 철회시키라고 청한 일로 파직되었다. 정조 16(1792)년 1월에 검교 직각을 역임하고 5월에 충청도 관찰사에 임명되었으나 그날로 체직되었다가 승지에 임명되었다. 11월에 대사간에 임명되었으나 다음날로 체직되고 12월에 승지에 임명되었다. 정조 17(1793)년 1월 대사간에 임명되고 4월에 대사성으로 전임되었다. 정조 18(1798)년 2월 승지에 임명되고 4월에 정배되었으나 8월에 용서를 받고 10월에 검교 직각에 임명되어 호남 위유사로 파견되었다. 정조 19(1795)년 8월 파주 목사에 임명되고 정조 21(1799)년 5월 황해도 수군절도사를 거쳐 승지에 임명되었다가 12월 의리를 내세워 직무를 이행하지 않은 일로 창원 부사로 좌천되었다. 정조 22(1798)년 6월 전라도 병마절도사에 임명되었다가 부호군에 임명되어 9월 유배지에서 도망쳐 나온 역수(은언군 이인)를 다시 잡고 압송할 것을 상소했다. 정조 23(1799)년 검교 직각을 겸하고 정조 24(1800)년 1월 승지에 임명되었다가 1월에 파직되었으나 3월 황해도 관찰사에 임명되었다.

순조 즉위(1800)년 2월 승지로 있다가 3월 실록청 교수 당상에 임명되고 4월 경기도 관찰사에 임명되어 검교 직각을 겸했으나 정조 4(1804)년 10월에 면직을 청해서 경기도 관찰사에서 물러나 대사성에 임명되고 11월에 비변사 제조에 임명되었으며 부제학에 임명되었다가 당일로 체직되었다. 순조 5(1805)년 1월 다시 부제학에 임명되고 3월 서사관으로 활동한 공으로 가의대부로 가자되었으며 윤6월 반송사에 차임되었다가 7월 형조 판서로 승진했다. 8월 의궤 당상에 차임되었다가 12월 예조 판서에 임명되었으며 순조 6(1806)년 3월 대사헌에 임명되고 4월 대호군에 임명되었으며 홍문관 제학에 임명되었다. 5월 지중추부사에 임명되었다가 6월 형조 판서에 임명되었고 9월 호조 판서에 임명되었다. 순조 7(1807)년 조윤대(曺允大)와 함께 부묘도감 제조에 임명되고 4월 부행 친제 때의 공으로 조윤대가 숭정으로 가자될 때 정헌대부로 가자되었으며 4월 강릉 수개도감 제조로 활동한 공으로 숭정대부로 가자되어 판의금부사에 임명되고 8월 조윤대가 예문관 제학에 임명된 날 홍문관 제학에 임명되었다가 순조 8(1808)년 1월 예문관 제학까지 겸했다. 3월 판의금부사에 임명되고 7월 우포도대장에 임명되었으며 8월 유사당상에 임명되었다. 9월 평안도 관찰사에 임명되고 순조 9(1809)년 2월 양관 대제학에 임명되었으나 좌의정 김재찬이 관찰사에 유임시키라고 청함에 따라 관찰사에 유임되었다. 순조 10(1810)년 4월 규장각 제학에 임명되고 5월 이조 판서에 임명되었으며 6월 예문관 제학에 임명되었으나 7월 어머니의 병을 진달하고 장기간의 휴가를 요청하여 이조 판서에서 휴가를 얻었다. 순조 10(1812)년 11

월 홍문관 제학에 임명되고 형조 판서에 임명되었으나 얼마 뒤에 호조 판서로 전임되었다가 12월 병조 판서로 전임되었다. 순조 14(1814)년 2월 선혜청 제조를 겸하고 5월 판의금부사를 겸했으며 7월 규장각 제학을 겸했다. 순조 14(1814)년 윤2월 좌빈객에 임명되고 4월 병조 판서에 임명되었으나 5월에 소를 올려 정세를 아뢰고 체직을 청해서 허락 받았다. 순조 15(1815)년 6월 수원 유수에 임명되고 순조 16(1816)년 애책문 제술관으로 활동한 공으로 보국의 품계로 가자되었으나 11월 수원 유수에서 체차해 줄 것을 청하여 허락 받고 지중추부사로 옮겼으나 곧 죽었다.

〈순조실록〉 순조 21(1821)년 8월 20일 세 번째 기사에 '훈련대장 서영보의 졸기'가 있다. 졸기에 평가는 없고 "훈련대장 서영보가 졸하였다."는 기사만 있다.

☑ 저술 및 학문

저서로 〈죽석문집(竹石文集)〉·〈풍악기(楓嶽記)〉·〈교초고(交抄考)〉·〈어사풍고첩(御射古風帖)〉 등이 있고 문장과 글씨에 뛰어나 수원의 '지지대비(遲遲臺碑)'의 비문을 지었다.

☑ 참고 문헌

〈다음백과사전〉, 〈정조실록〉, 〈순조실록〉, 〈대구서씨세보〉

남공철 (南公轍)	본관은 의령이고 자는 원평(元平)이며 호는 사영(思穎)·금릉(金 陵)이고 시호는 문헌(文獻)이다. 영조 36(1760)년에 태어나서 헌 종 6(1840)년에 죽었다.

☒ 임명일

– 순조 9(1809)년 2월 8일 : 대제학 남공철(南公轍)이 상소하여 사직하니, 불허하
   였다.
– 순조 9(1809)년 2월 19일 : 대제학 남공철
– 순조 9(1809)년 5월 2일 : 이조 판서 대제학 남공철
– 순조 17(1817)년 2월 19일 : 남공철을 홍문관 대제학·예문관 대제학으로,

☒ 가문

아버지는 형조 판서·대제학 유용(有容)이고 할아버지는 동지돈녕부사
한기(漢記)이며 증조부는 경상도 관찰사 정중(正重)이고 고조부는 이조 판
서·대제학 용익(龍翼)이다. 외할아버지는 초배가 기계인 예조 판서 유명
홍(兪命弘)이고 계배는 전주인 최당(崔襠)이며 3배가 안동인 통덕랑 김석
태(金錫泰)인데 김석태가 친외할아버지이다. 장인은 청주인 충청도 관찰
사 한용화(韓用和)이고 처할아버지가 동지중추부사 한후유(韓後裕)이며 처
백부가 영의정 한용구(韓用龜)이다.

아들이 없어서 공혁(公赫)의 아들 공조 참판 기원(綺元)으로 후사를 삼
았고 형은 진사 공보(公輔)이다.

대제학 용익의 고손으로 아버지 유용에 이어 대제학을 역임함으로써
부자 대제학의 가문을 이루었다.

☒ 생애

정조 4(1780)년 초시에 합격하고 정조 8(1784)년 아버지가 정조의 사부

였던 관계로 음직으로 세마를 역임하고 산청 현감과 임실 현감을 역임했다. 정조 16(1792)년 1월 인일제에서 책문에 수석하고 전시에 직부 되어 친시문과에서 병과로 급제했다. 3월 사관을 겸하고 권점에서 최고의 점수를 받아 규장각 직각에 임명되고 초계문신에 올랐으나 10월 대책문에 패관문자를 인용한 일로 공초를 받았고 부사과를 거쳐 11월 헌납에 임명되었다. 정조 17(1793)년 1월 선원전에서 작헌례를 행할 때 대축으로 활동한 공으로 가자되었으나 정조 18(1794)년 4월에 검교 직각으로 있으면서 합문(閤門)을 밀치고 들어온 일로 벽파의 공격을 받고 제학 정민시, 윤행임과 함께 고양으로 유배되었다가 6월 대사성에 임명되었다. 그러나 8월 문묘를 제대로 돌보지 않았다 하여 처벌하라는 전교를 받았으나 그대로 잉임되었다. 정조 19(1795)년 추자도에 정배하라는 명을 받았으나 곧 용서를 받고 승지에 임명되었으며 정조 20(1796)년 11월 대사성에 임명되고 원임 직각으로 정조의 명에 의해 〈소학주해〉의 의례를 교정했다. 정조 21(1797)년 2월 비변사 부제조에 임명되었으나 6월에는 정사에 힘쓰지 않고 주색을 평론했다는 이유로 파직되었다. 7월에 다시 대사성에 임명되었으나 조흘강소에 잡인이 마구 들어간 일로 파직되었다가 10월에 다시 대사성에 임명되었다. 정조 22(1798)년 8월 문묘에 제향할 때 예를 제대로 이행하지 못해 파면되었다가 얼마 뒤에 승지에 임명되고 가자된 뒤에 다시 대사성에 임명되었다. 정조 23(1799)년 3월 예조 참판에 임명되고 6월 강원도 관찰사에 제수되고 정조 24(1800)년 4월 홍문관 부제학에 임명되었으나 3일 뒤에 강원도 관찰사에 잉임되었다.

순조 즉위(1800)년 8월 다시 성균관 대사성에 임명되고 11월 홍문관 부제학에 임명되었으며 12월에 동지실록사에 임명되어 〈정조실록〉 편찬에 참여했다. 순조 1(1801)년 1월 부제학에 임명되고 3월 도승지로 발탁되었다가 6월 대사성에 임명되었다. 12월 순조의 병이 낫도록 노고한 공으로 가의대부로 가자되고 성균관 대사성에 임명되고 순조 2(1802)년 1월 찬수청 당상에 임명되었다. 그 뒤에 판의금부사에 임명되고 2월 부제학에 임명되었으나 진소하여 체직을 요청하여 허락받고 경상도 관찰사에 임명되었다. 순조 4(1804)년 1월 대사성에 임명되고 2월 부제학에 임명되었으며 순조 7(1807)년 2월 공조 판서로 승진해서 조윤대와 함께 부묘도감 제조에 임명되어 힘쓴 공으로 4월 조윤대는 숭정대부로 가자되고 공칠은 정헌대부에 가자되어 예조 판서로 전임되었다. 4월 명종과 인순왕후 심 씨의 능인 강릉의 수개도감 제조로 활동한 공으로 5월 숭정대부로 가자되어 판의금부사에 임명되었고 10월 사은 겸 동지정사로 청나라에 다녀와서 순조 8(1808)년 3월 판의금부사에 임명되고 이조 판서에 임명되었다. 10월 한성부 판윤에 임명되었다가 11월 다시 이조 판서에 임명되었으며 순조 9(1809)년 예문관 제학에 임명되고 2월 문형을 회권하여 대제학에 임명되었다. 9월에 공조 판서에 임명되고 순조 10(1810)년 병조 판서에 임명되어 규장각 제학과 약원 제조를 겸하다가 6월 병조 판서에서 체직되고 개성 유수에 임명되었다. 순조 11(1811)년 윤3월 좌유선에 임명되고 5월 이조 판서에 임명되었으며 11월 예문관 제학에 임명되고 이조 판서에 임명되었다. 이어서 순조 12(1812)년 판의금부사와 홍문관 제학을 겸하다가 6월에 병으로 이조 판서에서 체직하고 좌참찬에 임명되었다가 곧바로 체직했다. 8월 병조 판서에 임명되어 판의금부사와 관반을 겸임하고 11월 호조 판서에 임명되었으나 곧 체직되었다. 순조 13(1813)년 7월 이조 판서에 제수되고 규장각 제학과 홍문관 제학을 겸하다가 8월 예조 판서로 전임되어 예문관 제학을 겸했으며 11월 이조 판서로 전임되었다. 순조 14(1814)년 1월 선혜청 제조와 우부빈객을 겸하고 4월 좌참찬에 임명되어 판의금부사, 예문관 제학, 홍문관 제학, 좌부빈객을 겸했다. 순조 15(1815)년 6월 병조 판서에 임명되었고 순조 16(1816)년 1월 혜경궁의 시책문을 지었고 3월 그 공으로 보국으로 가자되었으나 병으로 병조 판서에서 체직하는 것을 허락 받았다. 순조 17(1817)년 1월 다시 병조 판서에 임명되고 2월 이조 판서로 전임되었으며 양관 대제학에 임명되었다. 4월 병세와 사정을 아뢰고 이조 판서에서 체직되는 것을 허락 받았으나 6월 다시 이조 판서에 임명되었다가 7월 예조 판서로 전임되고 같은 달에 우의정으로 승진했다. 11월 차자를 올려 삼관(성균관, 교서관, 승문원)의 직임에서 해면해 주기를 청하여 허락 받았고 순조 19(1819)년 10월 왕세자 가례 때 우의정으로 죽책문을 지었다. 순조 21(1821)년 4월 천릉도감 총호사에 임명되고 좌의정으로 승진했으며 8월 효의왕후의 천릉 표석 음기를 짓고 9월에 병으로 총호사에서 체직되었다. 순조 22(1822)년 상소를 올려 좌의정에서 체직되는 것을 허락 받고 판중추부사로 체배되었다가 순조 23(1823)년 2월 영의정에 임명되고 4월 부묘도감 도제조에 임명되었으며 세자사를 겸했다. 순조 24(1824)년 12월 병을 진달하여 영의정에서 체직하고 판중추부사에 임명되었으나 순조 27(1827)년 4월 다시 영의정에 임명되고 약방 도제조를 겸했고 7월 산실청의 도제조로 힘쓴 공으로 자서제질(子壻弟姪) 가운데 초사에 등용케 하는 상을 받았다. 9월 대전의 옥책문 제술관을 겸했다. 순조 29(1829)년 6월 상서하여 해직을 청해서 영의정에서 허부되고 판중추부사에 임명되었고 11월 세손 책례도감 도제조에 임명되었다. 순조 30(1830)년 1월 영중추부사에 임명되었으며 5월 세 도감의 도제조에 제수되었다. 9월 다시 영의정에 임명되어 추사 김정희의 아버지인 김노경(金魯敬)의 처벌을 건의하고 순조 31(1831)년 5월 세 번 상소하여 영의정에서 해면되고 영중추부사로 있다가 순조 32(1832)년 7

월 다시 영의정에 임명되고 8월 호위대장을 겸했다. 순조 33(1833)년 5월 사직상소를 올려 영의정에서 치사하고 봉조하에 임명되었다. 순조가 승하하자 순조대왕 애책문을 지었다.

헌종 3(1837)년 2월 가례정사를 역임하고 헌종 6(1840)년 12월에 죽었다.

〈헌종실록〉 헌종 6(1840)년 12월 30일 첫 번째 기사에 '대광보국숭록대부 의정부 영의정 치사 봉조하 남공철의 졸기'가 있다. 졸기에 "키가 크고 아름다운 모습이었다. 문장을 잘하였는데 흔히 구양수(歐陽修)를 표준삼았으며, 기가 약하여 힘이 모자랐으나 그 풍신(風神)이 화창한 부분은 가끔 닮았다. 문형을 맡아 여러 번 공거(貢擧)를 맡았으나 뇌물이 행해지지 않았다. 정승이 되어서는 전후 10여 년 동안에 당시의 젊은이들에 관계되는 일을 넉넉히 앉아서 진정시켰고, 진퇴하고 주대(奏對)하는 데에 본받을 만한 것이 있으므로, 조정의 진신(縉紳)이 다 칭찬하였다. 졸한 때에 나이가 81세이고, 시호는 문헌(文獻)이다."고 평했다.

↘ 저술 및 학문

정치적 동지인 김조순, 심상규와 함께 패관문체를 일신하려는 정조의 문체반정운동에 참여했다. 〈규장전운(奎章全韻)〉 편찬에 참여했고 순조·익종의 〈열성어제(列聖御製)〉를 편수했다. 저서로 〈고려명신전〉·〈귀은당집(歸恩堂集)〉·〈금릉집〉·〈영옹속고(穎翁續藁)〉·〈영옹재속고(穎翁再續藁)〉·〈영은문집(瀛隱文集)〉 등이 있다.

↘ 참고 문헌

〈다음백과사전〉, 〈한국민족문화대백과사전〉, 〈조선의 영의정〉, 〈정조실록〉, 〈순조실록〉, 〈헌종실록〉, 〈의령남씨족보〉

심상규
(沈象奎)

본관은 청송이고 처음 이름은 상여(象與)였으나 상규(象奎)로 바꾸었다. 자는 가권(可權)·치교(穉敎)이고 호는 두실(斗實)·이하(彛下)며 시호는 문숙(文肅)이다. 영조 42(1766)년에 태어나서 헌종 4(1838)년에 죽었다.

임명일

- 순조 10(1810)년 12월 2일 : 심상규(沈象奎)를 홍문관 대제학 예문관 대제학으로,
- 순조 10(1810)년 12월 14일 : 감제 실시에 여러 번 소패를 어긴 심상규를 파직하다.
- 순조 11(1811)년 3월 29일 : 심상규를 홍문관 대제학·예문관 대제학으로 삼았는데,
- 순조 11(1811)년 윤3월 10일 : 대제학 심상규가 세 번째로 상소하여 사직을 청하였으므로 허락하였다.
- 순조 21(1821)년 5월 10일 : 심상규를 홍문관 대제학·예문관 대제학으로 삼았다.

가문

아버지는 예조 참판·규장각 직제학 염조(念祖)이고 할아버지는 진사 공헌(公獻)이며 증조부는 이조 참판 성희(聖希)이고 고조부는 능주 목사 봉휘(鳳輝)다이다. 영의정 온(溫)의 15대손이다. 외할아버지는 초배는 안동인 병조 판서 권도(權導)이고 계배는 남양인 홍계초(洪啓初)이며 장인은 연안인 판서 이면응(李冕膺)이다.

아들은 정우(正遇)와 정로(正魯)가 있는데 둘 다 일찍 죽어서 의필(宜弼)의 아들 희순(熙淳)을 정우의 양자로 입적시켰는데 이조 참의와 대사성을 역임했다. 아우는 서흥 부사 응규(應奎)와 평강 현감 승규(承奎)와 제용감 주부 위규(衛奎)이다.

◪ 생애

정조 11(1787)년 4월 태학 유학생으로 정배되었었다. 정조 13(1789)년 춘당대 문과에서 병과로 급제하고 강제문신(초계문신)에 뽑혔다. 정조 14 (1790)년 9월에 대교에 임명되었으나 정조 15(1791)년 8월 갈등을 일으켰다는 이유로 고성군에 유배되었다가 12월에 서용하라는 명을 받았고 정조 16(1792)년 3월 한림에 뽑혔다. 정조 18(1794)년 거상 중에 있으면서 상소했고 교서관 정자와 규장각 대교를 거쳐 정조 20(1796)년 1월 부교리로 있었으나 상소를 올린 문장이 순정하지 못하다는 이유로 웅천 현감으로 좌천되었다. 정조 21(1797)년 화성·광주·과천·시흥 고을의 암행어사로 파견되었고 7월에 각신으로 〈오륜행실〉을 인쇄하여 올렸다. 정조 22(1798)년 11월 규장각 직각에 임명되고 정조 23(1799)년 7월 승지에 발탁되었다.

순조 즉위(1800)년 8월 이조 참의에 임명되었으나 10월 대행대왕(정조) 어제의 편방본 교정을 상세히 하지 않은 까닭에 대왕대비의 명으로 바닷가로 유배되었다가 11월 다시 이조 참의에 임명되고 어전통사(通事)를 겸했다. 순조 1(1801)년 1월 신유사옥 때 채지영의 무고를 받고 홍원에 유배되었다가 11월에 석방되고 다시 이조 참의에 임명되었다가 12월 승지에 임명되었다. 순조 3(1803)년 윤2월 이조 참의에 임명되고 9월 대사간에 임명되었으며 순조 4(1804)년 3월 겸임하고 있던 검교직각에서 사직하는 것을 허락 받았다. 이어서 예조 참의에 임명되고 9월 비변사 제조를 겸하다가 10월 이조 참판에 임명되었다. 12월 검교직각으로 순조의 명에 의해 〈대학유의〉를 간행했다. 순조 5(1805)년 1월 전라도 관찰사에 임명되어 12월에 흉년이 든 고을에 진구하라고 상소했다. 순조 6(1806)년 12월 이조 참판에 임명되고 순조 8(1808)년 4월 부제학에 임명되어 비국유사 당상을 겸하다가 10월 이조 참판에 임명되었다. 순조 9(1809)년 2월 예문관 제학에 임명되고 4월 도승지를 역임하고 8월 정헌대부로 가자되었으며 10월 예조 판서로 승진했다. 순조 10(1810)년 2월 형조 판서로 전임되고 4월 공조 판서로 전임되었으며 5월 다시 형조 판서로 전임되었다가 물러나서 대호군에 제수되었다. 8월 호조 판서에 임명되고 원릉 능상도감 제조로 활동한 공으로 숭정대부로 가자되었고 9월 통신사 이정당상에 임명되었고 10월 약원 제조로 활동한 공으로 숭록대부로 가자되었다. 10월 규장각 제학에 임명되고 12월 양관 대제학에 임명되었으나 감제를 실시하라는 소패를 여러 번 어긴 일로 파직되었으나 2일 뒤에 본직과 겸직의 직책을 그대로 유지하라는 명을 받았다. 순조 11(1811)년 1월 보국숭정대부로 가자되고 3월 양관 대제학에 임명되었으나 윤3월 세 번의 상소를 올려 대제학에서 사직했다. 같은 달에 호조 판서로 외도의 금·은·동에 대해 설점하는 폐단을 아뢰고 거듭 금지하도록 청해서 실현시켰다. 6월 이조 판서에 임명되었으나 7월 대정의 기한을 넘긴 일로 파직되었다가 8월 병조 판서에 임명되고 12월 비국 유사당상에 임명되어 평안도 농민전쟁을 수습했다. 순조 12(1812)년 1월 판의금부사에 임명되고 약방 제조로 활동한 공으로 자서제질(子壻弟姪) 가운데 한 명을 음직에 임명되게 하는 상을 받았다. 5월 좌빈객에 임명되고 7월 호조 판서에 임명되었으며 10월 동지정사로 청나라에 다녀왔다. 순조 13(1813)년 4월 판돈녕부사와 한성부 판윤에 임명되고 판의금부사에 임명되었다. 5월 좌빈객에 임명되고 6월 이조 판서에 임명되었으나 7월 부름에 응하지 않아 파직되었다가 12월 병조 판서에 임명되었다. 순조 14(1814)년 7월 판의금부사에 임명되고 8월 우빈객을 겸했고 순조 15(1815)년 1월 좌빈객으로 전임되었으며 10월 판의금부사에 임명되었다. 순조 16(1816)년 지중추부사로 혜경궁의 애책문을 짓고 2월 광주 유수에 임명되었다. 순조 18(1818)년 1월 이조 판서에 임명되었다가 파직되었으나 2월 다시 이조 판서에 임명되고 4월 규장각 제학에 임명되고 보국숭록대부로 가자되었다. 순조 19(1819)년 3월 병조 판서에 임명되었다가 평안도 관찰사에 임명되었다. 순조 21(1821)년 5월 양관 대제학에 임명되고 우빈객에 임명되었으며 7월 원접사에 임명되었다. 8월 대제학으로 효의왕후의 천릉 지문을 짓고 9월 파직되었다가 11월 좌빈객에 임명되었다. 순조 22(1822)년 1월 예조 판서에 임명되었다가 호조 판서로 유임되어 3월 우빈객을 겸하고 12월 장례 제조를 겸했으며 순조 23(1823)년 4월 부묘도감 제조도 겸했다. 8월 호조 판서에서 물러나 공조 판서에 임명되어 좌빈객을 겸했고 순조 25(1825)년 한성부 판윤에 임명되어 좌빈객을 겸했다. 7월 병조 판서에 임명되고 9월 이조 판서로 전임되었으나 10월 사직 상소를 올려 사직하였다가 우의정으로 승진해서 서정절목을 올렸다. 그러나 순조 27(1827)년 풍양조씨의 세도정치가 극에 달하여 3월 간삭되고 조봉진(曹鳳振)과 함께 부응교 남이무의 탄핵을 받고 4월 부교리 김정희의 탄핵을 받아 조봉진(曹鳳振)은 섬에 유배되고 심상규는 이천에 부처되었다. 10월 조봉진과 함께 석방되어 고향으로 돌려보내졌으나 대신들의 거부로 지체되었다가 순조 28(1828)년 방송되고 순조 32(1832)년 윤9월 죄를 탕척 받고 판중추부사에 임명되었다. 순조 33(1833)년 4월 우의정에 임명되고 5월 좌의정으로 승진되었으나 어떤 일로 배천군으로 유배되었다가 6월 다시 좌의정에 임명되어 재용을 절약하라고 상소했다. 순조 34(1834)년 3월 사원의 신설을 엄단할 것을 건의하고 7월 영의정 겸 세자사로 승진했고 8월 호위대장을 겸했으며 11월 영의정으로 원상을 겸했으며 순조의 비문을 지었다.

헌종 즉위(1834)년 6월 영의정에서 사직할 것을 청하여 허락 받고 판중추부사에 임명되어 종묘증수도감을 겸하다가 헌종 3(1837)년 11월 영중추부사에 임명되었으나 헌종 4(1838)년 6월 판중추부사로 죽었다.

〈헌종실록〉 헌종 4(1838)년 6월 20일 첫 번째 기사에 '판중추부사 심상규의 졸기'가 있다. 졸기에 "심상규는 성품이 사치하고 화려한 것을 좋아하였으므로, 판서 서유구(徐有榘)가 그 묘지(墓誌)에 이르기를, '공은 성품이 오만(傲慢)하여 모든 사물에 있어 둘 째 가는 것을 부끄럽게 여겼다."하니, 당시의 사람들이 깊이 아는 말이라고 하였다. "시에 능하고 서간(書簡)을 잘하였으며, 장서(藏書)가 많아서 세상에서 그에게 견줄 만한 사람이 없었다. 음성이 그 몸보다 커서 전상(殿上)에 일을 아뢸 때마다 뭇 수레가 굴러가는 듯한 굉음(轟音)이 울렸다."고 평했다.

◪ 저술 및 학문

순조의 명으로 국왕의 정무 지침서인 〈만기요람(萬機要覽)〉을 편찬했고 저서로 〈두실존고(斗室存稿)〉가 있다.

◪ 참고 문헌

〈다음백과사전〉, 〈조선의 영의정〉, 〈정조실록〉, 〈순조실록〉, 〈헌종실록〉, 〈청송심씨대동세보〉, 〈청송심씨세보〉

김이교 (金履喬)	본관은 (신)안동이고 자는 공세(公世)이며 호는 죽리(竹里)이고 시호는 문정(文貞)이다. 영조 40(1764)년에 태어나서 순조 32 (1832)년에 죽었다.

임명일

— 순조 26(1826)년 4월 14일 : 김이교(金履喬)를 홍문관 대제학과 예문관 대제학으로 삼았다.
— 순조 27(1827)년 7월 24일 : 대점하여 김이교를 홍문관 대제학과 예문관 대제학으로 삼았다.

가문

아버지는 황해도 관찰사 방행(方行)이고 할아버지는 대사간·부제학 시찬(時粲)이며 증조부는 좌랑 성도(晟道)이고 고조부는 수민(壽民)이다. 우의정 상용의 후손이다. 외할아버지는 심황(沈鐄)이고 장인은 어석정(魚錫定)이다.

아들은 형조·이조 판서 영순(英淳)이고 아우는 이조 판서 이재(履載)이다.

생애

정조 11(1787)년 7월 제술에 으뜸하고 전시에 직부 되었으며 정조 13(1789)년 진사로 식년문과에서 병과로 급제하고 검열과 수찬을 역임하고 3월 강제문신에 뽑히고 정조 14(1790)년 2월 한림에 뽑혔으며 정조 16(1792)년 3월 홍문록에 뽑혔다. 정조 19(1795)년 8월 부교리를 역임하고 정조 21(1797)년 4월 수찬을 역임했으며 11월 장령을 역임했다. 이어서 북평사로 파견되었으며 정조 24(1800)년 겸 문학에 임명되었다.

순조 즉위(1800)년 대왕대비(정순왕후)가 수렴청정하면서 노론의 벽파가 정권을 잡자 시파를 탄압했는데 12월 아우 이재(履載)가 벽파인 이조판서 이만수(李晩秀)의 사직상소를 문제 삼아 상소했다. 이 일로 이재는 전라도 고금도에 안치되고 이교는 함경도 명천부에 유배되었다. 순조 1(1801)년 11월 유배에서 풀려 향리로 방축되었고 순조 5(1805)년 풀려나서 윤6월 직첩을 돌려받고 부사과에 임명되고 이어서 동부승지와 이조참의를 역임했으며 순조 6(1806)년 6월 수찬으로 있으면서 정순왕후의 5촌 조카인 김한록(金漢祿)55)의 죄상을 아뢰고 토죄를 청했으며 10월 강원도 관찰사에 임명되었다. 순조 10(1810)년 6월 성균관 대사성에 임명되고 10월 통신사에 임명되었으며 11월 부제학에 임명되어 임금의 실천이 부족하다고 상언하고 순조 11(1811)년 윤3월 통신정사로 부사 이면구와 함께 일본에 다녀와서 7월 가선대부로 가자되고 8월 대사성에 임명되었다. 순조 12(1812)년 11월 동지성균관사를 거쳐 순조 13(1813)년 4월 대사헌에 임명되고 6월 비변사 제조에 차제되었으며 7월 내각 직제학에 임명되었다가 10월 대사헌에 임명되고 11월 부제학으로 전임되었다. 순조 14(1814)년 3월 대사헌에 임명되고 6월 규장각에서 〈정조대왕어제〉와 〈열성어제〉를 올린 일로 가의대부에 가자되었다. 7월 호군을 역임하고 8월 동지춘추에 임명되었다. 순조 15(1815)년 1월 부제학에 임명되고 6월 대사헌으로 전임되었으며 7월 우부빈객에 임명되고 9월 대사헌에 임명되었다. 순조 17(1817)년 승지를 역임하고 순조 18(1818)년 3월 공조 판서로 승진되고 6월 홍문관 제학에 임명되었으며 11월 산실청 제조로 활동한 공으로 정헌대부로 가자되었다. 순조 19(1819)년 2월 한성부 판윤에 임명되고 8월 왕세자의 납채·납징·고기·책빈의 부사로 활동하고 12월 이조 판서에 임명

---

55) 5촌 조카 김귀주와 공모하여 사도세자의 죄상을 꼬집어 뒤주에 갇혀 죽게한 인물이다.

되었다. 순조 21(1821)년 5월 평안도 관찰사에 임명되고 8월 효의왕후의 행장을 지은 공으로 가자되었다. 순조 23(1823)년 4월 우부빈객에 임명되고 5월 예문관 제학에 임명되고 한성부 판윤에 임명되었다가 7월 이조 판서에 임명되어 8월 홍문관 제학을 겸하다가 12월 사직상소를 올려 이조 판서에서 사직하고 의정부 우참찬에 임명되었다. 순조 24(1824)년 7월 병조 판서에 임명되고 판의금부사에 임명되었으며 순조 25(1825)년 1월 예문관 제학을 겸했다. 6월 한성부 판윤에 임명되고 7월 공조 판서에 임명되었으며 8월 예조 판서로 전임되어 판의금부사를 겸했다. 순조 26(1826)년 3월 규장각 제학에 임명되고 4월 양관 대제학에 임명되었으며 한성부 판윤에 임명되어 우빈객에 임명되었다. 5월 판의금부사에 임명되고 6월 좌빈객에 임명되었으며 10월 한성부 판윤에 임명되었다. 순조 27(1827)년 1월 이조 판서에 임명되고 좌빈객에 임명되었으나 2월 왕세자가 태묘 등에서 진배할 때 착오를 일으킨 일로 월봉을 감하는 처벌을 받았다. 이 해 4월 정주(政注)의 착오로 이조 판서에서 파직되었다가 6월 판의금부사에 임명되고 7월 한성부 판윤에 임명되어 전망에 의해 양관 대제학에 임명되었다. 9월 악장 제술관을 거쳐 10월 예조 판서에 임명되고 11월 한성부 판윤에 임명되었으며 12월 판의금부사에 임명되었다. 순조 29(1829)년 1월 내각 원임제학에서 검교제학으로 좌천되고 5월 판의금부사에 임명되고 11월 우참찬과 판의금부사에 임명되었다. 순조 30(1830)년 6월 한성부 판윤에 임명되고 7월 도목정을 행하여 판의금부사에 임명되고 예문관 제학을 거쳐 8월 좌부빈객에 임명되었으며 10월 판의금부사에 임명되었다. 순조 31(1831)년 1월 의정부 우의정으로 승진하고 호위대장을 겸했는데 이때 영의정과 좌의정이 모두 공석이어서 독상으로 국정을 도맡아 수행했다. 5월 입묘도감 도제조에 임명되었으나 7월에 죽었다. 죽은 뒤에 순조의 묘정에 배향되었다.

〈순조실록〉 순조 32(1832)년 7월 30일 첫 번째 기사에 '김이교의 졸기'가 있다. 졸기에 "김이교는 안동인이니, 충정공(忠正公) 김시찬(金時粲)의 손자이다. 우아하여 문학이 있고 돈후하여 외화(外華)를 몰라, 당시에 덕도(德度)로 추중되었고 뒤에는 묘정(廟庭)에 배향되었다. 그러나 정승이 되어서는 별로 해놓은 일이 없으니, 대체로 재주가 미치지 못하였던 것이다."고 평했다.

↘ 저술 및 학문

글씨를 잘 썼으며 저서로 〈죽리집〉이 있다.

↘ 참고 문헌

〈다음백과사전〉, 〈한국민족문화대백과사전〉, 〈정조실록〉, 〈순조실록〉, 〈안동김씨세보〉

| 홍석주 (洪奭周) | 본관은 풍산이고 자는 성백(成伯)이며 호는 연천(淵泉)이고 시호는 문간(文簡)이다. 영조 50(1774)년에 태어나서 헌종 8(1842)년에 죽었다. |

임명일

- 순조 32(1832)년 2월 29일 : 홍석주(洪奭周)를 홍문관 대제학과 예문관 대제학으로 삼고.
- 순조 32(1832)년 8월 29일 : 대제학 홍석주가 재차 상소하여 체개해줄 것을 바라니, "문형의 소임은 지금 잠시 허체한다." 하였다.

가문

아버지는 우부승지 인모(仁謨)이고 할아버지는 인모의 친아버지가 영의정 낙성(樂性)인데 낙취(樂取)에게 입양되었다. 증조부는 예조 판서 상한(象漢)이고 고조부는 이조 참판 석보(錫輔)인데 석보는 예조 판서 홍만용(洪萬容)의 손자이고 정명공주(貞明公主)의 남편 영안위(永安尉) 홍주원(洪柱元)의 증손이다. 외할아버지는 김원행의 외손인 대구인 관찰사 서형수(徐逈修)이고 장인은 영의정 이경여(李敬輿)의 후손인 전주인 감역 이영희(李英禧)이다.

1남 1녀를 두었는데 아들 통덕랑 우겸(祐謙)은 일찍 죽어서 홍문관 응교 승운(承運)을 후사로 삼았고 딸은 청주인 목사 한필교(韓弼敎)와 결혼하여 예조·형조·이조 판서와 대제학을 역임한 한장석(韓章錫)을 낳았다. 아우는 보은 군수 길주(吉周)이다.

외손자 한장석이 대제학을 역임함으로써 외조손 대제학의 가문을 이루었다.

◪ 생애

정조 19(1795)년 2월 유학으로 전강에서 수석하고 전시에 직부 되었고 같은 해에 문과에 급제했다. 정조 21(1797)년 조석중(曹錫中)과 함께 승정원 주서에 임명되었다. 정조 23(1799)년 한림소시에서 이존수(李存秀)와 둘이 뽑히고 정조 24(1800)년 6월 검열로 있을 때 정조가 승하하자 기사관으로 활동했다.

순조 즉위(1800)년 7월 순조의 명에 따라 강화의 사고에 가서 수렴하는 의절을 조사하고 왔다. 순조 1(1801)년 2월에 관직을 삭탈 당했다. 순조 2(1802)년 1월 정언을 역임하고 2월 홍문록에 뽑혔으며 6월 교리에 임명되고 상소로 진면(陳勉)하여 가납되었고 8월 환시들이 수교를 위반하는 폐단을 진달했다. 순조 4(1804)년 3월 교리로 관동 위유사로 파견되었고 9월 비국에 의해 암행어사로 적합한 사람으로 뽑혔으며 11월 규장각 직각에 임명되었다. 순조 6(1806)년 2월 응교에 임명되고 5월 승지로 발탁되었다. 순조 7(1807)년 10월 문신의 응제에서 검교직각으로 획수를 세어 수석하여 상을 받았고 순조 8(1808)년 윤5월 이조 참의에 임명되었다. 순조 9(1809)년 1월 작헌례에서 집례를 맡은 공으로 가선대부로 가자되고 3월 승지에 임명되었다. 순조 10(1810)년 2월 홍문관 부제학에 임명되었으나 곧 체차되고 4월 홍문관 직제학에 임명되고 6월 형조 참판에 임명되었으며 10월 다시 직제학에 임명되었다가 다음날 부제학에 임명되었다. 순조 11(1811)년 윤3월 직제학에 임명되고 4월 한성부 좌윤에 임명되어 움막의 병든 백성들에게 휼전을 베풀도록 요청하여 실현시켰다. 순조 12(1812)년 2월 이존수 등과 함께 비변사 제조에 임명되고 5월 우부빈객에 임명되었으며 9월 대사간에 임명되었다. 순조 15(1815)년 7월 충청도 관찰사에 임명되었으나 순조 17(1817)년 2월 승정원의 요청에 따라 의금부에서 추고를 당하고 4월 대사간에 임명되었다. 순조 18(1818)년 3월 홍문관 제학에 임명되고 순조 19(1819)년 6월 이조 참판에 임명되었다가 순조 20(1820)년 4월 대사간에 임명되어 빈객을 겸했다. 순조 21(1821)년 3월 호군을 역임하고 5월 좌부빈객에 임명되고 6월 부제학에 임명되었으며 11월 이조 참판에 임명되었으나 12월 파직되었다. 순조 22(1822)년 1월 홍문관 제학에 임명되고 3월 전라도 관찰사에 임명되었으나 순조 23(1823)년 3월 사직상소를 올려 전라도 관찰사에서 사직하고 3월 규장각 직제학에 임명되고 8월 홍문관 제학에 임명되었다. 순조 25(1825)년 10월 대사간에 임명되어 좌부빈객을 겸하고 순조 26(1826)년 10월 지의금부사에 임명되었다가 12월 한성부 판윤에 임명되었다. 순조 27(1827)년 2월 형조 판서에 임명되고 순조 28(1828)년 1월 예문관 제학에 임명되었으며 2월 의정부 우참찬에 임명되었다가 4월 좌참찬으로 전임되어 우부빈객을 겸했다. 순조 29(1829)년 5월 형조 판서에 임명되고 7월 예조 판서·우부빈객에 임명되었으며 8월 공조 판서에 임명되고 11월 세손책례도감 제조에 임명되었다. 순조 30(1830)년 2월 이조 판서에 임명되어 우빈객을 겸하고 5월 장례 제조도 겸하는 한편 묘소 제조도 겸했다. 6월 공조 판서에 임명되고 6월 병조 판서에 임명되었으나 8월 금화(禁火)를 잘못한 일로 병조 판서에서 파직되고 삭탈되었다. 9월 예문관 제학에 임명되고 형조 판서에도 임명되었으나 12월 대사헌에 임명되었다. 순조 31(1831)년 정원용과 함께 규장각 제학에 임명되고 7월 사은정사에 임명되어 청나라에 다녀와서 12월 예문관 제학에 임명되었다. 순조 32(1832)년 2월 양관 대제학에 임명되고 3월 의정부 우참찬에 임명되었으나 7월 예조 판서로 전임되었다. 8월에 문형에서 체차해 줄 것을 요청하여 대제학에서 물러나 순조 33(1833)년 1월 좌부빈객에 임명되었다. 3월 판의금부사에 임명되고 호조 판서에 임명되어 6월 연접도감 제조에 임명되고 7월 좌부빈객에 임명되었다. 10월 사직상소를 올려 호조 판서에서 체직되고 11월 판의금부사에 임명되었다. 순조 34(1834)년 1월 이조 판서에 임명되었다가 7월 의정부 좌의정 겸 세손부에 임명되고 약원 도제조와 총호사를 겸하고 순조가 죽자 좌의정으로 시책문을 지었다. 순조가 죽은 뒤에 풍양조씨와 세력을 다투어 안동김씨 세도정치에 도움을 주었다.

헌종 1(1835)년 과장을 엄하게 하여 민심을 수습할 것을 청하고 헌종 2(1836)년 제용을 절약하여 궁민을 구제하기를 청하고 2월에는 북도의 인재를 서용할 것을 청했다. 5월에는 좌의정으로 금광과 은광의 채굴을 엄단할 것을 아뢰고 6월 실록청 총재관에 임명되었다. 12월 남응중의 모반 사건에 연루되어 김로(金路)와 삼사의 합계에 의해 문외출송을 당하였다가 헌종 5(1839)년 2월 석방되었고 3월 서용하라는 명에 따라 영중추부사에 임명되었으나 헌종 8(1842)년 6월에 죽었다.

〈헌종실록〉 헌종 8(1842)년 6월 10일 첫 번째 기사에 '영중추부사 홍석주의 졸기'가 있다. 졸기에 "홍석주는 어릴 때부터 문학을 전공하여 기주관으로 정조를 입시(入侍)하였었는데, 연중(筵中)에서 하교(下敎)하는 것이 무릇 수만여언(數萬餘言)에 이르러도 받들어 듣는 대로 척척 붓을 들어 기록하였고 물러갈 쯤에 미처 한 글자도 고치지 않으니, 정조께서 심히 가상하게 여기었다. 남에게 희귀한 책이 있다고 들으면, 반드시 빌려다가 읽고서야 말았으며, 문장을 지으매 평이(平夷)하고 담박하여 언제나 다시 뛰어나고 빼어나며 이상하고 특출하게 한 데는 없었으나, 일생 동안 힘쓴 일은 경적(經籍)으로 성명(性命)을 삼은 자이니, 거의 근세에 드물게 있었던 것이다. 정승이 됨에 미쳐서는 굳세게 대체(大體)를 지키는데 온 힘을 기울였고, 경제(經濟)의 사공(事功)에 이르러서는 일찍이 퇴연(退然)히 그 자리에 자처(自處)하지 않았으니, 대개 그 재주와 기력(氣力)을 스스로 심히 살펴서 알았기 때문에 그러하였다."고 평했다.

◪ 저술 및 학문

약관의 나이에 모시(毛詩)·경례(經禮)·자사(子史)·육예백가(六藝百家)의 글을 읽어 일가를 이루었다 한다. 학통 상으로는 김창협·김원행을 이었으며 청나라에 다녀오면서 고염무(顧炎武)의 영향을 받았다고 전한다. "실학과 무실을 주안으로 하는 박학을 강조했으나, 고증학에서 의리를 뒤로 미루는 것은 폐단이라고 비판하면서 주자학의 원칙을 지켜야 함을 주장했다. 주자학설의 인식 방법에서도 현상을 통해 본질을 추구한다는 역추·추리 방법을 취했다."(〈다음백과사전〉) 노장사상에도 관심을 기울여 〈도덕경(道德經)〉을 주해한 〈정노(訂老)〉를 지었다.

〈연천집〉·〈학해(學海)〉·〈영가삼이집(永嘉三怡集)〉·〈동사세가(東史世家)〉·〈학강산필(鶴岡散筆)〉·〈상서보전(尙書補傳)〉 등의 저서를 남겼고 〈속사략익전(續史略翼箋)〉·〈상예회수(象藝薈粹)〉·〈풍산세고(豊山世稿)〉·〈대기지의(戴記志疑)〉 등의 편서가 있다.

◪ 참고 문헌

〈다음백과사전〉, 〈한국민족문화대백과사전〉, 〈정조실록〉, 〈순조실록〉, 〈헌종실록〉, 〈풍산홍씨대동보〉, 〈묘지명, 한 장석 지음〉

본관은 평산이고 자는 중립(仲立)이며 호는 취미(翠微)이고 시호는 문청(文淸)이다. 영조 46(1770)년에 태어나서 헌종 9(1843)년에 죽었다.

임명일

— 헌종 1(1835)년 5월 21일 : 신재식(申在植)을 대제학으로 삼았다.

가문

아버지는 사복시 첨정 광온(光蘊)이고 할아버지는 소(韶)이며 증조부는 대사헌 사건(思健)이고 고조부는 이조 참의·대사간 심(鐔)이다. 평산신씨 사간공(思簡公)파의 파조인 호조 판서 호(浩)의 후손이다. 외할아버지는 은진인 현감 송익흠(宋益欽)이고 장인은 초배는 안동인 진사 김이대(金履大)이고 계배는 전주인 유심양(柳心養)이며 3배는 울산인 김방주(金邦冑)이다.

아들은 신천 군수 석관(錫寬)이고 딸은 풍산인 군수 홍학주(洪學周)와 결혼했다. 형은 재근(在根)이고 아우는 재수(在秀)와 재실(在實)이다.

생애

순조 4(1804)년 5월 춘도기 유생시험에서 제술에서 수석하여 전시에 직부 되었고 순조 5(1805)년 별시문과에서 병과로 급제했다. 순조 8(1808)년 6월 한림소시에 뽑히고 11월 사관을 역임하고 순조 10(1810)년 별검춘추를 역임하고 12월 홍문록에 뽑혔으며 순조 12(1812)년 도당록에 뽑혔다. 순조 18(1818)년 3월 대사간에 임명되고 9월 승지에 임명되었으며 순조 19(1819)년 4월 이조 참의에 임명되었다 그 뒤 이조 참의에 여러 번

재임되었다가 순조 21(1821)년 2월 강원도 관찰사에 임명되었다. 순조 24(1824)년 11월 이조 참의에 임명되고 12월 대사간에 임명되었으나 곧 체직되었다. 순조 25(1825)년 2월 다시 대사간에 임명되고 순조 26(1826)년 10월 동지정사 홍희준의 부사로 청나라에 다녀왔다. 순조 27(1827)년 이조 참판에 임명되고 순조 30(1830)년 1월 대사간으로 전임되었다가 7월 함경도 관찰사에 임명되었다. 순조 31(1831)년 10월 홍문관 부제학에 임명되어 함경도 마천령 이북에서의 전화(錢貨) 사용을 금지하라고 상소하여 실현시켰다. 순조 32(1832)년 11월 개성 유수에 임명되었으며 순조 33(1833)년 8월 공조 판서에 임명되고 11월 예문관 제학에 임명되었다. 순조 34(1834)년 2월 우부빈객에 임명되고 3월 비변사 제조에 임명되었으며 6월 경기도 관찰사에 임명되었다.

헌종 1(1835)년 5월 양관 대제학에 임명되고 헌종 2(1836)년 3월 익종의 태실을 가봉할 때 관상감 제조 겸 서표관으로 활동했다. 그 공으로 가자되었고 5월 대제학에서 물러났으며 10월 동지정사로 청나라에 다녀왔다. 헌종 3(1837)년 6월 대사헌에 임명되고 7월 이조 판서에 임명되었으며 헌종 4(1838)년 윤4월 실록청 당상으로 활동하여 그 공으로 가자되었다. 헌종 9(1843)년에 죽었다. 졸기는 없다.

◪ 저술 및 학문

저서로 〈취미집〉이 있다.

◪ 참고 문헌

〈다음백과사전〉, 〈한국민족문화대백과사전〉, 〈정조실록〉, 〈헌종실록〉, 〈평산신씨사간공파보〉

조인영
(趙寅永)

본관은 풍양이고 자는 희경(羲卿)이며 호는 운석(雲石)이고 시호는 문충(文忠)이다. 정조 6(1782)년에 태어나서 철종 1(1850)년에 죽었다.

▣ 임명일

— 헌종 2(1836)년 5월 25일 : 조인영(趙寅永)을 대제학으로 삼았다.
— 헌종 4(1838)년 7월 30일 : 조인영을 대제학으로 삼았다.

▣ 가문

아버지는 이조 판서·판돈령부사·대제학 진관(鎭寬)이고 할아버지는 우리나라에 고구마를 들여온 이조 판서 엄(曮)이며 증조부는 판돈령부사 상경(尙絅)이고 고조부는 돈령부 도정 도보(道輔)이다. 외할아버지는 영의정 홍치중(洪致中)의 증손인 남양인 부사 홍익빈(洪益彬)이고 장인은 안동인 군수 김세순(金世淳)이다.

아들이 없어서 형 만영(萬永)의 아들 병조 판서 병기(秉夔)를 입양했는데 병기도 아들이 없어서 현령 벽석(秉錫)의 아들 이조 판서 영하(寧夏)를 입양했다. 영하는 갑신정변 때에 참화를 입었다.

형은 영돈령부사 풍은부원군(豊恩府院君) 만영(萬永)과 원영(原永)이다. 만영의 딸이 순조의 세자인 효명세자(孝明世子)와 결혼함으로 순조의 세자인 효명세자의 장인이 되었는데 효명세자가 익종으로 추존되자 효명세자빈은 신정왕후(神貞王后)가 되어 헌종의 모후가 되었고 만영은 국구가 되었다.

아버지 진관에 이어 부자 대제학의 가문을 이루었다.

↘ 생애

순조 18(1818)년 유생시험을 보아 제술에서 1등하고 직부전시(直赴殿試)되었다. 순조 19(1819)년 식년문과에서 장원으로 급제하고 응교에 임명되었다. 이 해에 형 만영의 딸이 순조의 세자인 효명세자(孝明世子)의 빈으로 간택 되었다. 순조 21(1821)년 7월 홍문록에 뽑히고 순조 22(1822)년 1월 비국에서 암행어사로 적합한 사람을 뽑을 때 권돈인과 함께 뽑혀 함경도 암행어사로 파견되었다. 돌아와서 부교리에 임명되고 순조 23(1823)년 3월 규장각 직각에 임명되었다. 7월 순조와 순원왕후의 장녀인 명온공주(明溫公主)의 가례 때 도청으로 활동하여 그 공으로 통정대부에 가자되었다. 순조 25(1825)년 3월 성균관 대사성에 임명되고 4월 경상도 관찰사에 임명되었다. 순조 27(1827)년 4월 이조 참의에 임명되고 윤5월 대점에 의해 부제학에 임명되었으며 6월 규장각 직제학에 임명되었다. 11월 다시 대사성에 임명되었으며 12월 왕세자가 사직 납향을 대행할 때 예모관으로 활동하여 그 공으로 가선대부로 가자되었다. 순조 29(1829)년 대점으로 전라도 관찰사에 임명되고 11월 좌유선에 임명되었으며 순조 30(1830)년 3월 비변사 제조에 임명되고 5월 동지돈녕부사에 임명되었다가 홍문관 제학에 임명되었다. 이어서 관상감 제조를 겸하고 반교문 제술관을 겸했다. 순조 31(1831)년 1월 이조 참판에 임명되었다가 11월 예조 참판에 임명되었고 순조 32(1832)년 2월 호군으로 물러났다가 3월 공조 판서로 승차하고 4월 한성부 판윤에 임명되어 좌부빈객을 겸했다. 윤9월 의정부 우참찬에 임명되어 순조 33(1833)년 1월 제언 당상을 겸하고 4월에는 예문관 제학을 겸했으며 6월에는 비국 유사당상을 겸하고 순조 34(1834)년 우부빈객까지 겸했다. 8월 공조 판서에 임명되고 11월 산릉도감 제조, 원임제학을 겸하고 순조가 승하하자 행 대호군으로 순조대왕의 시장을 지었다.

헌종 1(1835)년 1월 수렴청정하던 순원왕후 김 씨에 의해 중비(中批)로 이조 판서에 제수되고 순조의 시장을 지은 공으로 가자되었으며 양관 대제학에 임명되고 규장각 제학에 임명되었다. 이어서 수원 유수에 임명되었으나 9월 사직 상소를 올려 수원 유수에서 물러났다. 헌종 2(1836)년 4월 예조 판서에 임명되고 5월 문형을 회권하여 양관 대제학에 임명되었으며 10월 부묘도감 제조에 임명되었다. 헌종 3(1837)년 1월 부묘도감 제조로 활동한 공으로 가자되었고 10월에 특지로 호조 판서에 임명되어 형만형과 함께 풍양조씨 가문의 중심인물로 활동했다. 헌종 4(1838)년 7월 대제학에 임명되고 헌종 5(1839)년 2월 이조 판서에 임명되었으며 6월 선혜청 당상을 겸했다. 기해사옥을 통해 10월 검교 제학으로 〈척사윤음〉을 지어 경외에 반포하고 천주교를 탄압했으며 대왕대비가 상직에 임명하라고 명함에 따라 의정부 우의정에 임명되었다. 11월 우의정으로 서원의 치제와 경행 있는 선비의 별천을 아뢰고 4개 조항의 권면을 진달했다. 순조 6(1840)년 차자를 올려 김정희를 재처(裁處)하기를 청했다. 헌종 7(1841)년 4월 복상하라는 명에 따라 의정부 영의정으로 승차하고 8월 고 김수항의 부조와 권율의 사당 건립을 아뢰고 9월 상소를 올려 상직에서 사퇴하고 판중추부사에 임명되었다 헌종 8(1842)년 1월 영의정으로 복배되었다가 9월 상소를 올려 상직에서 사퇴하고 영중추부사에 임명되어 헌종 10(18440년 1월 호위대장에 임명되고 8월 다시 상직에 임명하라는 명에 따라 다시 영의정에 임명되었으나 9월 상소를 올려 상직에서 사퇴하고 영중추부사에 임명되었다.

철종 즉위(1894)년 영중추부사로 실록청 총재관에 임명되었다. 철종 1(1850)년 10월 상직에 임명하라는 명으로 영의정에 임명되었으나 12월 영의정으로 죽었다.

〈철종실록〉 철종 12(1850)년 12월 6일 첫 번째 기사에 '영의정 조인영의 졸기'가 있다. 졸기에 "조인영은 풍은부원군(豐恩府院君) 조만영(趙萬永)의 아우이니, 집안은 효우(孝友)로 전해왔고 몸소 검약을 실천하여 언행(言行)과 조리(操履)가 가히 5척의 어린 임금을 부탁하고 큰 일을 맡길 만하였다. 순조의 지우(知遇)를 받아 헌종을 보도(輔導)하느라 8년을 궁에서 지냈는데, 전일(專一)한 충심(忠心)은 임금을 받들고 백성을 보살핌을 자기의 소임으로 삼았고, 나라를 걱정하고 집안을 잊음을 살림살이로 여겼다. 일을 헤아리고 이치를 보는 데에는 조금도 어긋남이 없었고, 모든 일을 설계하여 펼치고 시행함에 있어 조야(朝野)가 믿고 중히 여겼음이 마치 시귀(蓍龜)와 같았다. 문학과 사장(詞章)에 있어서도 세상의 종장(宗匠)이 되었는데, 육경(六經)에 근저(根底)를 두고 백가(百家)를 섭렵(涉獵)하여 문단의 맹주(盟主)로 지냄이 10여 년이나 되었고, 관각(館閣)에 있으면서 제고(制誥)로 지은 글은 거의가 사람들의 입에 회자(膾炙) 되었었다."고 평했다.

◪ 저술 및 학문

문장·글씨·그림에 모두 능했고 〈국조보감(國朝寶鑑)〉 찬술에 참여했고 저서로 〈운석유고(雲石遺稿)〉가 있다. 청나라 금석학의 대가인 유영정(劉燕庭)에게 우리나라 금석학의 자료를 주어 연구하게 했고, "추사 김정희가 발견한 북한산의 진흥왕순수비의 탁본과 〈해동금석존고(海東金石存攷)〉 등을 보내주어 〈해동금석원(海東金石苑)〉을 편찬하는 데 크게 기여했다."(〈다음백과사전〉)

◪ 참고문헌

〈다음백과사전〉, 〈조선의 영의정〉, 〈순조실록〉, 〈헌종실록〉, 〈철종실록〉, 〈풍양조씨세보〉

본관은 풍양이고 자는 경길(景吉)이며 호는 성재(成齋)·우당(羽堂)
이다. 정조 15(1791)년에 태어나서 철종 즉위(1849)년에 죽었다.

임명일

— 헌종 13(1847)년 2월 5일 : 조병현(趙秉鉉)을 대제학으로 삼았다.

가문

아버지는 이조 판서 득영(得永)이고 할아버지는 평양 서윤 진명(鎭明)이
며 증조부는 예조 판서 환(瑍)이고 고조부는 원주 목사 상기(尙紀)이다.
외할아버지는 연안인 판서 이문원(李文源)인데 이문원은 영의정 이천보
(李天輔)의 손자이다. 장인은 대구인 이조 판서 서정보(徐鼎輔)이다.

아들은 1남은 우참찬 구하(龜夏)이고 2남은 이조 판서 봉하(鳳夏)이다.
아우는 병황(秉璜), 오위장 병록(秉祿), 병석(秉祏)이고 누이들은 각각 여
흥인 민치명(閔致明), 동래인 현령 정세백(鄭世百), 전주인 이인청(李寅淸)
과 결혼했다.

생애

순조 22(1822)년 윤3월 유생시험을 보아 제술에서 수석하여 직부전시
되었고 같은 해 식년문과에서 을과로 급제했다. 지평과 교리를 거치고 순
조 26(1826)년 6월 홍문록에 뽑히고 순조 27(1827)년 3월 비변사에서 암
행어사로 적합한 사람으로 뽑히어 암행어사를 역임하고 부교리에 임명되
어 8월 대축으로 활동한 공으로 통정대부로 가자되었다. 이 뒤부터 조만
영, 조인영, 조병구 등과 함께 풍양조씨 세도정치의 중심인물로 활동하며
안동김씨와 권력다툼을 벌이는 데에 앞장섰다.(〈한국민족문화대백과사

전〉) 순조 29(1829)년 11월 성균관 대사성에 임명되었으나 순조 30(1830)년 10월 어떤 일로 추문되었다. 순조 32(1832)년 2월 이조 참의에 임명되고 7월 예모관 겸 보덕으로 활동한 공으로 가선대부로 가자되었다. 순조 33(1833)년 공충도 관찰사에 임명되고 순조 34(1834)년 경상도 관찰사에 임명되었다.

헌종 3(1837)년 3월 승지로 가례 때 규(圭)를 바치어 가선대부로 가자되고 4월 주청정사 김현근의 부사로 청나라에 다녀왔으며 그 공으로 가자되고 전지 10결과 노비 5구를 하사받았으며 10월 형조 판서로 승차했다. 형조 판서로 있으면서 천주교를 탄압하여 앙베르 주교와 샤스탕 신부, 그리고 모방 신부 등 많은 신자들을 살해하는 기해박해의 중심인물이 되었다.(〈한국민족문화대백과사전〉) 헌종 4(1838)년 6월 예조 판서로 승진하고 헌종 5(1839)년 2월 형조 판서로 전임되었다가 4월 대사헌에 임명되었다. 7월 병조 판서에 임명되고 6월 중비로 호조 판서로 전임되어 호조 판서로 있으면서 조선 후기의 청나라, 일본과의 외교문서인 〈동문휘고(同文彙考)〉의 편찬 당상을 겸했다.(〈한국민족문화대백과사전〉) 헌종 7(1840)년 2월 상호도감 제조를 역임하고 헌종 8(1841)년 6월 이조 판서에 임명되었다. 헌종 9(18420년 12월 좌참찬으로 산릉도감 당상으로 활동한 공으로 가자되었다. 헌종 10(1843)년 4월 상시관으로 상소하여 자핵(自劾)하여 파직되었고 판의금부사에 임명되었다가 과거 부정사건에 연루되어 5월 평안도 관찰사로 좌천되었다. 헌종 11(1844)년 병조 판서에 임명되고 헌종 12(1845)년 2월 규장각 제학에 임명되었으며 4월 병조 판서에 임명되었다가 7월 예조 판서로 전임되었다. 8월 삼조의 어진을 봉할 때 찬례로 활동한 공으로 가자되었다. 헌종 13(1846)년 2월 문형을 회권하여 대제학에 임명되고 5월 병조 판서에 임명되었으며 9월 광주 유수에 임명되었다. 이때 부정을 행하고 조정을 문란했다는 사유로 10월 안동김 씨 파의 정언 윤행복이 귀양 보내도록 청했다가 파직되었다. 그러나 역시 안동김씨 파의 대사헌 이목연(李穆淵)이 탄핵하고 양사가 합계함에 따라 거제도로 유배되었고 11월 위리안치 되었다. 헌종 14(1847)년 12월 이목 연, 김정희와 함께 석방되었다.

철종 즉위(1849)년 대왕대비 김 씨가 수렴청정을 하자 7월 전 정언 강 한혁이 조병현과 윤치영을 절도에 안치하라고 상소하자 대왕대비가 도치 (島置)하라고 명하고 위리안치의 형전을 내렸다. 그리고 같은 달 대왕대 비의 명에 따라 위리안치 되었던 전라남도 지도(智島)에서 사사되었다. 철종 4(1853)년 10월 탕척되었다. 졸기는 없고 신원된 다음날인 10월 11 일 기사에 신원될 때의 글이 있는데 이를 옮기면 "조병현은 문충공(文忠 公) 조득영(趙得永)의 아들로서 품성이 강직하고, 일을 만나면 처결에 능 숙하였다. 헌종의 지우를 받아 궁중을 출입하면서 평탄하고 험난함을 가 리지 않고 앞에 나아가 자기 몸을 돌보지 않았다. 기유년(헌종 15:1849) 년 이후 거듭된 앙화를 만나 마침내 시종을 보전하지 못하였다. 이때 이 르러 백간(白簡)을 비로소 씻었고 원굴(冤屈)한 일이 모두 신설(伸雪) 되었 다."고 기록되어 있다.

◪ 저술 및 학문

저서로 〈성재집(成齋集)〉이 있다.

◪ 참고 문헌

〈다음백과사전〉, 〈한국민족문화대백과사전〉, 〈순조실록〉, 〈헌종실록〉, 〈철종실록〉, 〈풍양조씨세보〉

본관은 양주이고 자는 원칠(元七)이며 호는 심암(心菴)이고 시호는 문헌(文獻)이다. 정조 20(1796)년에 태어나서 고종 7(1870)년에 죽었다.

임명일

— 철종 즉위(1849)년 11월 23일 : 조두순(趙斗淳)을 대제학으로 삼았다.
— 철종 2(1851)년 2월 12일 : 조두순을 대제학으로 삼았다.
— 고종 1(1864)년 4월 29일 : 실록을 편찬할 때의 문형은 전전 대제학으로 하다.

가문

아버지는 평양 서윤 진익(鎭翼)이고 할아버지는 의령 현감 종철(宗喆)이며 증조부는 선공감 부정 영극(榮克)이고 고조부는 도정 정빈(鼎彬)이다. 5대조는 신임사화 때 죽음을 당한 노론 4대신의 한 사람이 좌의정 태채(泰采)이다. 외할아버지는 번남인 우의정 박종악(朴宗岳)이고 장인은 대구인 판서 서준보(徐俊輔)이다.

아들이 없어서 아우 규순의 아들 병섭(秉燮)과 아우 태순의 아들 병집(秉集)을 후사로 삼았는데 병섭이 동희(同熙)를 낳았다.

형제로는 동생으로 태순(台淳)과 호조 참판 규순(奎淳)이다. 규순의 아들이 병섭(秉燮)과 병협(秉協)이고 규순의 측실 소생이 고부 군수 병갑(秉甲)인데 동학농민 봉기의 원인을 제공했다. 누이는 우봉인 이원(李㴉)과 결혼했다.

생애

순조 26(1826)년 11월 황감제시에서 수석하고 전시에 직부 되었으며 이어서 실시된 증광문과에 급제했다. 순조 27(1827)년 6월 규장각 대교에 임명되고 순조 30(1830)년 6월 부교리에 임명되었으며 8월 겸 사서에 임명되었다. 순조 31(1831)년 12월 응교에 임명되고 순조 32(1832)년 4월 의정부 검상에 임명되었으며 7월 도청으로 활동한 공으로 통정대부에 가자되었다. 순조 34(1834)년 6월 성균관 대사성에 임명되고 11월 검교 대교를 지냈다.

헌종 1(1836)년 6월 동지정사 박회수(朴晦壽)의 부사로 청나라에 다녀왔고 헌종 2(1836)년 3월 이조 참의에 임명되고 5월 검교 대교로 있으면서 순조의 어제를 규장각에서 인쇄하여 올리고 그 공으로 가자되었다. 헌종 3(1837)년 6월 부제학에 임명되고 12월 예조 참판에 임명되었으며 헌종 4(1838)년 1월 이조 참판으로 전임되고 10월 황해도 관찰사에 제수되었다. 헌종 7(1841)년 1월 부제학에 임명되고 10월 이조 참판에 임명되었다. 헌종 11(1845)년 2월 사헌부 대사헌에 임명되고 5월 공조 판서로 승차했으며 7월 예문관 제학에 임명되었다. 9월 한성부 판윤에 임명되고 12월 형조 판서에 임명되었다. 헌종 13(1847)년 9월 중비로 호조 판서에 임명되고 헌종 14(1848)년 3월 상호도감 제조로 활동한 공으로 가자되었고 4월 평안도 관찰사에 임명되고 10월 삼조의 보감을 태묘에 올리고 광주 유수에 임명되었다.

철종 즉위(1849)년 11월 대제학에 임명되고 지실록사에 임명되어 〈헌종실록〉 편찬을 주도하고 철종 1(1850)년 2월 판의금부사에 임명되고 관반으로 차출되었으며 3월 헌종대왕 어제와 열성조의 어제를 합본하여 인출하고 그 공으로 가자되고 병조 판서에 임명되었고 10월 실록찬수 당상으로 차하되었다. 철종 2(1851)년 1월 이조 판서에 임명되고 2월 대제학에 임명되었다가 규장각 제학에 임명되었으며 7월 이조 판서에 임명되었다. 8월 이조 판서로 태묘에 부묘하고 휘경전에 친제할 때 옥책문 제술관으로 활동하여 그 공으로 가자되었고 10월 판의금부사에 임명되었다. 이 해에 조선 후기의 대청, 대일 외교문서집인 〈동문휘고〉를 편찬했다. 철종 3(1852)년 4월 예조 판서에 임명되었다가 호조 판서로 전임되고 8월 일강관으로 차하하였다. 철종 4(1853)년 3월 판의금부사에 임명되고 6월 지중추부사로 있다가 상신에 제배하라는 명에 의해 의정부 우의정으로 승차했다. 그러나 곧 판중추부사로 물러나서 위관에 임명되었다가 다시 우의정에 임명되었다. 우의정으로 있으면서 11월 홍주 땅 원산에 일진별장을 창설하여 두도록 상언하여 실현시켰고 철종 6(1855)년 10월 상소를 올려우의정에서 물러났다. 철종 8(1857)년 2월 판중추부사로 있다가 다시 우의정에 제배되어 박승종의 관작을 회복하라고 청해서 관작을 회복시켰고 8월 총호사에 임명되고 9월 성학과 실정에 힘쓸 것을 청했다. 철종 9(1858)년 4월 김좌근이 영의정으로 제수되는 날 좌의정으로 승차했고 같은 해에 판중추부사로 물러났으나 철종 11(1860)년 3월 우의정에 임명되고 10월 우의정에서 체차하였다가 좌의정에 임명되었다. 철종 12(1861)년 1월 좌의정에서 사직하고 판중추부사에 임명되었다가 10월 다시 좌의정에 임명되었다. 철종 13(1862)년 5월 좌의정으로 재임할 때 삼남지방을 중심으로 전국 각지에서 농민항쟁이 계속되자 정원용, 김흥근, 김좌근과 함께 삼정이정청 총재관에 임명되고 8월 삼정의 개혁을 수립하여 아뢰고 10월 사직 상소를 올려 좌의정에서 사직하고 판중추부사에 임명되었다. 당시 관료들은 농민항재의 원인을 삼정의 문란으로 파악했는데, 두순은 그 가운데 환곡제도의 폐단이 가장 심하다고 판단하여 파한귀결을 적극 실시할 것을 청하여 오랜 논의 끝에 받아들이게 했다.(〈한국민족문화대백과사전〉) 철종 14(1863)년 9월 다시 좌의정에 임명되었으며 좌의정으로 재직하면서 철종이 죽은 뒤에 고종 추대에 적극적이어서 조대비로 하여

즉위 전교를 내리게 하는 등 고종 즉위에 중요한 역할을 했다.(〈한국민족
문화대백과사전〉)

　고종 즉위(1863)년 12월 좌의정으로 국장도감의 행장 제술관에 임명되
어 철종의 행장을 지었다. 12월 부고 겸 주청사에 임명되었으나 고종 1
(1864)년 1월 나이가 많다는 이유로 사직소를 올려 주청정사에서 사직했
다. 3월 식재 궁관에 임명되고 6월 영의정으로 승차하고 실록청 총재관에
임명되어 〈철종실록〉을 간행했다. 정원용, 조석우(曺錫雨)와 함께 〈법선
도〉의 서문을 지으라는 명을 받았다. 고종 2(1865)년 3월 차자를 올려 사
국(史局)의 직임에서 사직하는 것을 요청하여 허락 받았고 4월 대왕대비
로부터 경복궁의 영건도감을 설치하라는 명에 따라 영의정으로 영건도감
제조에 임명되었다. 영의정으로 있으면서 삼군부를 부활시켰고 경복궁을
재건시켰으며 〈대전회통〉 편찬을 지휘하여 세도정치 기간 중에 실추되었
던 왕권의 강화에 힘썼다. 그리고 천주교에 대해서는 강경하게 박해했
다.(〈조선의 영의정〉) 5월 사직소를 올려 영의정에서 사직하고 판돈녕부
사에 임명되었다가 같은 달 다시 영의정에 제배되어 윤5월 교식찬집 총
재관을 겸하고 11월 왕대비전의 존숭옥책문 제술관을 겸했다. 12월 조광
조의 봉사손에 벼슬자리를 주자고 청하여 실현시켰다. 고종 3(1866)년 2
월 상호도감의 익종대왕 옥책문 제술관을 겸하고 2월 가례도감 도제조에
임명되었으나 4월 세 번의 사소 끝에 영의정에서 사직하고 판중추부사로
체배되었다. 10월 판중추부사로 근정전의 상량문을 쓰고 상호도감의 추
상존호 옥책문 제술관에 임명되었다. 고종 5(1868)년 9월 상호도감의 악
장문 제술관에 임명되고 고종 6(1869)년 봉조하가 되었으며 고종 7(1870)
년 10월 봉조하로 죽었다.

　〈고종실록〉 고종 7(1870)년 10월 8일 첫 번째 기사에 '봉조하 조두순이

졸하다'는 기사가 있다. 평가는 없고 고종의 전교문만 나와 있다.

고종 8(1871)년 3월 아내 정경부인 서 씨가 가문의 일들을 다 해놓고 10여 일간 곡기를 입에 대지 않고 남편을 따라 죽어서 정문이 세워졌다.

↘ 저술 및 학문

〈헌종실록〉 편찬을 주관했고 〈철종실록〉 편찬의 총재관으로 이를 간행했으며 철종의 아버지인 전계대원군의 신도비문을 지었으며 외교 문서집 〈동문휘고(同文彙考)〉를 편찬하고 〈대전회통〉을 편찬했다. 저서로 〈심암집〉이 있다.

↘ 참고 문헌

〈다음백과사전〉, 〈조선의 영의정〉, 〈순조실록〉, 〈헌종실록〉, 〈철종실록〉, 〈고종실록〉, 〈양주조씨족보〉

서기순 (徐箕淳)

본관은 대구이고 자는 중구(仲裘)이며 호는 매원(梅園)이고 시호는 청문(淸文)이다. 정조 15(1791)년에 태어나서 철종 5(1854)년에 죽었다.

임명일

— 철종 1(1850)년 11월 19일 : 서기순(徐箕淳)을 대제학으로 삼았다.

가문

아버지는 판돈녕부사 겸 이조 판서·대제학 영보(榮輔)이고 할아버지는 대사헌·대제학 유신(有臣)이며 증조부는 영의정 지수(志修)이고 고조부는 좌의정 명균(命均)이며 5대조는 영의정·대제학 종태(宗泰)이다. 8대조는 달성위 겸 오위도총부 도총관 경주(景霌)이다. 외할아버지는 연일인 대사간 정상인(鄭象仁)이고 장인은 초배는 연안인 목사 이노수(李潞秀)이고 계배는 함평인 이억운(李億運)이다.

아들이 없어서 언순(彦淳)의 아들 상서(相敍)를 후사로 삼았다. 형은 이순(彛淳)이고 누이는 창녕인 조회승(曹晦承)과 결혼했다.

5대조 종태, 고조부 명균, 증조부 지수로 이어지는 3대 정승의 가문을 이어 할아버지 유신, 아버지 영보에 이어 3대 대제학의 가문을 이루었다.

생애

순조 27(1827)년 증광문과에서 갑과로 급제했다. 순조 28(1828)년 1월 홍문록에 뽑히고 10월 도당록에 뽑혔다. 순조 29(1829)년 2월 정언에 임명되고 비변사에서 어사로 추천함에 따라 암행어사로 파견되었다. 뒤에 현감을 역임하고 순조 30(1830)년 8월 겸 필선에 임명되고 순종 31(1831)

년 4월 안핵사로 파견되었으며 순조 33(1833)년 3월 이조 참의에 임명되었다.

헌종 3(1837)년 12월 성균관 대사성에 임명되었다. 헌종 4(1838)년 2월 승지를 역임하고 3월 영정을 배신한 공으로 가자되었다. 헌종 5(1839)년 5월 이조 참판에 임명되고 6월 대사성에 임명되었으며 헌종 8(1842)년 전라도 관찰사에 임명되었다. 헌종 9(1843)년 11월 성균관 유생들이 서기순의 부제 문제로 권당함에 따라 헌종 10(1844)년 2월 무장으로 유배되었다가 곧 사면되고 헌종 11(1845)년 6월 중비로 한성부 판윤에 임명되고 7월 형조 판서에 임명되었다. 헌종 12(1846)년 4월 예조 판서에 임명되고 7월 대사헌에 임명되었으며 9월 한성부 판윤에 임명되었다가 11월 형조 판서에 임명되었다. 헌종 13(1847)년 4월 예조 판서로 전임되고 10월 대사헌에 임명되었으며 12월 형조 판서에 임명되었다. 헌종 14(1848)년 6월 예조 판서에 임명되고 7월 대사헌에 임명되었으나 간삭을 당하여 대호군에 임명되었다. 헌종 15(1489)년 4월 예조 판서에 임명되었다.

철종 즉위(1849)년 8월 경상도 관찰사에 임명되고 11월 헌종의 애책문을 지은 공으로 가자되었다. 철종 1(1850)년 10월 판의금부사에 임명되고 11월 지실록사에 임명되어 〈헌종실록〉 편찬에 참여했다. 11월 대제학에 임명되고 12월 판의금부사에 임명되었다. 철종 2(1851)년 1월 예조 판서에 임명되고 2월 병조 판서로 전임되었으며 3월 판의금부사에 임명되었다가 4월 병조 판서에 임명되었다. 8월 태묘에 부묘한 공으로 가자되고 철종 3(1852)년 일강관으로 차하되었다. 철종 4(1853)년 2월 판의금부사에 임명되고 5월 이조 판서에 임명되었으나 7월 이조 판서에서 물러나 논핵을 당했다. 철종 5(1854)년 1월 형조 판서에 임명되었으나 분의로 나오지 않아서 충청 수사로 좌천되었으나 응하지 않아 정배되었다. 1월 다시 충청 수사에 보외되고 4월 판의금부사에 임명되었으나 그 해 9월에 죽었다. 죽은 뒤인 순종 때에 청백리에 녹훈되었다.

〈철종실록〉 철종 5(1854)년 9월 9일 두 번째 기사에 '전 대제학 서기순의 졸기'가 있다. 졸기에 "서기순은 대제학 서영보(徐榮輔)의 아들로서, 부귀현혁(富貴顯赫)한 가문이었는데도 속세를 떠나 깊은 산중에서 가난한 것을 달게 여기는 지조(志操)가 있어 성남(城南)의 오두막집에서 풍우(風雨)를 가리지 못하고 살았다. 수령에 제수되고 지방을 안찰(按察)함에 미쳐서는 관물(官物)을 사사로이 쓰지 않았으니, 가는 곳마다 청렴하다는 이름이 있었다. 또 그의 사장(詞章)은 문단(文壇)을 주름잡아 대대로 전해오는 아름다움이 있었다."고 평했다.

☒ 저술 및 학문

저서로 〈종사록(從仕錄)〉 1권이 있다.

☒ 참고 문헌

〈다음백과사전〉, 〈한국민족문화대백과사전〉, 〈순조실록〉, 〈헌종실록〉, 〈철종실록〉, 〈대구서씨세보〉

본관은 안동이고 자는 경교(景敎)이며 호는 영초(穎樵)이고 시호는 문헌(文獻)이다. 순조 21(1821)년에 태어나서 고종 16(1879)년에 죽었다.

임명일

— 철종 9(1858)년 3월 4일 : 김병학(金炳學)을 대제학으로 삼았다.

가문

친아버지는 이조 판서 수근(洙根)인데 큰아버지인 준근(浚根)에게 입양되었다. 할아버지는 거창 부사 인순(麟淳)이고 증조부는 이직(履直)56)이고 고조부는 공조 참의 겸 제주 원행(元行)이다. 6대조는 예조 판서·대제학 창협(昌協)이고 7대조는 영의정·대제학 수항이며 9대조는 좌의정·대제학 상헌이다. 외할아버지는 친가로는 초배는 양주인 목사 조진민(趙鎭敏)이고 계배는 전주인 유송(柳誦)이며 3배는 거창인 신극흠(愼克欽)인데 양가로는 풍양인 감사 조진택(趙鎭宅)이다. 장인은 셋인데 초배가 파평인 군수 윤희대(尹希大)이고 계배는 우의정 윤한규(尹漢圭)의 아들인 파평인 윤집(尹鏶)이며 삼배는 성주인 이교상(李敎尙)이다.

아들이 없어서 병유(炳儒)의 아들 승규(昇圭)를 입양했는데 이조 참판·규장각 직학사를 역임했고 딸은 양주인 이조 참의 조신희(趙臣熙)와 결혼했다.

아우는 영의정 병국(炳國)이고 누이들은 각각 양주인 조병석(趙秉奭)·우봉인 이호병(李鎬秉)과 결혼했다. 작은아버지는 철종의 국구인 영은부원군(永恩府院君) 문근(汶根)이다.

---

56) 인순의 친아버지는 이장(履長)인데 이직에게 입양되었다.

▷ 생애

음직으로 관직에 들어서서 철종 4(1853)년 현감으로 있으면서 전시에 직부 되어 정시문과에 급제하고 장령·사간을 역임하고 철종 5(1854)년 6월 성균관 대사성에 임명되었다. 철종 8(1857)년 1월 중비에 의해 한성부 우윤에 임명되고 다시 중비로 이조 참판에 임명되었다. 10월 대사헌에 임명되고 12월 묘호와 존호를 올릴 때 호군으로 참여해서 가자되었다. 철종 9(1858)년 1월 예조 판서로 승차하고 같은 달 수원 유수에 임명되었으며 3월 대제학에 임명되었다. 4월 한성부 판윤에 임명되고 5월 좌참찬에 임명되었으며 순원왕후의 옥책문을 지은 공으로 가자되었다. 6월 이조 판서에 임명되고 8월 연주도감의 향관으로 활동한 일로 가자되고 판의금부사에 임명되었다. 10월 이조 판서로 있으면서 별입직으로 활동해서 가자되고 12월 병조 판서로 전임되었다. 철종 10(1859)년 8월 가자되고 10월 형조 판서에 임명되고 11월 공조 판서로 전임되었다. 철종 11(1860)년 1월 병조 판서에 임명되고 철종 13(1862)년 8월 공조 판서로 전임되었다가 11월 한성부 판윤에 임명되었으며 12월에 다시 병조 판서에 임명되었다. 철종 14(1863)년 1월 선혜청 당상에 임명되는 등 철종 때 안동김씨의 세도 정권에서 중요 관직을 역임했다.

고종 즉위(1863)년 12월 지중추부사로 있으면서 아우 병국과 함께 종척 집사에 차하되고 국장도감 제조와 지문 제술관에 임명되어 판중추부사로 철종의 묘지문을 지었다. 흥선대원군이 섭정으로 실권을 쥔 뒤로 안동김씨의 세도정치가 끝났으나 고종 즉위에 은밀히 노력한 공로와 딸을 며느리로 줄 것을 약속한 흥선대원군과의 평소 친분으로(〈한국민족문화대백과사전〉) 고종 1(1864)년 1월 이조 판서에 임명되고 7월 실록청 찬수당상으로 차하되어 〈철종실록〉 편찬에 참여했으며 명에 의해 전 대제학으로

〈국조보첩〉의 발문을 찬진하고 주관당상에 임명되었다. 8월 예조 판서에 임명되고 10월 실록청 교정 당상으로 차하되었으며 11월 〈법선도〉의 서문을 지을 사람으로 뽑혔다. 고종 2(1865)년 1월 공조 판서에 임명되었다가 좌찬성으로 승차하고 3월 의정부 좌의정으로 승차했다. 4월 영건도감 제조를 겸하고 윤5월 교식찬집 총재관을 겸하며 조두순, 이유원 등과 함께 〈대전회통〉을 편찬했다. 11월 대비전의 존숭옥책문을 짓고 고종 3(1866)년 2월에는 헌종의 옥책문을 지었으며 가례도감의 교명문 제술관을 겸했다. 10월 사정전의 상량문을 짓고 11월 아우 병국은 상호도감 제조에 임명되고 병학은 도제조에 임명되었다. 이 해에 병인양요가 일어나자 천주교를 탄압할 것을 극력 주장했고 고종 4(1867)년 3월 사직소를 올려 좌의정에서 사직하고 판중추부사로 있다가 5월 다시 좌의정에 임명되고 같은 달에 영의정으로 승차했다. 고종 5(1868)년 윤4월 사직소를 올려 영의정에서 사직하고 판중추부사에 임명되었으나 같은 달에 영의정에 제수되어 사교의 섬멸을 위해 유학을 강화하도록 청했다. 고종 8(1871)년 〈권능별운음〉을 지었는데 이 책은 8도와 4도(四都)에 내렸다. 11월 태종의 옥책문 제술관에 임명되었으나 고종 9(1872)년 부모의 상을 당했다. 고종 12(1875)년 1월 영돈녕부사에 임명되어 조일수호조약 체결에 극력 반대하고 세자 책봉에 대해 아뢰고 왕세자 책봉 교명문 제술관에 임명되었다. 2월에 최익현을 석방하지 말라고 상소하고 11월 익종의 추상존호 옥책문을 지었다. 고종 13(1876)년 윤5월 호위대장에 임명되고 철종 14(1877)년 대왕대비의 옥책문을 지었다. 고종 15(1878)년 11월 세자의 병이 회복된 일로 영돈녕부사로 약원 도제조로 활동한 공으로 아들·사위 가운데 한 사람을 조용하게 되고 순원왕후의 옥책문을 지었다. 고종 16(1879)년 1월 고종의 명에 의해 〈선원보략〉의 발문을 지었고 판중추부사 홍순목, 한계원, 영의정 이최응, 좌의정 김병국과 함께 연명으로 건의문을 올려 일본이 요구하는 인천, 원산항 가운데 인천은 개항해서는 안 된다고 주장했으며(〈한국민족문화대백과사전〉) 8월 영돈녕부사로 죽었다.

〈고종실록〉 고종 16(1879)년 8월 15일 세 번째 기사에 '영돈녕부사 김병학이 졸하다'는 기사가 있다. 평가는 없고 전교만 있다.

▨ 저술 및 학문

철종의 묘지문을 짓고 〈철종실록〉 편찬에 참여했으며 찬집소 총재관으로 〈대전회통〉을 완성했다. 〈권능별운음〉을 짓고 〈선원보략〉의 발문을 지었다.

▨ 참고 문헌

〈다음백과사전〉, 〈조선의 영의정〉, 〈철종실록〉, 〈고종실록〉, 〈안동김씨세보〉

남병철 (南秉哲)	본관은 의령이고 자는 자명(字明)·원명(元明)이며 호는 규재(圭齋)·강설(降雪)·구당(鷗堂)·계당(桂堂)이고 시호는 문정(文貞)이다. 순조 17(1817)년에 태어나서 철종 14(1863)년에 죽었다.

⬑ 임명일

— 철종 10(1859)년 7월 8일 : 남병철(南秉哲)을 대제학으로 삼았다.
— 철종 14(1863)년 7월 13일 : 전 대제학 남병철이 졸하였다.

⬑ 가문

아버지는 해주 판관 구순(久淳)이고 할아버지는 종헌(宗獻)이며 증조부는 진사 일구(一耉)이고 고조부는 평창 군수 공필(公弼)이며 5대조는 부사정 유상(有常)인데 유상은 대제학 유용(有容)의 형이고 영의정·대제학 공철(公轍)의 큰아버지이다. 외할아버지는 안동인 영안부원군 김조순(金祖淳)이고 장인은 안동인 영흥부원군 김조근(金祖根)이다.

아들이 없어서 종형인 목사 상선(相善)의 아들 세우(世祐)를 후사로 삼았다.57) 아우는 천문역법학자 예조 판서 병길(秉吉)이다58). 누이들은 각각 영의정 김좌근(金左根)의 아들인 좌찬성 김병기(金炳冀), 양주인 조귀희(趙龜熙)와 결혼했다.

⬑ 생애

헌종 3(1837)년 정시문과에서 병과로 급제했다. 헌종 4(1838)년 6월 한림소시에 뽑히고 헌종 4(1839)년 4월 대교에 임명되었다. 헌종 9(1843)년 부사과로 빈전도감 도청으로 활동한 공으로 가자되고 헌종 12(1846)년 11

---

57) 〈의령남씨족보〉에는 아들 칠우(七祐)가 있다.
58) 처음 이름은 병길이었으나 상길(相吉)로 개명되었다.

월 대사성에 임명되었으며 헌종 13(1847)년 11월 부제학에 임명되었다. 헌종 14(1848)년 8월 이조 참의에 임명되고 헌종 15(1849)년 1월 전라도 관찰사에 임명되었다.

철종 2(1851)년 2월 직제학에 임명되고 12월 이조 참의에 임명되었으며 철종 3(1852)년 2월 예방승지를 역임했다. 3월 김병기, 김병국과 함께 어진도사감동각신에 임명되고 철종 4(1853)년 1월 경상도 관찰사에 임명되었으나 3월 평안도 관찰사 조석우(曹錫雨)와 맞바꾸어 평안도 관찰사에 임명되었다. 철종 7(1856)년 2월 이조 참판에 임명되고 5월 중비로 도총부 도총관에 임명되었다가 6월 예조 판서로 승차했으며 11월 공조 판서로 전임되어 진찬 당상을 겸했다. 철종 8(1857)년 3월 진찬 당상으로 활동한 공으로 가자되고 4월 우참찬에 임명되었으며 5월 형조 판서에 임명되었다가 9월 좌참찬에 임명되었다. 철종 9(1858)년 1월 관반에 임명되고 2월 중비로 병조 판서에 임명되었으며 5월 판의금부사에 임명되고 9월 규장각 제학에 임명되고 다시 판의금부사를 겸했다. 12월 이조 판서로 전임되고 철종 10(1859)년 3월 판의금부사에 임명되고 7월 대제학에 임명되었으며 9월 판의금부사에 임명되었다. 10월 이조 판서로 부묘도감 제조로 활동하여 가자되었고 한성부 판윤에 임명되었다가 11월 수원 유수에 임명되었다. 철종 11(1860)년 3월 형조 판서에 임명되었다가 예조 판서로 전임되었으며 6월 형조 판서로 전임되었다. 10월 판의금부사에 임명되고 12월 광주 유수에 임명되어 철종 13(1862)년 6월 이정청 당상을 겸하다가 10월 예조 판서에 임명되었으나 철종 14(1863)년에 죽었다.

〈철종실록〉 철종 14(1863)년 7월 13일 두 번째 기사에 '전 대제학 남병철의 졸기'가 있다. 졸기에 "남병철은 문청공(文淸公) 남유용(南有容)의 5세손인데, 서적을 널리 섭렵하여 투철하게 깨우친 뒤에야 그쳤으며 한 번

눈을 거친 것은 평생 동안 잊지 않았다. 성력(聖曆)에도 널리 통달하여 천문(天文)의 미묘한 이치를 세밀히 분석해 내었다. 평소 한 가지 예능(藝能)으로써 명예를 구하지 않았기 때문에 사람들이 그의 가슴에 쌓인 것을 모르는 이가 있기도 하였다. 일찍이 규적(閨籍)에 통망(通望)되어 청현직(淸顯職)을 두루 거쳤는데, 공청(公廳)에서 퇴근한 여가에는 염각(簾閣)이 조용하기만 하여 초연(超然)한 것이 마치 압근(狎近)할 수 없는 은둔(隱遁)의 선비와 같았다."고 평했다.

▣ 저술 및 학문

저서로 〈해경세초해(海鏡細草解)〉·〈의기집설(儀器輯說)〉·〈성요(星要)〉·〈추보속해(推步續解)〉·〈규재유고(圭齋遺稿)〉 등이 있다.

▣ 참고 문헌

〈다음백과사전〉, 〈한국민족문화대백과사전〉, 〈헌종실록〉, 〈철종실록〉, 〈고종실록〉, 〈의령남씨족보〉, 〈이조 판서 겸 대제학 남병철의 묘갈, 김병기 지음〉

김세호 (金世鎬)

본관은 청풍이고 자는 치현(稚賢)이며 호는 수재(修齋)이다. 순조 6(1806)년에 태어나서 고종 21(1884)년에 죽었다.

↘ 임명일

━ 고종 4(1867)년 10월 10일 : 김세호(金世鎬)를 성균관 대제학으로 삼았다.

↘ 가문

아버지는 황주 목사 진교(晉敎)이고 할아버지는 홍주 목사 희신(熙臣)이다. 증조부는 이조 판서 익휴(翊休)인데 희신이 택휴(宅休)에게 입양됨에 따라 택휴의 후계를 이었다. 고조부는 참봉 창연(昌演)이다. 외할아버지는 초배는 광주인 군수 이병기(李秉耆)이고 계배는 여산인 진사 송상순(宋象純)이며 장인은 풍천인 임한직(任漢直)이다.

아들은 1남은 병조 참판 규식(奎軾)이고 2남은 부사과 규철(奎轍)이다. 딸은 각각 영의정 이유원(李裕元)의 아들인 경주인 이표영(李豹榮), 고령인 이조 판서·궁내부특진관 신헌구(申獻求)의 아들인 신광휴(申光休)와 결혼했다. 아우는 규호(圭鎬)이고 누이들은 각각 풍천인 현감 임화준(任華準), 의령인 주서 남종익(南鍾益), 풍천인 임진준(任眞準)과 결혼했다.

↘ 생애

헌종 6(1840)년 2월 감시의 복시에서 으뜸을 차지했다. 헌종 8(1842)년 2월 제술의 표문에서 으뜸을 차지하고 전시에 직부 되었고 헌종 9(1843)년 식년문과에서 병과로 급제했다. 헌종 12(1846)년 문과중시에서 을과로 급제하고 부교리에 임명되었다.

철종 즉위(1849)년 8월 조석여(曺錫興)와 함께 정언에 임명되고 11월 홍문록에 뽑히고 12월 도당록에 뽑혔다. 철종 1(1850)년 4월 민란이 발발하자 경상좌도 암행어사로 파견되어 예천, 흥해, 양산, 장기, 안동, 동래 등지의 탐관오리를 숙청하고 7월 부교리에 임명되었다. 철종 5(1845)년 4월 교리를 역임하고 철종 6(1855)년 7월 부교리에 임명되었으며 10월 부교리로 청원도감 도청을 겸하고 헌종 14(1863)년 대사간에 임명되었다.

고종 2(1865)년 11월 사간원 대사간에 임명되고 고종 3(1866)년 8월 이조 참의에 임명되었으며 11월 홍문관 제학에 임명되었다. 고종 4(1867)년 1월 예방승지로 있으면서 가자되고 4월 성균관 대사성에 임명되었다가 대사간으로 전임되고 10월 성균관 대제학에 임명되었다. 고종 6(1869)년 1월 이조 참판에 임명되고 6월 경상도 관찰사에 임명되어 그동안 저지대에 위치하여 수해가 잦았던 영일현과 진보현의 읍치(邑治)를 고지대로 옮기고 포항진(浦項鎭)을 부설하고 대신 청천진(晴川鎭)을 폐치하는 등 해안 경비 체계를 강화했다.(〈한국민족문화대백과사전〉) 고종 8(1871)년 2월 경상도 관찰사로 있으면서 특별히 가자되었다. 철종 9(1872)년 11월 경상도 도사 박봉환이 백성을 침해하고 괴롭힌 것을 알면서 가만히 있었기 때문에 월봉의 형벌을 받았다. 고종 10(1873)년 4월 경상도 관찰사에서 한 임기를 추가하여 잉임되었다가 고종 11(1874)년 2월 홍문관 제학에 임명되었으나 12월 경상좌도 암행어사 박정양(朴定陽)이 범행이 낭자하고 일이 비루하고 자질구레한 것이 많다고 처벌을 요청함에 따라 고종 12(1875)년 1월 3,000리 밖의 중화부에 유배되었다. 고종 13(1876)년 2월 유배에서 풀려나 향리로 방축되었다가 고종 16(1879)년 2월 방송되었고 12월 죄명이 탕척되었다. 고종 17(1880)년 5월 한성부 판윤에 임명되었다. 이 뒤의 기록은 고종 18(1881)년 11월과 12월 문형 회권하여 권점을 받은 사실만 기록되고 임명이나 죽음에 대한 기록은 없다. 다만 〈한국민족문화대백과사전〉에는 1884년에 죽은 것으로 나와 있다.

◪ 저술 및 학문

저서로 〈논어석의(論語釋疑)〉 · 〈강화설제편(講話說諸篇)〉이 있다.

◪ 참고 문헌

〈다음백과사전〉, 〈한국민족문화대백과사전〉, 〈헌종실록〉, 〈철종실록〉, 〈고종실록〉, 〈청풍김씨세보〉

본관은 번남이고 처음 이름은 규학(珪鶴)이었으나 규수(珪壽)로 바꾸었다. 자도 처음은 환경(桓卿)이었으나 환경(瓛卿) 또는 정경(鼎卿)으로 바꾸었고 호도 처음은 환재(桓齋)였으나 환재(瓛齋) 또는 환재거사(瓛齋居士)로 바꾸었다. 시호는 문익(文翼)이다. 순조 7(1807)년에 태어나서 고종 14(1877)년에 죽었다.

◪ 임명일

— 고종 8(1871)년 11월 11일 : 박규수(朴珪壽)를 대제학으로 삼았다.

◪ 가문

아버지는 경산 현령 종채(宗采)이고 할아버지는 〈열하일기〉의 저자이며 북학파의 거두인 양양 부사 지원(趾源)이며 증조부는 통덕랑 사유(師愈)이고 고조부는 지돈녕부사 필균(弼均)이다. 외할아버지는 유영(柳詠)이고 장인은 연안인 군수 이준수(李俊秀)이다. 개국공신 박은의 15대손이고 선조의 부마 정안옹주(貞安翁主)의 남편인 금양위(錦陽尉) 박미(朴楣)의 7대손이며 8촌 형이 영조의 부마로 화평옹주(和平翁主)의 남편인 금성위(錦城尉) 명원(明源)이다.

아들이 없어서 아우 선수(瑄壽)의 아들 제정(齊正)으로 승사했으나 제정도 아들이 없어서 족질 제창(齊昌)의 아들 희양(羲陽)으로 승사했다. 아우는 주수(珠壽)인데 종의(宗儀)에 입양되었고 선수(瑄壽)는 공조 판서를 역임했다.

◪ 생애

헌종 14(1848)년 증광문과에서 병과로 급제하고 사간원 정언에 임명되었다. 같은 해에 병조 정랑으로 전임되었다가 용강 현령에 임명되었다.

철종 즉위(1849)년 11월 관록59)에 뽑히고 12월 도당록60)에 뽑혔다. 철종 1(1850)년 부안 현감에 임명되고 철종 2(1851)년 사헌부 장령에 임명되고 6월 부수찬에 임명되고 9월 전라도 경시관으로 파견되었다. 철종 3(1852)년 1월 수찬에 임명되고 8월 부교리에 임명되었으며 철종 4(1853)년 11월 교리에 임명되었다. 철종 5(1854)년 동부승지를 역임하고 11월 경상좌도 암행어사로 파견되었다. 철종 7(1856)년 문안사로 청나라에 갔을 때 제 1차 아편전쟁으로 비롯된 애로호사건으로 영국과 프랑스군이 북경과 천진을 점령하고 청나라 황제가 열하에 피난하는 것을 목격하고 국제 정세의 견문을 넓혔다.(〈한국민족문화대백과사전〉) 철종 9(1858)년 곡산 부사에 임명되고 철종 12(1861)년 1월 열하정사 조휘림(趙徽林)의 부사로 6개월간 중국에 다녀왔으며 9월 성균관 대사성에 임명되었다. 철종 13(1862)년 2월 진주에서 민란이 일어나자 안핵사로 파견되어 진주 민란의 원인이 전 우병사 박낙신의 탐욕에 있다고 보고하고 5월 민란의 원인을 삼정의 문란에 있다고 보고했다. 철종 14(1863)년 5월 이조 참의에 임명되었다.

고종 1(1864)년 1월 부호군으로 있을 때 대왕대비의 특별전교에 따라 가자되었고 3월 도승지에 임명되고 예문관 제학에 임명되었다. 이는 고종이 익종을 승계하자 과거 익종(효명세자)과의 관계를 고려한 조대비의 배려에 따른 것이다.(한국민족문화대백과사전〉) 4월 동지실록사와 대사헌에 임명되고 6월 홍문관 제학에 임명되고 8월 예문관 제학에 임명되었다. 10월 이조 참판에 임명되고 11월 〈법선도〉의 서문을 지을 사람으로 뽑혔다. 12월 홍문관 제학과 대사헌에 임명되었다. 고종 2(1865)년 2월 특별히 발

---

59) 홍문관 교리와 홍문관 수찬을 임명함에 앞서는 1차 선거
60) 홍문관 교리와 수찬을 뽑는 2차 선거

탁되어 한성부 판윤에 임명되고 3월 홍문관 제학에 임명되었다가 공조 판서로 전임되었으며 선혜청 제조를 겸했다. 4월 대호군으로 연건도감 제조를 겸하고 예조 판서에 임명되었으며 윤5월 예문관 제학에 임명되고 교식찬집청 당상에 임명되었다. 고종 3(1866)년 2월 평안도 관찰사에 임명되어 평양부 방수성 앞 여울에 정박해 있던 이양선(운양호) 1척을 불사르고 몰수했다. 이때 천주교도에 대한 대대적인 박해가 있었으나 처벌보다는 선도해야 한다고 주장하여 관내에서는 한 명도 피해를 받지 않았다. 8월 급수문에 방어하는 진을 설치하도록 아뢰고 고종 5(1868)년 8월 평안도 관찰사에 잉임되어 4년 동안 평안도 관찰사를 역임했다. 고종 6(1869)년 4월 예문관 제학에 임명되고 한성부 판윤에 임명되었으며 6월 형조 판서에 임명되고 예문관 제학에 임명되었다. 고종 8(1871)년 명에 의해 대호군으로 교정청 당상에 임명되어 〈동문휘고〉를 간행하고 3월 예문관 제학에 임명되고 11월에는 문형을 회권하여 대제학에 임명되었으며 태종의 악장문 제술관에 임명되었다. 고종 9(1872)년 지의금부사에 임명되고 4월 사은정사에 임명되었으며 5월 형조 판서에 임명되고 12월 악장문 제술관으로 차정되었다. 이때 서양의 충격에 대응하기 위해 청나라가 양무운동을 전개하는 것을 보고 개국·개화에 대한 신념을 가지게 되었다.(〈한국민족문화대백과사전〉) 고종 10(1873)년 5월 형조 판서에 임명되고 11월 지의금부사에 임명되어 최익현에 대한 신문을 빨리 진행하기를 청하고 같은 달에 규장각 제학에 임명되고 12월 의정부 우의정에 임명되었다. 고종 11(1874)년 우의정으로 있으면서 홍선대원군에게 개국의 필요성을 역설했으나 받아들여지지 않자 9월 사직소를 올려 우의정에서 사직하고 판중추부사에 임명되었으며 고종 12(1875)년 2월 홍순목과 함께 최익현의 석방을 반대하는 상소를 올렸고 11월 대왕대비의 가상존호 옥책문 제술관에 임명되었다. 이 해에 일본이 운요호사건을 일으켜 수교를 강요하자 정부 당국자를 설득해 강화도조약을 체결하게 했다.(〈한국민족문화대백과사전〉) 고종 13(1876)년 8월 수원 유수에 임명되고 판중추부사로 물러났으며 12월 판중추부사로 죽었다. 죽은 뒤에 고종의 묘정에 배향되었다.

〈고종실록〉 고종 13(1876)년 12월 27일 첫 번째 기사에 '판중추부사 박규수가 졸하다'는 기사가 있다. 전교문만 있고 평가는 없다.

▶ 저술 및 학문

할아버지인 지원의 〈열하일기〉를 통해 실학에 관심을 가졌고 윤종의(尹宗儀)·남병철(南秉哲)·김영작(金永爵) 등과 학문적 교류를 하면서 실학 사상을 심화시켰다.

저서로 〈환재집(瓛齋集)〉·〈환재수계(瓛齋繡啓)〉가 있으며 편저로 〈거가잡복고(居家雜服攷)〉가 있다.

▶ 참고 문헌

〈다음백과사전〉, 〈한국민족문화대백과사전〉, 〈헌종실록〉, 〈철종실록〉, 〈고종실록〉, 〈번남박씨세보〉, 〈박규수신도비 , 성주택 지음〉

조성교	본관은 한양이고 자는 성유(聖惟)이며 시호는 문헌(文憲)이다.
(趙性教)	순조 18(1818)년에 태어나서 고종 13(1876)년에 죽었다.

◢ 임명일

— 고종 9(1872)년 1월 29일 : 조성교(趙性敎)를 대제학으로 삼았다.

◢ 가문

친아버지는 형관(亨觀)인데 형만(亨晩)에게 입양되었다. 양할아버지는 교리 수인(秀仁)이고 양증조부는 사근(思近)이며 양고조부는 제보(濟普)이다. 5대조는 십붕(十朋)이고 6대조는 위수(渭叟)인데 위수가 친가이다. 11대조는 부제학 광조(光祖)이다. 외할아버지는 연안인 이지묵(李志黙)이다.

아들은 황해도 관찰사·궁내부특진관·공조 판서 종필(鐘弼)이다.

◢ 생애

철종 10(1859)년 증광별시문과에서 병과로 급제했다. 철종 12(1861)년 1월 관록에 뽑히고 7월 도당록에 뽑혔다. 철종 13(1862)년 7월 전라우도 암행어사로 파견되고 철종 14(1863)년 3월 부사과로 경릉에 친제할 때 집준(執樽)[61]으로 활동해서 가자되었다.

고종 3(1866)년 3월 동부승지를 역임하고 4월 성균관 대사성에 임명되었으며 12월 이조 참의에 임명되었다. 고종 4(1867)년 1월 대기승지로 가자되었고 8월 동지 겸 사은부사에 임명되고 9월 이조 참판에 임명되어 10월 청나라로 떠났다. 고종 5(1868)년 9월 대사헌에 임명되고 고종 6

---

61) 제사 지낼 때 제주 담는 그릇을 담당하던 관료

(1869)년 3월 도승지로 있으면서 건릉과 원릉의 비각을 봉심할 때 힘쓴 공으로 가자되었다. 고종 7(1870)년 1월 형조 판서에 임명되고 4월 예문관 제학에 임명되었으며 6월 예조 판서에 이어 홍문관 제학에 임명되었다. 9월 지의금부사를 역임하고 11월 홍문관 제학에 임명되었다. 고종 8(1871)년 3월 한성부 판윤에 임명되고 4월 예조 판서에 임명되었으며 7월 동지 겸 사은정사에 임명되었으나 곧 체차되어 8월 홍문관 제학에 임명되었다. 10월 의정부 좌참찬에 임명되고 11월 태조의 악장문 제술관에 임명되었다. 고종 9(1872)년 1월 대제학에 임명되고 6월 지의금부사를 역임했다. 고종 10(1873)년 윤6월 예조 판서에 임명되고 12월 대사헌에 임명되었다가 전라도 관찰사에 제수되었다. 고종 13(1876)년 1월 대사헌에 임명되었으며 그 해에 죽었다. 졸기는 없고 같은 해 11월 문헌(文憲)이란 시호가 내려진 기록이 있다.

▷ 저술 및 학문

저술 및 학문에 대해 알려진 것이 없다.

▷ 참고 문헌

〈다음백과사전〉, 〈철종실록〉, 〈고종실록〉, 〈한양조씨대동세보 2권, 4권〉

김상현 (金尙鉉)	본관은 광산이고 자는 위사(渭師)이며 호는 경대(經臺)·노헌(魯軒)이고 시호는 문헌(文獻)이다. 순조 11(1811)년에 태어나서 고종 27(1890)년에 죽었다.

◪ 임명일

━ 고종 18(1881)년 11월 7일 : 김상현(金尙鉉)을 대제학으로.

◪ 가문

아버지는 재곤(在崑)이고 할아버지는 군자감 판관 기진(箕晉)이며 증조부는 동지중추부사 상굉(相肱)이고 고조부는 예산 현감 성택(聖澤)이다. 사계 장생의 9세손이다. 외할아버지는 기계인 유경주(俞擎柱)이고 장인은 목사 조철영(趙徹永)이다.

아들이 없어서 교관 영식(永式)을 후사로 삼았는데 일찍 죽어서 장례소경 춘수(春洙)가 승계했다. 딸은 1녀는 한산인 이승검(李承儉)과 결혼했고 2녀는 동래인 정인섭(鄭寅燮)과 결혼했으며 3녀는 전주인 이제응(李齊應)과 결혼했다.

◪ 생애

순조 27(1827)년 사마 진사시에 합격하고 음직으로 증산 현감을 역임했다.

철종 10(1859)는 증광문과에서 갑과로 급제했다. 철종 11(1860)년 2월 사간원 대사간에 임명되고 안동 부사를 역임했다. 철종 13(1862)년 7월 경상좌도 암행어사 박이도의 서계에 의해 벌을 받았다.

고종 1(1864)년 5월 대사간에 임명되고 12월 이조 참의에 임명되었으며 고종 2(1865)년 8월 대사간에 임명되었다. 고종 3(1866)년 4월 승지로 있으면서 가자되었고 6월 성균관 대사성에 임명되고 12월 이조 참판에 임명되었다. 고종 8(1871)년 4월 전라좌도 수군절도사에 임명되고 9월 예문관 제학에 임명되었으며 12월 홍문관 제학에 임명되었다. 고종 11(1874)년 2월 예문관 제학에 임명되고 고종 12(1875)년 8월 특별히 발탁되어 도총부 도총관에 임명되고 공조 판서에 임명되었다. 9월 예문관 제학에 임명되고 11월 상호도감 제조로 차하되었다. 고종 13(1876)년 2월 예조 판서에 임명되고 7월 경기도 관찰사에 임명되었으나 같은 달에 평안도 관찰사 이재원과 바꾸어 평안도 관찰사에 임명되었다. 고종 15(1878)년 8월 홍문관 제학에 임명되고 11월 예문관 제학에 임명되었으며 12월 대사헌에 임명되었다. 고종 16(1879)년 12월 홍문관 제학에 임명되고 고종 17(1880)년 7월 도목정을 행하여 사헌부 대사헌에 임명되었다. 8월 이조 판서에 임명되고 예문관 제학에 임명되었으며 10월 대사헌에 임명되었다. 고종 18(1881)년 1월 홍문관 제학에 임명되고 2월에는 예문관 제학에 임명되었으며 8월에 대사헌에 임명되고 11월 예문관 제학에 임명되고 문형을 회권하여 대제학에 임명되었다. 고종 19(1882)년 1월 옥책문 제술관에 임명되고 6월 행장 제술관에 임명되었으며 9월 우부빈객에 임명되고 12월 추상존호옥책문 제술관에 임명되었다. 고종 21(1884)년 1월 특별히 판의금부사로 발탁되고 우참찬에 임명되고 12월 좌부빈객을 겸했다. 고종 22(1885)년 7월 판돈녕부사에 임명되었으나 8월 세 번의 사직상소로 판돈녕부사에서 물러나 8월 봉조하에 임명되었다. 봉조하로 있는 동안 대왕대비전의 옥책문 제술관과 중궁전의 옥책문 제술관으로 활동한 공으로 고종 25(1888)년 3월 가자되었고 5월 함원전의 상량문을 짓고 고종 27(1890)년 1월 숙종의 악장문을 지었으며 8월 대왕대비의 지문을 짓고 그 해에 죽었다. 졸기는 없다.

◩ 저술 및 학문

정약용(丁若鏞)과 김매순(金邁淳)의 문인으로 저서로 〈경대집(經臺集)〉과 〈번유합고(樊悠合稿)〉가 있다. 문장에 능하여 왕실에서 필요한 전문·죽책문(대나무 간책에 새기는 옥책문)·옥책문(제왕·후비 등의 호를 올릴 때 쓰는 덕을 읊은 글)·행장·악장문 등을 저술하였다.

◩ 참고 문헌

〈다음백과사전〉, 〈순조실록〉, 〈철종실록〉, 〈고종실록〉, 〈광산김씨족보〉, 〈봉조하 문헌공 김상현 묘지명 병서, 한장석 지음〉, 〈광산김씨판군기감사공파보〉

민태호 (閔台鎬)	본관은 여흥이고 자는 경평(景平)이며 호는 표정(杓庭)이고 시호 는 충문(忠文)이다. 순조 34(1834)년에 태어나서 고종 21(1884) 년에 죽었다.

임명일

— 고종 18(1881)년 12월 19일 : 민태호(閔台鎬)를 대제학으로 삼았다.

가문

친아버지는 치오(致五)인데 치삼(致三)에게 입양되었다. 할아버지는 홍섭(弘燮)이고 증조부는 우의정 백상(百祥)이며 고조부는 예조 참판 형수(亨洙)이다. 5대조는 좌의정 진원(鎭遠)이고 6대조는 숙종의 국구이며 인현왕후의 아버지인 여양부원군(驪陽府院君) 호조 판서 유중(維重)이다. 양아버지 치삼의 아버지는 상섭(相燮)이고 할아버지는 이조 참판 백흥(百興)인데 친증조부 백상의 아우이다.

외할아버지는 홍낙유이고 장인은 초배는 파평인 부사 윤직의(尹稷儀)이고 계배는 진천인 현령 송재화(宋在華)이며 삼배는 의령인 참봉 남명희(南命熙)인데 계배 송 씨와의 사이에서 이조 판서·병조 판서 영익(泳翊)을 낳았는데 영익은 을사조약이 체결되자 상하이로 망명해서 그곳에서 죽었다. 영익은 순명효황후의 친오빠인데 명성왕후의 오빠인 승호(升鎬)에게 입양되어 명성왕후의 양오빠가 되었다.

아들은 영익이 외아들이었으나 명성황후의 뜻에 따라 승호에게 입양됨에 따라 영기(泳琦)를 입양해서 후사로 삼았다. 서자로 영선(泳璇)이 있다. 딸은 순종이 태자일 때 태자비가 되었으나 요절했다. 뒤에 순종이 즉위함에 따라 순명효황후(純明孝皇后)로 추존되었다.

◪ 생애

음직으로 고종 3(1866)년 고양 군수를 역임하고 고종 6(1867)년 감시에 진사로 참석하여 시에서 수석하고 전시에 직부 되었으며 고종 7(1870)년 정시문과에서 병과로 급제했다. 4월 중비로 부교리에 임명되고 전한으로 전임되었으며 9월에 건원릉, 태릉, 강릉, 수릉, 경릉에 친히 제사지낼 때 좌통례로 수고하여 가자되었다. 고종 10(1873)년 4월 황해도 관찰사에 임명되고 고종 11(1874)년 8월 특지로 경기도 관찰사에 임명되고 가자되었으며 경기도 관찰사로 있을 때 운요호사건이 일어났다. 그 뒤에 민 씨 중심의 수구당 중진으로 김옥균의 개화당과 대립했다.(〈다음백과사전〉) 고종 16(1879)년 12월 이조 참판에 임명되고 홍문관 제학에 임명되었으며 형조 판서에 임명되었다. 고종 17(1880)년 2월 민겸호가 예조 판서로 임명된 날 시강원 우빈객에 임명되고 예문관 제학에 임명된 뒤에 좌부빈객에 임명되었다. 3월 예조 판서에 임명되고 9월 우참찬에 임명되어 좌부빈객을 겸하다가 10월 특별히 발탁되어 판의금부사에 임명되고 11월 좌부빈객에 임명되었다. 이 해에 통리기무아문이 창설되었다. 고종 18((1881)년 1월 병조 판서에 임명되고 2월 홍문관 제학에 임명되었으며 7월 함녕전 상량문 제술관에 임명되었다. 윤7월 병조 판서로 경기도 당상으로 차하되었고 8월 병조 판서에서 물러나 총융사에 임명되었다가 어영대장 민겸호와 바꾸어 어영대장에 임명되었다. 9월에는 도통사 이경하와 바꾸어 도통사에 제수되고 10월 교정청 당상에 임명되어 〈동문휘고〉를 간행했다. 11월 판돈녕부사에 임명되고 12월 좌부빈객에 임명되고 문형을 회권하여 대제학에 임명되었다. 고종 19(1882)년 1월 왕세자가 입학할 때 박사로 활동하여 가자되고 좌찬성으로 승차했으며 세자빈의 혼사를 집에서 치르고 2월 가자되었으며 3월 공조 판서에 임명되었다. 3월 아내 정경부인 송

씨가 죽었고 5월 수원 유수에 임명되고 좌찬성에 잉대되었다. 6월 좌찬성으로 지문 제술관을 겸하고 10월 선혜청 제조도 겸했다. 11월 관리동리내무아문사무에 임명되고 대왕대비전 가상존호옥책문 제술관(大王大妃殿加上尊號玉冊文製述官)에 임명되고 12월 독판군국 사무(督辦軍國事務)를 겸하면서 주전 당상(鑄錢堂上)을 겸했다. 고종 20(1883)년 4월 개성 유수에 임명되고 좌찬성은 그대로 겸대되었고 7월 전환국관리 사무(典圜局管理事務)를 겸했다. 8월 구관 당상(句管堂上)을 겸하고 9월 선혜청 당상과 군국 사무 독판도 겸했다. 그러나 고종 21(1884)년 10월 김옥균이 일으킨 갑신정변에서 좌찬성으로 좌영사 이조연(李祖淵), 후영사 윤태준(尹泰駿), 전영사 한규직(韓圭稷), 지중추부사 조영하(趙寧夏), 해방총관 민영목(閔永穆), 내시 유재현(柳載賢)과 함께 죽임을 당했다. 고종 26(1889)년 8월 딸이 세자의 빈(순명비)62)으로 책봉되고 1907년 순종이 즉위하자 이윤용의 청으로 여은부원군(驪恩府院君)에 추봉되었다.

▣ 저술 및 학문

척사파 유신환(俞莘煥)의 문인이다. 글씨에 능해 전서·예서·행서·초서를 모두 잘 썼다. 함녕전의 상량문을 짓고 〈동문휘고〉를 간행했다.

▣ 참고 문헌

〈다음백과사전〉, 〈고종실록〉, 〈여흥민씨족보〉

---

62) 황태자비로 삼망해서 순명비라 했으나 뒤에 순조가 즉위하고 순명효황후로 추존되었다.

김영수 (金永壽)

본관은 광산이고 자는 복여(福女)이며 호는 하정(荷亭)이다.

📐 임명일

— 고종 25(1888)년 3월 13일 : 대제학 김영수(金永壽)가 지었다.
— 고종 29(1892)년 6월 18일 : 김영수를 대제학으로,

📐 가문

아버지는 현감 우현(宇鉉)이고 할아버지는 광주 판관 재원(在源)이며 증조부는 영주 군수 두추(斗秋)이고 고조부는 대호군 덕재(德材)이다. 5대조는 시조시인 대호군 춘택(春澤)이고 6대조는 호조 판서 진귀(鎭龜)이고 7대조는 영돈녕부사·대제학 만기(萬基)이다. 외할아버지는 남양인 홍집규(洪集圭)이고 장인은 풍양인 조규영(趙揆永)이다.

아들은 1남은 승지·궁내부특진관·지돈녕부사 학수(學洙)와 갑수(甲洙)와 득수(得洙)이다. 딸은 각각 남원인 참판 윤명섭(尹命燮), 우봉인 교관 이관용(李觀用)과 결혼했다.

📐 생애

음직으로 관직에 들어와서 고종 5(1898)년 신녕 현감으로 있을 때 경상도 암행어사 성이호의 장계로 승서되고 고종 7(1870)년 정시문과에서 을과로 급제했다. 4월 홍문관 교리에 임명되고 규장각 직각에 임명되었으며 9월 건원릉, 태릉, 강릉, 수릉, 경릉에 친제할 때 우통례로 활동하여 가자되었다. 고종 10(1873)년 12월 동부승지를 역임하고 고종 12(1875)년 1월 대사간에 임명되었으며 고종 13(1876)년 대사성에 임명되었다. 고종

15(1878)년 11월 이조 참의에 임명되고 세자의 병이 회복된 것을 기뻐하여 가자되었다. 고종 16(1879)년 1월 감시 초시의 시관으로 시험을 잘못 치른 일로 간삭을 당했으나 4월 강화 유수에 임명되었다. 고종 17(1880)년 4월 홍문관 부제학에 임명되었으나 청에 의해 5월 강화 유수에 잉임되었다. 고종 18(1881)년 1월 규장각 직제학에 임명되고 2월 이조 참판에 임명되었으며 7월 현판 서사관으로 수정전의 현판을 쓰고 11월 이조 참판에 임명되었다가 11월 형조 판서로 승차했다. 고종 19(1882)년 2월 예문관 제학에 임명되고 3월 사헌부 대사헌에 임명되었으며 3월 함녕전 서사관을 거쳐 5월 예조 판서에 임명되었다. 6월 홍문관 제학에 임명되고 산릉도감 제조에 임명되었으며 9월 예조 판서에 임명되었다. 11월 홍문관 제학에 임명되고 경상도 관찰사에 임명되었으나 그날 평안도 관찰사로 바꾸어 임명되었다. 고종 21(1884)년 7월 호조 판서에 임명되고 8월 좌부빈객에 임명되었다. 10월 호조 판서에 임명되고 11월 전환국 관리를 겸했고 유사당상으로 차하되었다가 12월 규장각 제학에 임명되었다. 고종 22(1885)년 3월 호조 판서로 친군영 제조(親軍營提調)를 겸하다가 예조 판서에 임명되었다. 4월 공조 판서로 전임되고 6월 협판내무부사(內務府協辦使)에 임명되고 지리국과 공작국을 겸관하다가 7월 한성부 판윤에 임명되고 예문관 제학을 겸하다가 10월 병조 판서에 임명되고 11월 홍문관 제학에 임명되었다. 고종 23(1886)년 3월 이조 판서, 규장각 제학에 임명되고 4월 호조 판서에 임명되었으며 6월 예문관 제학에 임명되었다. 9월 홍문관 제학에 임명되었으며 특별히 발탁되어 판의금부사에 임명되고 내무부 독판에 임명되었다. 10월 독판내무부사로 진찬소 당상에 차하되었다가 규장각 제학에 임명되었다. 고종 24(1887)년 2월 내무부 독판으로 진찬의궤 당상으로 차하되고 3월 판돈녕부사에 임명되었으며 4월 좌부빈객

을 겸하고 8월 예조 판서에 임명되었다. 고종 25(1888)년 1월 예문관 제학과 홍문관 제학에 임명되었고 2월 친군영 제조로 중건소 당상에 차하되었으며 병조 판서에 임명되었다. 3월 예문관 제학에 임명되고 5월 판돈녕부사에 임명되었으며 9월 호조 판서에 임명되었다. 고종 26(1889)년 1월 우빈객을 거쳐 6월 호조 판서에 임명되고 7월 판의금부사에 임명되었으며 9월 예문관 제학에 임명되고 12월 왕대비전의 옥책문 제술관에 임명되었다. 고종 27(1890)년 1월 판의금부사, 예문관 제학에 임명되고 윤2월 판의금부사에 임명되었으며 4월 빈전도감 제조, 예문관 제학에 임명되었다. 9월 판의금부사에 임명되고 빈전도감 제조로 활동한 공으로 가자되었으며 10월 홍문관 제학에 이어 공조 판서에 임명되었다. 12월 우빈객과 예문관 제학에 임명되고 고종 28(1891)년 1월 독판내무부사로 〈선원보략〉의 발문을 제술하라는 명을 사양하는 상소를 올렸다. 4월 수릉과 산릉을 친제할 때 참여한 일로 가자되어 같은 날 형조 판서에 임명되었다. 고종 29(1892)년 2월 선조의 악장문을 짓고 6월 문형을 회권하여 대제학에 임명되고 지중추부사에 임명되어 중궁전의 옥책문을 짓고 7월 진찬소 당상에 임명되었다. 고종 31(1894)년 2월 검교제학을 역임하고 지중추부사로 진연과 회연의 의궤당상에 임명되고 7월 경연청 대학사에 임명되었다. 고종 32(1895)년 4월 정1품으로 중추원 부의장에 임명되고 칙임관 2등에 서임되었고 윤5월 정1품으로 궁내부 특진관에 임명되고 칙임관 1등에 서임되었으며 10월 대행왕후의 시책문 제술관에 임명되었다. 고종 33(1896)년 3월 정1품 경연원 경에 임명되고 9월 칙임관 1등에 임명되었으나 곧 체임되고 12월 원구단 향사의 축문과 악장문을 지었다. 고종 34(1897)년 1월 의정부 찬정에 임명되고 홍문관 태학사를 겸하는 한편 대행 왕후의 시책문 제술관에 임명되었으며 왕태자궁시강원 일강관을 겸했다. 3월 의정부 찬정으로 교정소 부총재에 임명되고 4월 홍문관 태학사로 산릉 침전 상량문 제술관에 임명되고 이어서 진전 상량문 제술관에 임명되었으며 6월 휘릉 정자각의 상량문을 지었으며 같은 달 보문각 상량문 제술관에 임명되었다. 10월 장례원 경에 임명되어 칙임관 1등에 임명되었다. 같은 달 황후와 황태자비를 책봉할 때 의정부 의정 심순택이 정사가 되고 김영수는 부사로 활동했다. 10월 13일 홍문관 태학사로 국호를 대한으로 하고 임금을 황제로 칭한다는 글을 지었다. 고종 34(1897)년 12월 정1품 궁내부 특진관에 임명되고 칙임관 1등에 서임되었고 고종 35(1898)년 7월 의정부 참정에 임명되었다가 8월 정1품 궁내부 특진관에 임명되고 칙임관 1등에 서임되었다. 10월 특진관으로 경효전 제조에 임명되고 칙임관 1등에 서임되었으며 11월 정1품 궁내부 특진관으로 임명되고 칙임관 1등에 서임되었으나 고종 36(1899)년 6월 특진관으로 죽었다.

〈고종실록〉 고종 36(1899)년 6월 18일 두 번째 기사에 '특진관 김영수가 졸하다'는 기사가 있다. 평가는 없고 조령만 있다. 조령에 "단정하고 엄숙한 몸가짐과 후한 도량, 나라를 빛낼 만한 문장과 세상을 다스려나갈 재능을 지녔으므로 짐(朕)은 늘 의지하고 일을 맡겼던 것이다. 더구나 임오년(1882)과 갑신년(1884)의 변란 때 나라를 위해 충성을 다하였으니 이와 같은 중신(重臣)이 어디에 있겠는가? 비록 칠순이 넘었다고 하지만 아직도 기력이 왕성하였는데 나쁜 병을 만나 갑자기 세상을 떠났으니, 이제 그만이로다. 슬픔을 어떻게 다 말할 수 있겠는가?" 하였다.

↘ 저술 및 학문

문재에 뛰어나 고종의 총애를 받은 것으로 알려지고 있다. 홍문관 태학사로 있을 때 국호를 대한으로 하고 임금을 황제로 칭하는 글을 지었다.

↘ 참고 문헌

〈다음백과사전〉, 〈고종실록〉, 〈광산김씨판군기감사공파보〉

| 한장석
(韓章錫) | 본관은 청주이고 자는 치수(穉綬)·치유(穉由)이며 호는 미산(眉山)·경향(經香)이고 시호는 효문(孝文)이었으나 문간(文簡)으로 바뀌었다. |

🔽 임명일

- 고종 25(1888)년 8월 26일 : 한장석(韓章錫)을 대제학으로 삼았다.
- 고종 26(1889)년 11월 28일 : 한장석을 대제학으로,
- 고종 29(1892)년 1월 29일 : 경기 감사 한장석을 대제학으로,

🔽 가문

아버지는 공조 참판 필교(弼敎)이고 할아버지는 태인 현감 원리(元履)이며 증조부는 통덕랑 용정(用鼎)이고 고조부는 동지중추부사 후유(後裕)이다. 5대조는 영의정 익모(翼謩)의 형인 대사헌 현모(顯謩)이다. 외할아버지는 초배는 풍산인 좌의정·대제학 홍석주(洪奭周)이고 계배는 진주인 강씨이며 장인은 한산인 이조 판서 이겸재(李謙在)이고 처할아버지는 판중추부사 이희갑(李羲甲)이며 처외할아버지는 안동인 영안부원군 김조순(金祖淳)이다.

1남은 승정원 승지 광수(光洙)와 부정자 창수(昌洙)인데 창수는 친일파 윤석에게 입양되어 남작, 중추원 고문, 이왕직 장관을 역임했다. 2남은 부정자 창수(昌洙)이고 3남은 주사 명수(明洙)이다. 1녀는 전주인 내장원경 이범팔(李範八)과 결혼했고 2녀는 대구인 군수 서상규(徐相珪)와 결혼했으며 3녀는 번남인 관찰사 박승봉(朴勝鳳)과 결혼했고 4녀는 풍양인 참서 조경구(趙經九)와 결혼했다. 아우는 규장각 검서관 형석(衡錫)이고 누이들은 각각 영의정 이경재(李景在)의 아들인 한산인 교리 이승구(李承九), 대구인 감역 서관순(徐寬淳)과 결혼했다.

외할아버지 홍석주에 이어 대제학을 역임함으로써 외조손 대제학의 가문을 이루었다.

☑ 생애

고종 8(1871)년 12월 감제에 진사로 응시하여 표에서 수위를 차지하고 전시에 직부 되고 고종 9(1872)년 정시문과에서 병과로 급제했다. 고종 10(1873)년 중비로 홍정후(洪正厚)와 함께 홍문관 부수찬에 임명되고 고종 11(1874)년 교리를 역임하고 부응교에 임명되었다. 고종 15(1878)년 1월 선교관으로 있으면서 임금의 치사와 전문 표리를 지어 올린 일로 가자되었다. 고종 18(1881)년 윤7월 성균관 대사성에 임명되고 고종 19(1882)년 1월 이조 참의에 임명되었다. 같은 달 왕세자의 관례에서 예모관으로 활동한 일로 가자되었고 8월 호군으로 있을 때 영원히 지제교에 부쳐두라는 명을 받았다. 고종 20(1883)년 1월 통리아무내문을 개편해서 통리군국사무아문을 만들었는데 이때 군국사무협판에 임명되고 9월 홍문관 제학에 임명되었으며 11월 예문관 제학에 임명되었다. 고종 21(1884)년 3월에 이조 참판에 임명되고 고종 23(1886)년 2월 홍문관 제학에 임명되었으며 3월 예조 판서에 임명되었다. 고종 25(1888)년 8월 형조 판서에 임명되고 문형을 회권하여 대제학에 임명되었다. 9월 대호군을 역임하고 10월 우부빈객에 임명되고 12월 규장각 제학에 임명되었다. 고종 26(1889)년 2월 이조 판서에 임명되고 11월 내무협판에 임명되었으며 같은 날 대제학에 임명되었다. 12월 예조 판서에 임명되고 가상존호도감 제조를 겸하고 중궁전 옥책문 제술관도 겸했으며 원릉의 표석음기 제술관도 겸했다. 고종 27(1890)년 1월 인원왕후의 옥책문 제술관에 임명되고 2월 예조 판서에 임명되었으며 가상존호도감 제조로 활동한 공으로 가자되었다. 3월 함경도 관찰사에 임명되고 4월 국장도감에서 시책문 제술관에 임명되고 5월 검교제학에 임명되었다. 고종 28(1891)년 9월 경기도 관찰사에 임명되고 12월 경기도 관찰사로 선원전을 수개할 때 공사를 감독한 일로 가자되었다. 고종 29(1892)년 1월 대제학에 임명되고 2월 인목왕후의 옥책문 제술관에 임명되고 6월 왕대비전의 옥책문 제술관을 겸하다가 12월 판의금부사에 임명되었다. 고종 30(1893)년 12월 의정부 우참찬에 임명되고 4월 판의금부사에 임명되었으며 6월 시강원 우부빈객에 임명되었다. 고종 31(1894)년에 죽었다.

〈고종실록〉에 죽은 날은 나오지 않는데 고종 35(1898)년 10월 23일 두 번째 기사의 내용 가운데 윤용선이 아뢰기를, "… 그리고 고 판서 한 장석은 일찍이 문형을 지냈는데 특별히 시행한 전례가 많이 있는 만큼 아울러 다 같이 시호를 의논하여 정하는 것이 어떻겠습니까?" 하니, 윤허하였다. 는 기사가 있다.

◪ 저술 및 학문

유신환(兪莘煥)의 문하이다. 같은 문하생 가운데 김윤식(金允植)·민태호(閔台鎬)와 더불어 당대의 문장가로 이름났다. 저서로 〈미산집〉이 있다.

◪ 참고 문헌

〈다음백과사전〉, 〈한국민족문화대백과사전〉, 〈고종실록〉, 〈문간공 한장석 묘갈〉, 〈청주한씨제6교대동족보〉

김학진 (金鶴鎭)	본관은 (신)안동이고 자는 성천(聖天)이며 호는 후몽(後夢)이다. 순종 3(1909)년에 훈 2등에 서훈되고 한일합방 뒤에 일제로부터 조선귀족령에 의거 남작의 지위를 받았다. 헌종 4(1838)년에 태어나서 순종 10(1917)년에 죽었다.

◪ 임명일

━ 순종 즉위(1907)년 11월 30일 : 종1품 김학진(金鶴鎭)을 규장각 대제학에,

◪ 가문

아버지는 공조·형조·이조 판서 병교(炳喬)이고 할아버지는 이조 판서 교근(敎根)이며 증조부는 태순(泰淳)이고 고조부는 장악원 정 이장(履長)이다. 6대조는 학자 창집(昌集)이고 7대조는 영의정·대제학 수항(壽恒)이며 9대조는 좌의정·대제학 상헌(尙憲)이다.

아들은 영균(永均)인데 이조 참판·함경도 관찰사 병조(炳朝)에게 입양되었다.

◪ 생애

고종 8(1871)년 문과에 급제했다. 5월 한림에 뽑히고 직각 회권에 뽑혔으며 6월 한림에 뽑혔다. 고종 9(1872)년 예문관 검열에 임명되고 고종 11(1874)년 1월 홍문록과 도당록에 뽑혔으며 홍문관 교리를 거쳐 5월 부사과를 역임했다. 고종 18(1881)년 집의를 역임하고 고종 19(1882)년 종부시 정으로 〈선원보략〉을 수정할 때 감인 당상관으로 참여한 공으로 통정대부로 가자되고 6월 동부승지로 발탁되었다. 이어서 호조 참의를 역임하고 고종 21(1884)년 10월 참의교섭통상 사무에 임명되었다. 고종 22(1885)

년 5월 동래 부사 겸 부산항 감리에 임명되었다. 동래 부사로 재임하던 고종 23(1886)년 부산항의 일본인 거주지에서 조선인과 일본인 사이에 싸움이 붙어 조선인이 죽은 이른바 '선창가투쟁사건'이 일어나자 일본 영사에게 엄중 항의하는 한편 배상을 요구했다.(〈한국민족문화대백과사전〉) 고종 24(1887)년 6월 이조 참의에 임명되고 10월 성균관 대사성에 임명되었다. 고종 27(1890)년 9월 예방승지로 진전에 작헌례를 행할 때 참여하여 가자되고 12월 대사성에 임명되었다. 고종 29(1892)년 7월 협판교섭통상사무에 임명되고 고종 30(1893)년 8월 예방승지로 수릉을 친제할 때 수행한 공으로 가자되고 11월 이조 참판에 임명되었다. 고종 31(1894)년 2월 사옹원 부제조로 활동하여 가자되었으며 형조 판서로 승차했다. 3월 공조 판서로 전임되었으나 전라도에 동학농민군이 봉기하자 4월 전라도 관찰사에 임명되었으나 4월말부터 5월초까지 관군과 동학군이 전주에서 치열한 전투를 벌인 끝에 '전주화약'이 체결되었다. 이후 전봉준과 전주회담을 갖고 동학군의 집강소 활동을 공인했다. 그 해 동학군이 다시 싸울 태세를 갖추자 소임을 다 하지 못했다 하여 파직을 요청하여 허락 받았다가(〈다음백과사전〉) 6월 병조 판서에 임명되었다. 고종 34(1897)년 11월 정2품 중추원 1등 의관에 임명되어 칙임관에 서임되었다. 고종 36(1899)년 9월 정2품 홍문관 학사에 임명되고 칙임관 3등에 서임되고 10월 영빈의 시호 죽책문 제술관과 수경원(綏慶園) 정자각 상량문 제술관을 겸하다가 12월 궁내부 특진관에 임명되고 칙임관 3등에 서임되었으며 효종대왕의 옥책문 제술관에 임명되었다. 고종 37(1900)년 1월 각 실의 존호를 잘못 적은 일로 파면되었으나 특별히 징계를 면제하라는 명에 따라 궁내부 특진관에 임명되고 칙임관 3등에 서임되었다. 2월 시종원 경에 임명되고 칙임관 3등에 서임되었으며 5월 정2품으로 홍문관 학사에 임명되고 칙임관 3등에 서임되었다가 6월 궁내부 특진관에 임명되고 칙임관 3등에 서임되었다. 같은 달 홍문관 학사에 임명되고 칙임관 3등에 임명되었다가 12월 궁내부 특진관에 임명되고 칙임관 3등에 서임되었다. 고종 38(1901)년 4월 태의원 경에 임명되고 칙임관 3등에 서임되고 5월 홍문관 학사에 임명되고 칙임관 3등에 서임되었다가 8월 궁내부 특진관에 임명되고 칙임관 3등에 임명되었다. 특진관과 학사에 교대로 임명된 것은 고종 39(1902)년에도 반복되어 2월 홍문관 학사, 같은 달 궁내부 특진관, 3월 홍문관 학사, 5월 궁내부 특진관 6월 홍문관 학사로 전임되었다. 고종 40(1903)년에도 3월 궁내부 특진관, 8월 홍문관 학사로 전임되었고 12월 순비 엄 씨를 황귀비로 책봉하는 금책문을 지었다. 고종 41(1904)년 1월 홍문관 학사로 행장 제술관에 임명되고 산릉도감 제조에 임명되었으며 3월 명헌태후의 행장을 지었다. 11월 홍문관 학사에 임명되고 칙임관 3등에 서임되었다가 경효전 제조로 옮겼으나 홍문관 학사는 그대로 유임되었다. 고종 43(1906)년 4월 궁내부 특진관에 임명되고 의왕이 책봉문을 받을 때 부사로 참여했다. 7월 홍문관 학사에 임명될 때 칙임관 2등으로 승진 서임되고 의친왕부의 부사로 활동한 공으로 가자되고 12월 중추원 찬의에 임명되고 칙임관 1등으로 승진 서임되었으며 홍문관 학사에 겸임 임명되었다. 고종 44(1907)년 4월 홍문관 태학사로 승진되고 시강원 일강관을 겸하면서 칙임관 1등에 서임되었고 6월 비문음기 제술관에 임명되었다.

순종 즉위(1907)년 태황제의 악장문 제술관을 역임하고 8월 황후로 책봉될 때 부사로 활동하고 책봉도감의 금책문 제술관에 임명되었다. 9월 순종 황제가 즉위할 때 부사로 참여한 공으로 종1품으로 가자되고 11월 규장각 대제학에 임명되었으며 12월 신도비문 제술관에 임명되었다. 순종 1(1908)년 5월 효순소황후의 옥책문 제술관에 임명되고 10월 〈국조보감〉 교정관으로 차하되었다. 순종 2(1909)년 1월 대제학에서 체임되었고 8월 특별히 훈 2등에 서임되어 태극장을 수여받았고 9월 〈국조보감〉 편찬이 끝나서 교정관에서 해임되고 10월 〈국조보감〉 편찬에 참여한 공으로 정1품으로 가자되었다. 순종 3(1910)년 일본에 합방된 뒤인 10월 '조선 귀족령'에 의해 남작에 봉해지고 순종 4(1911)년 남작으로 행장 제술원에 임명되었으며 순종 10(1917)년 12월 죽었다. 죽은 뒤에 작위는 아들 덕한에게 승계되었다. 2002년 발표한 친일파 708인 명단과 2008년 민족문제연구소에서 정리한 친일 인명사전 수록 예정자 명단에 선정되었으며 2006년 친일반민족행위진상규명위원회가 발표한 친일반민족행위 106인 명단에 포함되었다.

〈순종 부록〉 순종 10(1917)년 12월 22일 기사에 "특별히 남작 김학진의 상(喪)에 일금 50원을 하사하고"란 기사가 있다.

◪ 저술 및 학문
수경원 정자각의 상량문을 짓고, 〈국조보감〉을 교정했다.

◪ 참고 문헌
〈다음백과사전〉, 〈고종실록〉, 〈순종실록〉, 〈순종부록〉, 〈안동김씨세보〉

본관은 전주이고 자는 경춘(景春)이며 호는 하석(霞石)이다. 한 일합방 뒤에 남작 작위를 받은 친일파다. 순조 32(1832)년에 태어나서 순종 4(1911)년에 죽었다.

▶ 임명일

— 순종 1(1908)년 9월 2일 : 종1품 이용원(李容元)을 규장각 대제학에 임용하고 칙임관 1등에 서임하였다.

▶ 가문

아버지는 현감 병식(秉植)인데 병은(秉殷)에 입양되었다. 양아버지 병은의 생부는 이조 판서 헌기(憲琦)인데 형조 판서 헌위(憲瑋)에게 입양되었고 증조부는 헌위의 생부는 도정 장소(章紹)인데 영기(英紀)에게 입양되었고 고조부는 삼척 부사 철상(徹祥)이다. 6대조는 좌의정 건명(健命)이고 7대조는 이조 판서·대제학 민서(敏敍)이며 8대조는 영의정 경여(敬興)이다. 양외할아버지는 안동인 목사 김지순(金芝純)이고 장인은 광산인 참판 김공현(金公鉉)이다.

▶ 생애

철종 7(1856)년 6월 진사가 되고 음직으로 단성 현감 등을 지냈다.

고종 12(1875)년 1월 승서되고 4월에 경과 별시문과의 전시에서 장원으로 급제했다. 5월 특별히 중비로 승정원 도승지에 임명되고 10월 대사간에 임명되었다. 고종 13(1876)년 1월 동부승지에 임명되어 최익현을 흑산도에 위리안치 시키라는 명을 거두고 처단하라고 청했다. 고종 19(1882)년 1월 이조 참의에 임명되고 왕세자의 관례 때에 찬관으로 활동한 일로 가자되고 2월 성균관 대사성에 임명되었다. 고종 20(1883)년 7월 형조 참판에 임명되었으나 8월 이처영과 이순범의 탄핵을 받았다. 고종 22(1885)년 4월 휴가를 받고 기한이 지나도 돌아오지 않아 유배되었다가 10월 대사성에 임명되고 12월 이조 참판에 임명되었으며 고종 23(1886)년 6월 다시 대사성에 임명되었다. 고종 26(1889)년 5월 대사간에 임명되고 10월 대사헌에 임명되었으며 12월 정성왕후의 서사관에 임명되었다. 고종 27(1890)년 11월 이조 참판으로 백관가(百官加)를 친수하고 고종 28(1891)년 2월 호군으로 있다가 상소를 올린 일로 흑산도로 유배되었다. 같은 달 승정원과 홍문관에서 가율하라고 청하여 위리안치의 형전을 더했다. 고종 31(1894)년 정치개혁이 이루어지면서 정치범을 석방할 때 6월 석방되고 7월 예조 판서에 임명되었으며 8월 법무아문 대신에 임명되었다가 9월 의정부 우찬성으로 승차했다. 고종 33(1896)년 1월 종1품 경연원경 겸 태자궁 일강관에 임명되고 산릉 정자각 상량문 제술관에 임명되었다. 고종 34(1897)년 중추원 1등 의관을 지내고 고종 35(1898)년 2월 흥선대원군의 상사에 신도비문 제술관으로 활동하고 5월 중추원 1등 의관에 임명되어 칙임관 2등에 서임되었다. 고종 39(1902)년 4월 종1품 궁내부 특진관에 임명되고 칙임관 2등에 서임되었으며 5월 숭록대부에 가자되었다.

순종 1(1908)년 5월 효현성황후(孝顯成皇后)의 옥책문 제술관, 7월 헌종성황제제주 서사관(憲宗成皇帝題主書寫官)에 임명되고 9월 종1품 규장각 대제학에 임명되고 칙임관 1등에 서임되었다. 10월 규장각 대제학으로 〈국조보감〉 교정관에 임명되고 순종 2(1909)년 〈국조보감〉이 편찬된 뒤에 교정관으로 활동한 공으로 훈 2등에 서임되었다. 순종 3(1910)년 한일합방에 관여한 공으로 '조선귀족령'에 의거 남작의 작위를 받았으며 1911년 1월 일본 정부로부터 2만 5천원의 은사금을 받았고 같은 해에 시책문 제술관에 임명되었으며 1926년 문학 유신으로 헌종·철종 양조의 보감을 찬수했다. 일제 강점기의 반민족행위 진상규명에 관한 특별법에 의거 반민족 행위자로 규정되었다.

◪ 저술 및 학문

〈국조보감〉 교정관으로 활동하고 흥선대원군의 신도비문 제술관으로 활동했다.

◪ 참고 문헌

〈다음백과사전〉, 〈한국민족문화대백과사전〉, 〈철종실록〉, 〈고종실록〉, 〈순종실록〉, 〈순종부록〉, 〈전주이씨밀성군파보〉

김윤식
(金允植) ― 본관은 청풍이고 자는 순경(洵卿)이며 호는 운양(雲養)이다. 헌종 1(1835)년에 태어나서 1922년에 죽었다.

임명일

― 순종 3(1910)년 7월 30일 : 중추원 의장 김윤식(金允植)에게 규장각 대제학을 겸임하도록 하고,

가문

아버지는 증좌찬성 익태(益泰)이고 할아버지는 용선(用善)이며 증조부는 돈녕부 참봉 기건(基建)이고 고조부는 고령 현감 수묵(守黙)이고 5대조는 청주 목사 성재(聖梓)이다. 6대조는 한성 판윤 석달(錫達)이고 7대조는 현종의 비인 명성왕후의 큰아버지인 영돈녕부사 좌명(佐明)이며 8대조는 영의정 육(堉)이다. 외할아버지는 전주인 이인성(李寅成)이고 장인은 초배는 파평인 윤노(尹梠)이고 계배는 경주인 이득무(李得茂)이며 3배는 김해인 주사 김이현(金履鉉)이다.

아들은 1남은 비서 유증(裕曾)이고 2남은 유문(裕問)이며 3남은 유방(裕邦)이다. 딸은 1녀는 연일인 정해신(鄭海臣)과 결혼했고 2녀는 한산인 소경 이대직(李大稙)과 결혼했으며 3녀는 번남인 박근양(朴近陽)과 결혼했다.

생애

여덟 살 때 부모가 모두 사망하자 숙부인 청은군(淸恩君) 익정(益鼎)의 집에서 자랐다. 고종 2(1865)년 음관으로 출사하여 건침랑(健寢郎)에 임명되었다. 고종 11(1874)년 3월 춘도기에 진사로 응시하여 시에서 수석하여 전시에 직부 되고 6월 문과에 급제하고 중비로 수찬에 임명되었다. 고종

13(1876)년 9월 황해도 암행어사로 파견되었고 10월 경저리, 영저리들이 사채를 놓고 족징하는 것을 엄격히 막을 것을 청했다. 고종 15(1878)년 11월 부응교를 역임하고 고종 16(1878)년 1월 설날 아침 대왕대비전에 표리를 올릴 때 선교관으로 활동한 일로 가자되었다. 고종 18(1881)년 개항정책에 따라 윤7월 영선사에 임명되어 학도와 공장(工匠) 38명을 인솔하여 청나라에 건너가 기기국에 배치하여 일하도록 하고 북양대신 이홍장과 회담하여 조미수호통상조약이 체결되도록 했다.(〈한국민족문화대백과사전〉) 9월 이조 참의에 임명되었다가 고종 19(1882)년 4월 특별히 이조 참판으로 승차되었다. 7월 호군을 역임하다가 강화 유수에 임명되고 9월 홍문관 부제학에 임명되었으며 부제학으로 강화 유수에 잉대되어 두 직을 겸했다. 강화 유수로 있으면서 위안스키의 도움으로 500명을 선발하여 진무영을 설치했다.(〈이이화의 인물한국사〉) 10월 규장각 제학에 임명되고 11월 협판통리내무 아문사에 임명되었으며 12월 협판군국 사무에 임명되었다. 고종 20(1883)년 5월 강화 유수로 기기국 방판(幇辦)을 겸하고 8월 정경으로 승진했으며 고종 21(1884)년 2월 협판교섭통상사무도 겸하다가 8월 공조 판서로 승차하고 예문관 제학을 겸했다. 10월 예조 판서로 전임되었으나 곧 병조 판서로 전임되어 강화 유수를 겸했으며 12월 협판교섭통상사무아문에서 독판교섭통상사무아문으로 승차했다. 이 해에 갑신정변이 일어나자 김홍집·김만식과 함께 위안스키에게 군대를 요청하여 일본군을 공격하여 정변을 끝냈다.(〈한국민족문화대백과사전〉) 고종 22(1885)년 3월 홍문관 제학에 임명되고 4월 독판교섭통상 사무아문으로 중국 총판과 각국의 공사에게 편지를 보냈다. 6월 독판교섭통상사무로 중조전선조약을 체결하고 예문관 제학에 임명되었으며 10월 가자되고 예문관 제학에 임명되었다. 11월 독판교섭통상사무아문으로 파견되어 부산해조

전선조약속약을 체결하였다. 고종 23(1886)년 2월 광주 유수에 임명되었으나 4월 어떤 일로 처벌을 받았고 여러 번 칙교를 받고도 직무를 보지 않은 일로 광주 유수에서 파면되고 형전을 받고 부평부에 유배되었다가 풀려나서 전직에 잉임되었다. 고종 24(1887)년 5월 부산 첨사 김만수가 일상사채에 통서의 약정서를 발급하였다는 죄목으로 면천군에 정배되고 고종 30(1893)년 정배에서 풀려 향리에 방축 되었으며 고종 31(1894)년 일본 세력의 지원으로 민 씨 세력이 제거되고 흥선대원군이 집권에 성공하자 6월 죄를 탕척 받고 강화 유수에 임명되고 7월 강화 유수로 독판교섭통상사무를 겸하다가 외무아문대신에 임명되어 조일잠정합동조관을 작성하고 조일동맹조약을 체결했다. 12월 왕실의 존칭을 새 규례를 갖추어 아뢰고 고종 32(1895)년 4월 종1품 외부대신에 임명되었으며 고종 33(1896)년 1월 외부대신으로 학부대신의 임시 서리에 임명되었다가 6월 외부대신에서 체임되었다. 고종 34(1897)년 12월 을미사변으로 황후가 시해되자 황후가 폐위된 이유를 선포한 일로 제주 목에 유배되어 종신토록 정배되었다. 고종 38(1901)년 민당과 천주교의 대립으로 민요가 일어나자 6월 유배지가 지도군 지도로 이배되었고 고종 40(1903)년 12월 의정부 의정 이근명 등이 연명으로 차자를 올려 극형을 처하라고 상소했으나 고종 44(1907)년 일진회의 간청과 70세 이상자의 석방 조치에 따라 6월 방송되고 7월 징계에서 면제되었다.

순종 즉위(1907)년 7월 종1품으로 제도국 총재에 임명되고 칙임관 1등에 서임되었으며 8월 규장각 학사에 임명되었다. 11월 황실 회계 감사원경에 임명되고 12월 대원왕 지문 제술관에 임명되었다. 순종 1(1908)년 4월 중추원 의장에 임명되고 5월 장황후의 옥책문 제술관에 임명되었다. 9월 중추원 의장으로 동경에 있는 황태자에게 다녀왔고 9월 특별히 훈 1등에 서훈되어 태극장을 받고 10월 〈국조보감〉 교정관에 임명되었다. 이 해에 헌종·철종 양조의 보감을 찬수하였다. 순종 2(1909)년 10월 〈국조보감〉 교정관으로 활동한 공으로 가자되고 순종 3(1910)년 7월 중추원 의장으로 규장각 대제학에 겸임 발령을 받았다. 8월 정1품 보국승록대부로 승품되었고 특별히 대훈에 올려 이화대수장에 서훈되었다 10월 한일합방에 협력한 공으로 중추원 부의장의 직과 자작의 지위와 연금 등을 주었으나 이를 거절했다. 뒤에 고종과 순종의 권유에 따라 자작의 작위만 받았다.

한일합방 이후 1911년 7월 자작으로 지문제술원에 임명되고 1916년 경학원 대제학에 임명되었으나 두문불출했다. 1919년 고종이 서거했을 때 위호의정에 있어서 일본 측이 '전한국(前韓國)이라는 전(前) 1자를 고집하자 이에 항의했다. 3.1운동이 일어나자 이용직(李容稙)과 함께 독립을 요구하는 대일본장서(對日本長書)를 제출하여 저항했다.(〈한국민족문화대백과사전〉) 1922년 1월 죽었다. 상에 일금 200원을 하사 받았다.

◪ 저술 및 학문

유신환(俞莘煥)과 박규수(朴珪壽)의 문인이다. 저서로 〈운양집〉·〈임갑령고(任甲零稿)〉·〈천진담초(天津談草)〉·〈음청사(陰晴史)〉·〈속음청사(續陰晴史)〉 등이 있다.

◪ 참고 문헌

〈다음백과사전〉, 〈한국민족문화대백과사전〉, 〈고종실록〉, 〈순종실록〉, 〈순종부록〉, 〈이이화의 한국인물사〉, 〈청풍김씨세계도〉, 〈청풍김씨세보〉

찾아보기

저자 조오현

충청남도 청양에서 태어나 건국대학교 문과대학 국어국문학과를 졸업하고
건국대학교 대학원에서 문학석사·문학박사 학위를 받았다. 건국대학교 교
수로 기획조정처장과 문과대학장을 역임했고, 미국 USC 초빙교수를 역임했
으며 현재 건국대학교 명예교수이다. 저서로 <자료로 찾아가는 국어사>·
<조선의 영의정(상)>·<조선의 영의정(하)> 등 다수가 있으며 수십 편의
논문이 있다.

대제학 191(2)-가문·생애·학문

초 판 1쇄 인쇄 2019년 7월 10일

초 판 1쇄 발행 2019년 7월 15일

저 자 조오현

펴낸이 이대현

편 집 박윤정

표 지 안혜진

펴낸곳 도서출판 역락 | 등록 제303-2002-000014호(등록일 1999년 4월 19일)

주 소 서울시 서초구 반포4동 577-25 문창빌딩 2층

전 화 02-3409-2058(영업부), 2060(편집부) | 팩시밀리 02-3409-2059

전자우편 youkrack@hanmail.net

홈페이지 http://www.youkrackbooks.com

ISBN 979-11-6244-148-0 (전 2권)
        979-11-6244-150-3 (04910)